文成縱天

作者像

周清澍，1931年12月生，湖南武冈人。1957年北京大学历史系亚洲史专业研究生毕业，同年分配到内蒙古大学。研究方向为蒙古史，尤其擅长元史。1985年晋升为教授。1988年获得"国家级有突出贡献中青年专家"称号。2015年12月，荣获第四届"中国蒙古学奖"。曾任中国蒙古史学会理事、中国中亚文化协会常务理事、中国元史学会副会长、中国民族史学会理事。

著有《元蒙史札》（内蒙古大学出版社，2001年）、《学史与史学：杂谈与回忆》（上海古籍出版社，2011年）等。参与点校《元史》（中华书局，1976年）。自编《元人文集版本目录》（南京大学学报丛刊，1983年）。主编《内蒙古历史地理》（内蒙古大学出版社，1994年）。参编《蒙古族简史》（内蒙古人民出版社，1977年）、《中国通史》第6册（人民出版社，1979年）、第7册（人民出版社，1983年）、《中国大百科全书·中国历史卷·元史》（中国大百科全书出版社，1985年）和《中国历史大辞典·辽夏金元卷》（上海辞书出版社，1986年）。

周清澍文集

周清澍 ◎ 著

广西师范大学出版社
·桂林·

项目统筹：汤文辉
出 品 人：乔祥飞
策　　划：陈显英
责任编辑：张　宇
助理编辑：张　瑞　王轶群
美术编辑：徐俊霞
责任技编：郭　鹏

图书在版编目（CIP）数据

周清澍文集：上、中、下 / 周清澍著. --桂林：广西师范大学出版社，2020.9
ISBN 978-7-5598-3088-3

Ⅰ. ①周… Ⅱ. ①周… Ⅲ. ①史学－中国－文集 Ⅳ. ①K207-53

中国版本图书馆 CIP 数据核字（2020）第 148304 号

广西师范大学出版社出版发行

（广西桂林市五里店路 9 号　邮政编码：541004）
网址：http://www.bbtpress.com

出版人：黄轩庄
全国新华书店经销
三河弘翰印务有限公司印刷
（河北省三河市黄土庄镇二百户村北　邮政编码：065200）
开本：880 mm × 1 240 mm　1/32
印张：46　　字数：900 千
2020 年 9 月第 1 版　　2020 年 9 月第 1 次印刷
定价：240.00 元（上、中、下）

如发印装质量问题，影响阅读，请与出版社发行部门联系调换。

目 录

一

蒙古族社会如何向封建制度过渡的问题 …………………… 003

蒙古与蒙古族的形成 …………………………………… 023

元朝的蒙古族 …………………………………………… 031

汪古部统治家族——汪古部事辑之一 …………………… 054

汪古的族源——汪古部事辑之二 ………………………… 102

历代汪古部首领封王事迹——汪古部事辑之三 ………… 135

汪古部与成吉思汗家族世代通婚关系——汪古部事辑之四 …… 146

汪古部的领地及其统治制度——汪古部事辑之五 ……… 174

敖伦苏木古城的若干问题 ………………………………… 207

从察罕脑儿看元代的伊克昭盟地区 ……………………… 220

关于银定与歹成 …………………………………………… 242

试论清代内蒙古农业的发展 ………………………………… 255

二

读《唐驭马简介》的几点补充意见 ………………………………… 309

元朝对唐努乌梁海及其周围地区的统治 ………………………… 312

汉藏两族人民历史悠久的友谊 …………………………………… 338

库腾汗——蒙藏关系最早的沟通者 ……………………………… 345

元朝的藏族 ………………………………………………………… 365

元朝的西北各族 …………………………………………………… 383

关于别失八里局 …………………………………………………… 409

元桓州耶律家族史事汇证与契丹人的南迁 ……………………… 413

元代云南的佛教和民族交流 ……………………………………… 453

蒙古族社会如何向封建制度过渡的问题

在一般的蒙古史著作中,几乎都肯定蒙古族社会是从原始公社制直接过渡到了封建制。可是,他们对过渡的时间意见还不一致;至于怎样过渡的问题,似乎还远未达到问题解决的地步。[1] 在近年的讨论中,又有许多人主张经过奴隶制一说。本文想就这些问题提出自己粗浅的看法,请大家予以批评和指正。

一 13世纪以前蒙古的社会性质

从现有的史料看,蒙古族统一以前,早已出现了贫富分化的现象,有称为"伯颜"的富人,也有称为"牙当吉·古温"的穷人。财产的差别也影响人们社会地位的不平等,出现了称为"那颜"的"官人",也

---

[1] 雅库波夫斯基《十一至十三世纪蒙古史研究概况》,科学出版社,1959年,58页。这里反映了苏联两大蒙古史专家不同的看法。

有称为"合剌·帖里兀秃·古温"(黑头人)、"合剌抽"(下民)、"哈阑"(家人)的平民,还有称为"孛斡勒"的奴隶。当时各个氏族正在不断分裂为小的"姓氏",而在这姓氏的名义下又加入了许多非血缘氏族成员。各氏族之间,有显贵氏族和从属氏族之间的隶属关系。根据这些现象,有人认为蒙古社会早已进入了奴隶占有制社会,这种论断是我们所不能同意的。

众所周知,私有财产和个别奴隶的出现,并不意味着奴隶占有制的确立。原始公社制度尚有其内在的不同发展阶段,它必须经过一段逐渐瓦解的量变过程才能过渡到阶级社会,衡量一个社会的性质应以其主导的生产方式作标志。上述蒙古社会中的情况,几乎是任何古老的游牧部落中都可看到的现象。恩格斯曾经指出:"游牧部落从其余的野蛮人中分化出来:这是头一次大规模的社会分工,……使正常的交换有可能了。""畜群……从部落或氏族的共有变为各个家庭家长的私有";由于男子和女子在畜牧经济中作用的改变,决定了"母权制颠覆下去,父权制确立起来"。接着他又分析了游牧部落利用奴隶劳动的可能性。[1]

可是,恩格斯在这里只不过说明了游牧经济加速了原始公社的解体,畜牧业使财富更快地扩大,从而提前了财富的分化,促使"母权制颠覆下去,父权制确立起来"而已。而另一方面,父权制在游牧社会确立以后,其瓦解过程却比农业社会缓慢得多。因为游牧经济的游动性和生产的不稳定性(它受自然条件的约束比农业更大,碰上天灾、瘟疫或掠夺战争即可使畜群突然全部毁灭),就使得游牧民积累

---

[1] 恩格斯《家庭、私有制和国家的起源》,《马克思恩格斯文选》第2卷,外国文书籍出版局(莫斯科),1955年,307~309页。

物质和精神财富都非常困难。[1] 正因为经济上这一特点,我国古代北方的游牧部落,虽然曾分别达到不同的社会发展水平,但在一次大破坏或迁徙之后,又得经过一段相当时期的恢复,始终徘徊于向阶级社会过渡的门槛上,始终没能深登文明世界的堂奥。

13世纪以前的蒙古族社会,也正是处于从野蛮迈向文明的父权制氏族公社阶段,而当时奴隶的使用还只是父家长奴隶制的性质。

首先,在11至12世纪时,虽然蒙古社会中生产力有很大的发展,但还没有达到发展劳动奴隶制或东方家庭奴隶制的条件。《元朝秘史》偶然留下了几个牲畜的数字,它对我们推测当时畜牧业的发展水平是有帮助的。其一是它几次提到,成吉思汗家只有九匹马,虽然是在他还未称汗的时候,但他毕竟是一个贵族。[2] 另一处是札木合谈到,他败于成吉思汗的原因之一就是因为成吉思汗"有七十三匹骟马";[3] 七十三匹马可以构成一个汗的事业成功的基础,可见一般那颜的牲畜更不足道。再一处是成吉思汗遇见一个回回商人的故事,特别提到他带来了一千只羊,这个数字并不惊人,但这书的作者却把它当作一件重要事情记了下来。[4]《秘史》记载着,成吉思汗家的九匹马只用他异母弟一人看管就够了;七十三匹马或一千只羊,一个牧民的家庭也能照管这么多牲畜,当时却构成了一笔政治上、贸易上可观的资本,因此很难得出当时缺乏劳动力必须利用奴隶劳动的结论。而且,符拉基米索夫根据许多资料证明:当时蒙古部(包括那颜在内)的

---

[1] 参见柯斯文《原始文化史纲》,人民出版社,1956年,240页。
[2] 《元朝秘史》,77、90、99节。(以《四部丛刊》三编本为准,按一般通例不注卷叶,只注节数)
[3] 同上,201节。
[4] 同上,182节。

游牧经济还不能满足生活资料的需要,所以还要赖狩猎业进行补充。[1]

恩格斯说:"为着要从奴隶身上得到好处,必须具备两种东西:第一,奴隶劳动所需的工具及对象;第二,维持奴隶困苦生活所需的资料。所以在奴隶制成为可能以前,先应在生产的发展上达到一定的程度,并在分配的不平等上达到一定的程度。"具体到一个游牧业家庭来说,就是要牲畜已发展到劳动力不足以应付,有必要从家庭以外补充劳动人手时,这才能发展奴隶制,通过剥削奴隶的剩余劳动以供奴隶主的寄生性消费。从这时的生产力发展水平和奴隶实际使用的情况来看,蒙古社会还远未发展到普遍需要利用奴隶劳动的阶段。恩格斯接着又说:"如果要使奴隶劳动成为整个社会的支配生产方式,那么还需要更大得多的生产、商业和财富积蓄的增长。"[2] 这种条件则更谈不到了。

其次,从奴隶的社会地位来看,他们是被主人当作家人看待的,还不是赤裸裸地供主人奴役的"会说话的工具"。上面谈到,当时畜牧经济的规模还没有补充奴隶劳动的必要,可是,事实上每个显贵的姓氏却在积极争取许多异姓族员和奴隶到自己家庭中来。如仅有九匹马的铁木真的家庭中,其成员除了两个母亲和兄弟,还有"家〔中〕使唤的老妇人"豁阿黑臣,自动来做伴当的孛斡儿出,一个铁匠将儿子送给他做奴隶的者勒篾。[3] 以后几次战争中,他母亲又收养了敌方四个小孩做养子;[4] 成吉思汗也收留了帖列格秃送给他的几个孙子木

---

[1] 《蒙古社会制度史》(日译本),生活社,1941 年,87~91 页。
[2] 恩格斯《反杜林论》,人民出版社,1957 年,165 页。
[3] 《元朝秘史》,95、97、98、99 节。
[4] 同上,114、119、135、137、138 节。

华黎等人，教他们做"门内的""梯己的奴婢（孛斡勒）"。[1] 此外，他每次获胜时还掳掠女子做妻，据拉施特的说法，前后共达五百多名。[2] 这种现象又应该如何解释呢？

我们认为，这种现象的产生是由于父家长制氏族社会中，每个家长都希望扩大自己家庭的成员，从而扩大自己在氏族和部落中的权力。拉施特描述塔塔儿、泰赤兀等部如何强大时，也往往以人口众多作为他的证据。[3] 当然，成吉思汗这一家庭的不断扩大也不例外。

从掳掠妇女这一现象来说，固然当时她们在社会生产中仍占有重要的地位是一个原因，[4] 但这并不等于妇女的劳动价值超过男子，相反，正因为畜牧经济中"谋生总是男子的事情"，"男性的劳动至高无上"才使"父权制确立起来"。[5] 可是史料中反映当时人对被征服者的处理原则时，大多是舍男子而取女子。而且也看不出其目的是为了剥削剩余劳动，而是以"能养多少人即娶多少人"为原则，所以"他们有小孩子比任何民族皆多"。[6] 从这些现象看来，他们掳掠妇女的

---

[1] 《元朝秘史》，137 节，蒙古文原文旁译。

[2] Рашид-ад-дин: Сборник Летописей，第 1 卷第 2 分册，苏联科学院出版社，1952 年，68 页。

[3] 同上，第 1 卷第 1 分册，苏联科学院出版社，1952 年，101、180 页。

[4] The Journey of William of Rubruck to the Eastern Parts of the World，柔克义译注本，London，Rockhill. 1900 年，75 页。妇女的职责是赶车，在车上装卸临时的住所，挤牛乳，制奶酪，用筋作的线缝整皮子。她们也缝制靴子、短袜和衣服。该页注中也举出普兰·迦尔宾尼等人记载当时妇女担任的许多劳动。《元朝秘史》189 节，太阳罕的母亲古儿别速说："那达达百姓，……取将来要做甚么，……若有生得好的妇女，将来教洗浴了，挤牛羊乳呵中有！"都说明当时对妇女劳动力是很重视的。

[5] 恩格斯《家庭、私有制和国家的起源》，前引本，308~309 页。

[6] 卢勃洛克、普兰·迦尔宾尼、马可波罗等旅行家都一致谈到这类情况，见 The Journey of William of Rubruck to the Eastern Parts of The World，London，1900. 前引本，77 页，正文与注；张星烺译《马哥孛罗游记》，商务印书馆，1936 年，109 页。

主要目的还是为了氏族的繁衍。[1]

从吸收异姓的男子到氏族中的现象看,不论是以伴当(那可儿)、养子的名义,或是以奴隶的名义,都具有扩大氏族成员,加强军事首领势力的作用。尽管他们因出身不同,最初在氏族中的地位还有一定差别,奴隶也不限于使用在"看门子、备鞍子"等家务劳动上,而且也使用在畜牧生产上,但总的说来,其中心目的都是为了壮大氏族的声势。举成吉思汗建国时的军事骨干来说,除孛斡儿出等人是自动来做伴的以外,者勒篾和木华黎是说明送给他做奴隶的。而孛罗忽勒、失吉忽秃忽、曲出、阔阔出等人则是他母亲的养子。这些人日后的历史表明,他们并不是因为生产中缺乏劳动人手,而是因"既用以保护财产、又用以获得财产"的"原始劳动"[2]的需要被收留的。因为"掌握在军事首领手中的奴隶军队,是一种强大的社会力量,这些首领在本部落中争夺政权时,在与邻近部落发生军事冲突时,就是依靠这种社会力量"[3]。

诚然,这时主人已掌握对奴隶的无限权力,如违背了主人,就可以"将脚筋挑了,心肝割了",[4]但事实上他们和奴隶占有制度下奴隶主和奴隶之间的关系有很大区别。一则是因为当时生产发展水平有限,主人还不能全靠剥削奴隶的剩余劳动以供自己寄生性消费,因而他们在生产和生活中的地位还没有太大差别;再则是因为掳掠妇女是要她们做繁衍家族的妻子,接受男奴是要他们做忠实的战友,为主

---

[1] 《元朝秘史》41节总译:"赤都忽孛阔娶的妻多,儿子多生了,因此上做了篾年巴阿邻姓氏。"Рашид-ад-дин 前引书第1卷第2分册,50~59页,也谈到当时他们对子孙繁衍的重视。

[2] 马克思《资本主义生产以前各形态》,人民出版社,1956年,27页。

[3] 《苏联大百科全书选译》,"父权奴隶制"条,三联书店,1956年,21页。

[4] 《元朝秘史》,137节。

人"看守金门",收容养子是为了"每日做眼教看,每夜做耳教听",¹ 显然,纯粹屈服于暴力下的奴隶是不能担当这些任务的。所以,这时的奴隶是被掩盖在家庭关系的纱幕下,是以妻子、伴当、义子、兄弟等关系来维系的。² 对于被征服者,除非有控驭的把握或他们表示了效忠的诚意,一般是把难以驯服的"男子似车辖大的尽诛了",而把剩下的妇女、儿童"各分做奴婢使用",即"可做妻的做了妻,可入门的入了门(下句据原文译)"。³ 这种做法的主要目的,当然不是从生产中需要劳动力着眼,只不过是父家长奴隶制社会争取扩大家族成员的表现。

第三,这时还没有足以巩固奴隶占有制度的暴力机关。国家的出现标志着向阶级社会过渡的完成,标志着统治阶级掌握了镇压被统治阶级的完备工具,无论是劳动奴隶制或东方家庭奴隶制,都是以强大的奴隶主武装或极其专制的君主政体的暴力作后盾的。当然,对这问题也不能机械地去理解,如彝族社会就在没有完备的国家机器的特殊条件下建立了奴隶占有制。但是,彝族的奴隶占有制度却具备了如下几个基本条件:一、社会已彻底分化为白彝和黑彝两个对立的阶级,他们当中存在着不可逾越的界限;二、每个家支的组织是巩固的,黑彝掌握了家支内的政权和武装,足以控制奴隶的反抗;三、全社会认为属于某人的奴隶,就是他神圣不可侵犯的私人财产,逃跑时有义务捕送原主,被别人打死有义务赔偿。这些条件,是建立在纯粹

---

1 《元朝秘史》,138 节。
2 同上,211 节,成吉思汗一面说者勒篾从小"做了贴己奴婢",又说"一同生长作伴(那可儿)到今";180 节,"成吉思再教对脱斡邻弟说:'你是我祖宗以来的奴婢,我唤你做弟的缘故在此。'"亦见 Рашид-ад-дин,前引书,第 1 卷第 2 分册,130 页。
3 同上,112、154 节。

超经济强制基础上的剥削社会所不可缺少的。

在13世纪以前的蒙古社会中,首先,其时尚处于氏族公社逐渐瓦解的阶段,重新组合的过程正在开始,不用说形成国家,甚至部落联盟也是不巩固的,那颜和一些显贵家族还没能组成巩固的联盟共同镇压奴隶和各种依附民。其次,在各氏族、部落之间还是处于"互相攻劫"的敌对局面,因而更不能在全社会通过奴隶主的集约来维护奴隶制度了,所以,成吉思汗时代常有属民个人或举族另外投奔主人的情况。当时维系父权奴隶制的特点就是把奴隶吸收到家庭之中,他们的地位随着主人地位的升降而升降,他们把自己的命运和主人的命运连在一起,而不是仅靠暴力来维系。例如,木华黎几兄弟被送给成吉思汗做奴隶,是因为他父亲相信铁木真将来是有前途的。[1] 照烈部人自愿附属成吉思汗,是因为他能"衣人以己衣,乘人以己马","在他的大国荫庇之下",可以"享受幸福和安宁"。[2] 当然,我们不能忽视这时业已存在的生产中的剥削关系和社会中的对抗性,马克思指出父权制时代的家庭,"不仅包含有奴隶制的萌芽,而且也包含有农奴制的萌芽,……它以缩影的形式包含了一切后来在社会及其国家中得到广泛发展的对抗"。[3] 但只有到这个萌芽和缩影茁长和扩大以后,阶级社会的历史才正式在蒙古社会中展开了。

---

1 《元朝秘史》,137、206节。
2 《圣武亲征录校注》,《王国维遗书本》,9页;Рашид-ад-дин,前引书,第1卷第2分册,89~90页。
3 恩格斯《家庭、私有制和国家的起源》,前引本,216页。

二　蒙古族统一前的军事组织及封建制因素

我认为，12世纪的蒙古社会中，主要是扩大了父家长奴隶制中"农奴制的萌芽"。

前面谈到，一个家庭常吸收了不少异姓成员到本家族中来，既然当时畜牧业生产力的发展水平并没有这种迫切的需要，那么，豢养这些人的经济意义何在呢？

这个问题，不能仅从畜牧业去考虑，因为畜牧业并不是当时唯一的经济形式，狩猎业也是他们重要的生活补充来源；除此以外，12世纪的蒙古正处于以掠夺为经常职业的时代，这种"原始的劳动形式"使财富的增长更具有暴发性。从异族吸收进来的那可儿和奴隶军，正是为了后两种经济形式服务的。

要说明这些人的作用，有必要先谈谈他们产生的背景。史料表明，蒙古社会中早已出现了单个家庭的私有制，许多家族中都有非血缘关系的成员，在这种情况下，氏族组织仍被人们重视并能起一定作用，也是因掠夺战争和围猎的需要所决定的。因为这两种活动必须由集体进行，特别是战争，它对于单独经营游牧经济的家庭来说，其威胁性是不可估计的。因此，每个血缘氏族或胞族，虽然早已分裂为各自经营畜牧经济的小家族，但为了保卫共同的牧地和各家生命、财产的安全，血缘氏族的成员仍有相互援助的义务，甚至有必要在战时组成包括许多帐幕的"古列延"，共同对付敌人的侵犯，除同族（兀鲁黑）以外，他们还可以通过姻亲（忽达）、义兄弟（安答）的关系，结成多方面的军事联盟。随着战争的日益频繁，军事联盟也就必须长期存在了，并且从显贵家族中选出了常职的军事首领进行领导，这就是当时的"罕"。如蒙古的合不勒、俺巴孩、忽图剌和初次称罕的铁木真都是这一类的人物。

这种军事联盟的性质,可以从推选铁木真为罕时的情况看出来。他的拥戴者说:"你若作皇帝(罕)呵,多敌行俺作前哨,但掳的美女妇人并好马都将来与你。野兽行打围呵,俺首先出去围将野兽来与你。如厮杀时违了你号令,并无事时坏了你事呵,将我离了妻子家财,废撇在无人烟地面里者。"[1] 而成吉思汗回答说:"只要我还是很多地方的君主和军队的统帅,我就必须关怀部属。我夺取别人许多的马群、畜群、驻牧地、妇女和孩子给予你们。我向草原上的野兽放起野火,将山中的野兽赶到你们方面来。"[2] 从这些话看,军事联盟完全是适应掠夺战争和集体围猎的需要产生的,首领和部属交换"必须关怀部属"和不违反"号令"的诺言自愿结合起来,互相保证满足对方在掠夺战争和围猎中的利益。这样,分散的家族就成为一支有组织的联盟军,"如厮杀时"他们有义务在罕的领导下作战,胜利时掳获的战利品,由大家"共散与了,谁也不曾缺少"。[3] 由于这些集体形式劳动的必要,所以氏族仍能起联系分散的家族的纽带作用。

可是,12 世纪的战争已不是偶然的自卫性质了。"以前他们进行战争,仅仅为的报复侵犯","现在进行战争只是为的掠夺,战争成为经常的职业了"。"战争和进行战争的组织,现在成为人民生活的正常职能了"。"全部族的首领(罕),成为必要的常设官职了"。[4] "博得了声誉的军事首领,集合一队贪图掠夺品的青年人在自己周围",

---

1 《元朝秘史》,123 节。
2 Рашид-ад-дин,前引书,第 1 卷第 2 分册,130 页。
3 《元朝秘史》,187 节。
4 恩格斯《家庭、私有制和国家的起源》,前引本,311 页。

于是在"氏族制度以外还建立有一种独立担当作战的私人团体"。[1]这就是那颜私属的那可儿组织,在蒙古社会中大量吸收那可儿、养子、奴隶到家中来,其主要原因也就在此。在著名的罕手下,进一步形成了称为土儿合兀惕或客失客田的有组织的护卫军。[2]

首领收容那可儿或奴隶,其用意不只是靠他们"独立担当作战"或围猎,而是为了增强自己的实力。军事首领尽量扩大自己的那可儿团体,将它作为"确立封建剥削可能性的超经济强制的工具",[3]强迫孱弱的部落及其成员和他一起作战、围猎和共同游牧。如从属于成吉思汗氏族的札剌亦儿人,[4]从泰赤兀部来归的照烈部,从札木合处来归的许多氏族,[5]以及从属于王罕的董合亦惕部、土别干部、只儿斤部,[6]都是必须随军事首领征调而行动的依附民。这些唯军事首领马首是瞻的依附民,既然不是出于自愿的结合,当然谈不上在战争或围猎中平均分配掳获物了。成吉思汗曾经对几个出身于属民并有功于他的人说:"出征处得的财物,围猎时得的野兽,都自要者。"这样他们就成了自在的答儿罕。[7] 既然这些权利要经罕的恩赐才能得到,可见以前他们在分配上是不平等的,就其实质来说,已接近于封建徭役的性质。通过掳获物分配的不平等,贫富分化也就日益悬殊了。在政治权利上,他们的地位也不平等。部落联盟中选举罕或决定大事

---

[1] 恩格斯《家庭、私有制和国家的起源》,前引本,294 页。
[2] 《元朝秘史》,79、124、170、171、187、191 节。Рашид-ад-дин,前引书,第 1 卷第 2 分册,125 页。
[3] Якубовский:Золотая Орда и Её Падение,苏联科学院出版社,1950 年,43 页。
[4] Рашид-ад-дин,前引书,第 1 卷第 1 分册,92~93 页;第 1 卷第 2 分册,15、20 页。
[5] 《圣武亲征录校注》,9 页;Рашид-ад-дин,前引书,第 1 卷第 2 分册,89~90 页;《元朝秘史》,120 节。
[6] Рашид-ад-дин,前引书,第 1 卷第 2 分册,94、125 页;《元朝秘史》,170、171、187 节。
[7] 《元朝秘史》,219 节。

的忽邻勒台(大会)只有贵族才能参加。[1] 史料表明,这种依附民的数目远较奴隶为多,而那颜财富的增加基本上是通过以上几种方式剥削他们得来的,所以我认为当时封建性的因素是主要的。随着那可儿队伍的逐渐扩大,陷于依附地位的群众增加了,那颜对他们的权力也加强了,后来终于形成那颜和哈阑之间界限分明的封建阶级关系。

军事首领凭借自己众多的那可儿和依附部落的力量,也逐渐加强了自己在氏族内部的权力,愈来愈摆脱氏族民主制的约束。起初,发动一次战争还要经过氏族贵族的公议,军事首领的职责是执行大家的意旨。[2] 成吉思汗对王罕作战时,想动用兀鲁兀惕和忙忽惕的军队,事先就要征求其首领、成吉思汗尊之为伯父或安答的主儿扯歹和忽亦勒答儿的同意。[3] 成吉思汗势力日张以后,同盟的氏族贵族的参战也带有强制性了。主儿乞人没有如约参加对塔塔儿的战争,结果用"为祖宗的上头,要同他报仇,他又不来"为理由把他们消灭了。[4] 阿勒坛、忽察儿、答里台等著名显贵人物,由于不遵守成吉思汗规定"若战胜时,不许贪财,既定之后均分"的"军令"(札撒黑),结果他们的俘获品被那可儿没收了。[5] 成吉思汗借那可儿的力量,陆续打击氏族内部与之抗衡的贵族势力,最后促进他建立了真正的王权。

自然,罕权的扩大也加强了对一般氏族成员的权力,随着这种趋势的发展,经常处于军事组织生活中的蒙古人民,逐渐由志愿兵转变

---

[1] Рашид-ад-дин,前引书,第 1 卷第 2 分册,38~39、43、130 页;《元朝秘史》,122、123、179 节。
[2] 《元朝秘史》,57、58 节;Рашид-ад-дин,前引书,第 1 卷第 2 分册,38~39、43 页。
[3] 《元朝秘史》,171 节。
[4] 同上,136 节。
[5] 同上,153 节。

为封建强制的兵役性质。首领命令他们参战时，必须自备马匹、武器和给养；接着，他们又有给充当成吉思汗护卫军的那颜子弟及其伴当提供马匹等实物的义务；[1]最后，军事活动方面的赋役也扩大到征收实物税，蒙古族统一以前，成吉思汗就已经在自己"营内"进行"科敛"，[2]统一以后，则形成了正常的贡赋。

最后，那可儿组织自身的发展也促进了蒙古封建等级制度的形成。从那可儿与首领的关系来说，出身自由人的那可儿，起初和主人相互称为伴当、朋友，他们地位没太大差别。[3] 久之，合罕的权势日渐提高，那可儿就成为与他有绝对主从关系的臣仆了。他们被主人视为孛斡勒、捏坤（家人），不能出卖自己的正主、罕。[4] 过去是共享战利品，后来战利品却被认为是罕一人所有，甚至接受被征服者的馈赠也是非法的了。[5] 而那可儿的队伍中，他们本身的地位也有变化。在对外征服战争节节胜利的过程中，有的那可儿变成了统治被征服者的千户、百户那颜，有的变成了日益扩大的护卫军的将领，他们形成了绝对服从于罕的新那颜阶级。由于军队的人数越来越多，因而有必要把他们划成各种等级，于是出现了万户、千户、百户、十户至士兵之间军队中一般的上下级统率关系。这种军事组织中的关系扩及对土地和人民的领有关系以后，封建等级制度就开始形成了。

1　《元朝秘史》，224 节。
2　同上，152、177 节。
3　同上，90~93 节。
4　同上，200 节（原文、旁译）。
5　同上，254 节。

三　向封建制度过渡的完成

蒙古社会完成自原始公社制度向封建制度过渡的过程,是由如下三方面的原因促成的。

第一,统一国家的建立,使那颜阶级得以自上而下地加速了蒙古社会的封建化。在父家长奴隶制阶段,由于被征服者还只是少量的,因此,征服者可以采取将他们变成家内奴隶或依附民的办法,把他们吸收到自己氏族中来,久之,他们也就被消化在主人的氏族中,而以这个氏族的名义活动了。后来,那颜阶级和依附民与奴隶享有的权利日益悬殊,而被征服的土地和人民也越来越多,在这种情况下,诚如恩格斯分析日耳曼人征服罗马人时一样:"他们既不能把大量罗马人吸收到氏族组织来,又不能用氏族组织对罗马人施行统治。于是必须设置一种新的权力,……氏族管理组织的机关……很快就转化为国家机关了。……军事首长的权力转化为国王权力的时机到来了。"[1]

这一"转化"的标志就是虎儿年(1206)众那颜聚会于斡难河源共立成吉思汗为大罕的事件。在他的领导下,建立了一个国家的雏形,它最后结束了原始公社制度中的父家长制阶段,成为阶级社会中统治阶级压迫被统治阶级的工具。从统治阶级当时所采取的措施看,无疑是他们发展了早先已占主导因素的"农(牧)奴制的萌芽",从而开始了蒙古封建社会历史时期的新阶段。

首先,封建化表现在九十五千户的分封上。"成吉思汗既将众部落百姓收捕"后,并没有将他们变成奴隶,而是将他们纳入千户制军

---

[1]　恩格斯《家庭、私有制和国家的起源》,前引本,300页。

事行政组织中,"授同开国有功者"进行领导。[1] 这些"众部落百姓",从军事意义上说,他们被编入十进制的军事组织之中,成为千、百户长官所指挥的士卒;从封建隶属关系来说,他们也就是千、百户领主的牧奴。他们仍保留着自己家庭的牲畜和其他私有财产,但必须像军人一样随时听从领主的调遣和提供各种义务。这种处置办法,在必须利用他们进一步扩大侵略的情况下是完全必要的,因为不能将屈于暴力下的奴隶充当可靠的战士。而且,蒙古贵族为达到这个目的,也尽量不揭破氏族组织的外壳,使它仍能在以后不断向外侵略时作为团结千、百户内成员的纽带,继续发挥强大的战斗力。氏族制影响的长期存在,使蒙古封建社会带有半家长制的性质。可是,这时社会的实质终究已经改变了,因为大罕、万户、千户等是借暴力所取得的凌驾于社会之上的势力,即使是自动投诚成吉思汗的部落,其千户仍是原来部落中产生出来的首领,现在也变成经大罕封赐的长官和封君了,这些贵族都获得了过去氏族组织中从未有过的支配权力,其下属事实上已成为与他们保持人身依附关系的牧奴。

其次,九十五千户的分封,既是瓜分被征服者,也是瓜分被征服者的土地。成吉思汗分封时,左手、右手和豁儿赤所管的万户,都给指出了所辖的大致地界。[2] 从1214年封赐弘吉剌部的记载中,成吉思汗诸弟及五投下的领地(《元史》作农土,《秘史》作嫩秃黑)四至是非常清楚的。[3] 徐霆更明确指出:"其地自鞑主、伪后、太子、公主、亲族而下,各有疆界。"[4] 也就是说,成吉思汗已自认为是全蒙古土地的最

---

1 《元朝秘史》,202节。
2 同上,205、206、207节。
3 《元史》卷一一八《特薛禅传》。
4 《黑鞑事略笺证》,《王忠悫公遗书本》,9页。

高所有者，他可以将其赏赐给自己的亲族和功臣，他可以决定谁在那块地方"自在下营"或"世袭居住"；授权受赐者："凡那里百姓事务，皆禀命于你，违了的，就处治者。"[1] 这样贵族们乃变成了对牧场享有世袭权力的封建领主，从而使居于其上的自由哈剌抽日渐变成领主的阿勒巴图（贡民）。徐霆指出上述现象后，接着说："其民户皆出牛马、车仗、人夫、羊肉、马奶为差发。盖鞑人分管草地，各出差发，贵贱无有一人得免者。"尤外尼作品中列举牧民的赋役更多：战时蒙古人除了一律要服兵役外，作战时需要的各种武器、装备以至军旗、针、绳索、马匹及驮装辎重的牲畜骆驼、驴等，每个人都得按所在的十户和百户供应自己分担的一份。平时他们还要负担强加于他们的牧场税、临时税，以及用驿马和食物保证旅客的供应，维护驿站等。即令男人已出征在外，他们平日负担的赋税和劳役，仍得由他们留在家里的妻子代负。[2] 其他13世纪中叶的史料中也不乏这种材料，说明当时蒙古牧民已普遍变成了封建赋役的负担者。

这种封建依附关系是赖新的国家机器所维持的。成吉思汗的怯薛军，是从贵族子弟当中选拔出来的强大的常备军。对普通牧民来说，它是保护全体那颜阶级利益的武装力量；而对那颜来说，它又是大罕抑制他们不敢反抗自己的质子军。[3] 它使新建立的统一政权和封建关系得到进一步的巩固。

成吉思汗还颁布了一些法律（札撒），使出现了的封建关系得以固定化。成吉思汗的札撒规定：任何人都不能离开他所指定的百户、千户或十户，如果谁违令被送回来，则在全军面前当场处死，收留他的

---

1 《元朝秘史》，207、219节。
2 Juvaini, *The History of the World Conqueror*, Manchester University Press, 1958, pp.30~31.
3 《元朝秘史》，203节；《元史》卷九八《兵志一》。

人也要从严惩处。因此，任何人也不能自由选择自己的长官和领主，别的长官也不能引诱他们离开。[1] 这就是说，全体蒙古牧民对各个那颜的人身隶属关系已由法律固定下来了。

第二，统一的蒙古族的形成，对氏族制度的瓦解也起了促进作用。古代北方民族曾历次在这个地区建立过政权，也出现过奴隶制和封建制的因素，可是，匈奴、鲜卑、柔然、突厥、回鹘等实质上是许多不同语言、血统、风习和生产发展水平的游牧部落暂时的结合体，只不过共同冠以统治部落的名称而已。不管是奴隶制或封建制的因素，主要只限于在这些政权的统治部落中，史书中记载着的他们的统治范围，还只能说是一种羁縻关系。在王庭中心以外的广大地区内，许多氏族和部落仍过着孤立、闭塞的生活，他们长期保留着自己的氏族公社制度和部落生活方式。因此，一旦统治部落突然被消灭或迁徙后，社会发展又似乎出现了倒退、循环的现象。

成吉思汗的时代，蒙古草原绝大部分的氏族和部落已迈进阶级社会的门槛，各有自己的那颜并以罕为首的各部落，都站在要求统一的共同道路上。为了达到这一目的，争霸者必然相互间发生你死我活的斗争。最后，蒙古部的罕成吉思汗终于完成了历史赋予他的使命，将各个部落统一为一个以蒙古为名的部族。

成吉思汗把握住了这种历史发展的自然趋势，将所有部落都纳入他统一的军事行政组织之中，而他分封的千户，大多是他的孛儿只斤氏族的成员、那可儿、忽答（姻亲）、古儿坚（女婿），这些人被分散到东起兴安岭、西迄阿尔泰山的广大地区，从而使他的统治牢牢扎根到这些地区的各个角落，而不只是表面的羁縻关系了。

1　Juvaini, *The History of the World Conqueror*, Manchester University Press, p.32.

既然统治者与被统治者不是同一氏族,当然不可能维持过去的氏族生活方式。如孛斡儿出是成吉思汗封管西至阿尔泰山的万户,[1] 他所辖的千户,除斡亦剌和汪古部是自动投诚之外,其余都是被征服者,所以孛斡儿出及其他千户是脱离了东部原有住地与他们住在一起。[2] 留在东部原地的千户,也吸收了大量的被征服者。再如成吉思汗的几个兄弟,都分在蒙古部原牧地以东,其三弟之子按只吉歹所辖之三千户就包括乃蛮、兀良哈、塔塔儿三部分,除后者外,统治者与被统治者都迁到了新的地区。[3] 这些措施,造成了一个大规模的人口调整运动,它必然加剧了对氏族生活方式的破坏,使不同的氏族重新以地缘关系结合起来。尤其是在对外战争的过程中,各氏族的人都按共同的军事生活方式行动,更容易消除氏族之间的鸿沟。久之,所有漠南北的部落,在共同的地域或军事组织中,逐渐消除了语言、风俗习惯等方面的差别,形成了共同以蒙古为名的部族。这样一来,处于不同生产发展水平的各部落也逐渐在较高的水平上统一起来了,新的封建关系也有效地贯彻到蒙古地区的各个角落了。

第三,在向外侵略的过程中,各先进民族的影响终于加速了蒙古社会封建化的完成。

还在统一以前,蒙古各部落已分别接受了契丹、女真、西辽、畏吾儿和汉族的影响。如分封千户和投下,显然是仿效契丹的"投下军州";十进制的军事组织,可能直接取法于金的猛安谋克制;耶律大石于1124至1130年间,曾在漠北大会诸部,"置官吏、立排甲、具器

---

1 《元朝秘史》,205节。
2 Рашид-ад-дин,前引书,第1卷第2分册,267~270页。
3 同上,53~57页。

仗"，¹ 看来对蒙古产生了不小的影响；成吉思汗征服乃蛮后，借畏吾儿字母创制了文字。特别是在生产力的发展上，他们接受了汉族更多的积极影响，接近中原的"熟鞑靼"，已发展了粗放的农业，"能种秫稷"。通过交换，他们不仅从汉族地区得到一般生产和生活上的必需品，而且在辽亡后，他们得到了"秦晋铁钱"，"遂大作军器，而国以益强"。²

13世纪，蒙古贵族发动了扩及欧亚的征服战争，直接接触到国内外许多具有高度封建文明的民族，自然在生产和生活方式以及政治制度、文化和思想意识各个方面更易于接受他们的影响。从各处掳掠来的许多农业居民和工匠，在蒙古地区发展了农业和手工业，这些原来没有或发展很微弱的经济部门的出现，促进了内部交换的发展；而往来蒙古草原的西域商人，更使蒙古地区的贸易扩大到其他各民族之间。封建主从直接掠夺或由汉族地区分地得来的东西，使这些地区突然增加了大量的财富。当然这些财富不会分到平民手中，但穷人也可用羊和皮张换取谷物之类的生活品。³ 蒙古地区新的经济部门的出现和内外交换的发展，使各种经济有了相互调剂的可能，在一定程度上也刺激了畜牧业的发展。

财富的增加和生产力的一定提高，扩大了那颜阶级的贪欲和剥削牧民的剩余劳动及其产品的可能性，也增加了物质和精神财富的积累，使蒙古社会从此得以稳定地加入全国封建文明的大家庭中。

马克思和恩格斯分析日耳曼人如何向封建社会过渡的论点，对

---

1 《辽史》卷三〇《天祚皇帝本纪》；梁园东译注《西辽史》，中华书局，1955年，27~40页。
2 《建炎以来朝野杂记》卷一九《鞑靼款塞》。
3 Rockhill: *The Journey of William of Rubruck to the Eastern Parts of the World*, London. 1900. p.68.

我们理解这一问题很有启发意义。他们说:"封建主义决不是现成地从德国搬去的;它起源于蛮人在进行侵略时的军事组织中,而且这种组织只是在征服之后,由于被征服国家内遇到生产力的影响才发展为现在的封建主义的。"[1] 蒙古民族是我国第一个这样的民族,它既在全国建立了中央政权,又未完全脱离原来的住地。这种情况,不仅使在中原处于统治地位的蒙古贵族不得不和汉族地区"被征服以后所保有的较高的'经济情况'相适应",[2] 而且也有利于留在原地的蒙古族人民与全国各民族经济、文化的交流,有利于缩短蒙古族与具有较高封建文明的各民族之间社会发展的距离,终于使我国北方许多氏族和部落形成了一个较大的民族,进而稳步地发展到封建制度的社会发展阶段。

(原载《民族团结》1962年第9期,有删节,此据《纪念成吉思汗诞生800周年集刊》所发表的原文修订)

---

1 《德意志意识形态》,《马克思恩格斯全集》第3卷,人民出版社,1960年,83页。
2 恩格斯《反杜林论》,189页。

蒙古与蒙古族的形成

蒙古的由来

秦汉以来，匈奴、鲜卑、柔然、突厥、回鹘、黠戛斯等部相继称雄于蒙古高原。13 世纪初，成吉思汗统一了蒙古高原各部，建立了以蒙古为名的国家。目前占主导的意见是：最早的蒙古人来源于东胡。东胡是匈奴以东许多族属相同的部落联盟。东汉时，东胡的鲜卑人兴起于兴安岭地区，乌桓人崛起于其南。后鲜卑各部与匈奴等族向南扩张，灭亡了西晋。其中拓跋鲜卑贵族于公元 386 年建立了北魏王朝。不久，在鲜卑和乌桓的故地又兴起了室韦和契丹等部。法国学者伯希和认为，室韦只不过是鲜卑不同的译音（*Serbi，*Sirbi，*Sirvi）。室韦人就是留在原地较原始的鲜卑人，也是一个包括许多部落的联盟。据《旧唐书·北狄传》记载，在俱轮泊（呼伦池）以北，傍望建河（额尔古纳河）而居者，有西室韦、大室韦、蒙兀室韦等部。其中"蒙兀室韦"就是构成蒙古族核心的原始部落。波斯拉施特《史集》记载的蒙古传说也证实了这一点，据说蒙古人的祖先原住在名叫额尔古涅昆的深山中,后从山中出来,一部游牧于额尔古纳河和呼伦池附近及其西南,这就是包括弘吉剌等部在内的迭列列斤蒙古;另一部则迁到鄂嫩河和克鲁伦河上游及两河之间的肯特山一带,即成吉思汗所在的各部落,称为尼鲁温蒙古。蒙古文史书《元朝秘史》则说:成吉思汗的祖先渡过了腾汲思,来到了斡难河(鄂嫩河)源头不儿罕山(肯特山)前居住。"腾汲思"在突厥语中意为海,很可能指的是呼伦池。《元朝秘史》描述的迁徙过程是与中外文献完全吻合的。

按照近代语言学的分类,历史上活动在蒙古高原的民族分属于阿尔泰语系的突厥语族和蒙古语族。一般认为,匈奴、突厥、回鹘、黠戛斯属突厥语族,东胡、鲜卑、柔然、室韦、契丹则属于蒙古语族。公元745年回鹘灭亡了东突厥汗国。公元840年回鹘被黠戛斯所破,王室率众西迁。不久,黠戛斯又被契丹驱回叶尼塞河故地。值此群雄无主之际,蒙古各部开始了向西渗透和发展的过程,与留在蒙古高原上说突厥语和蒙古语的各族遗裔错居杂处。后对辽、金王朝,时而臣服,时而侵扰,而以萌古、毛褐、蒙古里、盲骨子、朦骨、朦辅等译名见于辽、宋、金的记载中。

蒙古与鞑靼

约与蒙兀室韦出现的同时,以突厥文铭刻的《阙特勤碑》上载有一种"三十姓达怛",所处地望与室韦相当,似乎这时室韦也称达怛。达怛之名初见于唐代汉籍,以后达靼、达旦、塔坦、鞑靼之名累见于新、旧《五代史》《辽史》和宋代史籍(《辽史》和《金史》又称为阻卜或阻鞑),有时鞑靼几乎成了北方各部的泛称。蒙古人自写的《元朝秘史》

中,鞑靼译作塔塔儿,只是指活动于呼伦贝尔草原讲蒙古语的一部。拉施特《史集》的记载与《秘史》相同,但他解释说:"由于塔塔儿的强盛和煊赫一时,人们对种类和名称不同的其他部落,……全都称之为塔塔儿。各部也自以为被称塔塔儿而感到伟大和尊荣。"因此,金代中原人很熟悉北方的鞑靼,蒙古军占领燕京后,也被统称为鞑靼。大将木华黎等对汉人说话时也自称"我鞑靼人"。尽管蒙古是元朝统治者的自称,但中原民间仍习称"达达",以至泰定帝即位诏的汉译文中,也译蒙古地区为"达达国土",译蒙古人为"达达百姓"。元亡以后,明人也称蒙古为鞑靼,《明史》为蒙古立传即名为《鞑靼传》。随成吉思汗之孙拔都在西方建立钦察汗国的蒙古人也被称为鞑靼人。久之他们被当地突厥人所融化,然而这个讲突厥语的民族,迄今却以鞑靼闻名于世。

蒙古的兴起和大蒙古国的建立

回鹘、黠戛斯败亡之后,蒙古高原处于四分五裂的局面,这里既有操蒙古语的部落,也有操突厥语的部落。自称蒙古的只是蒙古语族各部中的一支,在成吉思汗年少时,他们也分成许多氏族和分支。成吉思汗率领他的伙伴(那可儿 nökör)和部属,次第征服了蒙古高原各部,于1206年建立了大蒙古国。据《元朝秘史》记载,建国后曾有讲九种语言的百姓聚集在巫师帖卜腾格里处。可见当时的蒙古国是一个语言各异、族属不同的部落联合体。然而,成吉思汗创造的千户制度,打碎了原有的部落体系,将拥护自己的部落分属于以亲族、驸马、功臣为首的千户,再把被征服的各部百姓拆散分配到各千户之中,割断他们原有的血缘纽带,统统变成蒙古国的百姓。

成吉思汗先统一了漠北,西边到阿尔泰山突厥语部落乃蛮的故地,东北从额尔古纳河以至外兴安岭分给其弟合撒儿,再东则属于幼弟斡赤斤,后者又逐渐将其领地推进到嫩江和松花江流域。各部落都在长久的蒙古化过程中,融合成为蒙古族的一员。

漠南地区阴山以北的汪古部,在征乃蛮前已自动归附。1214年,成吉思汗又将新占领的漠南东部金朝的土地分封给自己的亲信和弟侄。灭西夏以后,原属西夏的今鄂尔多斯、贺兰山、额济纳河、河西走廊相继被分赐给宗王,大批蒙古牧民也随着南迁,后逐渐形成了漠南蒙古族的聚居区。

蒙古贵族向外扩张和蒙古草原经济的发展

成吉思汗统一蒙古以后,以他为代表的草原贵族,又不断发动对外扩张和掠夺的战争。除南下以外,成吉思汗西征的结果,长子朮赤及其继承者拔都建立钦察汗国于哈萨克和南俄草原,次子察合台建汗国于别失八里(今新疆吉木萨尔境)以西至阿姆河流域,三子窝阔台建汗国于今新疆西北部。后来其孙旭烈兀建伊利汗国于波斯。在侵略战争中,大批蒙古人离开了故土,部分死于战争,留在诸汗国的后裔被消融在各个被征服民族之中。蒙古贵族源源不断地俘获更多的劳动人手,包括工匠、农民和从事牧业的奴隶,使蒙古草原的经济得到很大的发展,也使这里的人口成倍地增长起来。劳动力的增长不仅使蒙古草原的基本生产部门——游牧畜牧业得到较大的发展,而且在各族人民共同努力之下,新兴的农业、手工业、商业和城镇建设也达到前所未有的规模。

蒙古草原的统一、国家的建立、奴隶制和封建秩序的相继确立,结束了部落纷争、"天下扰攘"的时代,避免了相互掠夺和争夺牧场造成畜牧业的破坏。窝阔台汗指令各千户内选派嫩秃赤(nuntu'uči)专管分配牧场的工作,派人到一些缺水的地方打井以开辟新的牧场。元朝为制止草生时掘地和失火烧毁牧场,颁布了以"诛其家"的重刑保护牧场的禁令。

农业人口的流入促进了漠北农业的发展。成吉思汗曾令镇海督率各族俘虏万余人屯田于阿鲁欢(今哈腊湖以南,后定名称海,即镇海)。克鲁伦、鄂尔浑、塔米尔等河沿岸也有人利用河水灌溉,种植耐寒的糜、麦等谷物。世祖相继派汉军前往和林、称海屯田,武宗时,和林曾年收粮九万余石,称海年收粮二十万斛。

蒙古草原出现了不少新兴的城镇。1235年,窝阔台在和林建造了以万安阁为中心的宫殿,以后扩建为包括衙署、寺庙、商店、作坊、市场的城市。后定为岭北行省的首府。称海屯田处也建起城池、仓库等。1307年,在此设称海等处宣慰司都元帅府。诸王贵族在领地内也建造城池和宫苑。

蒙古贵族每攻占一地,就把工匠挑选出来掳回各自的领地,为其制作武器和其他手工业品,"百工之事,于是大备"。从中原经过漠南,有帖里干、木邻、纳邻三条驿道通往漠北,交通较前方便得多。驿路的开通便利了商旅的往来,沟通了蒙古族和全国各族人民的交往和物资的交流。

创制本民族文字和文化的发展

蒙古族处于多民族的国家中，客观上有利于广泛接触并吸收各民族的文化，使本民族的文化得到很大的发展。成吉思汗建国前，就已经试行以畏兀儿字母拼写蒙古语的文字。元世祖时又由帝师八思巴创制用梵藏字母拼写一切文字的蒙古新字。元成宗时搠思吉斡节儿对畏兀儿字进行改革，制定了规范的蒙古字正字法和书面语法，使畏兀儿字成为便于普遍推广的文字。元代无疑是以皇室出身的古蒙古部方言作为民族的共同语，当然畏兀儿字蒙古文必须以这种共同语为依据，这就更促进了蒙古语言的统一和民族的形成。它经过历史的考验一直被蒙古族使用到今天。

元朝为了吸收汉族王朝的统治经验，利用儒学进行统治，曾组织翻译了《资治通鉴》《贞观政要》《帝范》及各种儒家经书。皇帝因崇奉喇嘛教，也组织翻译了大批梵、藏文佛经。

蒙古新字颁行后，中央设蒙古国子监和国子学，地方行省、路、散府、州分设蒙古提举学校官、蒙古教授、蒙古学正，主管教习蒙古字。各侍卫亲军都指挥司，也各设蒙古字教授一员。同时还有不少蒙古族进入学习汉文经书的儒学。元仁宗开科举以后，规定蒙古人在乡试和会试中各占四分之一，从而有部分蒙古族通过科举进入了仕途。一批蒙古族的史学家、文学家、剧作家、书法家和翻译家也随之涌现出来。

阶级和阶级斗争

成吉思汗所建立的国家是代表称为"那颜"(Noyan)的奴隶主贵族的国家。皇帝、后妃、宗王、公主而下,还有万户、千户等等,形成一个等级制的阶梯。成吉思汗家族的后人被称为"黄金家族",是具有至高地位的皇室成员。一般贵族凭出身的"根脚"可以在朝廷中担任大官,在领地内具有世袭统治和奴役所属部民和奴隶的权力。劳动牧民和奴隶是蒙古社会中的被统治阶级,也是基本生产者。原来各部落的成员已丧失了自由,沦为对某一那颜确立了人身依附关系的属民,被固着在其领地内,不得"擅离所部,违者斩"。他们都有"出差发"的义务。其中包括按定额缴纳马、牛、羊的实物税(汉语称"抽分""税敛",蒙古语称"忽卜赤儿"qubčir),向领主贡献食用羊和饮用的马乳,自备牛、马、车仗、人夫为国家和领主服无偿的劳役等。

蒙古贵族在元朝占有统治地位,虽然蒙古统治者竭力强调蒙古人的优越地位,但蒙古族劳动人民处于农奴或奴隶的地位,在沉重的负担下,"蒙古子女鬻为回回、汉人奴者"比比皆是。甚至有商人从海路将蒙古男女贩往西亚和印度等地做奴隶的现象。这些事实反映了蒙古人民同样备受元王朝压迫的阶级实质。因而,在全国各族人民反抗元朝统治者不绝如缕的斗争中,蒙古族人民纷纷起而暴动,积极投入到这一斗争的行列。

元亡后,多数蒙古人从此留在中原。洪武、永乐时,又不断有蒙古人成批降附明朝。久之这些人都融合在汉族当中。反之,随元顺帝北奔的有大量汉人,还有钦察、康里(均属色目人)等卫军都融合到蒙古族当中,现在如喀喇沁、杭锦、奈曼等旗名仍保留着这些部名的痕迹。

经过元朝一代的大发展,蒙古高原不同民族成分的部落以及大量外来人口都逐渐融合到蒙古族中,蒙古民族的形成过程大体完成了。从以上事实可以看出,一个民族并非都是同一祖先的后代,不能简单地以血缘关系和人种学去解释。民族是历史长期发展的产物。蒙古族是以一个自称蒙古的小部而得名,这个蒙古部为统一各部,促进蒙古族的形成和发展做出了重大贡献。元亡之后,蒙古族又经过六百年曲折的发展,成为今天多民族祖国大家庭中的一员,在崭新的风貌下取得了更大的进步和发展。

(原载《文史知识》1985 年第 3 期)

元朝的蒙古族

成吉思汗兼并了漠北诸部,建立起一个统一的蒙古国。随后又南下伐金,把牧地扩充到漠南。在漠南北广大地区内,他摧毁了原来的部落系统,建立起新的千户制组织,委派他的勋臣、贵戚担任千户、万户,将被征服各部人民分配到各千户之中。这样一来,本来具有不同特征的各部草原游牧民,他们原有的氏族部落组织的联系纽带被切断了,分散在居于统治地位的蒙古人的优势影响下,经过长期的历史发展,逐渐形成共同以蒙古为名并一致使用蒙古语的蒙古民族。他们长期在这块共同地域内生息,终于形成一个蒙古族集中的聚居区。因此,后来人们也习惯上用民族的名称称呼这个地区。

蒙古族聚居区大体上可分漠北和漠南两部分。成吉思汗先统一漠北,随即把统治中心迁到客烈部故地的和林。忽必烈即位,迁都大兴(后改大都,今北京),统治中心移往中原,设宣慰使司都元帅府于和林。大德十一年(1307),立和林等处行中书省,后改为岭北等处行中书省,漠北成为元朝政府统辖下的行省一级行政单位。[1] 岭北行省

---

[1] 《元史》卷五八《地理志》。

的辖境,东边越过兴安岭直到嫩江和松花江流域(斡赤斤的分地),[1]南濒大戈壁,西达阿尔泰山西麓。西北八邻部领主管辖着鄂毕河上游直到额尔齐斯河林木中的百姓,驻在唐麓岭北益兰州的五部断事官管辖着叶尼塞河和安加拉河流域的乞儿吉思诸部,东北则包括贝加尔湖周围的火里、秃麻、不里牙惕、八儿忽诸部[2]以及石勒喀河至额尔古纳河一带合撒儿的领地。[3]

在漠南地区,阴山以北居住着自动归附的汪古部。1214年,成吉思汗又将新占领的金朝土地分封给札剌亦儿、兀鲁兀、忙兀、弘吉剌、亦乞列思等五投下和自己的弟侄。[4] 灭西夏后,原属西夏的今鄂尔多斯、贺兰山、额济纳河、河西走廊和青海等地相继被分赐给诸王,大批蒙古牧民也随着南迁。元代,除兴安岭地区属岭北行省外,在上述地方分别设立了宣慰司或路,由辽阳、陕西、甘肃等行省和中书省管辖,以后逐渐形成了漠南的蒙古族聚居区。[5]

---

1 《史集》,第1卷第2分册,56页;《元史》卷一六九《刘哈剌八都鲁传》。
2 周清澍《元朝对唐努乌梁海及其周围地区的统治》,《社会科学战线》1978年第3期。
3 《史集》,第1卷第2分册,52页;吉谢列夫《昆兑城》,《蒙古古代的城市》,苏联科学院出版社,1965年。
4 《元史》卷一一八《特薛禅传》。
5 同上,卷五八《地理志》中的德宁路、净州路、集宁路、砂井总管府属汪古部;应昌路、全宁路属弘吉剌部;宁昌路属亦乞列思部;上都路"元初为札剌儿部、兀鲁郡王营幕地"。卷六〇,永昌路属阔端,沙州路隶八都大王(误,应属察合台后王怯伯),山丹州属察合台后王阿只吉分地,西宁州属章吉驸马分地。元世祖时,鄂尔多斯地区是忽必烈子忙哥剌领地(参见《从察罕脑儿看元代的伊克昭盟地区》,《内蒙古大学学报》1978年第2期)。

社会经济生活

畜牧业 蒙古族建立了国家,并很快进入封建制社会,这是非常快速的进步。生产关系的变革促进了生产力的发展。

游牧畜牧业是蒙古族人民的主要经济部门。虽然蒙古贵族向外发动战争对畜牧业生产有不利的影响,但是,蒙古族的统一、国家的出现和封建秩序的确立,使以往部落纷争、"天下扰攘"的混乱局面可以避免了,劳动人手——奴隶得到了补充。总的来说,畜牧业稳定地发展起来了。

在部落并立的时代,由于相互掠夺和争夺牧场,常常造成很大的经济破坏。国家建立后,大贵族的领地(《元史》译"农土",《秘史》译"嫩秃黑"——nuntuq)必须由大汗指定和确认,而大贵族又有权逐级往下指定牧场。[1] 窝阔台时,曾经指令各千户内选派嫩秃赤专管分配牧场的工作,这就可以防止争夺牧地的纠纷,有利于畜牧业生产的发展。[2]

有了统一的国家,就可以通过政权的力量组织人力,采取一些改善畜牧业生产条件的措施。窝阔台时,为了开辟新的牧场,曾经派人到一些缺水的地方打井。[3] 忽必烈时也有派兵到漠北浚井的记载。[4] 国家为了保护牧场,颁布了严格的禁令:草生而掘地的,遗火烧毁牧场

---

1 《普兰·迦尔宾尼游记》;《史集》,第1卷第2分册,113页;《元史》卷一一八《特薛禅传》;《元朝秘史》,205~207、219节。
2 《元朝秘史》,279节。
3 同上,279节;《长春真人西游记》上。
4 《元史》卷一五《世祖纪》,至元二十五年六月丁丑;卷二七《英宗纪》,延祐七年秋七月甲申。

的,都要"诛其家"。[1]

　　蒙古牧民也从被征服的游牧民族学到了新的生产技术。如原来活动于和林以东的蒙古部是缺少骆驼的,征服西夏以后,原来盛产于今内蒙古西部的骆驼大量输入漠北,蒙古牧民并从西夏人那里学会了驯养技术。[2] 又如善于养马的钦察人是元朝皇帝官牧场上最能干的牧人,由于会制黑(清)马奶酒被称为哈剌赤,朝廷中管理畜牧的官员常由他们担任。[3]

　　成吉思汗统一漠北后,从出兵的数字估计,人口远低于一百万。[4] 元世祖至元末年(1294),由于西北诸王的叛乱,从漠北流亡云朔间(今雁北地区)的人口就有七十余万。[5] 武宗初年(1308),从西北叛王各部归附的又有八十六万余户。[6] 岭北行省的总人口一定要大大超过此数,可见人口增长很快。人口增加了,而牧民放牧的牲畜数也有增长。《黑鞑事略》记载,"凡马多是四五百匹为群队,只两兀剌赤管"。[7] 延祐间,据一个少年奴隶自述,他要为主人放牧"羊二千余头"。[8] 1324年,中书省确定区别蒙古牧民穷富的一个标准:凡马、骆驼不够二十匹,羊五十只的,算是穷困。如要这些人充

---

[1]　《黑鞑事略笺证》;《元史》卷八《世祖纪》,至元十年十月。
[2]　《元朝秘史》,249、250节;《史集》,第1卷第2分册,150页;《蒙古社会制度史》,59页。
[3]　《元史》卷一〇〇《兵志·马政》,卷一二八《土土哈传》;《双溪醉隐集》卷六。
[4]　《元朝秘史》,202节,载成吉思汗建国时有九十五千户;《史集》,第1卷第2分册"成吉思汗的军队和万户、千户长"一节载,他晚年有一百二十九个千户,每千户按足数计,每户以平均五口计算,也不过五六十万人。
[5]　《元史》卷一七三《马绍传》。
[6]　同上,卷二二《武宗纪》,至大元年三月乙丑。
[7]　《黑鞑事略》。
[8]　张养浩《驿卒佟锁住传》,《归田类稿》(北京大学图书馆藏元刊本),卷一一。

当站户,就应由政府补买牲畜救济。[1] 在封建社会中,这个标准不算低了。可见13至14世纪蒙古的牲畜总数和各个牧户平均拥有的牲畜头数都比12世纪有了显著的增长。

蒙古大汗、诸王和贵族的大畜群所有制得到了更大的发展。他们从掠夺战争中俘获来大量的劳动力和牲畜,又通过对所属牧民征收贡赋,收买和没收所谓无主牲畜等途径,使大量牲畜集中到自己的牧场上来。

元朝官牧场的条件最优越,都是由国家挑选的水草丰美地区。皇帝每年照例要在春末夏初迁居上都,在很大意义上也是为了利用上都附近的好牧场。秋末冬初,漠南牧区的牲畜常就近赶到华北的田野上放牧,这些地区要负担饲马的刍粮和饲草。如1307年,大都路承担饲马九万四千匹,供应粮食十五万石;外路饲马一十一万九千匹。[2] 同时,政府发行盐券向农民换取秆草,这年就收草将近一千三百万束。[3] 这里的官牧牲畜普遍搭盖了圈棚,由国家指定地方政府提供人力和物资搭盖。[4] 在内地还注意到栽培牧草。大都有苜蓿园,"掌种苜蓿,以饲马驼膳羊"。[5] 元朝几次颁布过"劝农"条画,其中一条就是规定农村各社"布种苜蓿""喂养头匹"。[6] 盐折草可能一部分就是苜蓿。畜牧业的需要也促进了华北地区的牧草种植业的发展。[7] 由于官牧场牲畜极多,牧人的分工就更为专业化,见于记载的有:羯羊

---

[1] 《永乐大典》卷一九四二一《经世大典·站赤》。
[2] 《大元马政记》(《广仓学窘丛书》本,第一集)。
[3] 《永乐大典》卷一一五九八《经世大典·市籴粮草》。
[4] 《大元马政记》。
[5] 《元史》卷九〇《百官志》。
[6] 《通制条格》卷一六;《元典章》卷二三。
[7] 《本草纲目》卷二七《苜蓿》条:"今处处田野有之,陕陇人亦有种者。"

倌(亦儿哥赤 Irgeči)、山羊倌(亦马赤 Ima'ači)、羊倌(火你赤Qoniči)、骡马倌(苟赤 Geüči)、骟马倌(阿塔赤 Aqtači)、一岁马驹倌(兀奴忽赤 Unuquči)、马倌(阿都赤 Adu'uči)等名目。[1] 这种大规模的分群放牧,很有利于畜牧业的发展。

上述官牧场采取的种种新措施,在以往分散的纯游牧经济中是不可想象的,元朝通过国家的力量使部分牧业区和农业区相结合,大大改善了畜牧业的条件,促进了畜牧业生产的发展。仅就残存的少数记载看:在皇室的某个牧场上,官有母羊达三十万头。[2] 忙兀部领主自称有马"群连郊坰"。[3] 弘吉剌部一个陪臣牧养"马牛羊累巨万"。[4] 这些例子也可说明当时大畜群所有制的巨大规模。

渔猎业 狩猎仍是蒙古游牧民的重要副业。蒙古大汗、诸王、贵族都喜欢围猎,围猎时所属牧民都得参加。秋冬有五六个月是蒙古牧民围猎的季节。[5] 当春天冰消春泛时,他们又用放鹰隼的办法捕捉水鸟和野兽,叫作"飞放"。[6] 捕猎期间,他们只吃猎获的野物,实际上是对畜牧业生产的补充。[7]

唐麓岭以北和贝加尔湖地区的林木中百姓,主要以狩猎为生。这里盛产貂皮、兽皮和鹰鹘,驯鹿是驮运的工具。[8] 八儿忽和乞儿吉思出产的鹰鹘很名贵,每个蒙古贵族都要驯养它以供打猎之助。当

---

1 《元史》卷一〇〇《兵志·马政》。
2 《大元马政记》。
3 姚燧《忙兀公神道碑》,《元文类》卷五九。
4 揭傒斯《竹温台碑》,《满洲金石志》卷四。
5 尤外尼《世界征服者传》(英译本),19页;《黑鞑事略》。
6 张德辉《岭北纪行》;《元史》卷一〇〇《兵志·鹰房捕猎》。
7 《卢卜鲁克游记》(柔克义英译本),69~70页;《黑鞑事略》。
8 《史集》,第1卷第1分册,123页;《元史》卷六三《地理志》,附录。

地人民以此作为对元朝皇帝的贡品,还有回回商人专程到这里索取鹰鹘贩往内地牟利。[1]

近水之处,捕鱼也是牧民生活上的一大补充。捕鱼儿海(贝尔湖)、答儿海子(又称鱼儿泊,今达里诺尔)和肇州都产鱼,居民有的以"耕钓为业",有的以鱼作为贡品。漠北克鲁伦河、土拉河及其他河流、湖泊也产鱼,牧民"至冬可凿冰而捕"。[2] 1289年,"边民乏食",忽必烈"诏赐网罟,使取鱼自给"。[3] 武宗时,西北叛王部民来归者百数十万,朝廷让近水者取鱼以食,四年之间,共调去鱼网三千。[4] 中原的渔具和捕鱼经验使蒙古族人民常常能利用天然的鱼类资源渡过灾荒年岁。[5]

农业 12世纪时,漠北几乎没有农业。史书中只见过色楞格河上的篾儿乞人有"田禾"的记载。[6] 成吉思汗建国后,曾经令镇海屯田于阿鲁欢,最初参加屯田的俘虏万余人,包括塔塔儿、契丹、女真、只温、唐兀、钦察、回回等各族人民。[7] 经过若干年的发展,克鲁伦、鄂尔浑、塔米尔等河沿岸都有人利用河水灌田,种植一些耐寒的糜、麦等谷物。[8] 叶尼塞河流域,谦谦州"亦收禾麦",乞儿吉思人"颇知田作"。[9]

---

1 《元史》卷一〇《世祖纪》,至元十六年十二月;《元典章》卷五七;《史集》,第2卷,190页;牟里、伯希和译《马可波罗世界游记》,281~286页;伯希和《马可波罗注》Barqu条。
2 《长春真人西游记》上;张德辉《岭北纪行》;《元史》卷一六九《刘哈剌八都鲁传》。
3 《元史》卷一五《世祖纪》,至元二十六年十二月庚子。
4 刘敏中《丞相顺德忠献王碑》,《元文类》卷二五。
5 同上,卷二二、二三《武宗纪》,大德十一年七月丙戌,至大元年二月甲寅,三年六月乙卯。
6 同上,卷一《太祖纪》;《元朝秘史》,177节。
7 许有壬《怯烈公神道碑》,《圭塘小稿》卷一〇。
8 张德辉《岭北纪行》。
9 《长春真人西游记》;《元史》卷六三《地理志》,附录。

元朝建立以后,为了供应驻屯军队的需要,政府陆续在漠北各地发起屯田,农业更稳定地发展起来。至元十一年(1274),元世祖开始派军队前往和林屯田。[1] 以后又陆续增派军队,使和林成为岭北一大屯田中心。汉族士兵是屯田的主要劳动力,如汉军将领王通、石高山、张均等都曾率所部军去和林经管过屯田。[2] 武宗时发一万汉军屯田和林,秋收粮食达九万余石。[3] 由于西北叛王连续发动战争,元朝在杭爱山至阿尔泰山一线驻军甚多,为了就近解决戍军的粮饷,自元贞元年(1295)起,成宗又调拨汉军着重发展称海的屯田(称海即镇海的异译,指镇海在阿鲁欢的屯田),以后不断增拨屯田军队、农具和耕牛等,使称海成为岭北又一屯田中心。[4] 武宗即位,称海屯田由行省左丞相哈剌哈孙重加经理,当年收粮二十万斛。[5] 五条河是同称海齐名的另一屯田要地。[6] 泰定帝时,元朝又在海剌秃地方设置屯田总管府。[7] 此外,见于记载的还有脱里北、兀失蛮、札失蛮、杭爱山、呵札等地的屯田。[8] 谦州和乞儿吉思也有屯田,甚至元朝还从淮河以南派汉族农民携农具前往屯垦。[9]

---

[1]　《元史》卷八《世祖纪》,至元十一年秋七月。
[2]　同上,卷一六六《石高山传》《张均传》;卷一六七《王通传》。
[3]　同上,卷二二、二三《武宗纪》,大德十一年十二月癸卯,至大二年二月乙丑。
[4]　同上,卷一〇〇《兵志·屯田》;卷五八《地理志·岭北行省》。
[5]　《丞相顺德忠献王碑》。
[6]　《元史》卷一〇〇《兵志·屯田》。
[7]　同上,卷二九《泰定帝纪》,元年六月庚午;卷四一《顺帝纪》,至正六年十二月甲午,八年二月癸酉。
[8]　同上,卷一〇《世祖纪》,至元十六年二月癸卯;卷一三,二十二年春正月戊子;卷一七,三十年春正月戊戌;卷二〇《成宗纪》,大德四年二月甲戌。
[9]　同上,卷七、一一《世祖纪》,至元九年六月壬辰,十八年闰八月。

屯田收获主要供给驻军，遇到丰收之年，也可储备一部分以备赈济蒙古族牧民。同时，蒙古族人民也有经营农业的。如1272年元政府曾令拔都军于克鲁伦河附近"开渠耕田"，"拔都军"一般是由蒙古军组成的。[1] 1319年，元仁宗曾派蒙古军五千人和晋王部属贫民二千人屯田称海。[2] 哈剌哈孙整理称海屯田，曾选择军士中通晓农事者教蒙古各部落从事耕种。[3]《元史》中还有秃木合地方和塔塔儿部因庄稼歉收要求赈济的记载。[4] 说明这些蒙古族是以农业为生的。至于暂时以农耕弥补畜牧业不足的情况则更为普遍，每逢灾荒年岁，经常有朝廷颁发农具、种子和耕牛等让蒙古族人民"屯种自赡"的说法。可见，由于元代我国各民族有机会直接接触并交流生产经验，又能从中原得到农具、种子，在岭北地区适宜种植的地方，农业也发展起来了。

漠南地区素来就有农业，元朝时则从汉人聚居区扩展到北面蒙古族聚居的牧业区。弘吉剌部聚居的达里诺尔附近，13世纪初即形成"人烟聚落，以耕钓为业"。[5] 元世祖初年的文书中，即有弘吉剌、亦乞列思"种田户"的记载。[6] 以后在弘吉剌驻地设应昌府，每年可籴储粮食近一万石。[7] 后来应昌路正式列入全国一百二十余处屯田中的一个。[8] 砂井、净州以至延安府境的汪古人多从事农业，当时人称为

1　《元史》卷七《世祖纪》，至元九年五月癸亥。
2　同上，卷二六《仁宗纪》，延祐六年十一月庚子；卷一〇〇《兵志·屯田》。
3　《丞相顺德忠献王碑》。
4　《元史》卷一五《世祖纪》，至元二十六年十二月丙寅；卷一一五《显宗传》。
5　《长春真人西游记》。
6　《大元马政记》。
7　《永乐大典》卷一一五九八《经世大典·市籴粮草》。
8　《元史》卷二二《武宗纪》，至大元年十一月己巳。

"种田白达达"。[1] 砂井在净州以北，汪古人"旧业畜牧，少耕种"，地方官"劝民力穑，而民生滋厚"。[2] 在亦集乃路的黑水河流域，土著的唐兀人也从事农业。元朝廷曾发给耕牛、农具和种粮救济当地的贫民，后来又在那里屯田。[3] 调动军队和唐兀族人疏浚了河渠，还新开了一条合即渠，扩大耕地九千余亩。[4] 兀剌海路也有人种田，元朝曾颁发过一项在那里征收农业税的规定。[5]

城市 1220 年，成吉思汗定都和林。1235 年，窝阔台决定修筑城垣，建造以"万安阁"为中心的宫殿，又令诸王在皇宫四周兴建自己的府邸。[6] 以后历年增建，据蒙哥时代亲历的西方旅行家描述：此城已颇具规模，城内有各族商人聚集的回回街，有汉族工匠聚居的汉人街，有若干所衙署，十二座佛寺和庙宇，两所清真寺，一所基督教堂。东南西北各有一门，分别有粮食、车、牛、羊、马的市场。[7] 1299 年，和林城又扩建了一次。[8] 后又定为岭北行省的首府、军事重地以及经济和文化的中心。[9] 元末有人说："和林百年来，生植殷富埒内地。"[10] 初建和林时，窝阔台还在它附近兴建了图苏湖和迦坚茶寒等宫城。[11]

---

1 《元史》卷九八《兵志·兵制》。
2 陈旅《赠沙井徐判官诗序》，《陈众仲文集》（北京图书馆藏元刊明修本），卷四。
3 同上，卷六、一三、一五《世祖纪》，至元四年秋七月甲寅，二十二年秋十月戊寅，二十五年四月辛巳。
4 同上，卷一四《世祖纪》，至元二十三年正月甲申，二十四年八月癸酉；卷一〇〇《兵志·屯田》。
5 同上，卷九三《食货志·税粮》。
6 许有壬《兴元阁碑》，《至正集》卷四五；《史集》，第 2 卷，40~41 页。
7 《卢卜鲁克游记》，221 页。
8 《元史》卷二〇《成宗纪》，大德三年二月。
9 同上，卷五八《地理志·岭北行省》；卷一一九《月赤察儿传》；卷一三六《哈剌哈孙传》。
10 许有壬《苏志道神道碑》，《至正集》卷四七。
11 《元史》卷五八《地理志·岭北行省》。

称海是漠北另一重镇。因镇海在此屯田,建起城池、仓库,就以他的名字作城名。[1] 这里首当西北叛王进军之冲,称海又成为驻防重地,忽必烈太子真金、成宗皇侄海山(即武宗)曾指挥诸王、大将在此镇守。[2] 1307年,元朝在这里设置称海等处宣慰司都元帅府。[3]

据记载,斡赤斤好兴土木,他到处营建宫殿和苑囿。[4] 合撒儿的分地在额尔古纳河流域,河东岸与根河汇流处的黑山头,[5]河西苏联境内乌卢龙桂河和昆兑河畔等处都有他的家族营建的城市废墟。[6] 在库苏古尔湖西德勒格尔河畔曾发现一个城址,有碑文可证明是斡亦剌部王府的所在地。[7]《史集》记载:乞儿吉思和谦谦州有很多城镇和村落。[8] 益兰州是乞儿吉思等五部断事官的治所,元初在这里修建官廨、仓库和驿道的传舍等,其余工匠的住舍更多。[9] 它的遗址已在埃列格斯河岸发现,是四个隔河而建的居民区连成的大城。埃列格斯河以东的拜哈克、以西乌鲁克穆河南岸的沃马克,都有元代城镇的遗址。[10]

除城镇以外,游牧区也出现了定居的村舍。贵由汗时,旅行者途经克鲁伦河,曾看到有蒙汉杂居,盖土筑房屋居住的情形。[11]

---

1 《怯烈公神道碑》。
2 《元史》卷一一五《裕宗传》;卷一〇八《诸王表》。
3 同上,卷二二《武宗纪》,大德十一年七月癸酉。
4 《史集》,第1卷第2分册,55页。
5 屠寄《蒙兀儿史记》,卷二。
6 吉谢列夫《昆兑城》,《蒙古古代的城市》。
7 敖·那木难道尔吉《关于蒙哥汗石碑和宫殿的发现》,乌兰巴托,1957年。
8 《史集》,第1卷第1分册,150页。
9 《元史》卷六三《地理志》,附录。
10 吉谢列夫《登帖烈克城》,《蒙古古代的城市》,59~119页。
11 张德辉《岭北纪行》。

在漠南地区,辽、金时广设州县,城、堡很多。成吉思汗时破坏很大;元朝时逐渐得到恢复,而在各投下领地内还出现了新的城镇。

弘吉剌部的中心鱼儿泊附近,成吉思汗时已有"人烟聚落",后来又修建起一座方广二里许的公主离宫,宫的东西是农民和工匠屯聚的村落。[1] 1270年,弘吉剌部领主正式在湖西南四里处兴工建造应昌城。1295年,又在今翁牛特旗兴建全宁城。[2]

在汪古部的驻地内,金代在同北边互市的榷场设置了天山县和集宁县,元朝则升为净州路和集宁路的治所。净州以北通往和林的驿道上有砂井城,成为砂井总管府的治所。[3] 汪古部贵族在世代居住的黑水(艾不盖河)北岸修建了一座以王府为中心的新城,后定名静安县,作为静安路的治所。1318年改名为德宁路。[4] 此外,大青山后还有不少汪古人居住的城镇村落遗址,可见当时他们的定居点是很多的。[5]

今伊克昭盟地区,是忽必烈第三子安西王忙哥剌的领地,安西王在西夏的夏州东北新建了一座察罕脑儿城和宫殿。武宗没收了安西王的领地,在察罕脑儿设宣慰司都元帅府,作为这一地区的政治、军事和驿道的中心。[6]

---

1 《长春真人西游记》;《岭北纪行》。
2 《元史》卷一一八《特薛禅传》。
3 《金史》卷二四《地理志》;《元史》卷五八《地理志》;《黑鞑事略》。
4 参见《汪古部统治家族》,《文史》第9辑。
5 马定《绥远省归化以北景教遗址的初步调查》,*Monumenta Serica*(《华裔学志》)第3卷第1期,1938年。
6 参见《从察罕脑儿看元代的伊克昭盟地区》,《内蒙古大学学报》1978年第2期。

蒙哥汗时，忽必烈因受命负责"漠南汉地军国庶事"，乃常驻今锡林郭勒盟南部。1256年，在刘秉忠的筹划下，选择桓州东、滦水北一片地段修筑城郭宫室。经过三年的营建，兴起一座新的城市，定名开平。忽必烈继位并定都大都后，改开平为上都，作为每年夏初至秋末常驻的夏都。上都是元朝的国都之一，城市规模非常宏伟。全城分内、外城和外苑三重。外城加外苑，东西、南北各长二公里多，城周共有十八九华里。内城是皇宫，有土木、砖、竹、大理石结构的宫殿、楼台、亭阁、园池等建筑，加上城外蒙古族帐幕式的宫殿失剌斡耳朵，可以说是荟萃了当时国内外各民族建筑艺术的精华。外城是市区，仅就《元史》所载统计，上都曾设大小官署六十所，手工匠管理机构和厂局一百二十一处。佛寺有一百六十七座，孔庙、道观、城隍庙、三皇庙、回回寺和基督教堂等各种信仰的建筑应有尽有。还有鳞次栉比的商肆、达官和平民的住宅等等。上都的交通也四通八达，南有四条驿道通大都，北通和林，东通辽阳行省，西从丰州经宁夏、河西走廊可通中亚。[1]

元武宗又在兴和路旺忽察都地方建行宫为新都，命名中都。后因劳民伤财过大，元顺帝初年只得停罢。

手工业 蒙古贵族在掠夺战争中特别重视工匠，每攻下一地，就要把工匠挑选出来，带回各自的领地为他们制作武器和其他用品，"百工之事，于是大备"。和林是手工匠集中的地方，有一整条街都是工匠。[2] 称海城初建时，就有俘虏来的工匠万余口在这里设局制作。[3]

---

[1] 这段据《元史》《马可波罗游记》《经世大典·站赤》各书综合。
[2] 《黑鞑事略》；《卢卜鲁克游记》，221页。
[3] 《怯烈公神道碑》。

阿不罕山南有许多汉族工匠,设有阿不罕部工匠总管府。[1] 和林附近的毕里纥都是"弓匠积养之地"。[2] 据考古发掘的报导,仅和林一地就曾发现过十座冶炼炉和大量金属制造品,有供军用的破城机和其他机械,有铁犁、铁锄等农具,有适于牧民使用的带脚生铁锅,有商人使用的铜、铁权及车毂等。出土的白生铁经过化验,可断定是在一千三百五十摄氏度高温下熔铸成的,估计当时的工匠已会用水力鼓风了。当地烧造的陶瓷器也被大量发现,质量不差,其中多有从事烧造的汉族工匠的题名。[3] 为宫廷专用的各种建筑和奢侈用品,有许多精美的创造,当时的中外记载中留下了不少目睹者赞不绝口的描述。[4] 和林特产一种名叫碧甸子的玉石,忽必烈即位后就在此设局开采,以后正式设和林玉局提举司。[5]

唐麓岭以北的谦谦州,成吉思汗就已迁徙许多汉族工匠到这里生产武器、丝织品。元朝在这里设立了几个匠局。当地居民原来只会用柳木作杯、碗,刳木为槽以渡河,也不会铸作农具,断事官刘好礼特向中央政府请求派陶、木、铁匠,教会当地人制陶、铁冶和造船等项技术,给当地人民的生产和生活带来很大方便。[6]

漠南蒙古族地区的手工业更为发达。上都官营的匠局很多,有制毡和毛织品的毡局,异样毛子局,加工皮革的软皮局、斜皮局,还有杂造鞍子局,制造武器的铁局、甲匠提举司,以及为宫廷用品生产的器

---

1 《长春真人西游记》上;王恽《塔必公碑》,《秋涧集》卷五一。
2 张德辉《岭北纪行》。
3 吉谢列夫《蒙古的古代城市》,《苏联考古学》1957 年第 2 期;叶甫邱霍娃《哈剌和林出土的古代中国陶瓷》,《苏联考古学》1959 年第 3 期。
4 许有壬《兴元阁碑》;《卢卜鲁克游记》。
5 《元史》卷九四《食货志》。
6 同上,卷六三《地理志》,附录;卷一六七《刘好礼传》。《长春真人西游记》。

物局、葫芦局和金银器盒局等。其余百色工匠,无不具备。[1]

在诸王、贵戚、勋臣的封地内,也聚集着许多工匠为他们制作。弘吉剌、汪古和察罕脑儿等处分别有属于勋贵的人匠总管府、怯怜口民匠总管府和提领所等机构,可见属下的工匠不在少数。

社会阶级状况

向奴隶占有制和封建制社会过渡 蒙古国家的建立,标志着阶级社会的确立,保证了统治者贵族对广大奴隶和牧民的剥削和统治。蒙古贵族借用国家的力量,发动军队四出侵掠,俘虏各民族的人口,大大扩充了奴隶的来源,更促进了奴隶制的发展。这些俘虏由蒙古大汗以分份子(蒙古语称"忽必")的形式分给自己的亲族和功臣。有的按民族、原部落编在一起,作为一个整体为领主服役;有的则分配或转卖到各个牧户中,直接为这户奴隶主牧放牲畜。

在蒙古国家建立以前,蒙古社会中早已孕育着奴隶制和农奴制的萌芽。建国后,农奴制同奴隶制都得到发展,即直接奴役奴隶和向拥有私有财产的依附民征收租赋的制度是同时并存的,而且前者常转化为后者。蒙古奴隶主的对外掠夺战争规模逐渐缩小,奴隶来源也随之减少。又由于他们的统治已扩充到封建文明高度发展的各民族地区,逐渐接受了被征服民族的影响,原有的奴隶也在向农奴式的牧民转化,封建的生产关系也就上升到主导地位。

那颜阶级 建国以前,蒙古草原各部落中已分化出称为"那颜"

---

[1] 《元史》卷八九、九〇《百官志》。

的贵族阶层,成吉思汗所建立的国家完全是代表蒙古那颜的阶级利益的。从此,蒙古那颜有了一个共同镇压被统治者的暴力机器,有了一支征服他民族的统一的军事力量,进一步巩固和扩大了那颜对各族被征服者和蒙古各部的氏族成员的统治。一方面,蒙古那颜通过战争征服了比蒙古部多得多的人口,大大扩充了蒙古社会中的奴隶队伍,促进了奴隶制的发展。另一方面,大汗将牧民作为份子,将牧地作为分地分配给各级那颜,自大汗、皇后、太子、公主、亲族而下,"各有疆界","疆界"内的"民户皆出差发",[1] 使原来的氏族成员沦为各级那颜的属民。那颜构成了蒙古社会中的统治阶级。大汗是蒙古统治阶级的最高代表,成吉思汗家族的成员是其最高层,以下是驸马、万户、千户等,形成一个等级制的阶梯,并有世袭统治和奴役所属部民的权利。

蒙古族牧民及其赋役负担　蒙古社会的被统治阶级是劳动牧民和奴隶,他们是社会中的基本生产者。13世纪,已经没有不属于任何领主的牧民和牧地,蒙古各部落的成员已丧失了自由,成为各级那颜的私属依附民。成吉思汗的札撒(法律)规定:"任何人不得离开其所属之千户、百户或十户而另投它处,……如违此令,擅离者于军前处死,接纳者亦应受严惩。"[2] 元朝的法令也一再声称,牧民不得"擅离所部,违者斩"。藏匿流徙到别部的人要处以杖刑,[3] 因某种原因离开所部的人必须送回原部"著籍应役"。[4] 由于每个牧民都被固定在各个领地内,并同领主建立了人身依附关系,所以他们必须向领主"各出

1　《黑鞑事略》。
2　《世界征服者传》,24页。
3　《元史》卷二九《泰定帝纪》,元年三月乙未,七月己亥。
4　同上,卷三四《文宗纪》,至顺元年八月壬申。

差发,贵贱无一人得免者"。[1]

牧民所承担的实物税主要是缴纳各种牲畜。窝阔台曾制定牧民应缴实物税的定额,一般马、牛、羊群每一百头应纳牝马、牸牛、羒羊一头,牝马、牸牛、羒羊十头以上纳一头。这是最早法定的赋税制度,蒙古语称"忽卜赤儿"(qubčir),汉语叫"抽分"或"税敛"。[2]

抽分以外,牧民还要向领主提供食用的羊和饮用的马乳,这种贡物蒙古语叫作首思(šigüsün～šüsün)。窝阔台时规定蒙古牧民每一群羊应缴一只两岁羯羊作供大汗食用的汤羊(蒙古语叫暑涟～šülen);所有的千户应轮流向他贡献牝马和牧马人。每年轮换一次,在这年内,牧人负责挤马乳并将它制成马奶酒,供大汗和诸王、勋贵聚会时饮用。[3] 同样,下级贵族也有向高级贵族进献汤羊和牝马的义务,实际上这都不免转嫁在劳动牧民的身上。

蒙古那颜因某种需要,也可随时征调属下民户出牛、马、车仗、人夫等为差役,替他们服无偿的劳役。[4] 围猎在氏族部落制时代本来是一种自由组合、平均分配的生产活动,这时已变成牧民的一种沉重负担。围猎期间,牧民常被抽去服役,包括围赶野兽,掘坑挖壕,打木桩,用绳索联起,覆上毡子,构成一道临时的围墙。然后由大汗、诸王、那颜按等级顺序入围打猎,牧民只能在最后收拾残余。围猎期常长达三四个月,劳役本来不轻,而布围所用的绳、毡等物都要由牧民用自己的马鬃和畜毛制成上纳。[5]

1　《黑鞑事略》。
2　《元史》卷二《太宗纪》;《大元马政记》;《史集》,第 2 卷,36 页。
3　《元朝秘史》,279 节。
4　《黑鞑事略》。
5　《世界征服者传》,19~21 页;《黑鞑事略》。

兵役是蒙古牧民另一种沉重负担。在发动战争时,"家有男子,十五以上,七十以下,无众寡,尽签为兵"。战士的装备一律自备,也没有固定的军饷。[1] 蒙古那颜不惜以牧民的生命作赌注发动战争,以求扩大自己的财富和奴隶的来源。

蒙古牧民还要提供对驿站的一切负担,其中包括对维持驿站所应负的一切劳役,供应过往使臣的饮食,提供交通运输所需要的站马、铺马和车、牛等。[2]

部分蒙古牧民在沉重的负担下逐渐贫困化,沦为叫"牙当吉"的穷人。[3] 元初一次检核出诸王兀鲁带所部贫无孳畜者达三万余人。[4] 1329年,赵王马札罕部有民五万五千余口"不能自存"。[5] 蒙古贫苦牧民经不起残酷剥削,往往以"子女鬻人为奴婢"。[6] 蒙古军户往往因调戍远方,"跋涉万里,装橐鞍马之资,皆其自办,每行必鬻田产,甚至卖妻子"。[7] 站户因受役过重,也"有贫乏而鬻其妻、子以应役者"。[8] 尤其是西北诸王发动战乱,致使成百万人流离失所,流向和林、漠南就食,在途中因"饥乏不能达和林,往往以其男女弟侄易米以活"。[9] 蒙古统治者一面执行民族压迫政策,把蒙古族列为第一等;另一方面又使蒙古贫民日益贫困化,致使"蒙古子女鬻为回回、汉人奴者"比比皆

---

1 《世界征服者传》,22~23页;《元史》卷九八《兵志》。
2 《元朝秘史》,279~280节;《世界征服者传》,22、24~25页;《普兰·迦尔宾尼游记》。
3 黄溍《宣徽使太保定国忠亮公(答失蛮)神道第二碑》,《金华黄先生文集》卷二四。
4 《元史》卷六《世祖纪》,至元二年闰五月辛亥。
5 同上,卷三一《明宗纪》,天历二年五月己卯。
6 同上,卷二六《仁宗纪》,延祐四年秋七月辛卯;卷一三六《拜住传》。
7 同上,卷一三四《和尚传》。
8 黄溍《宣徽使太保定国忠亮公神道第二碑》。
9 刘敏中《丞相顺德忠献王碑》。

是。[1] 在泉州等海港，甚至还有商人将蒙古男女贩往西亚和印度等地做奴隶的现象。[2] 这些事实深刻说明了蒙古劳动人民备受阶级压迫的实质。

奴隶 奴隶居于社会的最底层。成吉思汗以来，蒙古贵族掳掠了各民族大量的俘虏，在社会生产中使用奴隶劳动已非常普遍。据出使蒙古的宋朝使者记载，窝阔台时蒙古的牧马人——兀剌赤——多是各族俘虏，其中"回回居其三，汉人居其七"。[3] 除外族俘虏外，上述蒙古牧民因贫困而出卖妻、子的，是奴隶的另一个来源。

奴隶完全从属于自己的主人，没有人身自由和私有财产，劳动极其沉重。奴隶主为了便于管理，宁愿使用从外地掠来的儿童做奴隶。这些童奴在恶劣的劳动、生活和气候条件下，死亡和残废率很高。据一个奴隶自述，他的主人只发给他一件皮衣，每天给少量干粮，要牧羊两千只，如果发现牲畜有瘦弱、受伤、丢失或无故死亡的情况，就要受到鞭打。[4]

奴隶一般只在便于监视的情况下使用。奴隶主牲畜增多了，在一定条件下也允许奴隶建立家庭和拥有私产，以便通过缴纳租赋的方式进行剥削。因此，奴隶往往在本身或下一代就转化为依附牧民的身份。

1　《元典章》卷五七《至治改元诏》；《元史》卷二七《英宗纪》，至治元年冬十月癸丑。
2　《通制条格》卷二七；《元典章》卷五七。
3　《黑鞑事略》。
4　张养浩《驿卒佟锁住传》，《归田类稿》(北京大学图书馆藏元刊本) 卷二三。

蒙古族人民反抗封建统治的斗争

元朝时蒙古族贵族虽然据有全国的统治地位,但蒙古族劳动人民的命运并不比其他民族好。他们受各级领主和奴隶主的奴役,没有人身自由,生活境况甚至比汉族农民还差。在全国各族人民前赴后继反抗元朝统治者的斗争中,蒙古族人民也积极投入到这一斗争的行列。在元朝关于蒙古族人民生活极少的记载中,还是透露出一些阶级斗争的情况。

早在元朝初建时,蒙古族人民的零星反抗就此伏彼起,至元二十五年(1288)诸王爱牙赤位下的千户伸思伯八率众起义,断绝了驿道,使平常只须三日的路程得绕道走一个月之久。[1] 第二年,别乞怜部发动起义,掳走了管理驿站的脱脱禾孙塔剌海等人。接着,杭爱山的阔阔台、撒儿塔台等也领导人民起义,占领了三处驿站,也俘虏了脱脱禾孙。[2] 这些起义,反映了蒙古族人民对驿站承担的各种供应和沉重劳役已达到无法忍受的程度,因而只能起来冒死反抗。

元仁宗时,岭北遭受罕见的天灾,下雪深达丈余,车仗人畜被淹没。穷苦牧民被迫出卖妻、儿换取粮食求生,甚至出现了人吃人的现象。在通往和林的路上,到处都是死尸。[3] 驻守北边的士卒,常常因官吏克扣断饷,寒衣无着。对蒙古族统治者的愤懑,在天灾之年集中

---

1 《永乐大典》卷一九四一八《经世大典·站赤》。
2 《元史》卷一三五《明安传》。
3 虞集《苏志道墓碑》,《道园学古录》(四部丛刊本),卷一五;《元史》卷一三六《拜住传》。

爆发了。岭北的驻军和晋王也孙铁木儿的部民纷纷暴动。由于他们没能互相配合,很快就遭到元朝统治者的镇压。在朝廷和晋王府官员的联合打击之下,晋王的部民暴动失败了,或者被处死刑,或者被加等杖罚后流配到远方。[1]

至正十一年(1351),红巾军开始大起义,从此掀起了全国各族人民对元朝统治者规模巨大的殊死阶级搏斗,蒙古族人民也加入斗争的行列。1347年九月,八邻部内哈剌那海、秃鲁和伯等先发动起义,起义者截断了岭北的驿道。七月,又有"亦怜只答儿反"。[2] 1352年,皇太子爱猷识里达腊的五投下领地也发生了暴动。[3] 次年,金山一带也发生了反封建统治的斗争,打死了前往镇压的诸王只儿哈郎。[4]

刘福通所领导的红巾军在战斗中壮大起来。1357年,他分兵三路伐元:东路进军山东、河北;西路由湖北进陕西;中路由关先生、破头潘等率领入山西。[5] 次年,关先生等进兵大同路、兴和路塞外诸州县,再向东进,攻克了元朝第二京城——上都,将元朝"富夸塞北"的宫阙付之一炬。[6] 从此,这一皇室、贵族享乐的胜地再也无法恢复,皇帝每年例行"巡幸"上都的活动也停止了。[7] 红巾军接着东向辽阳行省进发,攻克辽阳,击毙懿州路总管吕震。1360年攻占大宁路。同年冬,红巾军渡过鸭绿江攻入高丽境内,连陷西京(今平壤)、京城(今开

---

[1] 《元史》卷二六《仁宗纪》,延祐六年秋七月己卯;卷一七七《张思明传》。
[2] 《元史》,卷四一《顺帝纪》,至正七年九月癸卯、十月丙戌。
[3] 同上,卷四二《顺帝纪》,至正十二年八月己西。
[4] 同上,卷四三《顺帝纪》,至正十三年八月辛亥。
[5] 同上,卷四五《顺帝纪》,至正十七年六月。
[6] 同上,卷四五《顺帝纪》,至正十八年九月、十月、十二月。
[7] 同上,卷四五《顺帝纪》,至正十九年十二月;卷一八六《陈祖仁传》。

城),结果被高丽大军战败,关先生等阵亡。1363年春,红巾军余部由辽阳回师西进,再克大宁,进逼上都,最后被元军击败。[1]

关先生等率领的红巾军在"倡义举兵,恢复中原"的口号下,提出"令诸将严戒士卒,毋得扰民;民之归化者抚之,执迷旅拒者罪之"的严格纪律,[2]的确是从者如流,最盛时曾发展到一二十万人。可惜,他们始终没建立稳定的根据地,只是东流西窜;又不能同当地蒙古族人民的斗争相结合;还错误地进军到国境外的高丽,终于导致全军失败。然而,红巾军深入漠南,直捣元王朝的后方,吸引了元朝许多军队,有力地支援了全国的农民起义;同时也打乱了元朝在漠南的统治秩序,推动了蒙古族人民反封建统治的斗争。

当红巾军从大同向漠南进发的时候,汪古统治者领地内的灭里部同时发生了反抗赵王暴政的起义。起义者攻进王府,杀死了赵王的替身,赵王八都帖木耳仅因化装脱逃才得以幸免。[3] 1360年,窝阔台后裔阳翟王阿鲁辉帖木儿乘红巾军进入漠南的机会,联合其他诸王企图用武力夺取帝位。元顺帝临时强征一万名皇室牧场的牧民(哈剌赤)仓促应战。两军相遇时,这些士兵起而哗变,都脱去士兵的号衣投奔阿鲁辉帖木儿方面,顿时使元军措手不及,全军崩溃;只剩主帅一人逃回上都。[4]

蒙古族游牧民由于居住比农民更加分散,又处在诸王、那颜的分割统治之下,因此很难联成一气,凝成一股巨大的反抗力量。起义是

---

1 《元史》卷四五、四六《顺帝纪》;《高丽史》卷三九、四〇《恭愍王世家》。
2 《高丽史》卷三九《恭愍王世家》,八年二月乙酉。
3 参见《汪古部统治家族》,《文史》第9辑。
4 《元史》卷二〇六《阿鲁辉帖木儿传》。

自发的,很容易被统治者各个击破。然而,蒙古族人民不顾统治者的残酷镇压,不断采取各种形式进行反抗,在全国各族人民推翻元朝的共同斗争中也做出了自己的贡献。

(原载《中国蒙古史学会论文选集》,内蒙古人民出版社,1980)

汪古部统治家族
——汪古部事辑之一

汪古部是金元之际活动于今内蒙古大青山以北的一个部族。与全国各地比较起来，关于内蒙古地区的历史资料本来就比内地要少，即使略有记载，也大多是涉及设置州县时汉族集中的地区，而记载少数民族内部状况的史料则更加缺乏。相对来说，关于汪古部的历史文献和遗物留存较多，使我们有可能对它进行比较具体的研究。通过对它的研究，探讨一些有共同性的问题，对于元代蒙古各部和古代北方民族史的研究也是有启发意义的。

其次，金元之际，汪古部不仅处于漠北和中原的交通要冲，而且是中西陆路交通常经之地，元代我国的旅行家列班骚马和马儿古思曾由此前往西亚，欧洲来华的旅行家马可波罗、孟帖哥维诺、和德里等人，或来回时途经这里，或同汪古部人有过直接接触，他们在西方留下了各种文字的记载，其中也报导了汪古部的情况，因此汪古部的史迹也普遍受到中西交通史研究者的重视。

第三，汪古部是一个信仰聂斯托里派基督教的部落。聂斯托里派基督教唐代传入我国,当时称为"景教",唐以后在内地失传,直至明末耶稣会教士陆续来华,天主教才又在我国传布。但在这段中断时期中,我国北方却有汪古等部信仰基督教,特别是汪古部还留下许多带宗教色彩的实物,所以汪古部的历史也吸引了宗教史研究者的兴趣。

更重要的是,由于我国北方大多是游牧民族,遗物保留甚少,而汪古部文化较为先进,现存的城市、村落、墓葬遗址甚多,各种遗物不断被发现。日本考古学家江上波夫认为:汪古部的"遗迹是内外蒙古过去所发现的遗迹中最重要的。它是可以同蒙古北部诺颜乌拉的汉代匈奴王族的坟墓,鄂尔浑河畔的突厥毗伽可汗及阙特勤的陵寝和突厥文、汉文碑铭,东蒙古白塔子西北的辽三帝陵墓,契丹文、汉文哀册碑文,以及西蒙古额济纳河畔西夏时代的都城遗址等匹敌的文化大遗迹"。他甚至预言,这里将来的发现"可以期待使世界东方学者瞠目吃惊"。当时日本侵略者正占领着我国这片领土,所以他接着宣称:"然其实行的责任必然落在我们日本研究者的肩上是不待多言的。"[1]

在此以前,瑞典人、美国人、德国人接踵而来,对汪古部的故地进行"探险"和"考古调查",而当时的政府却无力作为。即使我国的考古学家有所发现,也没有引起重视。[2] 中华人民共和国成立以来,内蒙古有了自己的考古队伍,也做了一些工作。最近几年,考古工作更为活跃,发现了许多汪古部的重要历史遗物,并且正在分别进行研究,

---

[1] 江上波夫《评马定著〈绥远省归化以北景教遗址的初步调查〉》,《蒙古学》第3册,1941年。
[2] 第一个考察汪古部赵王城并发现《王傅德风堂碑》的是我国考古学家黄文弼,但除了一篇简短报导外,我们始终没见到他发表过研究性论文。

准备发表专文。因此,系统地整理汪古部的史料以供考古工作者参考,也是很有必要的。

前人的研究从各个方面涉及汪古部的论述甚多,提出的问题也较广,但都只触及某些侧面,深度和广度都很不够。由于历史条件的限制,他们既不可能用马列主义的观点分析当时的各种社会现象,也不可能详尽地掌握各种中外文献和文物资料,所以可研究的问题还很多。本文试图对汪古部的历史分九个方面提出问题,希望引起同行们的注意,以期促进研究的深入。同时,本文也想顺便把涉猎过的史料裒集起来,也许对关心此问题的同志参考时有方便之处,故名为《汪古部事辑》。全部内容拟分为如下几篇:

一、汪古部统治家族;

二、汪古部的族源;

三、汪古部首领封王事迹;

四、汪古部与成吉思汗家族世代通婚关系;

五、汪古部的封建领地及其制度;

六、汪古部的经济生活;

七、汪古部在元朝驿道交通中的地位;

八、汪古部的文化与信仰;

九、汪古部遗迹与考古发现史。

本篇是《汪古部事辑》之一:汪古部统治家族。

在元代的史料中,关于汪古部的记载,集中在为汪古部统治者而作的碑文和《元史》的列传中,根本没有专门描述汪古部人民的记载。可是,我们要探讨汪古部民族的来源、地区分布、社会经济状况以及文化信仰等,还只能依赖这些史料,从中理出一些头绪和线索来,进而吸收其他零星史料,才可能为我们必须研究的问题整理出一个大致的轮廓。

因此，本篇准备就有关碑传做一些史料汇集工作：一、确定汪古部统治家族的世系和传世次序；二、将有关各统治者的记载加以辑录和说明。在这方面，几乎著名的蒙古史、元史研究者，如钱大昕、[1] 邵远平、[2] 魏源、[3] 柯劭忞、[4] 屠寄、[5] 王国维、陈垣、伯希和、韩百诗[6] 等都做了这方面的工作。这一工作之所以引起这么多的专家重视，原因之一是由于史料缺乏，这一问题还有许多值得考订的疑窦存在；其次是汪古部统治家族在元朝占有较重要的地位，并具有不同于其他蒙古贵族的特点，而且从成吉思汗时代起一直统治到元亡为止，所以他们本身的事迹也牵涉到各方面的重要研究课题。可惜，由于历史条件的限制，前述各人都没能编出一张完整和正确的汪古部统治家族世系表，由此而涉及的问题也只做了个别问题的研究。所以，本篇拟就此问题做一番史料的整理工作。

关于汪古部统治家族的史料，主要有阎复的《驸马高唐忠献王碑》（以下简称《阎碑》），[7] 刘敏中的《赵王先德加封碑》（以下简称《刘碑》），[8] 以及《元史》卷一一八的《阿剌兀思剔吉忽里传》，后者就是根据前两碑的史料写成。本篇前一部分，主要根据《阎碑》；《刘碑》后

1　《元史氏族表》卷一。
2　《元史类编》卷二九《阿剌海别吉公主传》等。
3　《元史新编》卷二〇《孛要合传》；卷六一《氏族》上。
4　《新元史》卷一一六《阿剌兀思剔吉忽里传》。
5　《蒙兀儿史记》卷三六《汪古、畏兀二驸马列传》；卷一五三《氏族表》。
6　以上几人的研究见以下引文。
7　《元文类》卷二三。
8　《中庵集》（北京图书馆藏元刊本胶卷），卷四。这碑《四库全书》本《中庵集》未收，元刊本中华人民共和国成立前才被陈垣发现，所以在他以前研究《元史》的各家从未利用，对前人的阙漏很有补助。

出,《阎碑》不载的事实则用《刘碑》。《刘碑》作于仁宗初即位时（1311），仁宗以后事不载,故后一部分世系,主要根据1347年的《王傅德风堂碑记》（以下简称《德风堂碑》）[1]和1355年的《大元冀宁路代州柏林寺重修唐节度使晋王李氏影堂碑》（以下简称《影堂碑》）。[2]世系既明,则各人之下,有关的中外史料尽量加以搜集和分析,以供研究者参考。

一 阿剌兀思·剔吉·忽里 Alaquš-digit-quri

阿剌兀思·剔吉·忽里是蒙古——元朝时期汪古部的始祖。大德九年（1305）追封为"高唐忠武王"。《阎碑》称：

> 亡金堑山为界,以限南北。忠武王一军厄其冲。

"堑山为界"就是指金的界壕。《金史·地理志》载："金之壤地封疆,……北自蒲与路之北三千余里,火鲁火疃谋克地为边,右旋入泰州婆卢火所浚界壕而西,经临潢、金山,跨庆、桓、抚、昌、净州之北,出

---

[1] 这碑是西北科学考查团成员黄文弼于1927年6月所发现,残碑当时在内蒙古百灵庙东北百余里艾不盖河西岸鄂伦苏木古城中,碑文是林子良所作,作于"至正七年岁次丁亥十一月"。北平《新晨报》于1928年9月2日副刊发表了碑文,1935年黄奋生著《百灵庙巡礼》,也发表了他抄录的碑文。本文引文基本上根据《新晨报》,间有错漏,则据《百灵庙巡礼》录文补正。

[2] 这碑最早见于李光暎《观妙斋藏金石文考略》卷一五,有目无文。钱大昕得到此碑拓本,是惟一据此考订汪古史事的元史专家（见《潜研堂金石文跋尾》卷二〇、《廿二史考异》卷九三）。本文引文据《山右石刻丛编》卷三九与《（光绪）代州志》卷六所录碑文互校。这碑作于至正十五年六月,作者名残泐不明。

天山外,包东胜,接西夏。"这里说的"净州之北,出天山外"的界壕就是汪古部扼守的地方。

据说在金章宗明昌年间(1190—1195),鞑靼(即蒙古)力量兴起。"章宗璟又以为患,乃筑新长城,在净州之北"。[1] 据王国维考证,金熙宗初年就开始筑边堡界壕,世宗大定间更大事兴筑。[2] 净州一段是金章宗时所筑,所以称为"新长城"。

在波斯的史料中,剌失笃丁几次描述了金的"长城",并肯定是汪古人在守戍界壕。他说:

> 在成吉思汗时及在此以前,汪古惕诸部属于契丹君主阿勒坛汗(指金朝皇帝)的军队和百姓之列。……尊号为阿勒坛汗的契丹君主们,[为了]保卫自己的国家以防御蒙古、客列亦惕、乃蛮以及附近地区的游牧人,筑了一道城墙,这道城墙在蒙古语中称为兀惕古(ūtku,有的抄本作安古 anku),突厥语则称为卜儿忽儿合(būrqūrqeh)。从女直海岸开始,顺着契丹、支那和蛮支那之间的哈剌沐涟(指黄河)河岸[延伸出去];这条河的上游,则在唐兀惕和吐番地区内。任何一处都禁止通行。起初,这城墙被托付给这个汪古惕部,责成他们守卫城墙。[3]

---

1 《蒙鞑备录笺证》。
2 王国维《金界壕考》,《观堂集林》卷一五。
3 Рашид-ад-дин:Сборник Летописей(以下简称《史集》),第1卷第1分册,140页。该书第2分册8页又说:"契丹君主由于时刻担心着这些蒙古游牧民,便在契丹国与这些部落之间筑起一道像亚历山大城墙那样的城墙(蒙古人称之为'兀惕古黑'ūtkūh,他本或作温古黑 ūnkūh),突厥语则作卜儿忽儿合(būqūrqeh),表现了制驭他们的远大眼光与才干。这道城墙的一端起自哈剌沐涟河,……另一端直到女直地区边界的海边。契丹君主把汪古惕视为自己的军队和真诚效忠的奴隶,将兀惕古城墙的大门托付给他们,这个部落便经常守卫着它。"

这就是说,汪古部本是金朝的直辖臣民,负有守卫界壕抵御蒙古的责任。但从 13 世纪初的记载看,汪古同漠北各部交往是很密切的,似乎起初他们同乃蛮有特殊的关系,后来又联合蒙古消灭了乃蛮。《阎碑》说:

> 太祖圣武皇帝起朔方,并吞诸部。有国西北曰带阳罕者,遣使卓忽难来,谓忠武曰:"天无二日,土无二王,汝能为吾右臂,朔方不难定也。"忠武素料太祖智勇,终成大事,决意归之。部众或有异议,忠武不从,即遣麾下将秃里必答思赍酒六榼,送卓忽难于太祖,告以带阳之谋。时朔方未有酒醴,太祖祭而后饮,举爵者三,曰:"是物少则发性,多则乱性。"使还,酬以马二千蹄,羊二千角。
>
> 上诏忠武:"异日吾有天下,奚汝之报,天实监之。"且约同征带阳,会于某地。忠武先期而至。

带阳罕是人名,所谓"有国西北曰带阳罕者"欠通,故《元史》本传根据史实改为:"时西北有国曰乃蛮,其主太阳可汗遣使来约,欲相亲附,以同据朔方"云云,与《太祖纪》取得一致。蒙古战胜乃蛮是成吉思汗实现漠北统一的最后一次决战,而汪古部又在其中起了重要作用,因此当时的蒙古史料都有记载。¹ 但只有《阎碑》指出了汪古部曾经出兵同征乃蛮的事实。

在成吉思汗灭乃蛮部以前,征服了客烈部的王罕,王罕的部属曾被汪古部收留,据答失蛮的《神道碑》记载:

> 王(达失密——《牧庵集》中人名经四库馆臣妄改,《元史》中原名答失蛮,下同)曾祖伊埒库们,实奇尔(客烈)氏。初以百夫长事王汗。……生图卜巴哈(脱不花,Toq-buqa)……四人。太祖方以神武戡定朔漠,王罕与之有间,图卜巴哈率其属二百户来归,经雍古,为其王所止,居之蒙古鲁地,遣其子约速穆尔伪为商,至帝所,控其然。帝遣托抡萨里必(脱伦阇里必,Tolun-čerbi)、塔台二人使雍古王阿勒呼木实克奇呼尔(阿剌兀思惕吉忽里)所,召其弟与二百户者偕来。²

这段史料表明,在成吉思汗统一蒙古以前,客烈与汪古部之间,汪古与蒙古部之间都已有交往。

1206 年,成吉思汗建国于斡难河源,"授同开国有功者"九十五千

---

1 剌失笃丁《史集》在《部族志》的乃蛮部和汪古部(第 1 卷第 1 分册,137、140 页)以及《成吉思汗纪》的鼠年(1204)(第 2 分册,146 页)三次重述了这件事。《圣武亲征录》与《史集》同一史源,所以内容一样。它将乃蛮使者译作月忽难(Yohunan),最后还提到:汪古部"后举族来归,我之与王孤部亲好由此也"。《元史·太祖纪》也有"居无何,举部来归"的话。《元朝秘史》关于此事的描述在 189、190 节。上述几种史料甚至对话内容都很一致,说明《阎碑》这段与它们出于同一史源。而《元朝秘史》的原文还可恢复蒙古语的原来表达形式。但《元朝秘史》将乃蛮的使者说成脱儿必塔失,而把汪古部派往蒙古的使者叫月忽难。

2 姚燧《皇元高昌忠惠王神道碑铭》,《牧庵集》卷一三;参见《元史》卷一三四《也先不花传》。

户,其中就有"汪古惕阿剌忽失的吉惕忽里古列坚五千户",超过蒙古全军的百分之五。《史集》在《成吉思汗的军队》一节中称汪古部是四千户,[1] 因此汪古"举部来归"对成吉思汗建国具有重大的意义。

汪古部住在蒙古通金的要冲地带,蒙古向金进贡的地点和进行贸易的榷场就在汪古部所在的净州。[2] 《元史·太祖纪》描述了当时的情况:

> 初,帝贡岁币于金,金主使卫王允济受贡于静州。帝见允济不为礼。允济归,欲请兵攻之。

以后允济继位,成吉思汗已统一蒙古,军力日强,决心同金决裂。宋人记载中也有同样的内容:

> 璟(金章宗)之在位也,允济被命往净州受黑鞑靼进奉,见其王忒没真桀傲不逊,恐为边患,欲归白璟除之,会璟疾卒。大安三年(1211)春三月,鞑靼入贡,允济遣重兵分屯山后,欲就进场袭杀之,然后引兵深入。会金之纠军有诣鞑靼告其事者,鞑靼疑未信,言者再至,鞑靼遣人伺之,得其实,遂迁延不进。[3]

"金之纠军"具体指什么人,元朝史料只有《阎碑》透露是汪古部所为。《阎碑》载:

---

1 《元朝秘史》,202 节;《史集》,第 1 卷第 2 分册,270 页。
2 《金史》卷二四,净州下,刺史,大定十八年(1178)以天山县升……县一:天山,旧为榷场,大定十八年置为倚郭。
3 《建炎以来朝野杂记》乙集,卷一九《女真南徙》。

> 天兵下中原,忠武为向导,南出界垣。

远在波斯的剌失笃丁也证实了确有其事:

> 后来,当成吉思汗攻打契丹地区时,阿剌忽失出于对阿勒坛汗的怨恨,将〔他所防守的城墙〕关口转交了成吉思汗。[1]

成吉思汗初次出兵下中原在 1211 年。金人在蒙古进军前,正忙于修筑乌沙堡,[2]可见乌沙堡是边境的要塞。乌沙堡失备,乌月营就被蒙古"前兵"哲别所破。[3]《金史·卫绍王本纪》载:"大安三年(1211)八月,诏奖谕行省官,慰抚军士。千家奴、胡沙自抚州退军。"说明金备边的行省和司令部似设在抚州。由于抚州下属的大水泺和丰利县失守,行省只得南撤,企图凭张家口外的野狐岭险隘防守。[4]

史料中除上述地方的战事外,张家口以外的昌州、桓州等重镇都没有提到发生过战争。但据《金史》记载,昌州、桓州也在同年失守,当是金军退守野狐岭后被蒙军不战而取。[5] 抚州(今张北县境)在昌州(今宝昌县境)、桓州(今正蓝旗境)西南,蒙军不通过桓州、昌州而

---

1 《史集》,第 1 卷第 1 分册,140 页;第 2 分册,8 页。阿勒坛(Altan),蒙古语意为"金",阿勒坛汗即金帝卫绍王。
2 《元史》卷一《太祖纪》,五年庚午春、六年辛未二月;《金史》卷九三《独吉思忠(千家奴)传》。
3 《元史》卷一《太祖纪》,五年庚午春、六年辛未秋七月;《金史》卷九三《独吉思忠传》。《元史·太祖纪》似将同一事分在两年记载,五年事是复出,应删。
4 《元史》卷一《太祖纪》,六年辛未春二月,"帝自将南伐,败金将定薛于野狐岭,取大水泺、丰利等县。……秋七月,命遮别攻乌沙堡及乌月营,拔之"。方向由南往北,完全颠倒。
5 《金史》卷一三《卫绍王本纪》,大安三年十一月;卷九九《徒单镒传》。

到达抚州西北的大水泺和丰利县,可见他们是由西北净州汪古部所守的界壕入境的,乌沙堡应该是净州附近汪古部负责看守的边堡。因为从抚州往西北走,正可经净州、沙井到蒙古。[1]

《元史·太祖纪》还载:"皇子朮赤、察合台、窝阔台分徇云内、东胜、武、朔等州,下之。"这支大军出现在金西京(大同)以西,当然只能是从汪古部驻守的净州边堡入境,然后越大青山,南出丰州,才会到达大同以西的云内、东胜和武州等地的。

以上分析说明,金人修筑的乌沙堡或由于失备,以致蒙古"前兵奄至"造成"失利"的关隘,就是汪古部负责守卫和交给蒙古的关口。入关后,他们又自愿充当向导,所以使金军一接触时就陷于被动,以致一败涂地。

二　不颜昔班 Buyan-šiban

成吉思汗首次侵金很快就大掠而归,并未占城据地。《阎碑》接着说:

〔阿剌兀思〕留居镇守,为畴昔异议所害。长子不颜昔班死焉。武毅(次子字要合)尚幼,王妃阿里黑挈之,偕犹子镇国,夜

---

[1] 《黑鞑事略》两位作者访问蒙古,他们提到居庸关外一些地名,可看出是走这条行军路线。彭大雅说:"其地出居庸,则渐高阔,出沙井〔天山县〔北〕八十里)。"徐霆就此疏注,并提出补充,说明他也是走这条路。他说:"霆出居庸关,过野狐岭……,入草地,曰界里泺。"《金史·地理志》:"丰利县有盖里泊。"盖里泊即界里泺,可见他们都是从野狐岭,经过丰利县的界里泺,然后再到净州(天山县)、沙井,正好同蒙古攻金路线相同,只是逆方向而行。民国时的张〔家口〕、库〔伦〕公路大体上是走这条道。

遁至界垣，门已闭，诉于守者，缒垣以登，逃难云中。太祖闻忠武死，悼痛不已，戎事方殷，未暇治也。云中既下，诏求王妃、二子得获，赒恤孤嫠甚渥。

关于阿剌兀思之死，这里记载得很含糊。上文提到他决心归附蒙古，部众是有异议的。可能汪古部内亲乃蛮势力很强，虽然以后乃蛮败亡，但这股人仍杀害了他。不颜昔班在元代记载中只出现了这一次，《元史》把"死焉"改成"并死之"，强调他是同阿剌兀思一起被害的。我认为历史情节似有遗漏，因为不颜昔班是宋、金记载中颇为注目的人物。

据李心传的《建炎以来朝野杂记》记载：

金主璟之明昌元年（1190），白鞑靼王摄叔之弟弑其兄而自立。摄叔之子白波斯方二岁，金人取归其国，养于黑水千户家。泰和七年（1207）春，摄叔至环州进贡，金人乘其无备，醉而杀之，复立白波斯为王，遣还国。始白波斯在黑水千户家，见其女，欲娶为妻，璟不从。白波斯怨怒，畔归黑鞑靼。〔黑鞑靼〕以此益强，渐并诸族地，遂大起兵攻河西。

《大金国志》卷二二全文引用了这一段，而且头两句还有点新的内容："又先有邻于金界者，其酋封北平王，被杀，其弟继立，其子白厮波"云云。

值得注意的是，《大金国志》中"白波斯"一律写成"白厮波"。宋朝先后出使蒙古的使臣赵珙、彭大雅、徐霆都知道这个人物。赵珙在他的《蒙鞑备录》中说：成吉思汗二公主"曾嫁金国亡臣白四部"。彭大雅在《黑鞑事略》中举出蒙古的军马将帅所谓十七头项中,有一位名"白厮马"。徐霆解释说:"一名白厮卜,即白鞑伪太子,忒没真婿。"

显然,白厮波、白四部和白厮卜都是同名异译,《建炎以来朝野杂记》中的白波斯是刻写时颠倒。屠寄更进一步指出:"白撕卜为不颜昔班之音差,白撕马为不颜昔班驸马之省变。"他的说法无疑是正确的。[1]

既然不颜昔班是蒙古时期著名的一个人物,人们把他看成白鞑靼——汪古部的代表,那么他一定曾主管过汪古部,而"立白厮波为王"的说法也就不无来由。过去的研究者把以上记载当作宋人的道听途说,没有重视,现在把它作为一条线索还是有助于说明问题的。

"白鞑靼王摄叔"不见于金、元记载,如果"其弟"是阿剌兀思的话,那么他弑兄是在明昌元年(1190),被杀在泰和七年(1207)春。道听途说的传闻往往是含混其词,但这里出现两个准确的年代很值得注意,而且后一个年代有许多迹象可以证明是可能的:(一)阿剌兀思是被亲乃蛮势力所害(或向金进贡时被杀),只有在成吉思汗大军南下前才有可能。否则几年后金朝已被蒙古征服,汪古贵族再没有理由反对联合蒙古打乃蛮了。(二)阿剌兀思在蒙古征金前已死,故在中原汉人传说中无闻。(三)由于阿剌兀思已先死,不颜昔班曾经继位,并领兵随蒙古征河西(西夏),伐中原,故白厮波之名为中原人所熟知。

很可能,汪古部统治者内部矛盾的真相,在阎复这篇歌颂祖宗功德的碑文中,却是一些必须隐讳的家丑,所以笼统说阿剌兀思"为畴昔异议所害",不说明是何人,在何时,怎样害死的。接着又含混地

---

[1] 《蒙兀儿史记》卷三、三六。

说:"长子不颜昔班死焉。"也没说在何时和怎样死的。《元史》改成"并死之",那就只能理解为父子一同被害了。实际上,很可能阿剌兀思死在前,然后不颜昔班被立为王,并曾统治过汪古部,后来才死去。

三 镇国 Jingui

前引《阎碑》还提到阿剌兀思有一个"犹子镇国",他们被寻获后,碑中接着说:"镇国至,封北平王,握金印。"《元史》写成:"以其子孛要合尚幼,先封其侄镇国为北平王。"

这里,碑文有一些暴露家丑的史实被故意略过了,剌失笃丁书中有所透露:

> 阿剌忽思……将关口转交了成吉思汗,因此成吉思汗对他大为赞赏,降旨将一个女儿赐给他〔为妻〕。阿剌忽思说:"我已经老了,我有一个兄弟,名叫摄叔(Näsüi),他曾当过君王,他死后,契丹阿勒坛汗将他的儿子镇国(Š[i]nkūī)带到契丹去作质。您可否将这个姑娘给他,让他到这里来!"成吉思汗降旨答道:"可以!"阿剌忽思的斤便悄悄地派人去〔告诉了〕侄子,让他前来。〔镇国〕来了,当他抵达离那里不远的坚都(Kanduk)时,他的叔父和父亲的异密(相当于蒙古语"那颜"——官人)派人〔告诉他〕说:"你不能〔到这里〕来,因为你的叔父阿剌忽思要杀掉你。你暂停一下,等我们先把他杀掉!"镇国停留了下来,〔这时,〕异密们便杀害了阿剌忽思的斤。镇国来到后,为成吉思汗效劳。成吉思汗将自己的女儿阿剌海别吉赐给他〔为妻〕,在这

时,成吉思汗降旨道:"是谁杀死了我们的这位亲家阿剌忽思的斤?把凶手带来,让他偿还血债!"镇国跪下禀告道:"全体汪古惕人彼此合谋杀死了他。如果把他们全部杀掉,这〔对您〕有什么好处?"成吉思汗降旨道:"既然如此,就把下手杀他的那个人带来吧!"凶手被带来后,成吉思汗下令将他连同〔他的〕整个氏族一起杀掉了。¹

这段记载和宋人的传闻之词颇有暗合之处。这里阿剌忽思说有名 Näsüi 的兄弟曾当过国王,相当"北平王摄叔"。² Š[i]nkūī 就是镇国,³ 确是阿剌忽思之侄。阿勒坛汗以镇国为质,与"摄叔之子白厮波方二岁,金人取归其国,养于黑水千户家"一致。这里成吉思汗将女儿阿剌海别吉嫁镇国,与《蒙鞑备录》中的阿里海百因嫁白四部,《黑鞑事略》中的白厮马、白撕卜是"忒没真婿,伪公主阿剌罕之前夫"说法相应。《阎碑》说阿剌兀思为部众反对归附蒙古者所害,《史集》确认阿剌兀思是被其属下的异密们杀死。原来元代官方史料同宋人的记载互相不能印证,有了这段波斯史料,似乎二者都可得到解释,惟宋人将白厮波说成是阿剌兀思的侄儿,当然不如出自汪古部家传的碑文和《史集》可靠。但宋人所说的白厮马、白撕卜是"白鞑伪太子"也符合历史事实,他曾经是十七头项之一汪古的代表也不能凭空捏造,

---

1 《史集》,第 1 卷第 1 分册,140~141 页。Kanduk 疑应读为 Tenduk,即马可波罗书中的 Tenduc——天德军。波斯文 T、K 两辅音易混。如《马儿·雅八剌合三世和列班骚马史》也将 Toshang——东胜误写为 Koshang(见下文)。
2 摄叔,俄译本原作 бинуй=binui,其余各抄本都缺词首辅音,贝烈津译本读作 Ecyйi,疑应读 Näsüi,即摄叔,因波斯文字母 b、n 形同,仅有上下各一点之别,故俄译本词首辅音 b 是 n 之误。
3 蒙古文中 ǰin 和 šin 可交替使用。

最好的解释是他们把不颜昔班和镇国二人的事迹混而为一。而镇国确是曾经发动过反蒙古叛乱的人物,明清之际的蒙古文史书都有记载。

《蒙古源流》说:

> Änggüd 之 Uran Jünggüi 三十一鄂托克叛,主上与哈撒儿追及之,……平定绥服之,Uran Jünggüi 以其手艺工巧获免。[1]

罗卜藏丹津的《蒙古黄金史》也说:

> Änggüd 之 Uran Jünggüi 率领三十一鄂托克而去,欲于日落处之后建藩。汗与哈撒儿追及,终平定之,擒来〔镇国〕。……后 Uran Jünggüi 献玻璃塔于薛禅皇帝,乃下嫁 Al-Altan 于彼。[2]

Änggüd 就是汪古惕,[3] Uran 义为"巧"或"匠",Jünggüi 就是镇国。[4]《蒙古源流》等书由于成书较晚,部分内容全凭世代流传的传

---

[1] E. Haenisch, *Eine Urga-Handschrift des mongolischen Geschichtswerks von Sečen Sagang*(alias Sanang Sečen)、Berlin,1955, p.30 上(亦邻真从蒙古文译)。

[2] 乌兰巴托本,下,25 页。小林高四郎译的另一种《蒙古黄金史》也有同样内容,生活社,1941 年,32 页。这两条引文由亦邻真同志译出并加解释。

[3] 《〈蒙古源流〉笺证》卷三,Änggüd 译"曩古特"。明代蒙古文多将词首 ö 改为 ä,应读作 Önggüt——汪古惕。本文引文据海涅什影印库伦本(柏林,1955 年)重译。

[4] 古蒙古文č亦可读j,k、g 亦同字形,此处读 g。汉译本译"昌贵"(Čängküi),误,应读作 Jänggüi-Jinggui,即镇国。

说,难免失真,但这两条同《史集》可相印证,足证镇国确实发动过叛乱。[1]

镇国和汪古部发动叛变的事实为什么在元代史料中毫无反映?为什么宋、金人只知道不颜昔班而不知道镇国,为什么波斯和蒙古史料中只有镇国却没有不颜昔班?这都是值得思考的问题。元代的碑、传据汪古部的家传写成,关于他们祖先的世次、人物决不会错,而是由于镇国曾涉及叛乱,所以故意隐讳了这段史实。宋人的记载由于只听到白厮波叛金并领兵下中原的传说,所以不知道镇国,甚至把二人的事实混而为一。

为了将各种史料中不同的说法得到合理的解释,这里想提出一些大胆的推测。如果按宋人记载,阿剌兀思确实被杀于泰和七年(1207)春,那么不颜昔班曾经继位统治了一段时期。所谓对金人"怨怒,叛归黑鞑靼"云云,似乎应做这样的理解:以汪古部归附蒙古,后又随蒙古军征西夏,向蒙古军献关口攻金等等都是不颜昔班所为。后来汪古部内的亲金势力拥镇国发动叛乱,结果不颜昔班被杀。

不颜昔班被杀的时间,可以肯定在1211年蒙古初次侵金以后,但又没占领净州以南土地之时。所以王妃阿里黑挈字要合和犹子镇国"遁至界垣","缒垣以登,逃难云中(西京大同府)",即向南逃往金辖境内避难。阿里黑就是成吉思汗的女儿阿剌海别吉。何以汪古部抗蒙派作乱,蒙古的公主要逃往金境要求保护呢?而金的戍军又怎么会主动接应他们进界垣、收留到云中避难呢?这是很不可解的疑问。

---

[1] 《黄金史》中的薛禅皇帝即忽必烈,Al-Altan 应读作 Äl-Altun。因古蒙古文字首 a、ä 也字形不分。al 也可读 äl。altan 的突厥语型为 altun,故此人相当于畏兀儿的巴而术阿而忒的斤所娶的也立安敦公主(《元史》卷一二二)。这里时代、人物关系都有错误。伯希和说:"这可能是对阿剌海改头换面的回忆。"见《卡尔梅克史译注》,注59。

剌失笃丁有一段记载很值得我们参考。他说：客列部的"札阿敢不有四个女儿，……一个女儿嫁给了汪古惕君主的儿子。据说，当成吉思汗制服了汪古惕人，他们归顺了以后，他想取得〔札阿敢不〕这个女儿并占有她；〔但〕无论怎样搜寻她也没有找到。"[1] 这个客列部的女子很可能就是嫁给"汪古惕君主的儿子"镇国的女子，所谓"制服了汪古惕人"就是平定了镇国的叛乱。成吉思汗多方搜寻这个女子的事，同《阎碑》的"诏求王妃"之事相仿，莫不是汪古部发生杀死不颜昔班的叛乱后，镇国夫妇只好挟持阿剌海别吉和孛要合等逃往金境避难？《阎碑》为了隐讳真相，删去了最重要的情节，只留下了这段含混、矛盾的说法。

剌失笃丁还指出："汪古部共有四千户，爱不花是他们的异密，而他之后是阿剌忽失的斤和镇国。"[2] 这可说明，阿剌忽失继其兄任汪古部主时，兄子镇国仍保有他自己的一千户，当然各千户领主和部主之间必然存在着矛盾和斗争，所谓"摄叔弑兄""镇国杀叔"，正反映他们内部这种关系。据《史集》记载，成吉思汗并未处置镇国，东西方史料都肯定阿剌海别吉后来嫁给了镇国，于是蒙古同汪古贵族以及汪古部内部的矛盾因此缓和下来了。

四　孛要合 Boyoqa

前引《阎碑》提到，阿剌兀思（或不颜昔班）归镇本部，为其部众昔

---

[1] 《史集》，第 1 卷第 1 分册，137 页。
[2] 同上，第 1 卷第 2 分册，270 页。

之异议者所杀。其妻携幼子孛要合与侄镇国逃难,避地云中。成吉思汗既定云中,购求得之。此时孛要合尚幼,先封镇国为北平王。接着又说:

> 武毅自龆龀,太祖携征西域,还年十七。镇国已卒,继封北平王。尚齐国大长公主(阿剌海别吉)。

孛要合,《元史·诸公主表》或译拜哈,大德九年(1305)被追谥为高唐武毅王,故称"武毅"。成吉思汗西征结束于1224年,孛要合"还年十七",可能是生于1207年。1213年,成吉思汗分兵三道下中原,除中都等十一城以外,尽拔黄河以北郡县。1215年,蒙军占中都。不颜昔班被杀当在这两次军事行动前,而寻获孛要合等当在此以后。镇国曾继立为汪古部主,可能是寿终或因为叛乱废黜,反正1221年已不在位,故赵珙这年说阿剌海别吉已"寡居"。

五　聂古觩 Nägüdäi

《阎碑》载:

> 镇国之子聂古觩,亦封北平王,尚睿宗皇帝女独木干公主。略地江淮,殁于戎事。诏以兴州户民千计给葬,其户至今隶王府。

《史集》也说:"阿剌海别吉同镇国生了一个儿子,名叫聂古觩。

拖雷一个女儿嫁给了聂古䚟。"[1]这一记载完全与元代史料吻合,而且还肯定了聂古䚟是阿剌海公主所生。

聂古䚟"亦封北平王",说明孛要合并未长寿,聂古䚟亦曾继位主汪古部事。"略地江淮",指蒙古对南宋的战争,当在 1234 年灭金之后。但聂古䚟没能统治到蒙哥汗时代,因为壬子年(1252)清查汪古部户口时,是以孛要合次子爱不花的名义代表汪古部。[2] 同年,独木干公主曾加西京大华严寺明公和尚徽号为"佛日圆照",这也暗示聂古䚟已死,寡居的独木干在主部事。而蒙哥领兵伐宋时,代表汪古部带兵征伐的是孛要合的长子君不花。[3]

六 君不花 Kün-buqa

《阎碑》载:

> 初,武毅(孛要合)未有子,公主为进姬侍,以广嗣续,鞠育之恩,不啻己出。子男三人:长君不花,仲武襄王(爱不花),季拙里不花(Čoliq-buqa)。

> 君不花尚定宗皇帝长女叶里迷失(Yelimiš)公主。从宪宗皇帝伐宋,至钓鱼山,宋人坚壁不下,我师环攻,宋卒乘壁而诟,傍

---

[1] 《史集》,第 1 卷第 1 分册,141 页。聂古䚟,俄译本作 Ankūdāi,注明:C、I、L 和贝烈津本作 N(?)küdāi,与聂古䚟译音合,故不从译本。《元朝秘史》120、129 节有一位蒙古头目名叫 Nä'üdäi,与此名相近,是带有 däi=täi 的形容词,来源于一个蒙古部族 Nägüs,见《元朝秘史》218 节。L. Hambis, *Le Chapitre CVIII du Yuan Che*, Leiden, 1951, p.9.
[2] 《通制条格》卷二《户令》。
[3] 参见下文。

> 有坐而张盖者,以谓弧矢莫我及也。君不花素善鞭箭,射之以颠,遂拔其垒。
>
> 三子:曰囊加觡(Nangiadai)、曰丘邻察(Kölinčä[k])、曰安童(Antong)。
>
> 丘邻察尚宗王阿直吉女回鹘公主。

刘敏中的《赵王先德加封碑》与《阎碑》内容相同,但对《阎碑》以后的事情略有补充,在这里就提到丘邻察还有一子名玉束忽都合。

《阎碑》又说:

> 拙里不花镇云南而卒。子火思丹,尚宗王卜罗出女竹忽真公主。

《刘碑》在这里也有补充:

> 拙里不花,卒戍云南。二子:火思丹,曰不邻纳。火思丹,尚宗王卜罗出女竹忽真公主,子长吉。

聂古觡以后是何人管汪古部,君不花是否继承了汪古部主的位置,现在无法肯定。从《阎碑》只知道他在1258至1259年随蒙哥征四川,参与了围攻钓鱼山的战役。

此外,汉文史料再也没发现君不花的事迹。可是,在叙利亚文书《马儿·雅八剌合三世和列班骚马史》却涉及他。列班骚马是畏兀儿人,一个聂思脱里教派的长老,隐居于大都附近的山中。有一位家住东胜州名叫马儿可思的汪古人,约他同游圣地耶路撒冷。他们于

1278年开始从大都出发,到达大都和唐兀之间的 Koshang 城。该城的领主名 Kün-buqa 和 Aï-buqa,是王中之王忽必烈汗的女婿,他们听到两个神甫到达的消息后,立即派出使者把两个神甫请到自己的营帐中。经过一番挽留,两位神甫仍不愿改变西行的决心,于是两位领主送给两位神甫许多礼物:乘骑、金、银、衣物等。¹ 据伯希和的考证,Koshang 就是东胜,Kün-buqa 和 Aï-buqa 就是君不花和爱不花兄弟俩。² 这段史料,证实了作为帝婿的汪古部二领主当时是很有名望的。据《阎碑》,君不花娶的是定宗贵由女,这里稍有错误。同时,也肯定了东胜州当时也在汪古部的领地内。

七 爱不花 Aï-buqa

孛要合的次子爱不花,后来追谥为高唐武襄王。因爱不花娶忽必烈女月烈(Yürük)公主,故在世祖朝称"帝婿"。《阎碑》载:

> 武襄虽贵为帝婿,总戎日多,家居日少。中统初,衅起阋墙,败叛将阔不花于按檀·火尔欢,获其属镇海。济南之役,环城当南面,寇数出南门,御以劲兵,辄复内窜,以至授首。还,率所部从大军伐叛西北,败叛王之党撒里蛮于孔吉烈,数日之间,会战

1　Budge, *The Monks of Kublai Khan Emperor of China*, London, 1928, pp.124~137; Moule, *Christians in China Before the Year* 1550, London, 1930, pp.94~100.
2　"Chrétiens d'Asie Centrale et d'Extrême-Orient", *T'oung-Pao*, 1914, pp.631~635. 中译文有冯承钧《西域南海史地考证译丛》,67~68、70~71页。因波斯文中 T 同 K 两字母容易混淆,Koshang 就是 Toshang——东胜之误。Kün-buqa 和 Aï-buqa 是突厥语,意为太阳公牛和月亮公牛。

凡七,俘获甚众。撒里蛮寻复来归。

阎复的碑文为了典雅,叙事很不明确。如"衅起阋墙",《元史·阿剌兀思剔吉忽里》本传乃改为"总兵讨阿里不哥"。忽必烈与阿里不哥于中统二年(1261)冬十一月决战于昔木土脑儿,在阿尔泰山地区。"按檀·火尔欢"就是阿尔泰山脉中的阿尔洪山,《元史·镇海传》的"阿鲁欢"和《镇海神道碑》的"兀里羊欢"。由于镇海在此屯田,"且城之",因名"其地曰镇海,又曰称海"。[1] 所以此处"镇海"不是人名,而是占领了镇海城。

"济南之役",正如《元史》改写的那样,是"围李璮于济南",时间在中统三年。

"伐叛西北",是指诸王昔里吉、撒里蛮等劫持皇子那木罕、丞相安童叛奔海都一事,最初发生在至元十二年(1275)。[2] 由于海都不接受,至元十四年昔里吉率诸王进军和林。元军迎击,与撒里蛮诸军大战于和林、晃兀儿等地。[3] 晃兀儿应该是孔古烈的异译。[4] 爱不花就是参加了这次战役。

前面提到,蒙哥汗曾在壬子年(1252)清查了"驸马爱不花位下人户",似乎这时爱不花已在汪古部主事。[5] 《元史·世祖纪》中统四年

---

[1] 许有壬《圭塘小稿》卷一〇;参王国维《长春真人西游记校注》,"阿不罕山北镇海来谒"下;又《大元马政记·马政杂记》至元三十年下有"按坦火儿欢",危素《王公神道碑》(《危太朴续集》卷二)有"镇海南斡路欢河",即此。
[2] 《元史》卷一九三《伯八传》;卷二〇三《田忠良传》。
[3] 同上,卷九《世祖纪》,至元十四年七月;卷一二,十九年正月;卷一六二《李庭传》。
[4] 晃兀儿(Hün'ür)与孔古烈(Güngür)是古蒙古文 g、h 不分的缘故。《阎碑》作孔吉烈,疑吉为古之讹。
[5] 《通制条格》卷二《户令》;《元典章》卷七。

(1263)十二月出现"驸马爱不花"之名。至元八年(1271)三月又清查了"爱不花驸马位下人户"。[1]《圣武亲征录》的译者在"王孤部主阿剌忽思的乞火力"下注云:"今爱不花驸马丞相,白达达是也。"可见这位汪古部首领也有"丞相"之称。至元十四年(1277)爱不花参加了对撒里蛮之战,次年在自己的营帐中接待了列班骚马等二人。至元十六年(1279)五月又因为牵涉到爱不花属人的事,在元朝的文件中曾两次提到了他。[2]《元史·世祖纪》至元十七年(1280)八月,出现了爱不花嗣子阔里吉思的名字,从此爱不花之名再不见于元代文献。[3] 马可波罗来华的年代还要早一些,他也只知道阔里吉思当时是以汪古部的统治者闻名于世。由此可以估计,至元十六年(1279)五月以后爱不花已不在位,可能就是死于这时。

八 阔里吉思 Körgis

阎复的《驸马高唐忠献王碑》本来是为阔里吉思而作,前面追述了他祖先的事迹,接着就详述阔里吉思本人的生平:

> 武襄(爱不花)所尚齐国大长公主(月烈),世祖皇帝季女也。生四子:长忠献王(阔里吉思);次也先海迷失,早世;次阿里八斛……;今高唐王(尤忽难)……

---

[1] 《通制条格》卷二《户令》;《元典章》卷七。
[2] 《永乐大典》卷一九四一七《经世大典·站赤》,至元十六年五月二十日、二十七日。
[3] 《元史》卷一八《成宗纪》,元贞元年(1295)十二月提到了"驸马阿不花所部民",如果这是指爱不花,只能理解为沿用了前一个领主的名字。

阔里吉思是元朝勋贵中罕有的文武兼备的人物,《阎碑》关于他文化修养的记述准备另文再讲,这里只摘录他替元朝守卫边疆,讨伐叛王的事迹。阔里吉思最初是参加了讨伐叛王也不干的战役,《阎碑》说:

> 宗王也不干叛,率精骑千余,并行旬日,追及之。时天盛暑,将战,北风大起,众请勿战。王曰:"盛暑得风,天赞我也。"策马以先,大败敌军,杀掠殆尽。叛王以十余骑窜。是役也,王身中三矢,一矛断其发。凯旋,诏赏黄金二锭,白金千锭。

宗王也不干是成吉思汗第六子阔列坚的曾孙,封河间王。[1] 1287年,也不干因伙同成吉思汗之弟斡赤斤后王乃颜、合赤温后王胜纳哈儿发动叛乱,被元朝取消了河间府的封地。[2] 也不干领兵袭击怯绿怜河大斡耳朵,驻守帖木儿河的忽必烈皇子那木罕派其弟阔阔出和大将土土哈迎击。阔里吉思就是参加了这次战役。[3]

在此以前,《元史·世祖纪》至元十七年(1280)八月曾提到"赐阔里吉思钞",如果不是另有同名的人,那么他这时已开始统治汪古部了。《经世大典·站赤》在至元二十五年(1288)六月、二十七年十一月曾两次提到他。[4]

---

1 《元史》卷一〇七《宗室世系表》。
2 同上,卷一四《世祖纪》,至元二十四年七月;卷九五《食货志·岁赐》。
3 同上,卷一一七《牙忽都传》;卷一五《世祖纪》,至元二十五年十月;卷一三五《孛儿速传》;卷一二八《土土哈传》;虞集《句容郡王世绩碑》,《道园学古录》卷二三;阎复《枢密句容武毅王碑》,《元朝名臣事略》卷之三引。
4 《永乐大典》卷一九四一八。

《阎碑》在记述阔里吉思讨伐叛王也不干之后,接着就谈到他在成宗时与西北叛王战斗的事迹。但是据马可波罗的记载,阔里吉思早在世祖时已累次同西北诸王海都等作战。而且,他还写了专章介绍阔里吉思和他所统治的地方。

马可波罗是13世纪70年代末来华的。他由天山南路东来,途经河西走廊、宁夏,到达 Tenduc。Tenduc 经学者研究,可以肯定就是天德军,即元代的丰州(城址在今呼和浩特以东的白塔),当时还沿用辽、金时的军名。马可波罗指出天德军的统治者是阔里吉思:

> 天德军是一个省,从西方出发者会发现它位于日出处,省里有许多市镇和村庄,它是许多省之一。该省那位大王闻名于世,他被称为拉丁语的长老约翰(Prester Johan),可是现在他们是大汗统治下的臣民,因为长老约翰的子孙皆臣属于大汗。首府名天德军。这省的王是长老约翰的后裔,……他自己的名字是长老乔治(George)。大部分人民也是基督教徒。他为大汗治理这地方。

所谓乔治,也就是阔里吉思。[1] 而长老约翰,可能是指阿剌兀思

---

[1] 张星烺译《马哥孛罗游记》,121页。据 Moule、Pelliot 的 *Marco Polo, The Description of the World* 第1卷、181页作个别补充译改。乔治在叙利亚文中拼写成 Giwargis(Gorigis),是很普通的基督教名,由于基督教的聂思脱里派是由叙利亚传入蒙古的,故转为突厥和蒙古语就读作 Körgüz 或 Görgüz——阔里吉思。

剔吉忽里。[1] 马可波罗书有两章的篇幅谈到海都及其对元的战争。[2] 他指出乔治（阔里吉思）是在驻守边地，特别详细地叙述了一次那木罕和阔里吉思共同对海都的战争：

> 海都大王征集大军为了真正组成一支非常大的骑兵。他知道在哈剌和林地方有大汗的儿子那木罕（Nomogan）和长老约翰的儿子的儿子乔治。这两位贵族也有大队骑兵。……海都大王既征集他所有的人员以后，率领他的全军，离开他的国境出发，……他们走到离上述两位贵族带着大军驻扎的哈剌和林越来越近。那两位贵族，大汗的儿子和长老约翰的儿子的儿子，听到海都带领大军来到他们的国里，预备同他们开战。……他们立即谨慎准备作战，他们的人马的确有六万多装备很好的骑兵和大量的步兵。当他们全预备好了，并且他们得知海都大王及其人马是如此接近他们时，他们出发前进去抵抗敌人。[3]

接着是有关双方交战情景的细致描述。最后，由于海都接到大

---

[1] 张星烺译《马哥孛罗游记》，122页；Moule、Pelliot本182页又说："我方才告诉你们的那位乔治就是长老约翰的子孙。他是大长老约翰后第六代领主，并被认为是那个家族最大的领主。"马可波罗曾经把哈剌和林（即客烈部）的王罕称为长老约翰，在这里又当作汪古部的先人，将二者混淆起来。如果按阿剌兀思剔古忽里—不颜昔班—镇国—孛要合—爱不花—阔里吉思这一传世次序计算，正好是六代，他是把阿剌兀思当作长老约翰。

[2] 同上，462~463页；Moule、Pelliot本447页，关于海都有如下一段描述："在大突厥有一位大王，名叫海都（Caidu）。他属于皇族并且是大汗之孙，因为他是察合台（Ciagatai）的儿子的儿子，而察合台又是大汗的亲兄弟。……这位海都从来没同大汗和平共处过，相反，他常常同他打仗。"海都是窝阔台的孙子，马可波罗误以为是察合台之孙，而察合台是忽必烈的伯父，他也误认为是兄弟。接着他叙述了海都的辖境，他同大汗争战的原因，以及双方战守的情况。

[3] 同上，464~466页；Moule、Pelliot本，449~450页。

汗援军将到的消息，只好赶快撤退。元军方面，"大汗的儿子和长老约翰的孙子（阔里吉思）见海都大王和所有他的兵卒皆已离开，就不去追击他们，而让他们平静地走了，因为他们和他们的士卒已非常厌战和非常疲劳了"。[1]

那木罕是大汗皇子，1266 年封北平王。[2] 1275 年出镇阿里麻里，总帅诸王、大臣各支军队。[3] 蒙哥子河平王昔里吉等叛，劫持那木罕送往海都处。[4] 1284 年才被放回。[5] 同年，那木罕被改封为北安王，仍镇守北边。[6] 可能卒于 1292 年。[7] 当时，诸王、勋贵都随那木罕在北边驻防，马可波罗将阔里吉思和总帅北安王并提，说明汪古军在边防上占有重要地位。阔里吉思开始在汪古部主事和马可波罗东来，大约在 13 世纪 70 年代之末，这时那木罕还被拘留在海都处未归，可见他们二人一同备边应在 1284 至 1292 年这段时间内。《元史·世祖纪》载：至元二十九年（1292）二月，忽必烈将几位叛王发往边地，令其中"从诸王阿秃作乱者朵罗带以付阔里吉思"。三月，又下诏派人"至合敦奴孙界，与驸马阔里吉思议行屯田"。这也证实阔里吉思这段时

---

[1] 张星烺译《马哥孛罗游记》，469 页；Moule、Pelliot 本，452 页。
[2] 《元史》卷六《世祖纪》，至元三年六月丁卯，译名"南木合"。
[3] 同上，卷一一九《牙忽都传》；卷一二六《安童传》；卷二〇三《田忠良传》。
[4] 同上，卷二〇三《田忠良传》："〔至元十二年〕十二月，诸王昔里吉劫皇子、丞相以入海都。"又见卷一九三《伯八传》；卷一一七《牙忽都传》；卷九《世祖纪》，至元十四年秋七月癸卯；《史集》，第 2 卷，13、168~169 页。
[5] 同上，卷一三《世祖纪》，至元二十一年三月丁巳；卷一二六《安童传》。
[6] 同上，卷一三《世祖纪》，至元二十一年闰五月癸巳，七月己卯。
[7] 同上，卷一七《世祖纪》，至元二十九年十二月庚寅；卷一一五《显宗传》载：皇孙梁王甘麻剌"改封晋王，移镇北边"，"以北安王傅秃归，……为内史"，"北安王府尉也里古带，司马荒兀，并为晋王中尉"。说明从此甘麻剌已代那木罕总帅北边诸军。故《新元史》（卷一一四）、《蒙兀儿史记》（卷七六）、《那木罕传》都说卒于至元二十九年。但《元史》卷一〇八《诸王表·北安王》下说："那木罕……大德五年（1301）薨。"

期确实在屯田守边。

阔里吉思在元世祖时担负着防御西北叛王的重任,也被剌失笃丁所证实,他在《忽必烈合罕纪》中谈到忽必烈同海都、笃哇领地相邻的边境时指出:

> 〔边境上〕皆派有诸王和异密镇守。在东方边界之端,有合罕祖母兄弟[1]诸王 Kamila 率军坐镇;其次为合罕之一婿阔儿古思古儿干(Kürküs-gürägän);再其次为忽必烈合罕之一大异密土土哈之子床兀儿;再其次为又一大异密伯颜古卜黑赤之子囊家台;再其次为铁穆耳合罕之叔阔阔出。[2]

Kamila 是 Kamala(甘麻剌)的异写,应该说是铁穆耳合罕同母兄弟。至元二十九年(1292)改封晋王,移镇北边。[3] 土土哈从至元二十六年至元贞二年(1296)一直在对海都作战,死于大德元年(1297)。床兀儿于至元三十年"从太师月儿鲁行军";大德元年,袭父职,守御北边。[4] 伯颜古卜黑赤疑即伐宋的统帅伯颜,他的次子枢密副使即名囊加歹。伯颜于至元二十六年以"知枢密院事,出镇和林"。三十年冬驿召回京。[5] 阔阔出于至元二十六年受封宁远王,以皇子守御北边。[6] 三十年,皇孙铁穆耳出镇阿尔泰山时,阔阔出军是进击海都的主力。[7] 从上述

---

1 误,应为忽必烈合罕之孙。
2 《史集》,第 2 卷,185 页。
3 《元史》卷一一五《显宗传》。
4 同上,卷一二八《土土哈、床兀儿传》;卷一一九《玉昔帖木儿传》。
5 同上,卷一二七《伯颜传》。
6 同上,卷一五《世祖纪》,至元二十六年十二月丁亥;卷一一七《牙忽都传》。
7 同上,卷一三二《玉哇失传》;卷一八《成宗纪》。

人物同时出场的史料分析,《史集·忽必烈合罕纪》关于阔里吉思的记载,是指他在元世祖最后两年的事。

《阎碑》在征伐叛王也不干之后,没提忽必烈在位时阔里吉思驻守边境与海都斗争的事迹,而是在成宗即位后才提到这些事:

> 圣上(成宗)御极之初,特颁金印,封高唐王。……王以西北未庭,请往征之。诏初不允,请至再三,方许之。将行,誓曰:"边尘不清,义不旋辔。"

《史集·铁穆耳合罕纪》详尽叙述了成宗即位时的情况。成宗即位后,元贞年间,阔里吉思似乎还在朝廷任事。元贞二年(1296)十月,他曾帮金书宣徽院事贾脱里不花奏请为三世先人立世德之碑。[1]

随后,确实如《阎碑》所载,立即就派出宗王阔阔出和合罕之婿阔儿吉思赴边境以防海都和笃哇的边界。《阎碑》描述了阔里吉思驻守边疆时,在大德元年、二年同西北叛王交锋的两次战役:

> 大德改元(1297)夏四月,与敌遇于伯牙思。或谓:"俟大军毕至,战未晚也。"王曰:"丈夫为国死敌,奚以众为?"于是鼓噪而进,大破敌军,杀伤甚众,擒将卒百余人以献。诏嘉其勇果,赐以先皇所御貂裘、宝鞍、缯锦七百,介胄兵器有差。
>
> 二年秋,诸王将帅会于边共筹边事,咸谓:"往岁敌无冬至之警,宜各休兵境上。"王曰:"今秋候骑至者甚寡,所谓鸷鸟将击,必匿其形,兵备不可弛也。"众不以为然,王独严兵以待。是冬,

---

[1] 王恽《金书宣徽院事贾氏世德之碑》,《秋涧先生大全文集》卷五一。

> 敌果大至,彼众我寡,三战三却之。王乘胜追奔逐北,深入险地,后骑莫继,不虞马伤而仆,至陷敌域。

剌失笃丁书虽没有大德元年那次战役的记载,但详细叙述了铁穆耳合罕登位后四年(即大德二年)这次战役。他不仅具体说明了发动偷袭的是察合台后王笃哇,而且还描述了元军边将疏于战备的实情,而阔里吉思也确实是孤军作战被俘。[1]《元史·床兀儿传》说:"〔大德〕二年,北边诸王笃哇、彻彻秃等潜师袭火儿哈秃之地。"指的就是这次战役,还明确了由谁发动和偷袭的地点。可是,他矢口不提这次大败,反而将失败吹嘘为取胜,从此也可看出元代根据谀墓的碑文编成的史书不可尽信。[2] 第二年,成宗"以宁远王阔阔出总兵北边,怠于备御",命皇侄怀宁王海山(即武宗)"即军中代之"。[3] 笃哇这次偷袭成功,使元军大溃,驸马阔里吉思被俘,只得更换主帅和重整战备,确实是对元朝的一次沉重的打击。

---

[1] 《史集》,第 2 卷,207、210 页。原文是:"铁穆耳合罕承运登位后四年,八剌之子笃哇率军出击镇抚合罕国境之上述宗王和异密。而按军中常规,每一关隘皆驻有一支戍兵。从西境末端阿只吉和出伯的关隘起,以迄东方木黑里的关隘止,皆设有驿站,并驻传令兵于其中。这时,他们逐站传讯说,未见战斗部队。凑巧,宗王阔阔出、床兀儿和囊家台正一起聚宴,恣意饮酒作乐。战讯深夜传至,而他们已大醉不醒,无法出〔征〕了。铁穆耳合罕之婿阔儿吉思古儿干率其军队出动,但叛乱者迅即临近。因为他暴露出疏忽大意,左右两翼的部分军队怠于防备,而道途又远,故未能联合。笃哇即率军袭击阔里吉思。他所有不过六千人,无力抵御笃哇,乃逃往山中。叛乱者跟踪追击,俘虏了他,欲杀害。他说:'我是阔儿吉思,合罕之婿兼军队之异密。'笃哇下令且不杀他。溃军逃回合罕处,而合罕之叔阔阔出,以疏忽而掉队,心境犹移不安,累诏召回,他皆未去。最后,合罕派宗王阿只吉奔他说服领回。溃逃的军队到合罕处时,将溃逃的异密床兀儿和囊家台拘捕,并把他们械系起来。他说:'你们何以这样疏忽呢?'"

[2] 《元史》卷一二八《床兀儿传》;《道园学古录》卷二三《句容郡王世绩碑》。碑中将床兀儿说成是主动出击,吹嘘为:"持挺刃四面上,奋击,尽覆其军,敛遁者无几。"

[3] 同上,卷二二《武宗纪》。

阔里吉思被俘以后的情况,《阎碑》接着上文说:

> 敌初待以婿礼,数欲诱降。应对之际,皆效忠保节之语。又欲妻之以女。曰:"吾不睹皇太后慈颜,非圣上面命,不敢为婿。"卒不能夺其志。上悯王陷敌,欲遣使理索,未得其人。王府荩臣曰阿昔思,往在戎阵,尝济王于险,众推其可用,乃遣使敌。一见王于稠人中,首问两宫万安,次问嗣子安否?语未竟,辄为左右所蔽。翌日,遣还。王竟以不屈而终。

碑文着眼于渲染阔里吉思如何"效忠保节",而对他被俘后的具体情形却写得非常含糊,还是剌失笃丁较客观地记述了前后的具体事实。[1] 将它同《元史》的零星记载结合来看,事情是这样的:起初,元朝大将朵儿朵哈同诸王岳木忽儿(阿里不哥之孙,乃剌忽不花之子)、兀鲁思不花(蒙哥之孙,昔里吉之子)曾叛附海都、笃哇。元贞二年

---

[1] 《史集》,第2卷,210~211页。原文是:"就在〔元〕军溃逃和笃哇率军到达该地时,诸王岳木忽儿和兀鲁思不花及异密朵儿朵哈等人……决定脱离笃哇,并带了十二个千户转向铁木耳合罕方面。合罕闻他们来时,不予置信,因朵儿朵哈已于忽必烈合罕时即已来归一次,并将上述诸宗王带走。……异密朵儿朵哈……说:'如果〔合罕〕以宽大待我,我就领我带来的这支军队及能赐予我之军队去追击笃哇,对他所为施行惩罚,也许我能把阔儿吉思找回来。'笃哇自恃他已击溃了合罕的军队,以为安然无事了,便从容不迫地前进……岳木忽儿,兀鲁思不花和朵儿朵哈突然来到,猛击笃哇及其军队,……他们怎么也不能把阔儿吉思弄到手,但捉住了笃哇一个名……(原文脱落)的驸马。……随后,异密们想释放他的驸马,〔希望〕他也许会把合罕的驸马也送回来。就在这几天中,从笃哇处来了急使,传达使命道:'我们干了一桩蠢事,并受到了报复,现今阔儿吉思在我们这里,我们也有一个驸马在你们那里。'阔儿吉思也派一个那可儿和他们同来,传来消息说:'我完好无恙,但没有那可儿,没有余物,没有资财。给我送两三个那可儿和一些东西来。'他的四个异密带着很多礼物和东西,连同笃哇的驸马一起被送去了。在他们到达该处之前,阔儿吉思已被杀了,就用诡计推脱说:'我们把他送往海都处,他却在路上去世了。'"

(1296),他们又脱离叛王归附元朝。[1] 成宗开始"不予置信",后接受了博罗欢的意见,才愿意接纳。[2] 元朝在大德元年(1297)、二年连续对他们进行赏赐,调拨物资,全力支持岳木忽儿等人的北征,[3] 终于取得了对笃哇的小胜,俘虏了可以作为交换阔里吉思的人质。《阎碑》的所谓"遣使理索",实际上是一次交换战俘的交涉。剌失笃丁说元朝派去阔里吉思的四个异密,也就是指"王府荩臣"阿昔思一行。虽然笃哇的驸马已被送回,但是阔里吉思最终被杀害了。

忽必烈晚年,阔里吉思在大都时,另一个意大利人蒙帖哥维诺还同他有过宗教上的交谊。蒙帖哥维诺是一个天主教神甫,被罗马教皇尼古拉四世派遣到东方传教,1291年由讨来思启程往远东,约于至元二十九至三十年(1292—1293)到达大都。在大都他曾写信给西方友人,有两封信至今还保存,其中第一封信就提到阔里吉思:

> 世界的此端有一位名乔治(George)之王,属于基督教徒之聂思托里教派。乃出自印度称为长老约翰之大王之名门贵胄。余抵此之第一年,即深与余结纳,从余之言,改奉天主教正宗,成为低级神甫。每逢举行弥撒时,彼常着其王袍至余处,参预典礼。其余聂思脱里派教徒因此诋王为背教,然王仍率其大部臣民与彼同归天主正宗,并建教堂一所,宏伟壮丽,无异王侯所居。……题名曰"罗马教堂"。[4]

---

1 《元史》卷一二八《土土哈传》。
2 同上,卷一二一《博罗欢传》。
3 同上,卷一九《成宗纪》,大德元年正月、三月、四月、十一月、二年六月、十月、十二月;卷一六六《张均传》。
4 Yule and Cordier, *Cathay and the Way Thither*, Chapter 3, p.47;张星烺《中西交通史料汇编》,第1册,220页。

马可波罗于1290年离华去波斯，蒙帖哥维诺则在两年后到大都，二人不可能见面，但是都熟悉和报导了乔治王（阔里吉思）的事，可见他在当时是一个大名鼎鼎的人物。蒙帖哥维诺也说阔里吉思是长老约翰的后裔，而把约翰说成是印度人，比马可波罗说成是客烈人走得更远。他说乔治王的教堂"距此尚有二十日之程"，同北京到汪古部领地（今四子王和达茂联合旗一带）的距离相当。

元英宗时（1321—1323），又有一个意大利修道士和德里来中国旅行，在大都居留三年，然后经长老约翰的领土回国。所谓长老约翰，也就是马可波罗和蒙帖哥维诺所说的阔里吉思的祖先。因为和德里还谈到，这里的领主可以娶大汗的公主为妻，又说他们的首府是东胜（或作天德军），而且和德里经东胜以后下一步旅程就是陕甘地区，同列班骚马等描述君不花弟兄的住地和旅行的路线完全相同，也与马可波罗和列班骚马指出的汪古部的一些领地名称相同。[1] 汪古家族引起当时这么多旅行家的注意，足见他们在当时的声望和影响是很大的。

---

[1] "The Travels of Friar Odoric", Yule and Cordier, *Cathay and the Way Thither*, Chapter 2, pp.244~246. 注文中认为长老约翰是马可波罗书另一处所说的客烈部王罕，这是错误的。和德里所经之城原文作 Tozan，伯希和考定是指东胜州，Jean Lelong 的法文译本名其地曰 Penthexoire，应读作 Tändük-qorighi，"即天德封地"或"天德营帐"之意，见《西域南海史地考证译丛》，70 页。

九　尤忽难 Juqunan

《阎碑》前已提到,爱不花有四子,阔里吉思最长,最幼是"今高唐王",即尤忽难。因成宗下诏追谥阔里吉思和为他立碑,是"从介弟高唐王尤忽难请",故当时尤忽难正在位。《阎碑》说:

> 初王(阔里吉思)之北也,世子主安甫脱襁褓,诏以其弟尤忽难才识英伟,授以金印、玉带、海东白鹘,封高唐王,袭爵之后,恪守父祖成业,抚民御众,境内乂安。[1]

《刘碑》作于仁宗初即位时(1311),内容又有了新的补充:

> 初,忠献之北,赵王(主安)尚幼,王弟尤忽难袭爵高唐王。武宗至大元年(1308)封鄃王。明年(1309)薨。

《元史·阔里吉思传》对尤忽难备加赞扬,内容也不太一致,传中说:

> (尤忽难)痛其兄死节,遣使如京师,表请恤典,又请翰林承旨阎复铭诸石。教养尤安过于己子,命家臣之谨厚者掌其兄之珍服秘玩,待尤安成立,悉以付之。至大二年,尤忽难加封赵王,

---

[1] 《王傅德风堂碑》有内容略详的一段同样阿谀的话:"世子主安甫脱襁褓,诏以忠献王母弟尤忽难器识英伟,尊崇名教,能继其事,授以金印、玉带、海东青,封高唐王,属守祖宗成业,治国以勤,抚民以仁,老安少怀,后更封鄃王。"

即以让尤安。

阔里吉思被俘在大德二年(1298)冬,次年十二月,成宗"赐诸王岳忽难银印"。岳忽难即尤忽难,这时正式受印袭爵为高唐王。接着在一月后成宗对他又有赏赐。[1] 尤忽难在《元史》别处或译写为拙忽难或尤忽。[2]《刘碑》说尤忽难至大二年(1309)薨,而《元史》本传未言其死,但又说至大三年其侄袭爵,应该以《刘碑》记载尤忽难死于至大二年为可靠,即尤忽难统治汪古部在1299至1309年之间。

蒙帖哥维诺也谈到,阔里吉思死后,主安尚幼,由其诸弟主事。[3]

十 尤安 Ju'an

《阎碑》作于大德九年(1305),尤安年龄尚小,阎复只提到他的名字。至大四年(1311),尤安已封爵为赵王,刘敏中的《敕赐驸马赵王先德加封碑铭》就是应他的请求而作,故记述了尤安的事迹:

> 武宗至大元年,〔尤忽难〕封郇王。明年薨,世子尤安袭爵郇王。三年,帝思忠献之忠,加封尤安赵王。

---

1 《元史》卷二〇《成宗纪》,大德三年十二月,四年春正月,赐诸王木〔尤〕忽难所部一万二千余锭。
2 同上,卷二二《武宗纪》,至大元年三月;卷一〇八《诸王表》,赵王。
3 Moule 前引书,206、208 页。Yule and Cordier, *Cathay and the Way Thither*, Chapter 3, p.47;张星烺编注《中西交通史料汇编》,第 1 册,220 页。

接着又写了一段尤安请求让阔里吉思归葬祖茔并为先人追封和立碑的事：

> 赵王一日召王傅脱欢、司马阿昔思谓曰："先王旅殡卜罗沉寥之乡，神灵将畴依，吾疚心欲无生，若请于上，得归葬先茔，瞑目无憾矣。"二人白之知枢密院事也里吉尼以闻。帝嗟悼久之，曰："尤安孝子也。"即赐阿昔思黄金一饼，得率王傅脱欢之子人匠总管八失忽都鲁、王傅尤忽难之子怯怜口副都达鲁花赤阿鲁忽都……等一十九人乘传以往，复以钱伍百缗赐从者。五月，过戍边，淇阳王月赤察儿、丞相脱禾出八都鲁假卒五百人卫其行。七月，达殡所。奠告启视，玉体如生，乃以龙沙木柩易衣衾敛之。众哭，卜罗人观者千余，亦皆哭。已乃奉柩以东。八月，至也里可儿思其先茔，王傅脱欢……来会葬，胥襄事而还。
>
> 先是，诏中书为王加封、勒碑未暇也。明年（1311），圣天子（仁宗）嗣位，赵王与王傅脱欢、尤忽难……议曰："先王之葬，赖国恩与众力既举，顾祈以显扬者独未尽。"乃复于中书以先帝命闻。十一月，加封之制下，于是中书移翰林铭碑。

这段尤安不忘光宗耀祖、宣扬封建孝道的文章，本来没什么意义，但其中也透露了可供研究的事实。

其一是指明阔里吉思死于卜罗。卜罗或作不剌、孛罗、普剌、怕剌，[1] 也就是《卢卜鲁克旅行记》所提到的 Bolac，[2] 即今新疆博乐县西

---

[1] 耶律楚材《西游录》；常德《西使记》；《元史》卷一八〇《耶律希亮传》、卷六三《地理志·西北地附录》；《明史》卷三三二，"坤城"。

[2] *The Journey of William of Rubruck to the Eastern Parts of the World*, Rockhill tr. & n., p.135.

五公里博罗塔剌河北岸的古城。1219年耶律楚材由蒙古去西域也是走这条路,他说:"过瀚海千余里,有不剌城。"而瀚海(今古尔班通古特沙漠)在金山(阿尔泰山)西,说明武宗时月赤察儿等的戍军最西至阿尔泰山西麓,所以五月出发,七月才到达卜罗。卜罗不知当时属谁所辖,但位于察合台兀鲁思北境,笃哇把阔里吉思送到这里,所以说他死于送往海都处的途中。

其次,这时西北的形势已大有改变。叛王海都、笃哇已相继死去,察八儿和宽彻分别继承窝阔台和察合台兀鲁思汗位,至大元年(1308)元朝已遣使同他们通好。[1] 至大三年,察八儿为察合台后王战败,逃降于武宗,西北已无战争。[2] 故阿昔思等人得以顺利到达卜罗。如《康里脱脱传》提到这年有"边将脱火赤请以万人益宗王丑汉,廷议脱脱往给其资装。脱脱谓时方宁谧,不宜挑拨生事,辞不行"。[3] 很可说明当时的局势。边将脱火赤也就是碑中的丞相脱禾出八都鲁,从这里我们能够知道主持岭北防务的是月赤察儿和他两人。[4]

最后,碑文指出阔儿吉思葬于"也里可儿思其先茔,王傅脱欢……来会葬",说明离王府的所在地甚远。日本人从王府所在地的鄂

---

[1] 《元史》卷一一九《月赤察儿传》;卷二二《武宗纪》,至大元年正月己卯,七月壬申,九月辛酉、庚辰。
[2] 同上,卷二三《武宗纪》三月、六月;卷一一七《牙忽都传》;卷一三八《康里脱脱传》。
[3] 同上,卷一三八《康里脱脱传》。
[4] 此人即《元史·仁宗纪》之知枢密院事、钦察亲军都指挥使脱火赤拔都儿(至大四年三月)和封为威宁郡王的脱火赤(延祐二年十月)。大德十一年七月,武宗任命太师月赤察儿为和林行省右丞相,中书右丞相哈剌哈孙答剌罕为和林行省左丞相。至大元年冬,哈剌哈孙死,脱火赤拔都儿当为继任人,故称丞相。仁宗即位,枢密院建军站三十至脱火赤之地,又于脱火赤八秃儿及诸王宽彻,西面川地东西两界置驿站,交通更便(《经世大典·站赤》皇庆元年十一月、二年十月)。此人地位很重要,但《元史》记载不明,从此处可得到启示。知枢密院也里吉尼,即《武宗纪》大德十一年七月,至大三年三月两次任命之也儿吉尼。月赤察儿,《元史》卷一一九有传。

伦苏木得到一批叙利亚文墓石照片,声称其中一块是阔里吉思墓石,这不符合碑中的记载。既然是先茔,历代汪古贵族应葬于此,所以研究也里可儿思的所在地,将给考古界带来新的发现。

尤安,《阎碑》作主安,《武宗纪》作注安,《仁宗纪》作汝安。[1] 约翰·蒙帖哥维诺的信中说:"乔治王之子名约翰,盖取余名以为名也。"可见尤安等名,都是基督教名约翰拉丁写法 Jean 的异译。蒙帖哥维诺的信写成于 1305 年元月八日,即大德八年十二月。他还说:"六年前,乔治王卒,仅留一子,尚在襁褓之中,今则已九龄矣。"[2] 乔治王(阔里吉思)卒年(或系被俘年)说得很准确,那么尤安的年龄也应是可信的。至大二年(1309),尤安受封为赵王和娶公主时只有十三四岁。[3] 他的名字最后出现在皇庆元年(1312)。[4] 延祐元年(1314)已有新赵王继位,可见这以前尤安已不在位。

十一　阿剌忽都 Araqdu

《刘碑》作于至大四年(1311)冬,《元史》中汪古部主传文据阎、刘二碑写成,也只到尤安为止。尤安以后各世的情况,幸好有鄂伦苏木的《王傅德风堂碑记》得以保存。据《德风堂碑》,尤安之后有阿剌忽都,碑文说:[5]

1　《元史》卷二三《武宗纪》,至大二年二月、九月;卷二四《仁宗纪》,皇庆元年四月。
2　Yule and Cordier, *Cathay and the Way Thither*, Chapter 3, p.47;张星烺《中西交通史料汇编》,220、222 页。
3　《元史》卷二三《武宗纪》,至大二年三月。
4　同上,卷二四《仁宗纪》,皇庆元年四月。
5　《新晨报》民国十七年九月二日《文化特刊副刊》第二十九辑。

至赵王阿剌忽都,英武之资,家齐国治,赏罚分明。尚赵国公主吉剌实思。

阿剌忽都除了充当一个封国的领主外,大概没做过什么事,所以碑中只能写上几句抽象的奉承话。可惜碑文有缺,没提到他是何人子孙,何时继位。而在《元史·仁宗纪》延祐元年(1316)三月却明确记载"封阿鲁秃为赵王"。[1] 阿鲁秃即阿剌忽都异译,[2] 由此可知他从1314年起主汪古部事。

《元史·仁宗纪》阿鲁秃还出现过四次,都是关于朝廷赐予他钞、粮、金、银、币、帛的记载。[3] 最后一次出现在延祐四年(1317)六月,而至治元年(1321)十月已有新赵王,阿剌忽都当死于这几年中。

阿鲁秃是何人之子,钱大昕《元史·氏族表》未列。屠寄《氏族表》列为马札罕子,恰好颠倒。[4] 陈垣说:阿鲁秃,"《阔里吉思传》作阿鲁忽都,盖尤忽难之子,曾为主安王傅,护阔里吉思遗骸归葬者也"。[5] 《阔里吉思传》即根据《刘碑》写成,《刘碑》明言尤忽难至大二年(1309)"薨",尤安请求为先人加封和勒碑时,共同商议的王府官员中有"王傅尤忽难"之名,时间是至大四年,可见他是同名的另一人,而"王傅尤忽难之子怯怜口副都达鲁花赤阿鲁忽都"是王府的官员,

---

1 又见《诸王表》:赵王阿鲁秃,延祐元年封。
2 二名似应还原 Aruqtu, Aruq 义为篮子, Aruqtu 为形容词"有篮的"之意,此处用作专名。L. Hambis, *Le Chapitre CVIII du Yuan Che*, Leiden, 1954, p.23.
3 《元史》卷二五《仁宗纪》,延祐三年正月、四年三月、四月、六月。
4 《蒙兀儿史记》卷一五三。
5 陈垣《马定先生在内蒙发见之残碑》,《华裔学志》(*Monumenta Serica*),1938 年,第 3 卷第 1 期,253~254 页。原来用英文发表,引文据陈垣先生抄赠内蒙古大学之中文原稿。

也只能是阿剌忽都（阿鲁秃）同名人，其身份绝不能同继任赵王的汪古部主相当。法国人韩百诗同样在其《汪古部世系表》中沿袭了这个错误。[1]

柳贯曾作《赵王封赠三代制》,[2] 封赠的是：丘邻察、尤（误作木）忽难、尤安三人。所谓"封赠三代"，一般是封建皇帝根据某人的官爵，相应地封赠他的曾祖、祖、父三代官爵和谥号。但丘邻察是君不花次子，尤安堂叔，尤忽难是尤安亲叔，加上尤安，并不是祖孙一系的三代。受封三人中，尤忽难和尤安生前就已封王，死后按习惯是应加封赠和谥号的，但何以把一个旁系又非长子的丘邻察列入封赠之列呢？这又是一个疑问。

柳贯的制词作于何年，《文集》中没有注明。据柳贯门人宋濂所作的柳贯行状说："泰定元年甲子（1324），……升征事郎。……勋戚大臣请谥者三百余人，文移山积，先生为之质行定名，三月皆毕。"[3] 这几篇制词应作于这时。当时阿剌忽都子马札罕正在位，必定是他为其先人请谥。除追封阿剌忽都外，由于尤忽难、尤安是前任赵王，尚未加谥，应予封赠，而丘邻察被封，只能解释为他是阿剌忽都的生父。尤安死于延祐元年（1314）前，年龄只十七八岁，无子继承，王位仍转到孛要合长子君不花一系。

---

[1] L. Hambis, *Le Chapitre CVIII du Yuan Che*, 第3表《汪古惕王族及其与成吉思汗系的姻亲关系》。
[2] 《柳待制文集》卷七。
[3] 同上，附录。

十二　马札罕 Maǰa[r]qan[1]

《德风堂碑》关于马札罕记述较详,碑中说:

> 赵王阿剌忽都……生二子,长马札罕,次怀都。然马札罕聪明仁智,才兼文武,识鉴精微,议论英发,朝会之时,诸王无出其右者。□□□年,袭封赵王,尚皇妹赵国大长公主速哥八剌,生一女:八咂实里公主,□□郯王之子也。当时所任之人皆贤能,所行之事皆仁义,使顽夫识廉,嚚妇好贞,振起赵国之纲维,流风善政,焕然一新。元统□□□□王继尚宗王晃兀帖木儿仲女□难公主。……

《元史·诸公主表》曾提到"囊家台子赵王马札罕",钱大昕等列《氏族表》,都根据它断定马札罕是囊家台之子。[2] 陈垣得到此碑后,才据碑文改正了前人的错误。[3]

马札罕袭封赵王的年代,可惜碑文恰好脱落不明。《元史·诸王表》"赵王"下说:"马札罕驸马,泰定元年(1324)封。"但《英宗纪》载:至治元年(1321)冬十月,"置赵王马札罕钱粮总管府"。说明三年前马札罕已在位,"泰定"可能是"至治"之误。

致和元年(1328)七月,泰定帝死于上都。八月,金枢密院事燕铁

1　韩百诗认为,可能应把这个名字还原为 Maǰaqan,意为小匈牙利人,而不应还原 Maǰarqan,即 Maǰar-qan,意为匈牙利可汗。Le Chapitre CVIII du Yuan Che, p.70.
2　《元史氏族表》卷一;《元史新编》卷六一;《蒙兀儿史记》卷一五三。
3　《华裔学志》,第 3 卷第 1 期,253~254 页。

木儿在大都发动政变,迎立文宗。同时,上都拥太子即位,派兵向大都反攻。十月,山西方面,"八剌失里(泰定帝侄,封湘宁王)及赵王马札罕、诸王忽剌台承上都之命,各起所部兵南侵冀宁(今太原)"。[1] 马札罕还同忽剌台领兵进攻到大都郊外的卢沟桥,被枢密院同金斡都蛮击败,由紫荆关退去。[2]

大都发生政变后,同时派人往漠北迎接明宗,天历二年(1329)五月,明宗到达秃忽剌(土拉)河东,曾降旨河东宣慰司救济赵王马札罕部民。[3]

以后,《文宗纪》就不见马札罕之名。顺帝即位后,据《德风堂碑》,元统间(1333—1334),他还继娶了某公主。至元乙亥(1335),曾有"赵王马札罕钧旨"颁发给代州柏林寺住持。[4] 至元二年(1336)八月,"立屯卫于马札罕之地"。[5] 故可判断马札罕死于这年以后。至正七年(1347),明文记载已有新赵王在位。

十三　不鲁纳 Burina

《元史·文宗纪》至顺二年(1331)三月丙戌日载:"赵王不鲁纳食邑沙、净、德宁等处蒙古部民万六千余户饥,命河东宣慰发近仓粮万石赈之。"据前文所说,在至顺二年前后,各种记载都说明赵王是马札

1　《元史》卷三二《文宗纪》。
2　同上,卷一二三《阿剌瓦而思传》。
3　同上,卷三一《明宗纪》。
4　《柏林寺晋王李氏影堂碑》。
5　《元史》卷三九《顺帝纪》。

罕,何以这时又出现一个赵王不鲁纳,曾不断引起元史专家的疑窦。如钱大昕读《影堂碑》后就说:"据《诸王表》赵王马札罕以泰定元年封,此碑云'至元乙亥(1335)赵王马札罕钧旨',则重纪至元之际,马札罕尚无恙,而《文宗纪》又有赵王不鲁纳。意者,马札罕与不鲁纳即一人欤?抑或马札罕已废而复立欤?皆无明文以告之也。"[1]陈垣读《德风堂碑》后说:"是时赵王为马札罕,不知《史》何以作不鲁纳,此节尚待新证解释。"[2]

这问题迄今也没有明文可说明,但钱大昕"废而复立"的说法是颇近情理的。由于马札罕坚定地站在上都派方面,兵败后有些诸王因此被处死,削爵者不少,马札罕也因此被废,故另封不鲁纳为赵王,因此《文宗纪》再没有出现他的名字。文宗死,顺帝继位,又恢复了他的赵王爵位。《德风堂碑》是马札罕之弟所立,所以只字不提马札罕被削藩和不鲁纳任赵王的事。

钱大昕认为"马札罕与不鲁纳即一人"的设想不能成立,因为历史上不仅有不鲁纳其人,而且他的世系也很清楚。不鲁纳的名字就在陈垣自称"余所发见"的元刻《中庵集》的《刘碑》中,不鲁纳作"不邻纳",是拙里不花之子,火思丹之弟。可见马札罕被废以后,赵王位曾暂时转到孛要合的第三子拙里不花一系。

---

[1] 《潜研堂金石文跋尾》卷二〇。
[2] 《华裔学志》,第3卷第1期,253~254页。

十四　怀都 Qaidu

马札罕的继承者是怀都,只有《德风堂碑》有记载:

> 迄王马札罕薨,有女公主吉祥奴,世子八都帖木儿尚在襁褓之中,王母弟怀都赵王袭位,能遵国政,平日寡言,英风凛如泰山之安,保王业若磐石之固,……不负驸马王之位,朔方宁谧,万囗乂安,荣享太平之日。

此碑立于丁亥十一月,即至正七年(1347)冬,这时怀都已在位。马札罕死和怀都即位之年应在至元二年(1336)到至正七年(1347)之间,其中间隔十余年之久,可能怀都早已继位。

至正五年(1345),即立《德风堂碑》前二年,金河南廉访司事归旸行部至西京(大同),处置了赵王府贪暴的官属。赵王曾几次遣使求情,他都不为所动。[1] 这个赵王可能就是怀都。

十五　八都帖木儿 Badu-Temür

《德风堂碑》建于怀都时,怀都以后的赵王是谁不得而知。山西代县有至正十五年(1355)的《柏林寺重修唐节度使晋王李氏影堂碑》,记载了当时的赵王:

---

[1]　《元史》卷一八六《归旸传》。

> 今赵王八都帖木儿□谨祀事,特施□□伍拾□为长明灯供堂□□王□而箕敛之,将□金石,□□□王讲其合其意趣,□师□□文于余。

由此可知,这时马札罕子八都帖木儿已继怀都为赵王。他给柏林寺施舍供奉长明灯,为此在1355年立了碑。三年后,《元史·顺帝纪》记载了赵王封地发生起义的事件,原文是:

> 〔至正十八年(1358)〕九月丁酉朔,诏授昔班帖木儿同知河东宣慰司事,其妻剌八哈敦云中郡夫人,子观音奴赠同知大同路事,仍旌表其门闾。先是,昔班帖木儿为赵王位下同知怯怜口总管府事,其妻尝保育赵王。及是,部落灭里叛,欲杀王。昔班帖木儿与妻谋,以其子观音奴服王平日衣冠居王宫,夜半,夫妻卫赵王微服遁去。比贼至,遂杀观音奴,赵王得免。事闻,故旌其忠焉。

此时,全国的农民大起义风起云涌,关先生率领的一支就在这时由山西北上,"掠大同、兴和塞外诸郡"。[1] 而汪古部同时发生了部落灭里起义,直接向元朝的世代贵戚、封建领地的绝对主宰者开刀,其意义非常重大,是蒙汉人民直接配合反对元朝封建统治的事例。这条材料引起了蒙古族史研究者的注意,但都判定这位赵王是马札罕。通过我们引用的《德风堂碑》和《晋王影堂碑》,此时马札罕早已死,至正十五

---

1 以上均见《元史》卷四五《顺帝纪》,至正十八年九月。

年(1355)八都帖木儿正在位,因此这位赵王应该是八都帖木儿。[1]

十六　汪古图 Öngütü

八都帖木儿以后的赵王是谁,元代史料再没见有记载。《明太祖实录》中,我们见到了一个赵王,原文是:

> 洪武五年四月庚子,故元赵王汪古图、左丞赵友德等来降。

汪古图也不知是何人之子,何时继位。但可以肯定,在农民大起义的打击下,随着元王朝的彻底崩溃,这个盘踞在内蒙古西部的世袭封建领主也跟着覆灭了。无疑,汪古图是汪古部的最末一代赵王。

自钱大昕以来,魏源、[2] 屠寄、[3] 陈垣、[4] 韩百诗[5] 都曾给汪古部统治家族作过世系表,由于所见有限,都有阙误。现根据本文所述,仿钱大昕《元史氏族表》格式重新列表如下。新增者皆注〔〕号,前人所列者皆保留,有误者注□号,旁以钱、屠、陈、韩等略号注出。

1　最先这样肯定的是《蒙古族简史》1963 年版,以后沿袭其误的有:《"亦集乃路河渠司"文书和元代蒙古族的阶级分化》,《文物》1975 年第 9 期;《元代蒙古人民起义初探》,《中央民族学院学报》1977 年第 1 期;《蒙古族简史》,内蒙古人民出版社,1977 年,32 页,这书还将年代误成至元十三年。
2　魏源《元史新编》卷六一《氏族表上》。此表全抄袭钱大昕表,故不再提。又柯劭忞《新元史》卷二八、二九是《氏族表》,但恰好遗漏阿剌兀思一族。
3　屠寄《蒙兀儿史记》卷一五三《蒙兀氏族表》下。
4　陈垣《马定先生在内蒙发见之残碑》所列表,《华裔学志》,第 3 卷第 1 期,254 页。
5　L. Hambis, *Le Chapitre CVIII du Yuan Che*, 第 3 表《汪古惕王族及其与成吉思汗系的姻亲关系》。

	[摄叔]? [N]äsüi	镇国 Jingui	聂古觥 Nägütäi					
		不颜昔班 Buyan-šiban						
阿剌兀思剔吉忽里 Alaquš-Digit-Quri			囊加觥 Nangiadai	马札罕 钱、屠、韩	阿鲁秃 屠			
				[玉束忽都合] Üs-quduqa				
	孛要合 Boyoqa	君不花 Kün-buqa	邱邻察 Kölinčä[k]	[阿剌忽都] Aruqdu	[马札儿忽] Maǰa[r]qan	[八都帖木儿] Badu-Tämür	[汪古图] Öngütü	
					[怀都] Qaidu			
			安童 Antong					
			阔里吉思 Körgis	尤安 Ju'an				
			也先海迷失 Äsä-qaimiš					
			阿里八觥 Aribadai					
		爱不花 Ay-buqa	尤忽难 Juqunan	阿剌忽都 陈、韩	马札罕 陈	八都帖木儿 陈		
				必札匣 韩	怀都 陈			
				叶里弯 韩				
				忽都鲁 韩				
			[必札匣]					
			[叶里弯] Ärä'öl					
			[忽都鲁] Qudulu[q]					
		拙里不花 Joli[γ]-buqa	火思丹 Quštanz	[长吉] Janggi				
			[不邻纳] Brinna					
			察忽 屠	也先 屠	迭木迭儿 屠			

(原载《文史》第9辑,中华书局,1980年)

汪古的族源
——汪古部事辑之二

汪古一名在蒙古侵金之后才开始出现。[1] 关于它的来源和族属,国内外已有一些专题研究,较著者有白鸟库吉、[2] 王国维[3] 的鞑靼蒙古说,有箭内亘、[4] 樱井益雄[5] 的突厥说,还有小野川秀美的羌族说,[6] 长期争论不休。本文准备在前人研究的基础上,提出一些看法以供研究者参考。

---

1 汪古,《元朝秘史》作汪古惕(Önggüd),"惕"是复数语尾;《南村辍耕录》氏族条作雍古歹(Önggüdäi);《圣武亲征录》作王孤;姚燧《便宜副帅汪公神道碑》作汪骨;《元史》中有汪古、雍古、旺古、翁古等不同译法。
2 《室韦考》,《塞外民族·鞑靼》,见《白鸟库吉全集》第4卷,463~465、506页。
3 《鞑靼考》,见《观堂集林》卷一四。
4 陈捷等译《兀良哈及鞑靼考》下。
5 《汪古部族考》,《东方学报》第6册,东京,1936年。
6 《汪古部的另一解释》,见《东洋史研究》2卷4号,1937年3月。

一　汪古自称沙陀李克用之后一说的分析

元成宗大德九年(1305),阎复为汪古部首领所写的《驸马高唐忠献王碑》说:

> 谨按家传,系出沙陀雁门节度之后。始祖卜国,汪古部人,世为部长。[1]

"沙陀雁门节度"是指沙陀人李克用。李克用曾任唐朝雁门节度使,死后葬在雁门(今山西代县),所以《阎碑》称他"沙陀雁门节度"。[2] 屠寄毫无保留地接受这一说法,并据沙陀的历史记载,加上"本西突厥别部处月种"一句。[3]

由于李克用后来被唐朝封为晋王,其子李存勖继朱梁之后建立后唐,李克用被追谥为"武皇帝",所以"沙陀雁门节度之后",也就是皇帝的苗裔。当然这种说法是汪古人所乐道的,下面还可举出两处明确的记载。第一是姚燧写的《河内李氏先德碣》,碑文是应汪古部郐王府长史李惟恭的请求而作,因而涉及汪古部的事。碑中说:"郐王之考(即《阎碑》的高唐忠献王阔里吉思),……自称晋王克用裔孙。"[4] 萧㪺的《秦王妃祠堂记》,称出嫁为秦王妃的阔里吉思之姐为"唐朱邪之后"。[5] 如下引碑文所述,"朱邪"即李克用父子受唐赐姓

---

[1]　《元文类》卷二三。以下简称《阎碑》。
[2]　《旧五代史》卷二五《武皇纪》;《新五代史》卷四《唐本纪》。
[3]　《蒙兀儿史记》卷三六《阿剌忽失的吉惕忽里传》。
[4]　《元文类》卷五;《牧庵集》卷二六。作于至大三年(1310)。
[5]　《勤斋集》卷一。碑文作于延祐戊午(1318)。

前的原姓。

元末,山西代县的《晋王影堂碑》详述了李国昌父子的功绩和李克用葬于这里的事,又谈到历代汪古部主把李克用当作远祖表示尊崇的情况。[1] 碑中说:

> 晋王之父国昌,由偏裨奋忠勇,执讯获丑,屡立大功。……王袭爵……雁门等道节度使、晋王。王名克用,本沙陀人,姓朱邪,西突厥之胤。懿宗□赐李姓,由国昌始,即执宜子赤心也。王英武□□,可谓无敌。……子存勖嗣,奉梓宫于此。……后十五年,庄宗即位,……国号唐,尊王为武皇帝。……辽、金、宋虽兵革相仍,而陵无恙。
>
> 皇元启祚朔庭,……太祖皇帝天兵南征。王之远孙阿剌忽思惕吉忽里,……考阅谱谍,知王为远祖,遂主其祭祀。……

下文还说:以后历代汪古首领都对晋王陵和柏林寺的晋王影堂非常关心,姚燧也说阔里吉思"为置守冢数十户于雁门,禁民樵牧",说明汪古部确实把李克用当成自己的远祖。但仔细考察一下沙陀的历史,看来此说很值得怀疑。

沙陀是指今新疆东部金莎山之阳、蒲类海(巴里坤湖)以东的大沙碛。唐初,西突厥的一个小部处月住在这里,因此称"沙陀突厥"。由于吐蕃的压迫,沙陀人由北庭迁甘州。元和三年(808),朱邪执宜率沙陀人至灵州塞款附唐。次年,朔方灵盐节度范希朝调太原,沙

---

[1] 《山右石刻丛编》卷三九;《(光绪)代州志》卷六。此碑全名《大元冀宁路代州柏林寺重修唐节度使晋王影堂碑》,作于至正十五年(1355)。碑文已剥蚀,阙文据二书所载互补。

陀人也一起来到山西,活动地区在神武川(今神池县)、朔州、代州、定襄州、云州(今大同)、蔚州(今河北蔚县)等地,基本上在今大同以南地区。

朱邪执宜子赤心(李国昌)因功升为振武节度使,"恃功益横恣,懿宗患之"。僖宗时矛盾更大,广明元年(880),李国昌驻蔚州,唐招讨使李琢引兵攻之,国昌父子大败,"乃率其族奔于鞑靼部"。这个"鞑靼部"在《新五代史·四夷附录》中有专条,明确说他们是阴山以北的居民:

> 达靼,……别部散居阴山者,自号达靼。当唐末,以名见中国,有每相温、于越相温。咸通中,从朱邪赤心讨庞勋。其后李国昌、克用父子为赫连铎等所败。尝亡入达靼。

可见,国昌父子投奔的"达靼",就是居住在后来的汪古同一地方的阴山达靼部。沙陀到此以前,达靼早就是阴山的土著,李国昌的沙陀不过是暂时客居。两年后,李国昌"自达靼部率其族归代州",以后再没回到这里。[1] 既然沙陀和鞑靼是两个不同的部,如果肯定此后三百年间在阴山以北连续出现的"达靼"——"白达达"——"汪古"是一脉相承的话,那么"沙陀雁门之后"就难以成立了。所以连比较相信"鞑靼之一种白鞑靼(即阴山鞑靼)"为"沙陀之后裔"的箭内亘也认为:"所谓家传,未必可信。"[2] 王国维干脆说"谓阴山鞑靼出于沙陀",完全是"无根之说"。[3] 小野川秀美也说:"所谓'系出沙陀雁门之

---

1 《新唐书》卷二一八《沙陀传》;《旧五代史》卷二五《武皇纪》;《新五代史》卷四《唐本纪》。
2 《兀良哈及鞑靼考》下,6页。
3 前引《鞑靼考》。

后'的记述并非事实,只能解释为一种传说而已。曾经建立后唐王朝基础的沙陀雁门(即李克用)的伟大事业,是会在河套东北及河北相邻各部间流传的,在他们这一系列里一定会出现有关沙陀雁门的传说。在后唐灭亡以后,……由于阿剌兀思惕吉忽里世世代代为部长的家族,长时间占据河套东北边,故传说不断地流传到后代。"[1] 这种解释,还是有一些道理的。

二 达靼和白达靼

李存勖建立后唐以后,阴山一带再没有出现关于沙陀的记载,而达靼部却一再在这一带出现。如:后唐明宗时,曾以所获契丹兵器"赐云州界生达靼"。[2]

后唐末帝清泰元年(934),云州上言:"达怛胡禄末族帐到州界贸易。"[3] 云州即今天的大同,阴山正好在它的界外。

南宋李心传说:"达靼……其居阴山者,自唐末五代常通中国,太祖、太宗朝各再入贡,皆取道灵武而来。及继迁叛命,遂绝不通,因为契丹所服役。"[4]

远在唐玄宗开元二十年(732),"达靼"已见于漠北鄂尔浑河东柴达木湖傍的《阙特勤碑》。在碑东面的突厥文中,有三十姓达靼(Otuz Tatar)等等。据箭内亘考定:三十姓达靼"与成吉思汗时代的塔塔儿

---

[1] 前引《汪古部的另一解释》。
[2] 《新五代史》卷七四《四夷附录·达靼》。
[3] 《册府元龟》卷九九九。
[4] 《建炎以来朝野杂记》乙集,卷一九《达靼款塞》。

略同","居兴安岭西之地"。¹ 王国维称此部为"东鞑靼",相当于"辽时边境以北至胪朐河"的阻卜部落和《金史》中《宗浩》《完颜襄》《夹谷清臣》等传累次讨伐的阻䪁或北阻䪁。

735年建立的《毗伽可汗碑》中又有"九姓鞑靼",从碑文无法推断它的地理位置,王国维据贾耽《入四夷道里记》中有地名"达旦泊",推测他们住在"回鹘牙帐东南数百里"的达旦泊,称为"西鞑靼",相当于辽时居于古回鹘城、可敦城(或称镇州)附近的阻卜。王国维又说:"而唐末五代以来,见于史籍者,只有近塞鞑靼。此族东起阴山,西逾黄河、额济纳河流域。至北宋中叶,并散居于青海附近,今假名之曰南鞑靼。"辽代常有阻卜和党项并举,住地同西夏相近,也应归在这一类。²

箭内亘认为:《阙特勤碑》突厥文中的鞑靼,"居兴安岭西之地,与中国史籍最初之鞑靼居于阴山附近者,住地全异,故其种族亦异"。王国维反驳说:"箭内博士……谓阴山鞑靼出于沙陀,乃突厥人种,与漠北鞑靼之属蒙古人种者全非同族。余意此二族,在唐并为鞑靼,在《辽史》并为阻卜,自不既视为异种。"他并且举例说明:"阴山鞑靼当即三十姓鞑靼或九族鞑靼一部之南下者。盖当时东西二鞑靼,均有南徙之可能性。"

王国维发现元人讳言鞑靼,断定辽、金史中的阻卜和阻䪁就是鞑靼,这是一个重要的贡献。但是,并不能因为许多部落共用"鞑靼"这个名称,就说他们都是属于蒙古语族。

成吉思汗统一蒙古以后,兴兵南下侵金,势如破竹,引起南宋人

---

1 《兀良哈及鞑靼考》下,12页。
2 《鞑靼考》,《观堂集林》卷一四。

的注意。他们把成吉思汗各部的军队统称为鞑靼(除契丹、汉军外),但又将鞑靼分成黑、白、生几类。

如李心传说:"鞑境东接临潢府,西与夏国为邻,南距静州,北抵大人国。……又有白黑之别,今忒默津(成吉思汗)乃黑鞑靼也。"而"白鞑靼"有王名"摄叔"和其子"白波斯"。[1]《大金国志》也引用了类似的文字,称"白波斯"为"白厮波"(实际上"白波斯"是"白斯波"的舛倒),下有小注:"《宋通鉴》云:'鞑靼有黑白,此白鞑靼也。'"[2]

1221年赵珙出使燕京,回宋后写成《蒙鞑备录》,书中也说:鞑靼"其中有三:曰黑、曰白、曰生。所谓白鞑靼者,容貌稍细,为人恭谨而孝。……今彼部落之后,其国乃鞑主成吉思之公主必姬权管国事。所谓生鞑靼者,甚贫且拙,且无能为。但知乘马随众而已。今成吉思皇帝及将相大臣皆黑鞑靼也。""成吉思之公主必姬"在本书"太子诸王"一节还提到:"二公主曰阿里海百因,俗曰必姬夫人。曾嫁金国亡臣白四部,死,寡居,今领白鞑靼国事。"

据《阎碑》记载,汪古部主阿剌兀思惕吉忽里之妻名阿里黑,长子不颜昔班,幼子孛要合娶成吉思汗女阿剌海别吉。经屠寄等人考定,"阿里海百因"和"必姬"就是《阎碑》中的阿里黑和阿剌海别吉,"白四部""白厮波"就是不颜昔班。[3] 可见"白鞑靼"就是指汪古部,"甚贫且拙""乘马随众"的"生鞑靼"应该是指被成吉思汗征服的漠北各蒙古部众;"黑鞑靼"则可理解为成吉思汗本人出身的蒙古及依附于他的其他蒙古各部落。

从辽、金时留下的汉文史料看,某些地方记载较细致,可以看出

---

[1] 《建炎以来朝野杂记》乙集,卷一九《鞑靼款塞》。
[2] 宇文懋昭《大金国志》卷二二。
[3] 《蒙兀儿史记》卷三、三六。

漠北当时是有许多各有部名的部落,我们往往可以同元代史料中的漠北各部名相互印证;但在很多场合,则往往统称北方各部为鞑靼(阻卜、阻䪁)。李心传和赵珙等人把鞑靼分为黑、白,虽然只是中原人根据北方各部的一些表象加上的称呼,并不是他们的自称,但何以要分成这两大类,实际上是因为二者种族不同,不得不加以区别。

汉人对北方各部这种称呼习惯也反映在《元史》和《元朝秘史》中,如《元朝秘史》的蒙古文原文中,凡"忙豁勒(Mongqol,即蒙古)"一律译成"达达",说明蒙古人的自称是"Mongqol",汉人则称为"达达"或"黑鞑靼",因此译者将 Mongqol 译成了"达达"。同书讲到乃蛮遣使联络汪古部主阿剌忽思惕吉忽里对抗成吉思汗一事,原文的"汪古惕(Önggüd)"汉译忠实地译成"汪古惕种"。[1] 但在《元史·太祖纪》相应的地方却改写成"白达达部主阿剌忽思"。这也说明汪古是汪古人的固有部名,《元史》将"汪古"改成"白达达",也是适应了汉人的习惯称呼。

元代的史料对蒙古建国前漠南北各部认识较清楚。真正自称鞑靼的人,只有史料中写作"塔塔儿"这个部,即蒙古语 Tatar 不同的译音。他们的住地仅限于呼伦池以南,乌尔浑河和色野尔集河以北地区内,其余各部都各有自己的名称。按现代的科学方法分类,他们分属于蒙古和突厥两种不同的语族,决不能概以"鞑靼"一名通称,也不能简单地把鞑靼同蒙古等同起来。

可是,何以自唐末以来,汉文史料中将分散在漠南北广大地区的各部都称为鞑靼(或《辽史》《金史》中改用的名称阻卜、阻䪁)呢? 这是因为,远在突厥、回鹘统治时期,所谓"三十姓鞑靼""九姓鞑靼"已

---

[1] 《元朝秘史》,190节。

在漠北崛起。突厥败亡,回鹘西迁,留在漠北的鞑靼虽没有建立突厥、回鹘式的统一政权,但也称雄一时,闻名于世,所以连不叫鞑靼的部落也以鞑靼闻名。剌失笃丁对这种现象做了很好的说明。他说:塔塔儿以外各部,"由于塔塔儿人的强大和至为荣耀,在人们区别各部的支派和名称时,都以他们(塔塔儿)的部名为名,而将所有的人都叫做塔塔儿。各部也自认为是塔塔儿人而感到自己的伟大和尊贵……"。[1] 这说明当时有北方部落冒称塔塔儿,以致仅从传闻了解一鳞半爪的中原人把他们笼统地称为鞑靼。甚至有些记载对成吉思汗建国号"蒙古国"还感到迷惑不解。[2]

蒙古统一了漠北,以后建立了元朝,又在中亚、钦察草原和西亚分别建立了察合台、术赤、旭烈兀等兀鲁思。到了 14 世纪,上述情况起了新的变化。剌失笃丁说:"蒙古……这个名称现在也移用到同蒙古人类似的其他部落。……由于他们的强大,这些地区的其他部落也逐渐以他们的部名著称。……正如在此以前,塔塔儿人成为胜利者时,所有其他各部都曾被称为塔塔儿一样。"[3] 南宋人误以为鞑靼并

---

[1] 剌失笃丁《史集》(Рашид-ад-дин：Сборник Летописей),第 1 卷第 1 分册,俄译本,1952 年,102 页。

[2] 《建炎以来朝野杂记》乙集,卷一九《鞑靼款塞》条:"鞑靼,……方金人盛时,岁时入贡,金人置东北招讨使以统隶之。卫王既立,特默津始叛,自称成吉思皇帝。……又有蒙古国者,在女真之东北,唐谓之蒙兀部,金人谓之蒙兀,亦谓之萌骨。……自绍兴初始叛,……其主亦僭称祖元皇帝。至金亮之时,并为边患,其来久矣。蒙人既侵金国,乃自号大蒙古国,边吏因以蒙古称之。然二国居东西两方相望凡数千里,不知何以合为一名也。"赵珙《蒙鞑备录》说:"鞑国所邻,……旧有蒙古斯国,在金人伪天会间,亦尝扰金房为患。……今鞑人甚朴野,略无制度,琪尝讨究于彼,闻蒙已残灭久矣。"黄震《古今纪要逸编》(《知不足斋丛书》第二一集)也说:"黑鞑靼至忒没真叛之,自称成吉思皇帝。又有蒙古国者,在女真东北,金亮时与鞑靼并为边患。至我嘉定四年(1211),鞑靼始并其名号称大蒙古国。鞑靼由是始大,而忒没真为鞑靼始兴之主。"

[3] 《史集》,第 1 卷第 1 分册,77 页。

蒙古国的"名号称大蒙古国",事实上是统一战争中蒙古部取胜,其余各部(包括塔塔儿在内)也就并入了蒙古。

由此可见,历史上的"鞑靼"和"蒙古"都有狭义和广义之分。处于呼伦池以南的塔塔儿是狭义的鞑靼,泛指大漠南北各部的鞑靼则是广义的鞑靼;《元朝秘史》中自称忙豁勒的部落是狭义的蒙古,蒙古统一后整个忙豁勒兀鲁思(《元朝秘史》旁译"达达百姓")就是广义的蒙古。

唐末以来,中原人确实如剌失笃丁所说的那样,由于塔塔儿曾煊赫一时,"而将所有的人都称为塔塔儿(鞑靼)"。即使蒙古已经居于统治地位,中原人仍沿袭旧习不改,以致蒙古统治者也要迁就这个习惯。赵珙出使燕京,曾"亲见"木华黎国王和大臣元帅接待使臣时,每自称曰:"我鞑靼人。"《元典章》所辑法令,把蒙古都译为"达达"。[1] 泰定改元诏称蒙古为"达达国土",称蒙古人为"达达百姓"。[2] 元朝的民间语言(如戏曲)也称蒙古为达达,这样一直因袭到明代。也就是说,中原人仍以达达或鞑靼来称呼剌失笃丁所说的广义蒙古人。

可是,我们认为广义的蒙古(即上述书中的"达达")并不包括白鞑靼在内。但白鸟库吉却提出了相反的看法:"在辽、金、元时代,散居在贺兰山方面的这些鞑靼,就是字面上的叫作白达达、白鞑靼的人,他们是同宋人所称的黑鞑靼相对应的。黑、白是汉人加上的,用以表示文化高低的形容词,意思是:白就是熟鞑靼,黑就是生鞑靼,他们都同样是蒙古民族。"[3] 他这说法的前半是正确的,但没有考虑到"汉人加上"黑、白之分恰恰是反映了他们之间的本质差别,下面可举出若

---

[1] 《元典章》卷四九(叶21上、下,叶13上)、卷二二(叶3下)。
[2] 《元史》卷二九《泰定帝纪》。
[3] 《塞外民族·鞑靼》,见《白鸟库吉全集》第4卷,506页。

干事实证明。

《黑鞑事略》开宗明义就说:"黑鞑之国,号大蒙古。"后文又说"其残虐诸国,……东南曰白鞑、金房"。这就是说:一、黑鞑即蒙古;二、白鞑和金房一样,都不在蒙古之列。但这个"黑鞑靼"并非狭义的蒙古,如《蒙鞑备录》说:"今成吉思皇帝及将相大臣皆黑鞑靼也。"将相大臣则包括了漠北各部功臣。两书中的黑鞑靼在一般场合下就称鞑靼,称黑鞑靼人为"鞑人",正如前引《元史》和《元典章》径称"达达"一样,是指广义的蒙古人,可是,赵珙遇见汪古人,就要问他:"白鞑靼否?"不能简称鞑靼。可见"白鞑靼"一名是因为要同一般鞑靼人区别而产生的,既有了"白"然后才加上相对应的"黑"。

元代记载中,辽阳行省还有水达达人,专设有水达达路。[1] 他们散布在黑龙江、宋瓦江(今松花江)流域,[2] 以及开元、咸平、南京、肇州等地。[3]《黑鞑事略》作"水鞑靼",同时注蒙古名为"斛速益律干(原误为子)"。斛速益律干可还原为 Husu‑irgen～Usu irgen,即"水百姓"的意思。《元史》中水达达常同女真并提,他们是同女真人杂居的,应属于通古斯语族,但汉籍也概以"达达"称之,不过必须冠以"水"字,以便同鞑靼——蒙古加以区别。同样,冠以"白"字的鞑靼,也不能和鞑靼——蒙古等同。

白鸟库吉说散居在贺兰山方面的鞑靼(即王国维所谓的"漠南鞑靼")就是白达达、白鞑靼,这也不符合事实。举两条描述漠南鞑靼部

---

1 《元史》卷二九《泰定帝纪》,二年六月;卷三三《文宗纪》,天历二年五月;卷三四,至顺元年九月。
2 同上,卷三四《文宗纪》,至顺元年九月;卷五〇《五行志·水》,皇庆元年六月。
3 同上,卷六《世祖纪》,至元六年二月;卷一六,二十八年二月、冬十月;卷一〇〇《兵志·肇州屯田》。

名、地望最清楚的史料可以说明问题。如宋太宗时王延德出使高昌，详记陕西、甘肃北部边外，西至额济纳河以西，有"都啰啰等九族鞑靼"。[1] 由于王延德从夏州(今陕西横山县北)出发，所经都在汪古住地以西，当然这九族不包括汪古在内，而九族是称为鞑靼，不是"白鞑靼"。又如元人朱思本《河源记》说："自洮水与河合，又东北流，过达达地……。过丰州西受降城，折而正东流，过达达地……。"[2] 这里出现的两个"达达地"，是在今内蒙古河套地区以西至宁夏境内，即白鸟库吉所说的"贺兰山方面"，由于他们不是阴山以北的汪古部，所以只称"达达"，而不叫"白达达"。箭内亘已经看出这个问题，他说："由分鞑靼为黑、白之宋人思想言之，漠北鞑靼既称黑鞑靼，则称漠南鞑靼为白鞑靼亦自然之势也。但王延德《高昌纪行》及《辽史》《契丹国志》等，对广义之漠南鞑靼，只称鞑靼或达旦，绝未称为白鞑靼、白达旦也。"这一结论恰恰是同白鸟库吉的主观臆断完全相反，何以以上记载对漠南鞑靼也不加以"白"字，理由只有一个，因为泛指漠南的鞑靼，只有汪古部才可以称为白鞑靼。[3]

反过来说，我们所看到的具体指汪古部的记载，则一定要冠以"白"字。"白达达"一名最早出现于辽亡之际。金兵入据南京(今北京)，辽天祚帝逃往今呼和浩特及其以南地区，由于君臣相互猜疑，翰林承旨耶律大石"自立为王，率铁骑二百宵遁。北行三日，过黑水，见白达达详稳床古儿"。这个"黑水"，就是元代汪古部主"世居"的"静

---

1 《挥麈前录》卷四，《四部丛刊续编》本。
2 《元史》卷六三《河源附录》。
3 小野川秀美的《汪古部的另一解释》一文，认为汪古属羌族也是建立在漠南鞑靼即白鞑靼的基础上，其论证过于牵强；而我们认为漠南不存在属于同一种族的"鞑靼"，汪古也决不能等同于"九族鞑靼"、贺兰山鞑靼。本文限于探讨汪古的族属，不准备涉及后者，所以对小野川秀美一文不再引证讨论。

安黑水"。[1] 静安即元代静安路,辖静安县。1305 年由"黑水新城"改置。[2] 以后又改名德宁路。[3] 这个城已于 1927 年发现,位于艾不盖河畔。可见,黑水就是艾不盖河,"白达达详稳床古儿"就是后来"世居"于此的汪古部的祖先。[4]

同时,天祚帝在阴山南也不断同其他鞑靼部接触,如得"阴山鞑靼毛割石兵"的支援,乃"驱鞑靼众三万余骑",袭云中府(今大同)。金人兀室伏军"山谷间,出鞑靼军以后,鞑靼溃乱大败"。[5] 这些"鞑靼"由于不属于净州边外黑水的床古儿部,虽然他们住地邻近阴山,也一律没加"白"字。

前引李心传、赵珙的鞑靼分类,"白鞑靼"都是具体指不颜昔班(白斯波、白四部)和阿剌海别吉的汪古部。《元史·太祖纪》出现的"白达达"同"部主阿剌忽思"连在一起。《黑鞑事略》有所谓"白鞑伪太子",是指"白厮卜"和"白厮〔卜驸〕马",即汪古部的"忒没真婿,伪公主阿剌罕之前夫"。《圣武亲征录》在"王孤(汪古)部主阿剌忽思的乞火力"之下,特意注上:"今爱不花驸马丞相,白达达是也。"据《阎碑》,爱不花是阿剌忽思之孙,元世祖时为汪古部主。以上所举的"白

---

[1] 姚燧《河内李氏先德碣铭》,《元文类》卷五五。
[2] 《元史》卷二〇《成宗纪》,大德九年七月。
[3] 同上,卷二六《仁宗纪》,延祐五年三月。
[4] 布润珠(Bretschneider, *Mediaevel Researches*,第 1 卷,注 428、544)和松井等(《契丹可敦城考》,见《满鲜地理历史研究报告》第 1 卷)将黑水比定为甘肃省的额济纳河。羽田亨(《西辽建国之始末及年纪》,见《羽田博士史学论文集》上集)、箭内亘(陈捷等译《元代经略东北考》,58 页;《兀良哈及鞑靼考》附录,42~43 页)、岑仲勉(《中外史地考证》,534 页)则主张是由茂明安流入乌拉特,注入黄河的喀剌木伦河。陈国灿(《内蒙古大学学报》1964 年第 2 期,116 页)认为"就是今天的大黑河"。这都是错误的。原因是他们没有注意到上引元代关于黑水地位的确切史料和考古发现。
[5] 以上见《辽史》卷三《天祚帝纪》;《三朝北盟会编》卷二一。

达达""白鞑靼",无不是同汪古部连在一起的,此外再没见到同汪古没有联系的"白达达"的记载。

总之,唐末以来,漠南北并没有一个出于同一个来源的鞑靼——蒙古族,鞑靼只是中原人笼统的称呼。蒙古统一漠北以后,逐渐形成今天的蒙古族,但中原人仍习惯于称为鞑靼,为了区别于另一种大不相同的汪古部,故又分加"白""黑"字以示区别。至于漠南鞑靼,元代还来不及融合到蒙古族中,但也不全是"白鞑靼",只有阴山北面的汪古部才被称为"白鞑靼","白鞑靼"是专指汪古部的。

如伯希和所说:"从十三世纪初起,中国人就常把真正的蒙古人(即成吉思汗的蒙古人)称为'黑鞑靼',而用'白鞑靼'称呼Önggüt 人。"[1]

三 汪古不是蒙古,是色目

马可波罗在忽必烈时来华,曾经途经汪古部领地,听到了当地关于汪古的介绍,明确指出汪古同蒙古的区别是很清楚的。他说:

> 他(阔里吉思)所统治的那块地方,正相当我们国家称为 Gog 和 Magog 的地方,但住在该地人的语言中确称那地方为汪古(Ung)和蒙古(Mongul)。而在这些省中各有一个不同族的人,在汪古是 Gog 人而在蒙古住的是鞑靼人,因为在鞑靼人离开这里

---

[1] 《圣武亲征录注》(P. Pelliot and L. Hambis, *Histoire des Campagnes de Gengis Khan*, *Cheng-wou Ts' in-Tcheng Lou*, Brill, 1951, p.218)。

以前这省内有两个族的人;汪古是这地方(天德军)的那些人,而蒙古是鞑靼人。因此,鞑靼人有时被称为蒙古。[1]

马可波罗这里不但认为汪古不是蒙古,而且还认为只有"蒙古是鞑靼人",这也意味着汪古(白鞑靼)不是一般意义上的鞑靼人。

陶宗仪的《南村辍耕录·氏族》条列出蒙古七十二种和色目三十一种,其中"雍古歹"(Önggüdäi)归入"色目"之中,说明他们不是蒙古人。

在元代记载中,汪古不但不同于蒙古,而且还往往被误认为汉人。如曾经出任平章政事的赵世延,"其先雍古族人,居云中北边",祖按竺迩,堂兄步鲁合答在《元史》卷一二一和卷一二二中各有传,列入蒙古、色目人传中,而赵世延却编入汉人、南人传中。[2] 延祐元年(1314),仁宗下诏,提出汉人参知政事应用儒者,中书省臣居然把赵世延当作汉人儒者提名。还是仁宗更正说:"世延诚可用,然雍古氏非汉人,其属宜居右。"[3] 还有一个功绩赫赫、世代出任要职的汪世显家族,"系出旺古族",《元史》也把他们编入卷一五三汉人列传中。1289年,元朝"括汉人兵器",出于这旺古家族的汪惟和甚至把自己看成汉人,表示"自今臣凡用兵器,乞取之安西官库"。忽必烈也认为他是汉人,只是说:"汝家不与它汉人比,弓矢不汝禁也,任汝执之。"[4] 元

---

1 马可波罗《寰宇记》(A. C. Moule & P. Pelliot, *Marco Polo, The Description of the World*, London, 1938, p.183)。
2 钱大昕《十驾斋养新录》卷九"赵世延、杨朵儿只皆色目"条:"列传第五至三十二卷(全书卷一一八至一四五)皆蒙古色目人,第三三卷至七五卷(全书卷一四六至一八八)皆汉人南人也。赵世延,雍古部人,即按竺迩之孙,盖色目人也,而与汉人同列,误矣。"
3 《元史》卷一八〇《赵世延传》。
4 同上,卷一五《世祖纪》,至元二十六年六月。

代统治者对蒙古、色目、汉人、南人划分得非常清楚,任官、科举都有不同待遇和一定比例,其他各方面也有许多不同待遇规定。如果汪古与蒙古同种,朝廷官员决不敢把他们和汉人混淆,而出身汪古的赵世延和汪氏家族,不但不会甘心让别人把他们看成汉人,而且也不会甘居第二等的色目,一定要声明自己是蒙古人,争取列入第一等的最高地位。

元朝漠南有所谓"五投下"或"五诸侯",即兀鲁、忙兀、弘吉剌、亦乞烈思和札剌亦儿五部。[1] 当时同处漠南的汪古,则没有列入其中,很可能也是因为他们不是蒙古,所以没包括进去。[2]

以上五部中,兀鲁、忙兀、札剌亦儿与成吉思汗同宗,互不通婚,当然属于蒙古。弘吉剌和亦乞烈思同汪古一样,都被成吉思汗看成安达(义兄弟)、忽答(亲家),世代联姻,但通婚的方式却不同。成吉思汗家族虽然让汪古部主世代尚主,当作驸马看待,但不娶汪古部女为后。而弘吉剌、亦乞烈思同成吉思汗家族却是互相嫁娶的,历代后妃多出这两族。蒙古统治者对汪古部的这种通婚方式,和对于畏兀儿、哈剌鲁和高丽国统治者的通婚方式十分接近,即他们都可以世代尚主,但由于他们属于色目或汉人,故历代蒙古统治者不娶他们的女

---

[1] 《元史》卷一二〇《尤赤台传》;卷一二一《博罗欢传》;卷一三一《奥鲁赤传》。
[2] 《黑鞑事略》载:"其军马将帅,旧谓之十七头项",有汪古"白厮马"之名。但也包括契丹、汉人。1217年,成吉思汗令木华黎"建行省于云燕以图中原",分弘吉剌等"十军""属麾下"(《元史》卷一一九《木华黎传》),《圣武亲征录》和《史集》(第1卷第2分册,179页)有十军名单,除五投下外,有汪古、契丹等军。这说明"十七头项""十军"是由不同种族组成的。而"五投下"是漠南蒙古五部的意思。只有在蒙古、色目、契丹、汉人各军的总名单中,汪古才列进去。

儿为后。[1]

四 汪古属于突厥语族

汪古人不是蒙古人,而是属于"色目"可以肯定了。"色目"是诸色人种的意思。元朝把蒙古、汉人、南人以外的各族人民,一律称为色目,实际上包括了当时能接触到的世界各民族。那么,有必要弄清楚汪古到底属于哪个民族。

日本人箭内亘和樱井益雄都认为汪古属于突厥语族,我是同意这种论点的。可惜他们的论据不足,所以不能为别人所接受。特别是他们都没有注意到剌失笃丁关于民族分类的重要记载。剌失笃丁把住在广大草原地带的游牧部落都称为突厥人,其分布西至钦察草原、斡罗思,北至亦必儿失必儿(西伯利亚),……东至捕鱼儿脑儿(贝尔湖)、额尔古纳河,南到长城附近。他把他们分成五类:

一、现在被称为突厥蛮的乌古思,他们分为钦察人、合剌赤人、康里人、哈剌鲁人……;

二、现今以蒙古之名著称的各部,即:札剌亦儿、塔塔儿、斡亦剌惕、蔑儿乞惕等;

三、其他与蒙古人相似,并曾建立过国家的各部:客列亦惕、乃

---

[1] 顺帝母迈来迪氏是哈剌鲁人,但传说原来是宋末帝瀛国公的妾。这个传说未必可靠,但她的身份很可能是侍女之类,所以文宗皇后决定立明宗子为帝时,选择八不沙后所生的比顺帝幼的宁宗。宁宗死后,明宗别无儿子,才不得不迎立顺帝。顺帝第三皇后奇氏是高丽人,出身"家微",并非王族。"进为宫女",因得顺帝"宠幸",又生了皇太子爱猷识理达腊,后来才立为皇后。所以这两例不能做相反结论的证明。

蛮、汪古惕之类；

四、自古迄今以弘吉剌惕、豁罗剌思、亦乞剌思、额勒只斤、兀良合惕、乞里克讷惕等名著称，被总称为迭儿列斤蒙古的各部；

五、作为真正的蒙古人尼鲁温部。[1]

以上五类大体可归入突厥语族和蒙古语族两类。第五类即成吉思汗本人所属的部族。他们自称蒙古，相当于《秘史》中专称"忙豁勒（Mongqol）"的那一部，也就是前文所说的狭义的蒙古。第四类是辽、金时期也曾以自己的部名出现，但同"忙豁勒"亲属关系较近的蒙古人。第二类是属于蒙古语族的部落，被蒙古征服以后，逐渐也以"蒙古之名著称"。这三类就是宋人记载中常称的"黑鞑靼"，也大致相当于《南村辍耕录·氏族》所列的蒙古七十二种。此外，第一类是中亚地道的突厥人；第三类的客烈亦惕、乃蛮和汪古惕可能是突厥、回鹘相继称雄于蒙古草原以后的余部。由于他们同蒙古人交往较多，所以说"与蒙古人相似"，语言可能也大致相通。

剌失笃丁在另一处又说，后一类除汪古惕等三部外，还有唐兀惕、乞儿吉思部在内。众所周知，唐兀惕是属于汉藏语系的党项人，乞儿吉思即唐代的黠戛斯，是典型的突厥人。剌失笃丁因限于当时对民族分类的科学水平，不能分辨类似唐兀惕这种不属于蒙古或突厥语族的部族，但也不是凭空编造。他的分类显然比蒙古、色目那种分类方法更为精确。他的第一、第三类类似元人的色目，但没列入他熟悉的西亚、欧洲的非突厥人，也没有属于蒙古语族的部落。在我国历史上，北方递相出现过的各个部族，大体上是属于阿尔泰语系的民族，通古斯语族居东，其次是蒙古语族，突厥语族居西。剌失笃丁的分类

---

[1] 《史集》，第1卷第1分册，73、75页。

也符合这个历史事实,第一、三类都在蒙古以西,《南村辍耕录·氏族》条可找到的名字有:雍古歹、乃蛮歹、畏兀儿、哈剌鲁(又重出匣剌鲁、合鲁歹)、康里(又重出夯力)、钦察等,他们都属于"色目三十一种",中外记载一致。后四部是众所周知的突厥人,雍古歹(汪古)、乃蛮歹也不应例外。

刺失笃丁把汪古、客烈、乃蛮归在一类,的确有他们一致不同于蒙古人的特点。成吉思汗统一蒙古各部以前,他们的文明程度较高,已经建立超过部落联盟阶段的政权,具有简单的国家机器。

在宗教信仰方面,他们都已放弃原始的珊蛮教,接受了从中亚传入的景教。汪古部是信仰景教的(将有专章另述)。客烈部信仰景教也有较长历史。《史集》记载:客烈部王汗的祖先名叫 Marghuz,即来源于基督教名 Markus,相当于福音书中的马可(Marc)。他的儿子名 Qurjaquz(《秘史》一七七节作"忽儿察忽思"),就是景教徒流行的名字 Cyriaus,由其突厥语读法 Quriaqus 演变而来。客烈部的王罕,在西方称为长老约翰,许多旅行记都有关于他的传说,马可波罗甚至把他同汪古部主的祖先混为一人,宗教信仰相同,族属相近可以说是重要的原因。拖雷的妻子,出身于客烈部的唆鲁忽帖尼也是一个著名的基督教徒。客烈部信仰景教的人看来很普遍,如客烈人镇海和孛罗欢,降蒙后曾先后出任丞相,他们都是景教徒。镇海的三个儿子:要束木(Joseph)、勃古思(Bacchus)、阔里吉思(Georges),起的都是基督教名。[1]

同样,乃蛮也是信仰景教的。当乃蛮企图联合汪古反对成吉思

---

[1] 《史集》,第 1 卷第 1 分册,129~130 页;伯希和《唐元时代中亚及东亚之基督教徒》,见《西域南海史地考证译丛》,61~62 页。

汗时，派去的使者名月忽难（Yohunan，或作卓忽难 Juhanan），是一个基督教名。逃往西辽的屈出律汗，由于同信仰佛教的公主结了婚，只得放弃基督教改信了佛教。[1]

在 12 世纪，汪古、客烈、乃蛮三部的关系非常密切，他们之间有相互通婚的关系。客烈部首领札阿绀孛的一个女儿，就嫁给了汪古部主的一个儿子。[2] 汪古部主的女儿拜答剌，曾经嫁给一个乃蛮汗。[3] 乃蛮的合迪儿不亦鲁黑汗管辖下的"别帖斤部"，在乃蛮灭亡后并入了汪古部，他们同汪古部也是互相通婚的。[4]《阄碑》载：乃蛮准备对抗蒙古，就遣使去汪古部联络，他们之间必有特殊关系。阿剌兀思不从，反而投靠蒙古，遭到部众反对，最后被"异议者"所杀。屠寄因此肯定："乃蛮与汪古同种，且婚姻也。"种种迹象表明，这三部很可能是因为同族，所以促成他们的关系不同一般。

过去学术界有人认为客烈、乃蛮是突厥人。但客烈在《南村辍耕录·氏族》中作"怯烈歹"，列在"蒙古七十二种"之中；而《元史》中出现的客烈人，基本上享有蒙古人的待遇，这使我们很难对客烈下纯属于突厥语族的结论。但《元史》卷一二四中有一个客烈人速哥，他自称是"世传李唐外族"，即沙陀人后唐李氏天子的同宗，同汪古的传说一样，可见他们是同种。由此至少可以说突厥语族在客烈人中占有很大成分。至于乃蛮，《元史》中又作"乃满"，相传"始居于"吉利吉思。[5] 可能同黠戛斯人有关，元朝也把他们看成色目，他们属突厥语族可以肯定。

---

1 《史集》，第 1 卷第 2 分册，180 页。
2 同上，第 1 卷第 1 分册，137 页。
3 同上，第 1 卷第 2 分册，113 页。
4 同上，第 1 卷第 2 分册，139~140 页。
5 《元史》卷六三《地理志》，吉利吉思等处。

还有，客烈和乃蛮是被成吉思汗灭亡之国，部人被蒙古所瓜分。蒙古侵金时，他们随各投下南侵，大概也混入汉人所谓"黑鞑靼"之中。在部人分散的情况下，其后人蒙古化较快，原有的民族特征自然会逐渐消失。汪古部则是自动归附蒙古，部人仍聚居在原来的土地上，而且又地处漠南，更可保留他们原有的特点。所以汉人一直称呼他们为"白达达"，实际上表示他们是不同于蒙古的突厥人。

根据宋人赵珙亲历目击的记载，明确说："所谓白鞑靼者，容貌稍细，为人恭谨而孝，遇父母之丧，则髡其面而哭。尝与联辔，每见貌不丑恶而腮面有刀痕者，问曰：'白鞑靼否？'曰：'然。'"[1]这段话说明，赵珙能够从容貌上区别汪古——白鞑靼和蒙古——黑鞑靼人。可见从人种学看，汪古和蒙古并非同族。从民俗学看，赵珙所说的髡面而哭是回纥人的习惯。从语言上看，汪古部早期的几个统治者的名字，可以确定是属于突厥语。如阿剌忽失的斤忽里，"阿剌忽失（Alaquš）"是他的本名，突厥语中意为"斑驳的鸟"，"的斤（Tegin）"即唐代常见的突厥官号"特勤"，"忽里（quri）"是古突厥语对统率数部之长的称号。不颜昔班（白厮波、白四部）的"不颜"是一个来源于梵文（puṇya）的畏兀儿突厥语词，意为"美德""善行"，昔班（Šiban）是畏兀儿人常用的基督教名。君不花（Kün-buqa）和爱不花（Aï-buqa）是突厥语"太阳公牛"和"月亮公牛"的意思。其余几个名字，或属于突厥语，或属于基督教名。伯希和曾举过以上几个例子，并且说："余颇以汪古乃突厥语称号，嗣后蒙古语化而已，由是观之，蒙古时代的载籍，谓汪古出于沙陀突厥，殆非误也。"[2]

---

[1] 王国维《蒙鞑备录笺证》。
[2] 《评王国维遗书》，见《西域南海史地考证译丛》第5编，68页。

20世纪30年代,在艾不盖河、锡拉木伦河等处发现了不少汪古部的墓碑的铭文,碑铭用叙利亚字母拼写,有的就是叙利亚语,有的却是借叙利亚字母拼写突厥语,有时在同一碑文中将叙利亚语同突厥语混用,甚至在叙利亚单词之后普遍加突厥语词尾"-si"(表示某某的)。[1] 碑名用叙利亚文字是因为景教来源于叙利亚,故景教教士按景教丧葬礼仪用叙利亚文书写铭文,正如回族用阿拉伯文书写墓石及各种牌额一样。由于当地景教教士对叙利亚文并不精通,所以要夹杂着拼写本民族语言并借助本族语法习用的语尾之类,这正好证明汪古是属于突厥语族的一员。

五 汪古是回鹘的余部

以前汪古部族源的研究者,虽然多引用了《阎碑》的记载,但他们只注意到"系出沙陀雁门节度之后"一句,却没有注意后面还有一句:"始祖卜国,汪古部人,世为部长。"如果前一句是出于以帝王后代为荣的心理而有意附会的话,那么后一句对确定汪古的族源却有关键意义。[2]

所谓"卜国"就是回鹘人传说中的始祖"卜古可汗",这个传说在记载畏兀儿亦都护事迹的《高昌王世勋碑》中有记载:

> 考诸高昌王世家:盖畏吾而之地,有和林山,二水出焉,曰秃

---

[1] 佐伯好郎《支那基督教的研究》第2卷,426、430页。
[2] 佐伯好郎说,卜国(Buku)就是Bucchus(元译勃古思),误认为是一个基督教名。见《支那基督教的研究》第2卷,456、472页。

忽刺,曰薛灵哥。一夕,有天光降于树,在两河之间,国人即而候之。树生瘿,若人妊身然,自是光恒见者越九月又十日而瘿裂,得婴儿五,收养之。其最稚者曰卜古可罕,既壮,遂能有其民人、土田而为之君长。[1]

黄溍也曾说:"亦辇真,伟吾而人,上世为其国之君长。国中有两树,合而生瘿,剖其瘿,得五瘿儿,四儿死,而第五儿独存,以为神异而敬事之,因妻以女,而让以国,约为世婚,而秉其国政。其国主即今高昌王之所自出也。"[2]

欧阳玄也曾提到:"回纥即今伟兀也。……其地本在哈剌和林,……回纥有普鞠可汗者,实始居之。后徙居北庭。北庭者,今之别失八里城也。"[3]

"普鞠可汗"就是卜国、卜古可罕,都是不同的音译。说明元代居于别失八里一带的畏兀儿就是唐代回鹘西迁的一部,而回鹘的祖先,传说就是树瘿中裂出的卜古可罕。[4]

关于树瘿生卜古的传说,在当时西方记载中也广为流传,如马可波罗在涉及畏兀儿时谈到:"他们说,他们最早出现的国王不是通过人生育产生的,而是由树中流出的叶液结成某种树瘿中生出来的。这种树瘿我们通常叫作 esca;所有其他的王都是从他传下来的。"[5]

波斯术外尼的著作中关于这个传说描述得更加详尽,没必要转

---

1 虞集《道园学古录》卷二四;《元文类》卷二六。
2 黄溍《亦辇真公神道碑》,《黄金华集》卷二四。
3 欧阳玄《高昌偰氏家传》,见《圭斋集》卷一一。
4 他实际是汉、突厥、粟特三种文字的《回鹘毗伽可汗圣文神武碑》(罗振玉《和林金石录》)中提到的牟羽可汗,摩尼教在他统治时传播到回鹘人中。
5 《马可波罗寰宇记》,145 页。

录一遍。[1] 值得注意的是,《史集·部族志》不是在畏兀儿而是在乃蛮一节中提到了卜古罕,这是因介绍乃蛮一个名亦难珠必勒格卜古罕的人时提到的:"卜古罕是古代一个伟大的君主,畏兀儿人和许多部落都对他怀着高度的敬意,并说他是从一棵树中诞生的。"[2]

可见,卜古可汗的传说并非畏兀儿人所独有。卜古(卜国)是漠北时期回鹘的祖先,而畏兀儿只不过是回鹘西迁的一支"高昌回鹘"。除西迁的人以外,难免有余部仍留在漠北或逃往漠南,他们可能同别的部落结合在一起,改用了别的名称。剌失笃丁说:除畏兀儿以外,还有"许多部落"把卜古可汗当作祖宗崇敬。这许多部中,至少可以肯定有乃蛮和汪古在内,他们同样是回鹘的余部。

漠北的回鹘何以会成为阴山一带的汪古,可以从三个方面说明:一、他们在回鹘败亡时从漠北直接迁来;二、陆续吸收了同属突厥语族的人;三、凡属回鹘余部都有同畏兀儿相似的特征,保持着各种联系。

首先,关于回鹘的南徙,王国维曾说:"唐会昌初年,回鹘为黠戛斯所破,其一部南走近塞。时李德裕为相,筹所以防御者甚备,具见《会昌一品集》中,而其中所记近塞蕃族,仅有沙陀、契苾、退浑、党项四部而无鞑靼。"这段话完全反映历史事实,对汪古部的来源很有启发意义。可惜他又坚持:"阴山鞑靼当即三十姓鞑靼或九姓鞑靼一部之南下者。"他的理由除了"有南徙之可能性""非不可解之事""南徙亦自然之势"之类假设外,却提不出任何证据。

---

1 《世界征服者史》(Juvaini, *The History of the World Conqueror*),第1卷,54~66页,Buqu-Khan。
2 《史集》,第1卷第1分册,139页。这个亦难珠·必勒格·卜古罕不但借用了他回鹘祖先卜古罕这个称号,而"亦难珠""必勒格"也是突厥、回鹘常用名。亦难珠(Ainánj)即新、旧《唐书》《回鹘传》中常见的"伊难珠",《阙特勤碑》中的 Inanču;必勒格(Bilkeh)与毗伽可汗同名。

据《旧唐书·回鹘传》载:"黠戛斯领十万骑破回鹘城,……回鹘散奔诸蕃。……有近可汗牙十三部,以特勤乌介为可汗,南来附汉。"不久,下嫁回鹘的太和公主"归乌介可汗,乃质公主同行,南渡大碛,至天德界,奏请天德城与太和公主居。有回鹘相赤心者,……与特勤那颉啜拥部众,不宾乌介。赤心欲犯塞,乌介遣其属嗢没斯先布诚于天德军使田牟,……。那颉战胜,全占赤心下七千帐;东畔振武、大同……。乌介诸部犹称十万众,驻牙大同军北闾门山,时会昌二年(842)秋,频劫东陕以北天德、振武、云朔。……有特勤嗢没斯……三部,回鹘相爱耶勿弘顺、回鹘尚书吕衡等诸部降振武。"《新五代史·四夷附录·回鹘传》也说:"其国……后为黠戛斯所侵,徙天德、振武之间。"唐代的天德、振武都在今呼和浩特附近,大同、云朔北境,大青山以南。说明回鹘败亡时,若干部已南下到今土默川以北地区。振武奏事官一次报告中说:"回鹘可汗在天德北三百里以下。"[1] 这同耶律大石由此"北行三日"的"白达达"住地"黑水",以及从呼和浩特到百灵庙以北汪古遗址的距离相合。《新五代史·四夷附录·回鹘传》虽然接着说:"又为石雄、张仲武所破,其余众西徙,役属吐蕃。"但回鹘的散部和降部仍有留在原地的,所以在三十年后仍可见到"回鹘寇天德军"的记载。[2]

西迁的"高昌回鹘""甘州回鹘"等,统治者是回鹘可汗的苗裔,日后仍以回鹘为名。其余各部,久之就不再称回鹘,汪古应该是属于这类留在阴山后的一支。我国北方民族递相兴起,某一民族统一漠南北后,人们就以统治民族称呼全体,并不等于每个属部和属民都是同族。如回鹘居于统治地位,不但唐人会称他们统治下的各部为回鹘,

---

[1] 李德裕《振武节度使李忠顺与臣状一道》,见《会昌一品集》卷一七。
[2] 《资治通鉴》卷二五二,唐僖宗乾符元年(874)十二月条。

而且各部还会逐渐回鹘化，回鹘贵族也往往在原来不是回鹘人的属部取得统治地位，上述回鹘相、特勤、回鹘尚书等部可能就是这种情形。因此，当时南迁者即使有王国维所说的"西鞑靼"在内，仍可认为是回鹘人。后来塔塔儿部继起，各部都称鞑靼，也并不等于他们原来是三十姓鞑靼或九姓鞑靼。唐末以后阴山地区出现鞑靼之名，决不能断言他们与回鹘无关，而一律把他们当作蒙古人。

其次，回鹘南下阴山后，大部被打散，少部残留在这里，可能陆续吸收了别部成员，最初很可能是沙陀人。

沙陀朱邪尽忠从甘州东走时，与吐蕃战死。元和三年(808)，尽忠弟葛勒阿波率残部七百至振武军降唐。同年，尽忠子执宜降于灵州。几年后，随范希朝迁太原，也迁到雁门关以北地区。回鹘未灭时，每次南下，就常同一批沙陀人打交道。如：

〔元和〕八年(813)，回鹘过碛南……，诏执宜屯天德。

开成四年(839)。回鹘径碛口，抵榆林塞，宰相掘罗勿以良马三百遗赤心(即李国昌，执宜子)，约共攻彰信可汗。[1]

会昌初年(841)，回鹘南下，唐朝调用近塞蕃族进行防御，沙陀很起作用。会昌二年冬，回鹘特勤嗢没斯等部降于振武，赐姓李氏，名思忠，充归义使，为唐守边。招抚回鹘使刘沔就曾拨给他"沙陀五百骑"。[2] 这是回鹘中吸收了沙陀人。会昌三年，石雄"得沙陀李国昌三部落"等兵，从马邑直袭乌介可汗，大败于杀胡山，"生擒五千"，可能

1　《新唐书》卷二一八《沙陀传》。
2　同上，卷二一八《沙陀传》；卷二一七《回鹘传》；《会昌一品集》卷一五《请更发兵山外邀截回鹘状》。

有回鹘人归入了沙陀等部。[1] 因此，在李克用以前，回鹘和沙陀早有接触并互相参错，后来李克用等投奔的鞑靼部也可能同沙陀早有关系，鞑靼部内还可能包含不少沙陀成分。他们能收容李国昌父子等避难，后来汪古又自称是"沙陀雁门之后"，都可反映二者有族源关系。《蒙鞑备录》说："鞑靼始起，地处契丹之西北，族出于沙陀别种。"箭内亘认为，仅从鞑靼之一种白鞑靼而言是正确的。估计这是赵珙在燕京时听到了汪古人自己的说法。

六　汪古、回鹘同种的几个例证

元代有一个"其先属雍古部"的马氏家族，曾经出了几个著名历史人物，马月合乃曾任元朝初年的礼部尚书，他的曾孙马祖常曾任御史中丞，这二人《元史》各有传。[2] 马月合乃之父马庆祥，《金史·忠义传》有传。元好问曾给他写过墓碑，评述了马氏家族的家世，说明他们并非汪古部土著，而是由临洮迁辽东，然后再加入汪古部的。碑中说：

> 君讳庆祥，字瑞宁，姓马氏，以小字习里吉斯行。出于花门贵族。宣、政之季，与种人居临洮之狄道，盖已莫知所从来矣。金兵略地陕右，尽室迁辽东，因家焉。太宗尝出猎，恍惚见金人挟日而行，心悸不定，莫敢仰视。因罢猎而还，敕以所见者物色

---

[1]　《新唐书》卷一七一《石雄传》。
[2]　《元史》卷一三四《月合乃传》；卷一四三《马祖常传》。

访求。或言：上所见殆佛陀变现，而辽东无塔庙，尊像不可得，唯回鹘人梵呗之所有之。因取画像进之，真与上见者合。上欢喜赞叹，为作福田以应之，凡种人之在臧获者，贳为平民，赐钱币纵遣之。君之祖讳迭木儿越哥，父把骚马也里黜，又迁静州之天山。天山占籍，今四世矣。[1]

元好问对马氏"居临洮之狄道"前"莫知所从来"，而元人黄溍写的《马氏世谱》却记载得很清楚：

马氏之先，出西域聂思脱里贵族。始来中国者和禄呇思，……辽主道宗咸雍间，奉大珠九以进。……请临洮之地以畜牧，许之，遂家临洮之狄道。[2]

元好问所说的"花门"是唐人对回鹘的别称，黄溍所说的"西域"，同样是指西迁后的回鹘（元谓畏兀儿）。所谓"聂思脱里贵族"应理解为马氏世代担任景教长老，"梵呗之所"当然是指圣歌朗朗的景教教堂，同什么"佛陀""塔庙"没关系。回鹘西迁高昌后，统治者仍崇信摩尼教，但景教已在民间传播。[3] 13世纪有机会亲历畏兀儿境内的东西

---

1 《遗山先生文集》卷二七《恒州刺史马君神道碑》。
2 《金华黄先生文集》卷四三。
3 Von Le Coq, *Buried Treasures of Chinese Turkestan*, p.24.

方旅行家,都肯定当地盛行景教。[1] 金太宗从回鹘那里得到的画像可能是景教的宗教画之类。[2] 所以钱大昕从这段史料发现问题,提出:"然则雍古部殆回鹘之别支乎? 回鹘即畏兀儿。"[3]

金太宗因梦见景教神像,乃将马庆祥祖先的"种人"沦为奴隶的释放为民。所谓"种人",当然是同马氏一样的回鹘遗裔而又崇信所梦"尊像"的景教徒。这时,净州边外,据《辽史·天祚帝纪》的记载,早已有白达达床古儿为首的汪古人世居于此,为什么马氏取得自由后要选择这块地方,必定是他们与汪古是同一种族,所以愿意同"种人"住在一起。马氏在临洮、辽东时,不能说是汪古人,而是在加入净州天山的汪古部后,也就自称"属雍古部"了。从这个例子看,辽金之际金人曾俘虏了不少回鹘系统的人,他们后来也补充到汪古部中去了。

此外,从畏兀儿同汪古的相互关系及部人容易混淆的若干例子,

---

[1] 1221 年,丘处机途经畏兀儿地,"宿轮台之东,迭屑头目来迎"。"迭屑(tarsa)"就是《大秦景教流行中国碑》中的"达娑",即景教教士。阿美尼亚海敦的《契丹国志》甚至称畏兀儿为迭屑国(Yule and Cordier, *Cathay and the Way Thither*, Chapter 1, p.259)。意大利教士蒙帖哥维诺称畏兀儿文为迭屑文(同上, Chapter 3, p.53)。卢卜鲁克说:"在所有畏兀儿城镇中可以发现景教徒和撒拉逊人(伊斯兰教徒)杂居的情况。"(Rockhill, *The Journey of William of Rubruck to the Eastern Parts of the World*, pp.228~236)马可波罗说:"畏兀儿的首府名哈剌火州","人民崇拜偶像,也有许多基督教徒,遵守聂思脱里教规"(Moule & Pelliot 本,156 页)。陈垣认为元好问的碑文是误把聂思脱里教当成摩尼教,因为他只注意到"回鹘自唐以来崇奉摩尼",所以"聂思脱里贵族"就不能是"花门(回鹘)贵族","回鹘梵呗之所"只能理解为"摩尼礼拜之所",而不知聂思脱里教在畏兀儿颇盛行(《元西域人华化考》卷二)。

[2] 卢卜鲁克说他在海押立城的景教教堂中,曾看到祭坛后有一个像圣马克尔的有翼神像以及似握手祝福的一些主教的神像(Rockhill 译本,143 页),可能就是"回鹘梵呗之所"的"尊像"。陈垣说:"金太宗所遇,与《新约·使徒行传》九章三节保罗所遇相类。"(《元西域人华化考》卷二)。

[3] 《十驾斋养新录》卷九,"雍古"条。

我们也可看出他们是同族。

另一个例子是宋子贞说:金亡以后,有一个"回鹘译史安天合,至自汴梁",投靠耶律楚材。[2] 忽必烈即位时,他被称为"前相臣",并新"授西京路宣抚大使"。[3] 据前引《马庆祥神道碑》载:"女弟适安氏。甥天合,父没后,躬自教督,逾于所生,习诸国语,洎字书授之。"马庆祥在金迁汴梁后,"辟尚书令史,试开封判官",[4] 乃定居开封,故杨维桢称马氏为"浚仪(开封)〔也里〕可温氏"。[5] 无疑,汴梁回鹘人安天合就是马庆祥迁开封后教养成人之甥,马庆祥在元光二年(1223)与蒙古军战死于凤翔,死前已将安天合培养成译史之才,则女弟嫁安氏还在蒙古降畏兀儿、侵金以前,如果安氏确是畏兀儿人而能与净州塞外的汪古族结亲,岂不是可为他们之间的特殊关系又添一佐证。否之,则只能说这个"至自汴梁"的安天合不是回鹘人,而是"浚仪可温氏"——开封信仰基督教的汪古人。[6] 由于汪古与畏兀儿同族,而畏兀儿人在蒙古统治下大多操"译史"之业,以致宋子贞误认为是"回鹘"人。

---

1 《元朝秘史》,182节。
2 《中书令耶律公神道碑》,《元文类》卷五七。
3 王恽《中堂事记》中,《秋涧先生大全文集》卷八一。
4 《元史》卷一三四《月合乃传》。
5 杨维桢《西湖竹枝集》,《武林掌故丛编》第六集。
6 王恽《秋涧先生大全文集》卷六《韩仁神道碣》载:"正大间,举孝廉,……以能充元帅府令史,……为上官推重,番译史安天合为相友善。壬辰(1232)北渡,……庚子岁(1240)诏行台于燕,……用安侯(天合)荐,首聘色充尚书省都事。"安天合在金哀宗时已任翻译史,因此他只能是金统治下的汪古人。畏兀儿人在降蒙以后,才逐渐东来,在蒙古所征服的地区担任译史职务。

还有个例子是：元世祖时有列班骚马和马儿可思（后任巴格达景教大教主，称为牙八剌哈三世）两个景教僧，曾去耶路撒冷朝圣，在西亚很负盛名，并且留下有关他们生平的专著。在1888年出版的这本书的叙利亚文本扉页上把他俩说成是东突厥人，另一部14世纪前半叶编的阿拉伯文东正教主传说牙八剌哈是来自契丹（中国）的突厥人，叙利亚文《基督教编年史》说他们二人是畏兀儿人。经伯希和考定，马儿可思（即牙八剌哈）是东胜州（今托克托县）的汪古人。[1] 这也说明，汪古和畏兀儿同是容易混淆的突厥人。

剌失笃丁划在同汪古属于一类的客烈和乃蛮也有这种情形。窝阔台时任丞相的镇海，《元史》（卷一二○）本传明确说他是"怯烈台氏"。彭大雅却说他是"回回人"。徐霆补充说：当时文书"行于回回者，则用回回字，镇海主之。……""回回"字是穆斯林使用的阿拉伯文，元朝并不通行。蒙古文书是使用畏兀儿字母的蒙古文，所以"回回字"应理解为畏兀儿字。则"回回人"应是回纥畏兀儿人（回回、回纥误用之例甚多），也就是说彭大雅把镇海看成了畏兀儿人。同样，镇海在穆斯林著作中也常常被误认为是畏兀儿人。丘处机西游，镇海沿途担任翻译，他一定懂畏兀儿和其他突厥语族人的语言。他们到达"回纥昌八剌城，其王畏午儿与镇海有旧"，说明"镇海与回纥素有渊源"。王国维鉴于"镇海不独精通回回文字，亦当略知汉文"，因此怀疑他"如系蒙古克烈部人，恐未易办此"。[2] 但镇海是客烈人有他后人所立的碑为证，决不会错。[3] 何以有此误会，只能说客烈和畏兀儿语言相近且联系密切，所以他不同于一般蒙古人。

---

1 A. C. Moule, *Christians in China Before the Year* 1550, London, 1930, p.94, n.2.
2 王国维《黑鞑事略笺证》；《长春真人西游记注》卷上。
3 许有壬《怯烈公神道碑》，见《圭塘小稿》卷一○。

乃蛮也是如此,塔塔统阿是"畏兀人,深通本国文字",被乃蛮太阳罕尊为师傅,"掌其金印","出纳钱谷,委任人材,一切皆用之,以为信验"。说明:深通本国文字的畏兀儿知识分子,就可在乃蛮担负起教授文字、管理印信的重任。塔塔统阿被成吉思汗俘虏后,"遂命教太子、诸王以畏兀字书国言",即今天仍通用的蒙古文。但他在乃蛮部时,却没有说需要他另创乃蛮文,可见畏兀儿和乃蛮是互通语言的突厥人。

剌失笃丁说:"与乃蛮人相近,营地与他们毗邻的诸部落中,有一个别帖斤(Betegin)部。……成吉思汗把这个别帖斤部并入汪古部,从此他们就在一起游牧。"[1] 伯希和认为:"这可能表明许多别帖斤人也和汪古人一样是天主教徒。"[2]

以上几个例子,对剌失笃丁将汪古、客烈、乃蛮划为一类突厥人的做法,又提供了若干有力的佐证。

归纳起来,我们可以得出如下几点初步的看法:

一、沙陀李克用之后的说法是汪古部主为了炫耀自己的祖先而勉强比附的,这种说法值得怀疑,但不能因此得出汪古与沙陀突厥无关的结论。

二、不能因中原人称汪古为白鞑靼就推断汪古是蒙古语族,白鞑靼既不同于漠北的鞑靼,也没有一个同一族属的统一的漠南鞑靼。白鞑靼是汪古的专称,是为了区别鞑靼——蒙古而冠以"白"字的。

三、中外记载都强调了汪古同蒙古不是同族。元朝把汪古列入"色目",即表明他们不属于蒙古语族。

---

1 《史集》,第1卷第1分册,229页。
2 《圣武亲征录注》,218页。

四、汪古同客烈、乃蛮是大漠南北西部族属接近的突厥语族集团,可以从传说、语言、风习各方面得到证明。

五、属于突厥语族的汪古人,是由回鹘败亡漠南时被唐朝驱散后留在阴山一带的余部、唐末由雁北北上的沙陀人、金初释放的回鹘俘虏等所组成,可能还加入了其他民族成分,但应以回鹘可汗统治下操突厥语部落的遗裔占主要地位。

(原载《文史》第 10 辑,中华书局,1980 年)

历代汪古部首领封王事迹
——汪古部事辑之三

元代大封宗室、驸马和功臣为王,且各有直辖的分地和属人,子孙世袭,这是秦始皇废封建、设郡县以来罕见的。成吉思汗建国时,将被征服的土地和人民划成兀鲁思和千户赏赐给诸弟、诸子和功臣,无异又形成了大大小小的诸侯。元朝采取类似措施,实际上是蒙古社会固有的落后制度在中原的推广。"但是在长期的征服过程中,比较野蛮的征服者,在绝大多数情况下,都不得不适应征服后存在的比较高的'经济情况'"。[1] 虽然蒙古贵族在中原各有分地和属民,但地方行政仍由元朝中央政府任命的州县官管辖。汪古部的领地处于中书省直辖的腹里地区,辽、金以来都设有州、县,与内地无异;而汪古部分地内的州县人户,完全由领主支配,与漠北的诸王、千户领地一样。这在我国历史上是较特殊的社会。而且关于汪古部的记载流传较多,从这点深入,也许能对元朝这种领地制度(投下、爱马)的研究有所推进。

---

[1] 恩格斯《反杜林论》,《马克思恩格斯全集》第20卷,119页。

这个问题准备以后专章讨论,这里只拟以《元史·诸王表》为基础,就汪古部封王的具体史实进行爬梳,一则为我们将研究的主题做些准备,同时拟对《元史》和法国人韩百诗的专著《诸王表》有关汪古部封王史实加以补充和订正。[1]

《元史》卷一〇八《诸王表》中涉及汪古部领主的王号有四种,即:北平王、高唐王、鄃王、赵王。以下按此次序,以《诸王表》为基础,加以疏订。

一　北平王

《元史·诸王表》"金印螭纽"项下:北平王——聂古䚟驸马,□□□年封。后进封鄃王。

据《阎碑》载:阿剌兀思"犹子镇国",在成吉思汗攻下云中并访求到以后,曾"封北平王"。又说:孛要合"自龆龀,太祖携征西域,还年十七。镇国已卒,继封北平王";"镇国之子聂古䚟,亦封北平王"。

由《阎碑》可知,除聂古䚟外,《诸王表》"北平王"项内还遗漏镇国和孛要合二人。

此外,《大金国志》(卷二二)还记载"又先有邻于金界者,其酋封北平王,被杀,其弟继立。其子白厮波方二岁"云云。这段引文原出于《建炎以来朝野杂记》"鞑靼款塞"条,相应部分"其酋"有部名、人名。原文是:"白鞑靼王摄叔之弟弑其兄而自立,摄叔之子白波斯〔白斯波〕方二岁⋯⋯。"可见"封北平王"的就是这个"白鞑靼王摄

1　Louis Hambis, *Le Chapitre CVIII du Yuan Che*, Leiden, 1954.

叔"。那么从现有史料看,汪古部最早称北平王的应从摄叔算起。

前文已谈到,摄叔之弟很可能就是阿剌兀思剔吉忽里,他"弑其兄而自立",无疑是"自立"为北平王。后来他又被杀,金人"复立白厮波为王",那么白厮波(即不颜昔班)也应该是立为北平王。这样,北平王又要上溯追加摄叔、阿剌兀思剔吉忽里、不颜昔班三位。

根据《金史》记载,金代封王的人很少,多限于宗室,汪古部只是边境上的一个小部,封王的可能性不大。成吉思汗征金以后,封驸马、功臣为万户、千户,诸子称汗,也没有封王制度,故镇国等人没有被封为北平王的可能。故屠寄在他的《氏族表》中,于孛要合和镇国名下注以"称北平王",而不说"封"。[1]

可是,《阎碑》是元朝奉诏写的官方文件,《大金国志》是搜集金、宋私家史书编成,二者毫无联系,但都肯定了汪古部有北平王之称,因此不宜轻加否定。金章宗时,客烈部的脱斡邻勒因助金伐塔塔儿有功,被金封为王。"王"在蒙古、突厥语中即"罕"之意,所以他被称为"王罕"。[2] 同样,汪古部首领未尝没有被金封为这种空头名义上的王号的可能。蒙古征金以后,虽没有采用金制,但各人可随意自取官称。《黑鞑事略》称:"其官称,或僭国王,或权皇帝,或郡王,或宣差。诸国亡俘,或曰中书丞相,或将军,或侍郎,或宣抚运使,随所自欲而盗其名,初无宣麻制诰之事。"那么,镇国、孛要合等人作为成吉思汗的驸马,自称为北平王也毫不足怪。

因此,聂古䚟等人这种"北平王",决不能像《诸王表》那样,将他同实际授印封地的忽必烈之子那木罕并列。但为了清楚起见,仍列表如

---

1 《蒙兀儿史记》卷一五三。
2 《元朝秘史》,132~134节;《金史》卷九四《丞相襄传》;卷一〇《章宗纪》,明昌元年、承安元年。

下(摄叔是金人,阿剌兀思和不颜昔班封北平王不见于记载):

北平王	镇国。 孛要合,后追封高唐王、赵王。 聂古觯,后追封郮王。

二　高唐王

《元史·诸王表》"金印驼纽"项下:"高唐王——阔里吉思驸马。"

《阎碑》载:"圣上(成宗)御极之初,特颁金印,封〔阔里吉思〕高唐王。驸马封王,盖自王家始。"

成宗即位在至元三十一年(1294),阔里吉思应在这年封王。汪古部主于窝阔台分赐中原诸州民户时,"丙申年(1236)分拨高唐州二万户"。[1] 故姚燧说:"由分地在高唐,即是进爵为王。"[2]

元朝的勋戚中,弘吉剌部的蛮子台可能是元贞元年(1295)封济宁王。[3] 亦乞烈氏的阿失于至大元年(1308)时才封昌王。[4] 其余封王更迟,所以说"驸马封王,盖自王家始"。

阔里吉思死后,弟尤忽难向成宗请求为他封谥和立碑,《阎碑》载:"大德九年(1305)秋七月,诏谥故驸马高唐王阔里吉思为高唐忠

---

[1] 《元史》卷九五《食货志·岁赐·赵国公主位》。
[2] 《河内李氏先德碣铭》,《元文类》卷五五。《刘碑》也说"高唐惟祖宗汤沐邑"。
[3] 《元史》卷一八《成宗纪》,元贞元年正月乙亥。
[4] 同上,卷二二《武宗纪》,至大元年六月;张士观《驸马昌王世德碑》,《元文类》卷二五。

献王。"[1]

《诸王表》高唐王项内只有阔里吉思一人,但据《阎碑》和《元史》本传还有尤忽难:"初,王(阔里吉思)之北也,世子主安甫脱襁褓,诏以其弟尤忽难……,授以金印,……封高唐王。"

尤忽难封王的年代,据《元史·成宗纪》载:"大德三年十二月,赐诸王岳忽难银印。"岳忽难即尤忽难,赐诸王印,即承认他袭封高唐王,但何以"金印"这里作"银印",不得其解。《诸王表》大概是据《实录》这条编成,因没说赐"高唐王"印,所以列入"无国邑名者"之中,称:"岳忽难王,大德二年赐印。"前作"三年",这里作"二年",应该以按年月排列的《本纪》为可靠。[2]

《元史·武宗纪》载:"至大二年九月壬辰,赐高唐王注安金。"《阎碑》《刘碑》和《元史》本传都没载注安袭高唐王事。钱大昕指出:"《武宗纪》至大二年三月,封驸马注安(即尤安)为赵王,盖由高唐王进封也。而其年九月犹书高唐王注安,……皆史臣失于检勘也。"[3] 这就是说,尤安曾经作过高唐王,只不过在封赵王以后,《元史》不应再用旧称罢了。那么,只能解释为至大元年尤忽难从高唐王进封郐王时,曾将高唐王让给了尤安。

据《阎碑》大德九年(1305)七月,成宗还诏谥阔里吉思"曾祖阿剌兀思剔吉忽里,追封高唐忠武王""祖驸马孛要合为高唐武毅王""父驸马爱不花为高唐武襄王"。这均属于追封的王。

现将《元史·诸王表·高唐王》一项补订如下:

---

1 《元史》卷一一八本传,误为"忠宪"。
2 阔里吉思被俘在大德二年(1298)冬,尤忽难袭封按理应在三年。
3 《廿二史考异》卷八七《武宗纪一》。

高唐王	阔里吉思驸马,至元三十一年封。后谥忠献。 尤忽难驸马,大德三年封。 尤安驸马,至大元年封。

附:阿剌兀思剔吉忽里,大德九年追封,谥忠武。

孛要合,大德九年追封,谥武毅。

爱不花,大德九年追封,谥武襄。

三　郓王

《元史·诸王表》"金印兽纽"项下有:

郓王	聂古觯驸马,由北平王进封。 拙忽难驸马,至大元年袭封。

《阎碑》和《元史》本传只字未提封郓王之事,惟《刘碑》载:"初,忠献之北,赵王(尤安)尚幼,王弟尤忽难袭爵高唐王。武宗至大元年,封郓王。"《德风堂碑》也称:"尤忽难……后更封郓王。"

在《元史·武宗纪》至大元年三月,提到"郓王拙忽难人户散失"之事。《诸公主表》中,也有"赵国大长公主阿失秃鲁,适爱不花子郓忠襄王尤忽难"("忠襄"系"惠襄"之误)。[1] "郓"是西汉古县名,治所在元高唐州境。元代一字王比二字王高一等,武宗改封尤忽难为"郓

---

[1] 《柳待制文集》卷七《赵王封赠三代制》有《尤忽难……封赵王谥惠襄制》。据《诸公主表》,"忠襄"是君不花谥号,不应重出。

王",是表示提高他的身份,并非什么"袭封"。

《刘碑》又载:尤忽难至大二年死,阔里吉思"世子尤安袭爵为郐王"。这一条又为《诸王表》所遗漏。而《元史》本传则说:"至大二年,尤忽难加封赵王,即以让尤安。"这句话很含糊,应该理解为以郐王让尤安。[1]

姚燧的《河内李氏先德碣铭》是应郐王府长史李惟恭所请而作,时间在至大庚戌三年(1310)。文中说"郐王之考"曾在"元贞始年,表贺圣节"云云,成宗元贞初在位者是阔里吉思,那他的儿子应该是尤安,这也证明至大三年时尤安是郐王。

《诸王表》尚有另一个郐王"聂古䚟驸马",是"由北平王进封",《诸公主表》也有"郐王聂古䚟"之名。《阎碑》说聂古䚟"略地江淮,殁于戎事",即死于灭宋以前,当时不可能封郐王,故屠寄认为是"追进爵郐"。但为什么会进爵,屠寄的解释是很牵强的。[2] 很有可能是尤忽难死后,字要合一系已改为世袭赵王,而郐王的爵位仍旧保存,改由聂古䚟的后裔继承,故聂古䚟也被追封郐王。

现将《元史·诸王表·郐王》一项补订如下:

郐王	尤忽难驸马,至大元年封。后谥惠襄。
	尤安驸马,至大二年封。三年进封赵王。

附:聂古䚟驸马,□□□年追封。

---

[1] 《蒙兀儿史记》卷三六《阿剌忽失的吉惕忽里传》,屠寄写成:"尤忽难既以赵王让还兄子尤安,而己还袭郐王。"乃未见《刘碑》而致误。

[2] 《蒙兀儿史记》卷三六《阿剌忽失的吉惕忽里传》:"《诸王表》,郐王聂古䚟驸马,由北平王进封,无年月,疑亦元贞初给印。"又说:"无子,以爱不花之子尤忽难嗣。"屠寄注云:"《诸王表》:'郐王拙忽难,至大元年袭封。'按尤忽难嗣聂古䚟,碑传无明文,然尤忽难非聂古䚟之子,何以袭郐王,盖必有说,以理度之,实出后从父聂古䚟耳。"

四　赵王

《元史·诸王表》"金印兽纽"项下又有：

赵王	主忽驸马，至大元（应作二）年封。 阿鲁秃□□，延祐元年封。 马札罕驸马，泰定元年封。

"主忽"即尥忽难，译音不全。他封为赵王事，《刘碑》不载，惟见于《元史》本传："至大二年，尥忽难加封赵王。"《元史·诸王表》作"至大元年"封赵王，可能是"二年"之误。

柳贯作的《赵王封赠三代制》，其中有《尥忽难赠亮节辑众保义功臣太傅开府仪同三司上柱国驸马都尉追封赵王谥惠襄制》，这是死后的封赠。

《刘碑》载："〔至大〕三年，帝思忠献之忠，加封尥安赵王。"

《刘碑》即应赵王尥安之请而作，同时追赠尥安的曾祖、祖、父三代为赵王，《元史》本传所载相同，而同书《诸王表》却把尥安遗漏了。

《元史·武宗纪》载："至大二年三月己亥，封公主阿纳的纳八剌为赵国公主，驸马注安为赵王。"汪辉祖认为本传记载作三年袭封"亦误"。[1] 但他不知本传有《刘碑》可据，且姚燧在至大三年（1310）写《河内李氏先德碣》时，还称尥安为鄃王，所以《本纪》不见得绝对可靠。事实上，《本纪》常有上下错一年的情况。前引柳贯所作制词中，有《尥安赵王赠继志乐善全节功臣太师开府仪同三司上柱国驸马都

---

[1] 《元史本证》卷一七，《元史》点校本亦在注中采用此说。

尉追封赵王谥简穆制》，这是他死后的封谥。

阿鲁秃□□，即《德风堂碑》的"阿剌忽都"，因他"尚赵国公主吉剌实思"，空白应作"驸马"。《仁宗纪》载："延祐元年三月丙午，封阿鲁秃为赵王。"可见《诸王表》中封王年代不误。此外，"赵王阿鲁秃"又见于三年二月和四年三月、四月和六月。

马札罕驸马据《德风堂碑》是阿鲁秃之子。《诸王表》作"泰定元年封"。因《英宗纪》至治元年（1321）十月已见"赵王马札罕"之名，"泰定"应为"至治"之误。

钱大昕指出："《文宗纪》（至顺二年三月）有赵王不鲁纳；又《李晋王影堂碑》立于至正十五年，碑文称'今赵王八都帖木儿'；此皆汪古部之嗣王者。宋景濂尝仕元代，讵无闻见，乃不能稽考，以成一代之信史，良可愧矣。"[1] 除钱大昕所指出的以外，《德风堂碑》中马札罕之母弟怀都也曾袭位为赵王。《明太祖实录》中的赵王汪古图，名字出现在洪武五年（1372），应该是至正末年（1370）袭封。这二人也应补充进去。

在实封的以外，元朝还追封了尤安等人的先人为赵王。据《刘碑》载：至大四年十一月，仁宗"加封之制下"，追封尤安曾祖考字要合为"宣忠协力翊卫果毅功臣、太傅、仪同三司、上柱国、驸马都尉，追封赵王，谥仍武毅"，即《诸公主表》中的"赵武毅王字要合"。又赠大父爱不花为"怀忠竭力致勇定运功臣、太师、开府仪同三司、上柱国、驸马都尉，追封赵王，谥仍武襄"，即《诸公主表》中的"赵武襄王爱不花"。[2] 又赠尤安父阔里吉思为"推忠宣力崇文守正亮节保德功臣、太

1　《廿二史考异》卷九三《阿剌兀思剔吉忽里传》。
2　《雪楼程先生文集》卷三，叶 4b、5a，有"赵王主安故曾祖父字要合""故祖父爱不花"二人的赠谥制，谥号与此相同，故知制词乃程钜夫所作。惟字要合系赠"开府仪同三司"，《刘碑》脱"开府"二字。

师、开府仪同三司、上柱国、驸马都尉,追封赵王,谥仍忠献",即《诸公主表》中的"赵忠献王阔里吉思"。

柳贯的《赵王封赠三代制》,除尤忽难和尤安已见于前引外,第一制就是"丘邻察赠清忠保德和义功臣、太傅、开府仪同三司、上柱国、驸马都尉,追封赵王,谥康僖制",也就是《诸公主表》中的"赵康僖王乔邻察"。前已说明,很可能丘邻察是阿鲁秃之父,故于追赠尤忽难、尤安时也同时给他封赠。

此外,《诸公主表》中还有"赵忠襄王君不花"和"赵忠烈王囊家台",君不花是丘邻察之父,囊家台是丘邻察之兄,可能也是封赠阿鲁秃三代时追封赐谥的。

现将《元史·诸王表》赵王一项补订如下:

赵王[1]	尤忽难驸马,至大二年封。后谥惠襄。
	尤安驸马,至大三年封。后谥简穆。
	阿鲁秃驸马,延祐元年封。
	马札罕驸马,至治元年封。
	不鲁纳驸马,至顺□年封。
	怀都驸马,至正□年封。
	八都帖木儿,至正十□年封。
	汪古图,至正□□年封。

附:孛要合驸马,至大四年追封赵武毅王。

爱不花驸马,至大四年追封赵武襄王。

---

[1] 武宗时进封汪古部主为赵王,是因汪古部分地在太行山以西战国时期的赵国境内,故封赵王。韩百诗以州县名作为封王的根据,误以河北赵州为封爵名。见 Le Chapitre CVIII du Yuan Che。

阔里吉思驸马,至大四年追封赵忠献王。
丘邻察驸马,泰定元年(?)追封赵康僖王。
君不花驸马,□□□年,追封赵忠襄王。
囊家台驸马,□□□年,追封赵忠烈王。

(原载《文史》第11辑,中华书局,1981年)

汪古部与成吉思汗家族世代通婚关系
——汪古部事辑之四

汪古部贵族在元朝不仅是世袭封王,而且还享有同成吉思汗家族世代通婚的宠遇。《阎碑》在叙述孛要合"尚齐国大长公主(阿剌海别吉)"以后说:

〔太祖〕仍约世婚,敦交友之好,号按达——忽答。

这种关系,实际上并不是从孛要合时才开始的。剌失笃丁指出:还在阿剌兀思附蒙时,"有姑娘从成吉思汗氏族嫁到汪古惕部落,也有娶自他们的"。[1] 元代曾到中国的西方旅行家,凡是旅途经过汪古部领地的人,都很了解汪古部同成吉思汗家族的这种关系。马可波罗说:

这些领主们(即阔里吉思等人),被成吉思汗的后裔大汗看

---

[1] 《史集》,第1卷第2分册,141页。

成是贵族的血统。成吉思汗曾经娶王汗(他用我们的话称为长老约翰)[1]的女儿为妻。所有的诸王贵胄都是从这个姑娘所出,他们总是把自己或亲属的女儿嫁给统治那个地区的诸王长老约翰血统的后嗣。[2]

同样,14世纪和德里(Odoric)从北京取道东胜、天德军回西方时,也曾指出汪古部主"凭据一项由习惯确定的契约常常会得到大汗的女儿为妻"。[3]

《阎碑》所谓"约世婚交友之好,号按达——忽答",是成吉思汗与别部通过婚姻建立军事联盟的一种方式。最早建立这种关系的有弘吉剌部和亦乞烈思部,征服客烈以后,又同汪古和斡亦剌部建立了这种关系。剌失笃丁在斡亦剌部的一节曾用了和《阎碑》同样的话:

> 成吉思汗与他们保持〔相互〕嫁娶姑娘的关系,并成为按达——忽答(anda-quda)。[4]

"按达"在《元朝秘史》中作"安答",汉译"契交""契合",也就是结拜、结义、朋友的意思。"忽答"《元朝秘史》汉译作"亲家",是姻亲的意思。[5] 故俄译本译成"结拜兄弟和亲家"。以上几部在成吉思汗统一蒙古各部的过程中,或起兵相助,或自动归附。成吉思汗由于他

---

[1] 马可波罗是把阔里吉思的祖先和客烈部的王汗混为一谈。
[2] A. C. Moule and P. Pelliot, *Marco Polo*, *The Description of the World*, p.182.
[3] Yule, *Cathay and the Way Thither*, Chapter 2, p.246.
[4] 《史集》,第1卷第1分册,119页。
[5] 《元朝秘史》,96、116、117、118、171、200、201及62、63节。

们在艰苦的统一战争中的功劳和为了进一步利用他们巩固自己的统治,乃保留他们的领地和属民,固定了世代联姻的亲属关系。直到元朝建立以后,他们就成了几个特殊的勋贵家族。故《元史》称:"元室之制,非勋臣世族及封国之君,则莫得尚主,是以世联戚畹者,亲视诸王。"成吉思汗建国,封弘吉剌、亦乞烈思部于其东南,汪古部在西南,斡亦剌部在正北,以后四出攻掠,他们发挥了很大的作用。整个元朝,汪古部主仍享有"联姻天家"(《秦王妃祠堂记》)、"世缔国姻"(《阎碑》)的殊遇。所以《元史》又说:"其藩翰屏垣之寄,盖亦重矣。"[1]

一　阿剌海别吉 Alaqai-bägi

《元朝秘史》二三九节,叙述了 1207 年成吉思汗命长子拙赤去征伐林木中百姓,由于"斡亦剌种的忽秃合别乞先来归附",就把自己和拙赤的女儿嫁给了忽都合的两个儿子。接着又说到"将阿剌合〔别乞〕名的女子与了汪古种"。但没有说明给了谁。可是在成吉思汗建国时所列的九十五千户名单中,有汪古惕"阿剌忽失的吉惕忽里古列坚"之名。"古列坚"(gürägän)是驸马的意思,既称为"古列坚",自然是嫁给他了。

但各种史料中的说法分歧很大。

《史集》的记载有如下几处,是肯定嫁给了镇国:

〔成吉思汗〕第三女——阿剌海别吉,将她嫁给了汪古部主

---

[1] 《元史》卷一〇九《诸公主表序》。

的儿子镇国。[1]

《史集》还详细描述了阿剌海别吉嫁往汪古部的过程:由于阿剌兀思将界壕的关口交给了成吉思汗,因此成吉思汗得以长驱攻入金境,为了嘉奖他的功劳,乃将其女儿赐给他为妻。阿剌兀思辞以年老,推荐其兄摄叔之子镇国为大汗女婿。当阿剌兀思派人去接在金作质的镇国时,汪古部的那颜就阴谋策动杀害了阿剌兀思。成吉思汗就把自己的女儿阿剌海别吉赐给了镇国。

在当时曾出使蒙古的宋朝使臣的记载中,阿剌海别吉非常有名,现在仅存的两部书都曾提到她。赵珙的《蒙鞑备录》说:

> 成吉思……二公主曰阿里海百因,俗曰必姬夫人,曾嫁金国亡臣白四部,死,寡居。

《黑鞑事略》也说:

> 白厮马,一名白厮卜,即白鞑伪太子。忒没真婿,伪公主阿剌罕之前夫。

这就是说,阿剌海别吉是嫁给了不颜昔班。

再就是元朝官方的记载,如《元史·诸公主表》:

---

[1] 《史集》,第1卷第2分册,70页。镇国的名字俄译本缺,注出波斯原文作 Shkui,应读作 Jinkui。

> 赵国大长公主阿剌海别吉,太祖女,适武毅王孛要合。

《阎碑》作于成宗大德九年(1305),称阔里吉思"曾祖阿剌兀思剔吉忽里""曾祖妣阿里黑""祖驸马孛要合""祖妣皇曾祖姑阿剌海别吉"。《刘碑》作于仁宗时,称阿剌海别吉为"皇高祖姑"。因成宗的曾祖和仁宗的高祖都是拖雷,与阿剌海别吉是姐弟的关系,所以这样称呼,也就是肯定了成吉思汗把女儿嫁给了孛要合。

由于各书说法不一,前人曾为此陆续做过研究。洪钧有《后妃公主表补辑》。[1] 日本学者那珂通世[2]和屠寄、[3]王国维[4]都有解释。今择其可取的说法如后。洪钧说:

> 反复推求,必是公主先适镇国,夫死,遂自领汪古部事。继而夫弟孛要合自西域还,复尚公主。……西域书但言其前,《元史》但言其后,而《蒙鞑备录》则适当其中,蒙古不讳再醮,理宜然也。

上文洪钧把白厮卜和白四部同镇国混为一人。那珂通世继洪钧之后,"依此再考阿剌海别吉":

> 蒙文《秘史》卷十作"阿剌合别乞,其嫁镇国之前,犹嫁阿剌忽失"。《多桑书》谓阿剌忽失辞以年老者,即辞古列坚之称也。

---

[1] 《元史译文证补》卷三。
[2] 《成吉思汗实录》,日本明治四十年出版,329~330页。
[3] 《蒙兀儿史记》卷三六《阿剌忽失的吉惕忽里传》;卷三《成吉思可汗本纪下》。
[4] 王国维《蒙鞑备录笺证》,"太子诸王"条。

《秘史》卷十言"将阿剌合别乞与了汪古惕",即与阿剌忽失。《蒙鞑备录》之阿里黑百因,即阿剌合别乞之讹。《元史》阿剌兀思之妻阿里黑,即《备录》之阿里黑,亦即《秘史》之阿剌合,蒙古不讳再醮,父死子妻其后母,兄死弟妻其嫂。其初,匈奴、突厥塞北之俗皆然。孛要合盖阿剌忽失前妻子,阿剌忽失被杀时,孛要合幼,故阿剌合嫁夫侄镇国。镇国死后,孛要合归,又以父死子妻后母之惯例尚之。阎复《驸马高唐王阔里吉思碑》,其曾祖母、祖母本同是一人,乃直书阿剌忽失之妻曰曾祖妣阿里黑,孛要合之妻曰皇曾祖姑阿剌海别吉,判若两人,而于阿里黑不详谁氏之女。《元史》本传全本碑文,故明初史臣执笔者,不知阿里黑即阿剌海也。[1]

屠寄继洪钧、那珂通世之后,进一步论证:

> 余谓白四部、白厮卜即《旧传》之不颜昔班异文,实阿剌忽失之长子。《多桑史》谓阿剌忽失辞以年老,请以兄子订婚,亦误。兄子当作长子。或谓父死子妻其后母固蒙兀惯例,但不颜昔班与父同时死难,不应父未死时即妻其后母。……盖其时阿剌忽失已因年老自辞古列坚,而请以长子不颜昔班尚主矣。至西域书请以兄子订婚之说亦非无因,盖太祖西征时不颜昔班已死,正镇国尚主之时,故西域人习闻阿剌合别乞为镇国之妻,不知其曾嫁不颜昔班故云然也。阿剌忽失既未身尚阿剌合别乞,何以其曾孙《阔里吉思碑》有曾祖妣阿里黑之文,盖一则因其曾祖父阿

---

[1] 译文据《蒙兀儿史记》所引。

> 剌忽失曾称古列坚，虽系空名，子孙以先世得尚主为荣，仍认阿里黑为曾祖妣；一则濡染华风，稍耻北地烝报旧俗之非礼，尤忽难请阎复撰碑时，所具事状，故谬悠其词，却以汉文分书阿里黑、阿剌海别吉，如系两人，掩其一人三醮之迹，而于阿里黑则不详其所出。阎复汉人，不求其故，据以入碑。《旧史》列传又转据碑文，不加深考，至今沿误耳。

以上各家，洪钧认为阿剌海别吉曾嫁镇国、孛要合二人，那珂通世认为曾嫁阿剌忽失、镇国、孛要合三人，屠寄认为曾嫁不颜昔班、镇国、孛要合三人。总之，他们都一致承认阿剌海别吉曾经再醮过。

洪钧和屠寄拘泥于《史集》中阿剌兀思辞以年老的话，认为他没有娶阿剌海为妻，所以屠寄举出许多理由，否认《秘史》称阿剌兀思为古列坚意味着真当过驸马。但《阎碑》明确称阔里吉思的"曾祖阿剌兀思"的王妃"曾祖妣"是"阿里黑"，"祖驸马孛要合"的妻子"祖妣皇曾祖姑"是"阿剌海别吉"，他们都承认"阿里黑"和"阿剌海别吉"是同一人。屠寄解释说：阎复根据的事状为了"掩其一人三醮之迹"，"故谬悠其词"，这种说法是合理的。但说阿剌兀思并未娶阿剌海别吉，仅因为"子孙以先世得尚主为荣，仍认阿里黑为曾祖妣"，这种说法就过于牵强了。把并未嫁过阿剌兀思的阿里黑说成是他的妻子，恰是虚构了再醮的事实，而且不称阿里黑为公主，也无法令人知道阿剌兀思有"尚主之荣"。何况《阎碑》关于阿剌兀思的王妃阿里黑不仅留下了一个名字，而且还有她的事迹，难道这也是虚构的吗？因此，只能承认阿剌海原来是嫁给《元朝秘史》中称为古列坚的阿剌忽失的吉惕忽里。至于屠寄提出"不颜昔班与父同时死难，不应父未死时即妻其后母"，这我们在前面论述过，他们并非"同时死难"，所以这个难解之处也就可解释了。

屠寄的贡献在于正确阐明了"白四部""白厮波""白厮马"就是不颜昔班或不颜昔班驸马,与镇国是叔伯弟兄,不是一人,这两人在中西史料中都有娶阿剌海别吉的确切记载。所以他认为她先嫁不颜昔班再嫁镇国的说法是可信的,再加上《阎碑》明确记载的孛要合,应该是一人四醮。

汪古部与成吉思汗建立友谊是在征乃蛮的 1204 年,阿剌海别吉只能是在这年以后嫁给阿剌兀思,而后者据《建炎以来朝野杂记》是死于泰和七年(1207),那么结婚的时间很短,所以到汪古部不久就改嫁给了不颜昔班。不颜昔班似死于 1211 年成吉思汗初次攻金后不久,据《阎碑》载:

〔阿剌兀思〕为畴昔异议所害。长子不颜昔班死焉。武毅(字要合)尚幼,王妃阿里黑挈之,偕犹子镇国夜遁至界垣。门已闭,诉于守者,缒垣以登,逃难云中。……
云中既下,诏求王妃、二子得获,赒恤孤嫠甚渥。

前文已谈到,阿剌海这次"逃难",很可能是因为镇国叛乱而投金以求保护,阿里黑恐怕是被挟持而去,但后来,她还是再嫁给了镇国。剌失笃丁说:

镇国来到后,为成吉思汗效劳。成吉思汗将自己的女儿阿剌海别吉赐给他〔为妻〕;她的年岁比窝阔台合罕小,但比也可那颜(即拖雷)大。此后,她就被称为阿剌海别吉。阿剌海别吉同镇国生了一个儿子,名叫聂古䚟。[1]

《阎碑》将阿剌海别吉以前三嫁之事全部隐去,只提到最后一次:

> 太祖携〔孛要合〕征西域,还年十七,镇国已卒,继封北平王,尚齐国大长公主。
>
> 齐国大长公主,明慧有智略。祖宗征伐四出,尝摄留务,军国大政,率谘禀而后行,师出无内顾之忧,公主之力居多。
>
> 初,武毅未有子,公主为进姬侍,以广嗣续,鞠育之恩,不啻己出。

关于阿剌海曾主"军国大政"之事,赵珙在他的《蒙鞑备录》中一再提到。赵珙出使在辛巳岁(1221),说当时阿剌海正值夫死"寡居",也就是说镇国已死。书中还说:

> 今领白鞑靼国事,日逐看经,有妇士数千人事之。凡征伐斩杀,皆自己出。

又说:

> 所谓白鞑靼者,今彼部族之后,其国乃鞑主成吉思公主必姬权管国事。

---

[1] 《史集》,第 1 卷第 1 分册,141 页。

《阎碑》的"祖宗征伐四出,尝摄留务",《元史》本传改为"车驾征伐四出,尝使留守",似乎是说成吉思汗西征时"留守"蒙古本部。洪钧根据《蒙鞑备录》上述记载正确指出:"据此,则《元史》所谓'留守',乃是掌汪古部事,非太祖本部,史文之误会也。"[1]

这时,成吉思汗正率蒙古大军进攻西域。出师以前,他封木华黎为国王,将汪古、弘吉剌等部蒙古及乣、汉诸军"以图中原"。1221年,木华黎率军南下进攻晋、陕,途中经过汪古部的封地。《元朝名臣事略》载:"辛巳(1221)八月,王(木华黎)至天德,监国公主遣其臣习里吉思劳王,且飨将士。""天德"就是丰州,城址在今呼和浩特以东的白塔。《元史·木华黎传》更具体地说是"驻青冢",是今呼和浩特市南郊的昭君墓。马可波罗途经这里时,也称为"天德",并说天德的统治者是汪古部的阔里吉思。那么,这次遣使飨劳木华黎的"监国公主",也必定是同年出使蒙古的赵珙所说的"阿里海必姬夫人",她当时正在寡居,权管汪古部"国事",所以人们称为"监国公主"。

在此前后,其他记载中还可找到"监国公主"活动的记载,据《繁峙王氏世德碑》载:

> 兴定丁丑(1217),大兵围雁门,游骑及县境,金人弃城奔溃,城中遗民共推公(王兆)与县人刘会同领县事。……公……乃与会等十数人……至主帅麾下通姓名款□,且献攻取之策。主帅伟公言貌,以便宜擢授左监军。……继受监国公主教,迁昭武将军,坚州左副元帅。[2]

---

[1] 《元史译文证补》卷三。
[2] 《山右石刻丛编》卷三〇,叶43a。

"兴定丁丑"那支"大兵",很可能就是汪古部的军队,所以它的主帅招纳的降官,最后还要"受监国公主教",正式除授升迁。

同王兆一起投降蒙古的"县人刘会"也有碑文传世,碑中提到他的官职的任命和承袭,都要由公主的"懿旨"决定。碑中说:

> (脱字)懿旨,超加骁骑卫将军,坚州都元帅兼节度使,悬带虎符金牌,便宜行事。……子……泽,……弱冠质于公主位下,……深蒙见知。懿旨赐以室女陈氏,……公(刘会)是时春秋已高,……特蒙懿旨拟令子泽承袭职任,充坚州管民长官。[1]

《山西通志·李佺传》载,两年后,"监国公主"又派兵向汾州等地攻掠。传中说:

> 李佺,汾州西河人,金末寇乱,佺集乡人保御。己卯岁,太祖之妹曰曳剌海,号监国公主,遣行省不华收地河东,公主承制,授佺汾州左监军。[2]

曳剌海就是阿剌海。这里正式说出了监国公主的名字,不但更可肯定前面的监国公主是她无疑,而且从这些事迹也可证明,阿剌海曾主持"军国大政","凡征伐斩杀,皆自己出"的说法不假。至于把她说成是"太祖(成吉思汗)之妹"的小误,这是多年以后据民间传闻写成的传碑所难免的。

---

[1] 《山右石刻丛编》卷二七《刘会碑》,叶 52b 至 53a。
[2] 《(光绪)山西通志》卷一四八《仕实录》。

1224年，成吉思汗从中亚东返，字要合大约在这年也回到汪古部，纳阿剌海为妻。此后，阿剌海仍有"监国公主"之称。如曾经多次出使南宋的王檝，他也曾在戊子（1228）年，"奉监国公主命，领省中都"。[1] 据《长春真人西游记》载，戊子年七月火葬丘处机于中都，王檝"自为主盟"，他的官衔是"权省宣抚"。"权省"就是"领省"。阿剌海别吉能任命负责中都行省的官职，可见她权势之大。屠寄因此推论说："旧纪称戊子岁拖雷监国，何以是年阿剌合仍称监国公主，且得命檝领省中都。盖拖雷所监者，漠北之国事，阿剌合所监者，漠南国事也。"[2] 屠寄的推断完全是用汉族中央集权制的观念去理解蒙古的统治方式。事实上，当时蒙古的诸王、驸马都可以各自任命官吏，宣布对某地征税或免税。他们的"令旨""懿旨"与大汗的"圣旨"一样有效。1217年，成吉思汗尚未西征，她已被称为"监国公主"，照样可以任命王兆、刘会等人的官职。拖雷监国时，他曾过问中都的事也有明文可证，并不限于监漠北国事。[3]

1974年，内蒙古文物工作队在武川县征集到一方铜印，印文阳刻篆体九叠文三行十四字，今辨识为"监国公主行宣差河北都总管之印"。[4]《蒙鞑备录》曾记述出使蒙古的见闻说："彼奉使曰宣差"，"自皇帝或国王处"都可派遣。又说：在蒙古所征服的地区，"遣发临民者曰宣差，逐州守臣皆曰节使"。可见这方铜印是监国公主阿剌海派往

1　《元史》卷一五三《王檝传》。
2　《蒙兀儿史记》卷三六。屠寄甚至说："虽木合黎国王亦咨禀而后行。"理由是："辛巳徙驻青冢，即木合黎咨禀军事之证。"据《木华黎传》原文，乃"监国公主遣使来劳"，二人并未见面，无所谓"咨禀"。
3　宋子贞《耶律楚材神道碑》（《元文类》卷五七）："燕京多盗，……睿宗（拖雷）监国，命中使偕公驰传往治"，即拖雷不限于监北漠国之证。
4　见丁学芸《监国公主铜印考释》，《中国蒙古史学会成立大会纪念集刊》。

河北"临民"的"行宣差""都总管"的印,是阿剌海"领白鞑靼国事",有权派宣差直接管民的实物证明。

1236年(丙申),窝阔台将"中原诸州民户分赐诸王、贵戚",在"东平府户内拨赐"的共有诸王、驸马、功臣十二家,其中就有"公主阿剌海",可见这时还以她的名义代表汪古部。[1]

大德九年(1305),应高唐王尤忽难之请,成宗诏谥其"祖妣皇曾祖姑阿剌海别吉为齐国大长公主"。仁宗即位时(1311),又应赵王尤安之请,"封皇高祖姑赵国大长公主"。从1217年算起,监国公主至少统治汪古部有二十年,故史臣颂扬她:"神明毓粹,智略超凡,决生运筹,凛有丈夫之风烈。"赋予高度的评价。[2]

二 独木干 Tümügän[3]

《诸公主表》:"独木干公主,睿宗(拖雷)女,适拜哈弟郇王聂古鯷。"《阎碑》也载:"镇国之子聂古鯷,尚睿宗皇帝女独木干公主。""拜哈"就是字要合(Bai[yo]qa = Boyoqa),是镇国的叔伯兄弟,因此,《诸公主表》的"弟"应该作"侄"。

剌失笃丁也证实了汉文史料的记载,他说:"拖雷汗的一个女儿嫁给了聂古鯷,她幼于蒙哥合罕而长于旭烈兀汗。但她没有子女。"

---

1 《元史》卷二《太宗纪》。
2 程钜夫《赵王主安故曾祖母齐国大长公主阿剌海别吉追封皇高祖姑赵国大长公主制》,《程雪楼先生文集》(宣统陶湘影刊明洪武本)卷三,叶5a。
3 独木干一名是由独木儿 Tümür 转变而来,语尾加"干"(-gän),Tümür 是由蒙古南部方言铁木儿(Tämür"铁")一字形成的。L. Hambis, *Le Chapitre CVIII du Yuan Che*, p.9.

独木干可能是继阿剌海之后另一个有影响的公主,如刘仲□,"祖居九原古襄刘念里人也。……至乙巳(1245),钦奉独木干公主懿旨,佩以金符,特遣驰驿随路拘收户计,未几可及四□余户。……还家就官真定、平阳、太原三路达鲁花赤"。[1]

独木干有权加高僧徽号的记载很反映这点:

> 壬子(1252)……即其年六月十五日癸丑,中有独谟干翁主者,太祖之女也,权倾朝野,威震一方,仰师硕德,加"佛日圆照"徽号焉。[2]

壬子年就是宪宗蒙哥汗二年(1252),可能这时聂古䚟已在"江淮殁于戎事",寡居的独木干正主持汪古部事。她是在位的蒙哥汗的亲妹,难怪碑中说她"权倾朝野,威震一方"了。

三 月烈 Yürä[k]

《诸公主表》:"赵国大长公主月烈,世祖女,适拜哈子赵武襄王爱不花。"《阎碑》指出:"武襄所尚齐国大长公主,世祖皇帝季女也。"所以称他"贵为帝婿"。在元世祖朝,爱不花虽是次子,但实际上是他代表汪古部,可能正是因为他娶了皇帝季女的缘故。所以忽必烈在位的前期,史料涉及汪古部的记载,大多记在"爱不花驸马"名下。

---

[1] 《三路达鲁花赤刘公墓幢》,《定襄金石考》卷四。
[2] 释祥迈《西京大华严寺佛日圆照明公和尚碑铭》,《山右石刻丛编》卷二五。"翁主"即"公主",把独谟干说成"太祖之女"有误,应作"孙女"。

列班骚马和马儿可思在东胜时,也说到爱不花兄弟是大汗的女婿。

大德九年(1305),成宗诏谥尤忽难"妣皇姑月烈为齐国大长公主"。因为月烈同真金是兄妹,成宗是真金之子。而仁宗时则晋封为"皇祖姑赵国大长公主",因为仁宗是真金之孙。

四 叶里迷失 Yälmiš

《诸公主表》:"赵国大长公主,定宗女,适孛要合子赵忠襄王君不花。"《阎碑》指出:"君不花尚定宗皇帝长女叶里迷失公主。"因为她是定宗(贵由)女,所以列班骚马等说他也是大汗的女婿。但他同爱不花不同,因为爱不花是正在位的忽必烈的驸马。叶里迷失的"赵国大长公主"称号,可能是由于其孙阿鲁秃(次子丘邻察之子)继任赵王而与君不花同追谥的。

五 忽答迭迷失 Qudadmiš

六 爱牙失里 Aiyaširi

《诸公主表》:"赵国大长公主忽答迭迷失,裕宗女,适君不花子赵忠献王阔里吉思。继室以赵国大长公主爱牙迷失,成宗女也。"《阎碑》载:"忠献王前尚皇姊忽答的美实","继尚皇女爱失里"。"忽答迭迷失"即"忽答的美实"。《德风堂碑》作"忽答美实"。《公主表》说是裕宗(真金)女,故成宗时立的《阎碑》称皇姊,仁宗时的《刘碑》称"皇姑"。[1] 但君不花应作爱不花,因阔里吉思是爱不花子。

"爱牙迷失"和"爱失里"都有误脱,应按《刘碑》和《元史》本传作"爱牙失里"。[2] 她是成宗的女儿,故《阎碑》称"皇女",《刘碑》称"皇姑"。阔里吉思在成宗时同样是在位皇帝之婿,所以地位很高。《史集》称他为"铁穆耳合罕之婿阔儿吉思古列坚",所以他的被俘曾引起那么大的震动,先是力图夺回,后又用笃哇的女婿去交换。

但姚燧《河内李氏先德碣》称:"盖鄃王之考,初尚主世祖,再尚主裕宗。"据上文,我们可以知道这"鄃王之考"是元贞初年在位的阔里吉思,这就把两位公主都误长了一辈。

大德九年(1305),忽答的迷失谥为"齐国大长公主",爱牙失里谥为"齐国公主"。至大四年(1311),仁宗封忽答的迷失为"皇姑赵国大长公主";封爱牙失里为"皇姊赵国长公主",与《诸公主表》都称"赵国大长公主"有所差别。袁桷《清容居士集》仅有《忽答的迷失公主追赠齐国大长公主制》一道,可能是大德九年(1305)所赠的谥号。

---

1 韩百诗误以为是甘麻剌之女。Le Chapitre CVIII du Yuan Che, p.24.
2 《德风堂碑》作"爱雅失里",应还原为 Aiyaširi,是一个来源于梵语的蒙古人名。

七　亦怜真 Irinǰin[1]

《诸公主表》："赵国大长公主亦怜真,适君不花子赵忠烈王囊家台。"此事《阎碑》《刘碑》均未记载,故不知亦怜真是谁的女儿。"赵国大长公主"的封号,可能是应阿鲁秃之请与囊家台同时追谥的。

八　回纥 Uyiɣur

《诸公主表》："赵国大长公主回纥,适君不花弟赵康僖王乔邻察。"《阎碑》称："君不花……三子:曰囊加觲、曰丘邻察、曰安童。丘邻察尚宗王阿直吉女回鹘公主。国朝之制:凡宗室之女,皆称公主。"《刘碑》还说,他们还有一子,名"玉束忽都合"。

"乔邻察"即"丘邻察",据《阎碑》世系,他是君不花次子,不是弟。"阿直吉"即《元史》中常见的察合台后王"阿只吉",他是察合台长子木阿秃干之孙,不里之子。[2] 中统元年(1260)拥戴忽必烈为大汗,故继承了察合台在太原的分地。[3] 海都、笃哇之乱,他一直领兵镇守于合剌火州以西的畏兀儿地区,所以把女儿的名字也叫作回纥(回纥唐末以后译"回鹘",元译畏兀儿,即 Uyiɣur、Ui'ur 两种音读的不同的汉译)。[4]

1　亦怜真是一个藏名,意为"宝"。
2　《史集》,第 2 卷,90 页。《元史》卷一〇七《宗室世系表》作察合台之孙,合剌旭烈之子。
3　《元史》卷一四《世祖纪》,至元二十三年四月。
4　虞集《高昌王世勋碑》,《道园学古录》卷二四;《史集》,第 2 卷,185 页。

延祐间,丘邻察追封赵王,"皇祖姑"回纥追封为"赵王公主"。[1]

九 阿实秃忽鲁 Aši[q]tuqluq

十 叶绵干真 Ämägänǰin

《诸公主表》:"赵国大长公主阿失秃鲁,适爱不花子郐(忠)[惠]襄王尤忽难。"《阎碑》载:"今高唐王(尤忽难)尚宗王兀鲁䚟女叶绵干真公主,早卒,再尚宗王奈剌不花女阿实秃忽鲁公主。"说明尤忽难还有一位前妻叶绵干真。"兀鲁䚟",《刘碑》作"兀鲁歹",即《诸王表》之河间王兀古(鲁之误)带,《世祖纪》至元二年(1265)二月赐河间王印之兀鲁带,《宗室世系表》之忽鲁歹,乃成吉思汗第六子阔列坚的孙子。

"阿失秃鲁",《阎碑》《刘碑》和《德风堂碑》皆作"阿实秃忽鲁",其父"宗王奈剌不花",即《宗室世系表》之"乃剌忽不花(Nairaqubuqa)大王",是忽必烈弟阿里不哥之子。

《德风堂碑》称阿实秃忽鲁为齐国大长公主,这应该是尤忽难封高唐王时,所有的高唐王妃都追谥齐国大长公主之例,她也得到此封号。泰定初柳贯的赠谥制称她为"皇姑""封赵王公主"。《诸公主表》称"赵国大长公主"应是后来所加谥的。

---

[1] 柳贯《赵王封赠三代制》,《柳待制文集》卷七。

十一　速哥八剌 Suga-bala

《诸公主表》:"大长公主桑哥八剌适囊家台子赵王马札罕。"此外,我们只看到《德风堂碑》有记载,说马札罕"尚皇妹赵国大长公主速哥八剌"。而且说明,他是阿剌忽都(阿鲁秃)之子,不是囊家台之子。由此可知,马札罕娶的是"皇妹",不是一般宗王女。但不知是何人称她为"皇妹"。

《元史·英宗纪》至治元年(1321)八月,"赐公主速哥八剌钞五十万贯"。同年十月,"置赵王马札罕部钱粮总管府"。赐速哥八剌钞可能是因为成婚,马札罕也同时继位为赵王,接着又为他专设"秩正三品"的王府内的"钱粮总管府"。二年五月,"以公主速哥八剌为赵国大长公主"。闰五月"封公主速哥八剌乳母为顺国夫人"。这种殊遇,只能认为速哥八剌公主就是英宗本人的"皇妹"。

《英宗纪》"速哥八剌"的写法有《德风堂碑》为证,可以肯定是正确的,《公主表》作"桑哥八剌"应改为"速哥八剌"。[1]

十二　竹忽真 Juqu[r]jin[2]

孛要合第三子拙里不花,"子火思丹,尚宗王卜罗出女竹忽真公主"。

---

[1] 速哥八剌 Suga-bala 和桑哥八剌 Sangga-bala 都是来源于梵文的两个不同的人名,不能混用。

[2] 竹忽真应还原为 Juqurjin。元人称犹太人为尢忽(Juqur),Juqurjin 是 Juqur 的女性形容词。

"卜罗出",《元史》作"孛罗赤",是窝阔台第三子阔出之孙。[1] 1265年,孛罗赤代表阔出一系得到睢州的封地。[2]

据《刘碑》,火思丹同竹忽真公主共同生了一子,名长吉。

十三　奴伦 Nulun

爱不花第三子阿里八"尚宗王完泽女奴伦公主"。完泽是蒙哥之孙,玉龙答失之子,后封卫王。

十四　阿剌的纳八剌 Aradnabala [3]

《诸公主表·赵国公主位》一项在尤忽难之后,仅列马札罕妻速哥八剌公主,而把尤安、阿鲁秃等几任赵王所尚公主都遗漏了。尤安尚公主,《元史》本传就有记载:

〔至大〕三年,尤安袭赵王,尚晋王女阿剌的纳八剌公主。

武宗刚即位,就有"赐阿剌〔忒〕纳八剌钞万锭"的记载,可能这时已成婚。1309年,"封公主阿剌的纳八剌为赵国公主,驸马注安为赵

---

1 《元史》卷一〇七《宗室世系表》。
2 同上,卷六《世祖纪》,至元二年闰五月。
3 Aradnabala,梵文 Ratnapala 的蒙古语读法,意为宝护。

王"。[1] 由于尤安封赵王,于是她也有"赵国公主"的封号。[2]

真金长子,成宗之兄甘麻剌最先封晋王。大德六年(1212)其子也孙帖木儿袭封,即后来的泰定帝。《刘碑》称尤安"尚皇伯晋王女",碑文作于仁宗即位时,仁宗的皇伯为甘麻剌无疑。

《英宗纪》至治二年(1322)春正月载:"公主阿剌忒纳八剌下嫁,赐钞五十万贯。"陈垣认为:"是主安卒后,公主曾再嫁,亦足证明主安之早卒无子也。"[3]

泰定帝时,又追封"皇姊"阿剌的纳八剌为赵王公主。[4]

十五　吉剌实思 Bkra-šis[5]

赵王阿鲁秃,仅见于《元史·仁宗纪》和《诸王表》。据《德风堂碑》载:"赵王阿剌忽都,……尚赵国公主吉剌实思。"阿剌忽都即阿鲁秃,既尚主,也应称驸马,但不知吉剌实思是谁的女儿。

1　《元史》卷二二《武宗纪》,大德十一年秋七月;卷二三,至大二年三月。
2　《刘碑》以尤安封赵王及阿剌的纳八剌封赵国公主都在至大三年(1310),《元史》本传从之。《武宗纪》作"至大二年"不可靠。
3　Monumenta Serica(《华裔学志》),3卷1期(1938),253页(引文据陈垣先生原稿)。
4　柳贯《赵王封赠三代制》,《柳待制文集》卷七。
5　藏语名,意为吉祥。

十六　□难

《德风堂碑》载:"元统……,赵王(马札罕)继尚宗王晃兀帖木儿仲女□难公主。"晃兀帖木儿即《宗室世系表》之"并王晃火帖木儿",乃蒙哥第四子河平王昔里吉之子。延祐五年(1318)二月,封为嘉王。[1] 泰定二年(1325)六月,改封并王。[2]

可惜《德风堂碑》已剥脱,□难公主的全名无法恢复。碑中还说:"主天性聪明,懿德好善,崇敬三教。迄王马札罕薨,有女公主吉祥奴,世子八都帖木儿尚在襁褓之中。"即她曾生一子一女。

马札罕之弟怀都,《德风堂碑》称他为"驸马王",他也曾尚主无疑,怀都及以后诸王,可惜都毫无记载,只好付之阙如。

*　　　*　　　*　　　*　　　*　　　*

剌失笃丁虽然说成吉思汗家族有娶自汪古部的,但这种情况很少,作为大汗的皇后更是没有任何例子。这同"弘吉剌氏生女世以为后"[3]大不相同,也不似亦乞烈思、斡亦剌等部也有生女为后的例证。这一点,汪古部同畏兀儿等部贵族近似,即其首领可以尚主,但大汗并不娶他们的姑娘。究其原因,可能还是成吉思汗家族只限于娶属于蒙古系统的世婚之家女子,他们把汪古看成是色目,所以不娶这部的女子为后。虽然如此,汪古部出身的女子成为王妃的也还是有的。

1　《元史·诸王表》作延祐四年,此从《仁宗纪》。
2　《元史》卷二九《泰定帝纪》;卷一〇八《诸王表》。
3　同上,卷一一八《特薛禅传》。

一　海迷失 Qaimiš

剌失笃丁说:"阿儿浑的母亲海迷失哈敦是汪古惕部人。"阿儿浑是旭烈兀之孙,阿八哈之子。阿八哈和阿鲁浑虽然都曾在伊利兀鲁思为汗,但海迷失是阿八哈之妾,故称她为"海迷失·额格赤"。[1] 她在汉文资料中没有记载,不知是何人之女。

二　必札匣

《阎碑》载:"武襄(爱不花)女三人:必札匣,为皇兄晋王妃。"[2]《阎碑》作于成宗时,成宗的皇兄晋王就是甘麻剌。甘麻剌子即泰定帝。《泰定帝纪》至治三年(1323)十二月,泰定帝追谥甘麻剌庙号显宗,"皇妣晋王妃曰宣懿淑圣皇后"。据《后妃列传》载:"宣懿淑圣皇后,名普颜怯里迷失,弘吉剌氏,显宗居晋邸,纳为元妃,生泰定帝。"可见泰定帝生母,甘剌麻的元妃不是汪古部的必札匣。《后妃表·显宗》项内,除了普颜怯里迷失,还有拜拜海、忽上海二妃子,也不见必札匣之名,可见必札匣是甘麻剌许多妃子之一。

---

[1] 《史集》,第1卷第1分册,141页。
[2] 原文是:"武襄(爱不花)……生四子,……女三人,……。""女三人"一段在爱不花第四子尤忽难之后,韩百诗分段错误,以为是尤忽难有"女三人"。见前引韩百诗书,15页。

三　叶里弯 Ärä'öl

《阎碑》载:爱不花次女"叶里弯为宗王按摊不花妃"。按摊不花是忽必烈第三子忙哥剌次子。据《世祖纪》载:"先是皇子忙哥剌封安西王,统河西、土番、四川诸处,置王相府,后封秦王,绾二金印。今嗣王安难答仍袭安西王印,弟按摊不花别用秦王印,……。"[1] 故按摊不花称为秦王。萧㪺作《秦王妃祠堂记》,曾谈到叶里弯的事迹:

> 妃讳伊啰斡,姓吉噜氏,唐朱邪之后。乃祖叶赞圣朝,抚宁中夏,以勋公分土,食静安诸城,联姻天家。孙阿尔布哈尚世祖皇帝公主,封高唐郡王,妃之考也。今嗣封郇王,妃之弟也。宸眷以妃配皇孙秦王。王之国,不幸蚤薨。妃……又不幸薨于大德丙午(1306)秋。[2]

可惜这段引文经乾隆时的四库馆臣胡乱窜改了译名,使我们无法窥其原貌。从史实判断,"伊啰斡"就是叶里弯,"阿尔布哈"就是爱不花,"嗣封郇王"就是尤忽难,"皇孙秦王"就是按摊不花。但何以把汪古改成"吉噜氏",实在不得其解。叶里弯因何"不幸薨",《祠堂记》未说明。此事在《元史·成宗纪》有记载:"大德十年八月壬寅,开成路地震,王宫及官民庐舍皆坏,压死故秦王妃也里完等五千余人。"开成路是秦王夏宫所在,也里完即叶里弯的异译。

也里完之名,也见于河南新安县的石刻《安西王令旨碑》,内容是

1　《元史》卷一四《世祖纪》,至元二十四年十一月丁酉。
2　《勤斋集》(四库全书本)卷一。

元贞元年(1295)三月初八日,王府"中常侍忙兀歹敬奉也力完妃子懿旨",欲往"河南新安县烂柯山仙洞",向"安西王哥哥根底启者"。[1] 也力完即也里完,译音仅一字之差,应是秦王按摊不花妃通用的译名。按摊不花已"蚤薨",她欲往烂柯山求仙,故向王兄安西王阿难答启禀。

伯希和说:"Pognon 曾在叙利亚看见一本 1298 年为 Sarah 所写的叙利亚文福音书,这个 Sarah 土名叫做 Ärä'öl,她是汪古部基督教王阔里吉思之妹。"[2] 经他考定,这就是《阎碑》中的叶里弯。

四 忽都鲁 Qudulu[q]

《阎碑》:爱不花第三女名"忽都鲁,为河间王也不干妃"。也不干是河间王兀鲁歹之子,尤忽难前妻叶绵干真就是兀鲁歹之女,与忽都鲁互为姑嫂。汪古部与河间王虽然是至亲,但阔里吉思至元二十四年(1287)首次参加出征叛王,也就是讨伐这位河间王也不干。

附录:八咂实里

《德风堂碑》载:"马札罕……尚皇妹赵国大长公主速哥八剌生一女八咂实里公主□□郯王之子也。"中有二字不清,可能是说马札罕又娶八咂实里公主,生女,嫁给郯王之子,或公主之夫为郯王之子。

---

1 《(民国)新安县志》卷一四《金石》。
2 伯希和《唐元时代中亚及东亚之基督教徒》,《西域南海史地考证译丛》,61 页。

《文宗纪》载:至顺二年(1331)二月,"改封武宁王彻彻秃为郯王,赐以金印"。就是这位郯王。彻彻秃又作阇阇秃或薛彻秃,是卫王完泽(阿里八妻奴伦公主即其女)之子。《德风堂碑》不见郯王之子的名字,《宗室世系表》也不列,无从查考。

法国人韩百诗曾作《汪古部王族及其与成吉思汗系的姻亲关系》表,非常明晰而有条理,现将有关材料稍加补充修订,列表如下,以供参考。

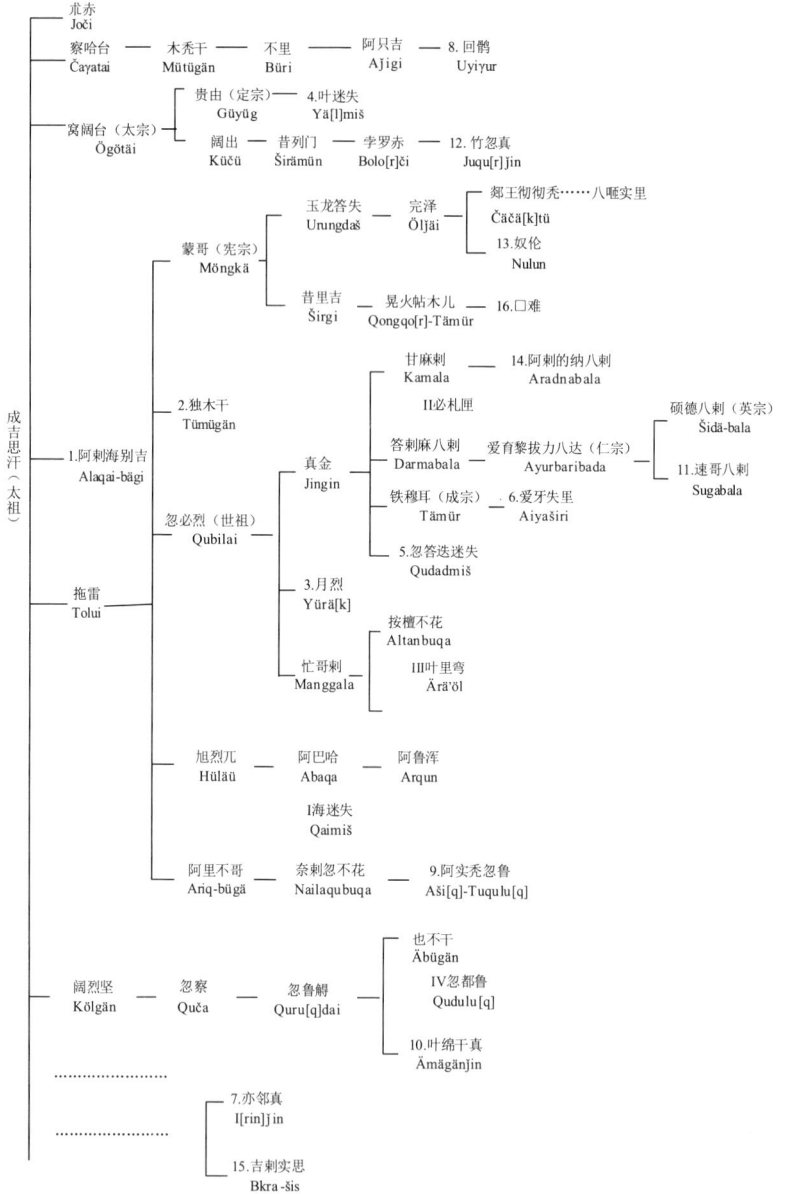

联姻表	┌ 阿剌兀思剔吉忽里 ……………………………………………………┐	
	不颜昔班 ………………………………………………………………… ├─ 尚1 阿剌海别吉	
	镇国 ……………………………………………………………………… │	
	孛要合 …………………………………………………………………… ┘	
	聂古觩 …………………………………………………………………… 尚2 独木干	
	爱不花 …………………………………………………………………… 尚3 月烈	
	君不花 …………………………………………………………………… 尚4 叶里迷失	
	阔里吉思 ………………………………………………………………… ┌ 尚5 忽答迭迷失	
		└ 尚6 爱牙失里
	囊加觩 …………………………………………………………………… 尚7 亦怜真	
	邱邻察 …………………………………………………………………… 尚8 回鹘	
	尤忽难 …………………………………………………………………… ┌ 尚9 阿实秃忽鲁	
		└ 尚10 叶绵干真
	马札罕 …………………………………………………………………… 尚11 速哥八剌	
	火思丹 …………………………………………………………………… 尚12 竹忽真	
	阿里八觩 ………………………………………………………………… 尚13 奴伦	
	尤安 ……………………………………………………………………… 尚14 阿剌的纳八剌	
	阿剌忽都 ………………………………………………………………… 尚15 吉剌实思	
└ 马札罕 …………………………………………………………………… 尚16 □难		

(原载《文史》第12辑,中华书局,1981年)

汪古部的领地及其统治制度
——汪古部事辑之五

成吉思汗统一蒙古各部以后,封"同开国有功"的功臣、驸马共九十五千户,又将兀鲁思(百姓)分配给自己的母亲、诸弟和三个儿子。[1] 因此,从蒙古国初建的时候起,就产生了一批由宗王、驸马、万户、千户组成的大小领主。大汗同各分地领主是主君和藩臣的关系,与实行郡县制的中原地区中央和地方的关系迥然不同。宗王和驸马各有自己的兀鲁思(原义为百姓,衍义为分地、封国)和农土(地域),在分地内具有充分的统治权力,元代文献常把他们比拟为周代的诸侯,又称之为投下。他们是分地终身的统治者,而且由子孙世袭。分地内的属民被看成是领主的私产,他们要向领主缴纳贡赋和服劳役。为了管理分地内的属民,领主可自设各种统治机构和任命官吏。

蒙古统治者灭金、平南宋以后,也先后将这种制度推衍到中原。虽然,他们为了适应中原地区原有的统治方式,为了加强大汗权力的统一和集中,也逐渐作了一些改变。可是,由于蒙古贵族在国家事务

---

[1] 《元朝秘史》,202、239、242~244、255 节。

中有决定性的影响,所以从元朝建立直至灭亡,始终只能削弱而不能废除这种制度。

一 汪古部领主的家族统治

从阿剌兀思惕吉忽里归降蒙古的时候起,成吉思汗确认他在汪古部的领主地位,并让其子孙世袭,世世代代享有尚公主、封王的殊遇,统治今内蒙古西部部分地区长达一百六十余年。

《阎碑》和《元史·阿剌兀思惕吉忽里传》说:他是"汪古部人,……世为部长"。这说明在成吉思汗以前,他的祖先早已就是世袭的部落首领了。根据《新五代史》等书的记载,唐末以来,鞑靼有"别部"散居于振武、天德军以北的阴山地区,这是汪古部的祖先定居于这里的最早记录,并且提到了"每相温、于越相温"两个部落首领的名字。在《辽史·天祚帝纪》中,初次出现了"白达达"这个名称,还提到他的首领叫"详稳床古儿"。"相温"和"详稳"都来源于汉语的"相公"一词,为契丹及其影响下的北方各部所借用,或作为官衔,或作为贵族首领表明自己身份的称呼。因此,每相温、于越相温和详稳床古儿以及其他未见记载的"部长",可以认为是阿剌兀思的祖先。也就是说,汪古部统治家族在本部的统治于降附蒙古以前还可以上溯三百年。

金章宗承安年间(1196—1200),由于蒙古已在漠南西部造成边患,所以又在净州以北增修新长城。汪古部处在扼守边防的重地,其首领摄叔、阿剌兀思兄弟相继得到北平王的尊号,地位更加提高了。

回鹘、黠戛斯败亡以后,漠北各部处于分裂状态,相互攻劫,聚散无常。汪古部则有所不同,他们是唐、后唐、辽、金等王朝的臣民。这些王朝承认汪古"部长"的统治权力,辽、金时还授予详稳北平王的爵位,因而保证了他们的世袭统治的稳定。可是,在汪古部的社会内部,并没有中原地区那种以地主经济为基础的封建制度,照蒙古文文献的记录,它内部分成三十一个农土(《蒙古源流》译鄂托克)。[1] 据《史集》和《元朝秘史》的记载,它内部分为四或五个千户,《史集》还指出阿剌兀思和镇国同时是千户长,说明汪古部是由若干农土和千户构成的,由一个显贵家族分享各部的统治权。

在重大问题上,似乎要通过部落贵族共同商量才能决定。如乃蛮遣使约汪古部一起征伐蒙古,阿剌兀思反而将此消息报告给成吉思汗,当时就有"部众"提出"异议"。他"不从"众议,反而降附蒙古去打乃蛮,后来终于为"畴昔异议所害",可见部落贵族的力量很大,部长并没有绝对的独裁权力。摄叔、阿剌兀思兄弟及阿剌兀思、镇国叔侄交替出任部长而不能顺利传位于子,可能正是这个缘故。部长亲族同时是千户或农土的首领,因而也各有自己的部众和支持者,所以常发生内部因争权而相互残杀的惨剧。[2] 因此可以说,在辽、金时期,汪古部只不过是一个显贵家族分别统治下的部落联合体。

阿剌兀思降附蒙古以后,汪古部被纳入以千户制为基础的蒙古国中。成吉思汗承认他为汪古部五千户的首脑,并将自己的女儿许配给他,从而取得阿剌兀思古列坚(驸马)的光荣称号。从此,阿剌兀思家族对汪古部人民的统治更加稳固了,并且世世代代同成吉思汗家族联姻。作为皇室的驸马,他们可以参与全国的军政大事,有权分

---

[1] *Eine Urga-handschrift des mongolischen Geschichtswerks von Sečen Sagang*, Berlin, 1955, p. 29;*Altan Tobči*,乌兰巴托,1937 年,下册,25 页;C. R. Bawden, *The Mongol Chronicle Altan Tobči*, Wiesbaden,1955,蒙古原文 48 页,英译文 132 页。

[2] 以上可参考《汪古部统治家族》,《文史》第 9 辑。

享征服战争的胜利果实和皇帝的赏赐。成宗、武宗时期,汪古部主被封为高唐王,又晋封郈王、赵王,与皇室并列为最高的王爵。

阿剌兀思的子孙世袭统治汪古部直到元亡,从未间断。一般由父传子;子幼,则常由其弟继承,然后再传位于其兄之子或己子。由于继承人须得大汗认可,所以在继承问题上不致引起内讧。有时,也存在夫死寡妻摄政的情况。阿剌兀思和不颜昔班死后,阿剌海公主曾"领白鞑靼国事"。聂古觲死后,独木干公主也曾主事,故有"权倾朝野,威震一方"之誉。

汪古部部长或王只能由一人继承,由皇帝颁印封王的继承人是部内最高统治者。但其亲族仍可分得部分属民和分地。如阿剌兀思是汪古部之主,其侄镇国仍有自己的一个千户。以后阿剌兀思、孛要合一系主持汪古部事,而镇国之子聂古觲"亦封北平王",其妻独木干公主也可以独立行使权力,而且他俩及其子孙还单独分得自己的五户丝户和江南户钞。孛要合次子爱不花继承父位,据《马儿·牙八剌哈三世》一书的描述,似乎其长子君不花也在同主汪古部事,自然他也会有自己的属民。孛要合第三子拙里不花"镇云南",当然也会有一部分汪古部民属于他,随去云南。其子不邻纳曾一度出任赵王,可见拙里不花一系也是汪古部内的领主之一。由此可见,汪古部内部也是由若干大小领地和领主组成的,部内的百姓和贡赋属阿剌兀思家族所有,而部长或赵王的世袭继承人则是这个家族行使统治权力的最高代表。

汪古部的领地和属民,随着蒙古军征服地区的扩大而扩充发展起来。成吉思汗侵入金境,汪古部五千户推进到界墙以南,尽有"天山(今大青山)以北"的土地,并在伐金过程中掠得许多驱口为属民。灭金以后,公主位下分得华北的五户丝户。平江南后,又拨给江南户钞。成宗以后汪古部主被封为王，为了便于王府对其属民的统治，又设置了王傅府和其他各种管理机构，形成了一套完整的封建领地的统治制度。

二 汪古部的基本领地

据《阎碑》所载，金朝"堑山为界，以限南北，忠武王(阿剌兀思)一军扼其冲"。接着又说："天兵下中原，忠武为向导，南出界垣。"后不颜昔班被杀，王妃阿里黑等"夜遁至界垣，门已闭，诉于守者，缒垣以登"。可见汪古部并非扼守界垣的关卡城堡，而是驻于界墙之外。1211年，蒙古大举侵金，汪古部领主向导蒙古军南下，金西京以北土地不能守，大概在这时其部众乃扩展到天山以北广大地区，逐渐形成了他们的基本领地。

元代文人陈旅曾经指出："天山以北，皋陆衍迤，联亘乎大漠，赵王之封国在焉。"[1] 天山指今大青山，即说明汪古部的基本领地在大青山以北地区。萧㪺称爱不花之女叶里弯"乃祖叶赞圣朝，抚定中夏，以勋公分土，食静安诸城"。[2] 至元八年(1271)的文书中记载说，蒙哥汗壬子年(1252)籍查"爱不花驸马位下人户"时，计有"砂井、集宁、静州、按打堡子四处"。[3] 具体指明了所辖四处领地的地名。《德风堂碑》明确说，赵王王傅府下辖"德宁、砂井、净州、集宁等路"。《元史·文宗纪》也有"赵王不鲁纳食邑沙、净、德宁等处"的记载。

1　陈旅《赠沙井徐判官诗序》，《陈众仲文集》(北京图书馆藏元至正刊本)卷四。
2　《勤斋集》(台湾影印四库全书珍本)卷一《秦王妃祠堂记》。
3　《通制条格》卷二；《元典章》卷一七。

以上地名,在《元史》卷五八《地理志》中书省直辖的各路中,可以查到以下四处:"德宁路,下。领县一:德宁,下。""净州路,下。领县一:天山,下。""集宁路,下。领县一:集宁,下。""砂井总管府,领县一:砂井。"《元史》编者在砂井总管府之后说明:"以上七路、一府、八县皆阙。"这意味着其地理沿革、户口等在《元一统志》《经世大典》等原始资料中没有记载,所以无法说明。这是因为以上路府县都是漠南各投下的分地,元朝政府只不过将这些地方按全国统一的制度改成相应的行政建置,而内部仍由领主自治,所以仅列其名。

综合金元记载,以上四处的建置沿革还是可考的。在《金史·地理志》中,已经有净州、天山县和集宁县的建置,统属西京路管辖:"净州,下,刺史。大定十八年(1178)以天山县升,为丰州支郡……。北至界八十里。县一:天山,旧为榷场,大定十八年置,为倚郭。""抚州,……县四:……集宁,明昌三年(1192)以春市场置,北至界二百七十里。"可见,净州、天山县和集宁县是元朝沿袭金的建置并加以改升。沙井金代没有建置,但成吉思汗和窝阔台时期的记载中常出现沙井这个地名,恐怕在金代它已是一个重要地点了,耶律楚材于1227年曾经路过沙井并写了两首与友人唱和的诗。[1] 另外还有七首诗也是与同一人唱和的。[2] 他把沙井又称为沙城,并且常把沙城和天山联系在一起,可知这沙井或沙城就是元代净州路附近的砂井总管府。1232至1236年,宋人彭大雅、徐霆曾先后出使蒙古,回来记其旅行见闻时说:"出沙井,则四望平旷,荒芜际天。"又在沙井之下注明:"天山县

---

[1] 《湛然居士文集》卷二《丁亥过沙井和移剌子春韵二首》。
[2] 同上,卷三《和移剌子春见寄》五首;卷四《寄沙井刘(移剌)子春》;卷一〇《寄移剌子春》。

〔北〕八十里。"¹ 前引《金史·地理志》说净州"北至界八十里"。天山县即净州倚郭县,可见净州至北界要道上有沙井或沙城,距离是八十里。金末砂井应是标志边界的城堡。中统初,砂井是通往漠北的重要驿站和粮食的"军储"所。² 至元二十三年(1286)的一个文件提到沙井有"榷场仓官"。³

净州、集宁、砂井何时设路、县,史无明文。《元史·仁宗纪》延祐三年(1316)十一月有"增集宁、砂井、净州路同知、府判、提控案牍各一员"的记载,说明这年以前,这三处已有路总管府的建置。

集宁路故城在察哈尔右翼前旗巴彦塔拉公社土城子,城内现有集宁路《大成至圣文宣王庙学碑》(以下简称《集宁碑》)可证。碑上有集宁总管府达鲁花赤、总管和同知的题名。碑是皇庆元年(1312)正月刻石,可知在这年以前已有路的建置。⁴

净州路故城在四子王旗吉生太公社城卜子村,城西南有文庙建筑遗迹,原有《大元加封宣圣碑记》一方,碑上刻"净州路总管府","大德十一年七月二十一日立"等字,可知这年以前净州已升为路。⁵

城卜子村在锡拉木伦河畔,顺流往北八十里是红格尔公社所在地的大庙,庙西南有古城废墟,与"天山县北八十里"的记载完全符合,可肯定为砂井故城无疑。城以北数里有界墙遗迹,登墙北眺,也的确是一幅"四望平旷,荒芜际天"的景色。

《元史·地理志》中的德宁路最早见于《仁宗纪》,在延祐五年

1　《黑鞑事略笺证》。
2　《元史》卷四《世祖纪》,中统元年六月戊戌。
3　《永乐大典》卷一一五九八《经世大典·市籴粮草》。
4　《集宁县志》卷四;张驭寰《元集宁路故城与建筑遗物》,《考古》1962年第11期。
5　《归绥县志·金石志》;郑隆《元代净州路古城调查》,《考古通讯》1957年1月。

(1318)的三月庚午日载:"改静安路为德宁路,静安县为德宁县。"由此可知萧㪺所说的"食静安诸城"即指后来改名的德宁诸城。姚燧在至大三年(1310)写的《河内李氏先德碣》称:"郐王世居静安,黑水之阳。"前文已说明,郐王即汪古部主朮安,当年又改封赵王,可见静安是汪古王族世居之地,也就是王府所在。在此以前,《成宗纪》载,大德九年(1305)秋七月,"以黑水新城为静安路"。综合上述记载,可知姚燧、萧㪺所说的静安,是在1305年以新城定名并正式设路的,到1318年又改称为德宁路。虽然阿剌兀思以来汪古首领就世代居住在这里,可能在元初才建设城池,所以称为新城。新城在至元二十年(1283)夏四月和二十五年秋七月两见于《元史·世祖纪》。《经世大典·站赤》至元二十六年下和王恽关于《振武屯田》的意见中,都提到了新城。[1] 正如《元史》列举"赵王不鲁纳食邑"德宁等路时一样,是把新城同砂井、净州连在一起的。

在前引至元八年(1271)的元代文书中,汪古部主的领地有砂井、集宁、净州和按打堡子四处。往后的记载仍有前三处,但再不见按打堡子之名,而只有新城、静安或德宁。我们已经知道后三者是一地的先后更名,因此也有理由推断新城是在按打堡子的基础上兴建起来的,"按打"在《元朝秘史》中作"安答",是蒙古语的不同音译,乃契交好友的意思,故《阎碑》称:成吉思汗与阿剌兀思家族"约世婚、交友之好,号按达—忽答(anda-quda)"。按打堡子大概是金代的边堡,由于它是阿剌兀思等人的驻地,所以加上"按打"这个名称。

1927年以来,陆续有国内外学者调查了百灵庙西北七十里的鄂伦苏木古城,发现了城内的《王傅德风堂碑记》。这碑是为颂扬赵王

---

[1]　《永乐大典》卷一九四一八;《秋涧先生大全文集》卷九《便民三十五事》。

王傅而立在王傅府内厅堂正中的。王傅府等于皇帝的相府,当然它只能设在王府所在之地,可见此城中央的宏大建筑遗迹就是当年的赵王府,进而可以肯定汪古部主世居的按打堡子、新城、静安、德宁就是这个古城。此城是净州和砂井以西唯一古城,在元代文献中又常常一起并提,完全符合陈旅"天山之北,……赵王之封国在焉"的说法。

静安、德宁之今地得以肯定,附带也解决了中外史学界长期聚讼未决的一大疑案,即耶律大石西征途中所经的黑水何所指的问题。《辽史·天祚帝纪》附录载:

> 大石……自立为王,率铁骑二百宵遁。北行三日,过黑水。见白达达详稳床古儿。

俄国人布润珠和日本人松井等认为,这个黑水就是额济纳河。[1] 因为"额济纳"即唐兀语黑水的意思,当时的文献就叫作黑水。可是,黑水在当时西夏国境内的西北,远在东方的辽人怎么能三天内跑到那里呢? 根据《辽史·天祚帝纪》的记载,耶律大石出发前,认为天祚帝已"自云中而播迁夹山",退处一隅,反对他"再谋出兵,复收燕云"。可见大石是从夹山出发北走的,随后天祚帝也"主诸军出夹山"。《金史·地理志》云内州倚郭柔服县下提到:夹山在城北六十里。云内州和柔服县城址就是今托克托县北部古城公社北白塔村的古城,此城正北六十里,正是枪盘河自大青山流出的一段。可能是因为这里南

---

[1] 《据东亚史料之中世纪研究》(E. V. Bretschneider, *Mediaeval Researches from Eastern Asiatic Sources*), Vol.1, 159 页, 注 428;212 页, 注 544。《契丹可敦城考》,《满鲜历史地理研究报告》第 1 卷。

北数十里山势是夹枪盘河而立,所以称为夹山。由此北行三日,当然只能在大青山后,所以,羽田亨认为,黑水就是由"茂明安部流入乌喇忒,注于黄河"的喀喇木伦河。[1] 这河汉名就叫黑河,与蒙古名喀喇木伦同一意思。[2] 后来,箭内亘、[3] 岑仲勉、[4] 梁园东[5] 等学者都同意这个结论。箭内亘和岑仲勉甚至已注意到上引两条有关元代黑水的史料,揭示出新城即静安、德宁,进而肯定此黑水即《辽史》中的黑水。

可是,他们考定黑水即喀喇木伦只是从清代地名中选同义者加以比附,而德宁是路治和王府所在,必须在当地找到城址作为实证,何况喀喇木伦不在夹山以北,失之偏西。既然鄂伦苏木古城因有碑文和建筑遗迹可证明是汪古王傅府和王府所在的"黑水新城"(静安或德宁),不言而喻,黑水只能在此城附近了。姚燧说静安在"黑水之阳"(水北为阳),鄂伦苏木古城南面正好有艾不盖河流过,折向北流,无疑这就是元代文献中的黑水。作为"世居"之地,上推至辽末白达达详稳床古儿所居之黑水,自然也可肯定是艾不盖河。从夹山到这里,方向和距离都符合《辽史》"北行三日"的记载。

黑水何以后来改称为艾不盖河,很可能是以汪古部主爱不花的名字命名,因为爱不花和艾不盖在蒙古语中写法是一样的,只不过采取了强、弱不同的读音而已。事实上,此河在清代文献中就叫爱布哈河。[6]

---

1 羽田亨《西辽建国之始末及其年纪》,《羽田博士史学论文集》上集。
2 乾隆修《大清一统志》卷三四八。
3 《蒙古史研究》(昭和五年版),《鞑靼考·附录可敦城考》,568~569 页;《元代的东蒙古》,644 页。又见陈捷等译《兀良哈及鞑靼考》,42 页;《元代经略东北考》,58 页。
4 《元初西北五城之地理的考古》,《中外史地考证》,533~534 页。
5 《西辽史》,16 页,译注十。
6 《钦定大清会典图》卷一三一,图及说明;《蒙古游牧记》卷五,"茂明安"条。

三　领地的统治制度——王傅府及其他管理机构

德宁、净州、砂井、集宁等地在蒙古南下后即成为汪古领主的基本领地,作为大汗的公主和驸马,他们可以在自己的领地行使充分的权力。成宗以后,这四处已按全国统一的行政区划设路和县,但它和中央集权制的专制王朝下属的一般地方政府不同,内部还有另一套代表驸马行使职权的统治制度和管理机构。

成吉思汗统一蒙古时,国家机器比较简单。部落时代聚集在军事首领周围的那可儿发展成庞大的怯薛军,平时轮番宿卫,部分怯薛执事官参与处理国务。宗王也照样建立了自己的宿卫,[1] 从中也产生扎鲁忽赤、[2] 必阇赤、[3] 宝儿赤[4] 等处理王府事务的官员。汉族文人则按自己的理解和历代官制,加以王傅、[5] 断事官、[6] 司马[7] 等官称。

忽必烈采用汉法,实行中原王朝的官制。接着又陆续封其皇子

---

1 《元史》卷一二九《阿剌罕传》:"父也柳干,幼隶皇子岳里吉为卫士长。"卷一三四《铁连传》:"早岁宿卫〔拔都〕王府。"卷一二五《忽辛传》:"豪民规避徭役,往往投充王府宿卫。"卷一三《世祖纪》至元二十一年六月下提到皇子爱牙赤、南木合都有怯薛带。

2 同上,卷一二〇《亦力撒合传》:"祖曲也怯祖,……属皇子察合台为扎鲁火赤。"

3 同上,卷一三四《昔班传》:"事世祖潜邸,长必阇赤。"

4 同上,卷一三三《失里伯传》:"祖怯古里秃,……又隶诸王术赤台,领宝儿赤……"

5 同上,卷一三四《撒吉思传》:"初为太祖弟斡真必阇赤,领王傅。"

6 同上,卷一二一《博罗欢传》:"时诸侯王及十功臣各有断事官,博罗欢年十六,为本部断事官。"卷一二四《忙哥撒儿传》:"宪宗在藩邸,……使治藩邸之分民……乃以为断事官之长。"而后文引宪宗诏则称为"札鲁忽赤,治朕皇考受民"。

7 同上,卷一三三《孛兰奚传》:"太宗……即命为千户。寻以为齐王府司马。"武宗时始封哈撒儿曾孙八不沙为齐王,司马是设王傅府以后才有的官职。显然这是把宿卫中某一职务译成司马。

和宗室为王,并按朝廷规定的制度让王府设置自己的管理机构和官属。如至元四年(1277),封皇子忽哥赤为云南王,设王傅府兼大理等处行六部事,王傅府设王傅、府尉、司马等官职。[1] 至元九年,封皇子忙哥剌为安西王,镇关中。次年,设王相府。[2] "其大如军旅之振治,爵赏之予夺,威刑之宽猛,承制行之,自余商贾之征,农亩之赋,山泽之产,盐铁之利,不入王府,悉邸自有"。[3] 这就是说,诸王在辖地内拥有处理军事、行政、司法的全权,财政上的各项收入,并不供王府所辖地方的行政开支,而是全部归安西王宫廷的奢侈性消费。至元二十四年(1287),皇子北安王也置王傅府,"凡军需及本位诸事,并以王傅领之"。[4] 成宗以后,蒙古各支宗室、驸马都被封王和设置王傅府,其事权虽有差别,但一般都具有类似的性质。

汪古部领主在被封王和置王府以前,其官衔和官属的情况很少记载。《阎碑》记述阔里吉思被笃哇俘虏后,成宗"欲遣使要索,未得其人。王府莅臣曰阿昔思,往在戎阵,尝济王于险,众推其可用,乃遣使敌"。《史集》在相应地方提到:"遣使"笃哇的这几个人,或称为那可儿,或称为异密(阿拉伯语,相当蒙古语的那颜,汉译官人)。[5] "莅臣""那可儿"和"那颜"都是指王府官员,但都没有特定的官称。为阎复写碑提供事状的汉人王元举,被抽象地称为"府属",没有官称。介绍李惟忠于汪古王府的罗忠国,官衔是"王府郎中",[6] 这恐怕不是元朝法定的官职。

---

1 《元史》卷六《世祖纪》,至元四年八月丁丑、九月戊申。
2 同上,卷七《世祖纪》,至元九月冬十月丙戌朔;《元朝名臣事略》卷一一《参政商文定公》。
3 姚燧《延釐寺碑》,《元文类》卷二二。
4 《元史》卷一四《世祖纪》,至元二十四年十二月甲子。
5 《史集》,第2卷,211页。
6 姚燧《河内李氏先德碣铭》,《元文类》卷五五。

至元三十一年(1294),成宗即位,封阔里吉思为高唐王,以后由尤忽难袭爵。至大元年(1308),尤忽难由高唐王进封郕王,据《德风堂碑》记载,就在这年设立了王傅府:

> 自至大元年,始立王傅府事,奉王□颁银印,给虎符……俱备。王傅府后乃为赵国之纲领,以下德宁、砂井、净州、集宁等路及断事官,所辖总计壹佰……拾……属焉。

两年以后,尤安进封赵王,故碑中说王傅府后乃为赵国之纲领,也就是赵王领地内的大小事务,都由王傅府总其成的意思。王傅府的主要官员,《元史》卷八九《百官志》有如下记载:

> 诸王傅官　宽彻不花太子至齐王位下,凡四十五王,每位下各设王傅、傅尉、司马三员。傅尉唯宽彻不花、也不干、斡罗温〔孙〕三王有之。自此以下,皆称府尉,(别)〔列〕于王傅之下,司马之上。而三员并设又多寡不同,或少至一员,或多至三员者。

从零星收集到的史料看,赵王王傅府属于以上规定官员设置最全的。至大四年(1311)刘敏中写的《驸马赵王先德加封碑》记录有王傅脱欢、尤忽难二人。至正七年(1347)所立的《王傅德风堂碑记》,主题颂扬赵王的王傅,可惜这部分文字没能保存下来。《晋王影堂碑》是至正十五年(1355)所立,碑后列名者有:朝列大夫降虎符王傅□□□,朝列大夫□□□□□王傅佛家奴,嘉议大夫□□府王傅审伯,一共三人,符合"多至三员"的原则。按元朝的制度,王傅一般是正三品的内任官。[1]《德风堂碑》载,赵王王傅由朝廷颁发银印、虎符,有自己的印信和衙门。王傅是王傅府的主管官员,也是王的辅弼和监护人。英宗时曾发生宗王不法的事件,皇上并不处罚宗王本人,而是"命宗王府及近侍杂治其傅"。[2]

府尉在《刘碑》中提到有迭迭哥、撒里黑思、也不干三人,《影堂碑》列名有"武略将军降虎符□府尉和□、奉直大夫降虎符□府□完者、……□府尉刺□"三人,这也符合"多至三员"之数。《德风堂碑》残存部分有府尉二人。前者名字缺漏;后者名八十,《德风堂碑》称他"明经通史,身修家齐,国之桢干,……忠显,御众以宽,临下以简,王旦之流也"。按元朝的一般规定,王府尉是正四品的内任官,职责当是协助王傅办事。

司马只有《刘碑》记下阿昔思、忽都不花二人的名字。《德风堂碑》提到过一个司马,但下文全缺。前述的"王府荩臣阿昔思",无疑就是"司马阿昔思"。《阎碑》还说阿昔思"往在戎阵",是个军人;太宗时孛兰奚由千户长曾改任齐王司马。可见司马多由王府的亲信"荩臣"担任,是负责军事方面的官职。按元朝的一般规定,司马是正五品的内任官。

王傅府下辖什么机构,《元史·百官志》未载,但记载了晋王内史府的下属机构。内史府即由王傅府改名,其下"分置官属"有延庆司、断事官、典军司。其中:"断事官,秩正三品。理王府词讼之事。断事官一十六员,正三品;经历、知事各一员,令史三人。"赵王府不见有延庆司、典军司的记载,但《刘碑》中却有断事官也先、昔班、竹忽真、马

---

[1] 《元典章》卷七《官制·内外文武官职》。以下府尉、司马品秩皆见此条。
[2] 《元史》卷二八《英宗纪》,至治三年七月丙辰。

黑阿塔的、帖木儿一串名字，与《德风堂碑》称王傅府"以下"有断事官的记载相合。札鲁忽赤或断事官是各领地从来就有的官员，姚燧说："诸侯王与十功臣既有土地人民，凡事干其城者，各遣断事官自司，听直于朝。"[1] 至大四年（1311）曾有诏："罢诸王断事官，其蒙古人犯盗诈者，命所隶千户鞫问。"[2] 可见下诏前断事官各王府都有。其职责是负责"蒙古人犯盗诈"之事，与"理王府词讼"是一个意思。赵王府上列断事官无汉人名，博罗欢以忙兀部始祖之曾孙"为本部断事官"。[3] 可见断事官应由领主家族或亲信担任。晋王内史府品秩比一般王傅府高（内史正二品，王傅正三品），所以断事官也提高到正三品，与中尉（相当府尉）品秩一样。如此类推，赵王府的断事官应是正四品官，地位仅次于王傅，高于司马。

《刘碑》有"经历"这个官职，一名撒里蛮，一名吕珪。《德风堂碑》上也有"幕官经历亚职列实理""经历瞿□敬"。这碑的开头又出现两个官职，一个是"篆额"人王傅都事刘德彰，一个是"书丹"人提控案牍侯彦礼。经历、都事（或作知事）、提控案牍是元朝各种衙署常设的官吏，他们可能是王傅府的僚属（如王傅都事即明确了所属关系），也可能是断事官的僚属，因为内史府断事官之下就有经历、知事（等于都事）各一员。

《刘碑》中还有典食司长官那合，《李氏先德碣》说李惟恭任"长史兼经历典食司"，可见王府还有典食司这个机构。典食司可能同晋王内史府下属的典军司一样，也是王傅府的下属机构，相当于蒙古语的宝儿赤。"经历典食司"当即典食司经历之意，是长官的助手。

1　《平章政事忙兀公神道碑》，《元文类》卷五九。
2　《元史》卷二四《仁宗纪》，至大四年冬十月辛卯。
3　同上，卷一二一《博罗欢传》。

王府还有一种专司文字的官,如《阎碑》提到的"府属王元举",就曾草拟过高唐王"先世勋德"的事状。尤忽难就是派他到京师,"列其事以闻",然后由阎复写成碑文的。以后从事这种工作的官就称为"王府文学"。刘敏中奉诏写《驸马赵王先德加封碑铭》,就是根据文学张益提供的事状写成的。这碑中提到当时担任王府文学的有范郁、张益两人。《集宁碑》篆额人之一张禄,官衔是"王傅文学"。《德风堂碑》可辨识出"文学黑台"的名字。文学大概相当于蒙古语"主文史"的必阇赤。

《刘碑》中还提到常侍脱因忽里,这是不常见的官职。《元史·世祖纪》载:至元三十年(1293)正月,"安西王请仍旧设常侍,不允",可见在此前安西王府有常侍一职。估计这是王府内常在王左右的一种官职。

此外,王府还有若干专门机构:

一、人匠都总管府。这是管理王府属人和工匠的机构。《刘碑》中有"人匠总管"八失忽都鲁之名,《李氏先德碣》说李惟恭是郐王府"所部工匠都府官"。其长官称"总管",官署称"都府",故知其全称应为"工匠都总管府"。

二、怯怜口都总管府。《刘碑》有"怯怜口副总管答剌罕""怯怜口副都达鲁花赤阿鲁忽都"之名,《元史·顺帝纪》有"赵王位下同知怯怜口总管府事昔班帖木儿"之名,可知有怯怜口都总管府这个机构。其主管官员,加上没提到的正职,应有总管、同知、副总管、达鲁花赤、副达鲁花赤五种。

三、钱粮都总管府。《元史·英宗纪》载:至治元年(1321)冬十月,"置赵王马札罕部钱粮总管府,秩正三品"。这是经皇帝特旨设置的,品秩正三品,与王傅府相等,可见其重要性。它的职能当是专管赵王各领地钱粮收入的总机构,官员可能也不少。《德风堂碑》残留的发起立碑人中,尚可读出的有"钱粮都总管府判官贾智、帖木儿不花、都事多识儿、札别台、李荣祖"等官员的名字。

四、管领诸路也烈可温答总管府。中华人民共和国成立前,武川县四十顷地村东山梁上古墓前有一碑,碑额为"管领诸路也烈□□答耶律公神道之碑"(以下简称《耶律子成碑》)。[1] 陈垣推断,碑额所缺应为"可温"二字。碑文首行碑名能识之字较碑额还少,我猜想其官署按元习惯应称为"管领诸路也烈可温答总管府"。碑中称耶律公"讳子成",陈垣误读为"于成"。《德风堂碑》碑阴题名也有"管理也里可温八忽塔不花"之名,可见汪古内还有专管基督教徒的机构。[2]

四　领地与元朝各级政府的关系

按《德风堂碑》的说法,王傅是"赵国之纲领","以下"所管的具体地区就是"德宁、砂井、净州、集宁等路"。这些地区未设路以前,或概称为"爱不花所治州城",[3] 或称为"阔里吉思城邑",[4] 完全被看成是特殊地区。按全国统一的行政编制设路、县以后,这些城邑势必要遵照国家制度设置相应的路、县官,以代替早期各投下管理其领地的办法。

《元史·地理志》载:德宁、净州、集宁、砂井四路,各领同名一县,

---

[1] 《绥远通志稿》第88册《金石志》。
[2] 陈垣《马定先生在内蒙发见之碑》,《陈垣学术论文集》第1集,247~248页。
[3] 《永乐大典》卷一九四一七《经世大典·站赤》,至元十六年五月二十七日。
[4] 同上,卷一九四一八,至元二十五年六月十七日。

即赵王封国内有四路四县。关于各路设官的制度,《元史》卷九一《百官志》记载如下:

> 诸路总管府　至元初置。二十年,定十万户之上者为上路,十万户之下者为下路。当冲要者,虽不及十万户亦为上路。上路秩正三品;达鲁花赤一员,总管一员,并正三品,……同知、治中、判官各一员。下路秩从三品,不置治中员,而同知如治中之秩,余悉同上。……其属附见:儒学教授一员,秩九品。诸路各设一员,及学正一员、学录一员。

《集宁碑》是皇庆元年(1312)立石,上有"集宁总管府达鲁花赤奚剌倻、总管完颜克孝"的题名。据《元史·仁宗纪》载:延祐三年(1316)十一月,朝命"增集宁、砂井、净州同知、府判、提控案牍各一员"。可见这几路在此以前因新改为路,连下路应有的官吏也未全设。《集宁碑》书碑人王元举官衔是"敦武校尉前同知静安路总管府事",篆额人之一裴克钦是"进义副尉前静安路总管府判官",可见以上三路增官前,静安路是有同知和府判的。以后,府判见于记载的有陈旅提到的砂井路总管府判官徐善卿,还有《德风堂碑》提到的"进□校尉德宁路总管判官□□"。提控案牍不见于元代"诸路总管府"法定的编制中,而是别的衙门常见的吏员。《元史·地理志》注明集宁、净州、德宁都是下路,按制度"不置治中"。砂井总管府以下没注,但其地更加荒僻,人户应更少,也只能是下路。奇怪的是,《集宁碑》有"治中卢廷训、李德辉"等人题名,而且不止一人。在同知、府判未设以前,是否是以治中辅助总管办事,不得而知。呼和浩特东郊白塔上有"砂井府治中一行拾人五月十五日到于此"的题记,可知砂井也一度设有治中一职。[1]

《集宁碑》还有"学正完颜克敬"以及"教授王叔凯、学录贾瑞、教谕王光祖"的题名,符合各路"儒学"设教授、学正、学录各一员的制度。按元代制度,"县设教谕一员",可知王光祖是集宁县的学官。[2] 净州《加封宣圣碑记》和《德风堂碑》都有净州路儒学教授的名字,可见其余各路、县也设置学官。

至于县一级的官员,目前仅看到《集宁碑》上"集宁县达鲁花赤王郎黑台、县尹裴权"的题名,达鲁花赤和县尹当然在德宁、净州和砂井三县也是必设的官员。

德宁等地改置路、县后,人们仍称之为"尤忽难所部""赵王汝安部""赵王阿鲁秃部""赵王马扎罕部落""赵王不鲁纳食邑""赵王之封国"等,可见这里同一般地方政权性质仍大有不同。《经世大典》指出:"郡县之官皆受命于朝廷,惟诸侯王邑、司与所受赐汤沐之地,得自举人,然必以名闻于朝廷而后授职。"[3] 王傅府及王府其他机构当即赵王所辖之"司",德宁等四路则是所辖之"邑"。根据东鳞西爪的资料,虽然已拼凑出赵王各司、邑的机构和官员的大致轮廓,但很难做透彻的说明。然而从少数例子来看,他们多是王府属人,并经驸马或公主推举担任各种官职的。

下面将提到,蒙古早期,阿剌海公主有权派大将四出征讨,有权委派管理所攻降城邑的官员,因此在她自辖的领地内部,官员都要由她"自举"是很自然的。如《耶律子成碑》提到子成之兄子春时说:"公主闻其贤,……遣使召至位下,授以官。"李惟恭由王府郎中罗忠国

---

[1] 李逸友《呼和浩特市万部华严经塔的金元明各代题记》,《文物》1977 年第 5 期。
[2] 《元史》卷八一《选举志·学校》。
[3] 《元文类》卷四〇《经世大典序录·投下》。

"进之于王",因而成为王府官员。王府官员的职责是掌管王府的属民和私产等家政,实质上是领主的家臣,故阎复称他们为"荩臣"或"府属",剌失笃丁称他们为"那可儿(伴当)",说明他们多是出身于久在王府左右侍从的亲信。《刘碑》中的王傅尤忽难与嗣高唐王同名,都采用了Juhanan这个教名,说明他是由汪古本部内的基督教徒出任王傅的。他的儿子阿鲁忽都同时任怯怜口副都达鲁花赤,另一王傅脱欢之子八失忽都鲁也任人匠总管,大概王府中的重要官职应由本族中的老臣担任,其子孙也可承荫世代出任要职。一般官员,也可能多是王府亲近的人,如前述赵王位下同知怯怜口总管府事昔班帖木儿,其妻剌八哈敦就是赵王的乳母。

德宁等各路、县,虽然改成了与全国一致的地方政府,设置了应设的官吏,但并不由朝廷委派,同王府官属一样,"王得选吏治其人"。徐善卿就因为"尝事王于邸",得到赵王的信任,乃"起家为沙井路总管府判官"。他政绩突出,赵王还可以"荐诸朝而大用之"。《集宁碑》书碑人"前同知静安路总管府事"王元举,当即《阎碑》中的"府属王元举",可知这个同知也是由"府属"中选出而不是由朝廷委派的。

《集宁碑》在集宁总管府的达鲁花赤和总管题名前,有"集宁等处前民匠总管府达鲁花赤陈、断事官完"的题名。何以民匠总管府要加一"前"字而无现任官,很可能是设路以后民匠总管府就随之撤销了。估计净州等处原来也都有民匠总管府,其官员除达鲁花赤以外,王府还在各路派出了断事官。元朝为了统一全国行政建置,可能是以民匠总管府为基础改建为路,因此,路只不过是代行赵王所属各处民匠总管府的职能而已。此外,这碑又有"至大三年正月赵王钧旨出帑遣侍人(?)庙分邑集宁,建立大成至圣文宣王庙学碑"的话,说明修文庙、立碑首先要得到赵王的同意并由赵王出资支持,集宁等路、县行政主要听命于赵王,实质上仍是赵王封国内的管理机构。

集宁等地改成路、县两级地方政府,它们与中央和上级地方政府的关系也有特殊之处。元世祖时"分天下为十一省,以山东西、河北之地为腹里,隶都省……。下则以宣慰司辖路,路辖府州若县。"[1] 这是元朝中央与地方的一般隶辖关系。如德宁路以南的丰州,属大同路和设在大同的河东山西道宣慰司管辖,直隶于"都省"。还有一个监察机构河东山西道肃政廉访司,专管纠举宣慰司辖区内的地方官员,直属中央的御史台。延祐七年(1320)立的《丰州平治甸城山谷道路碑》记载了一件有关请示修路的事,碑中提到,由丰州往北通过汪古部领地"供需漠北""军粮旅储"的道路"辄欲修理",所以"申明大同总府(大同路总管府)及宪司(河东山西道肃政廉访司),计禀河东维岳(河东山西道宣慰司)与闻,省(中书省)、台(御史台)即从其便……"云云,充分反映了丰州与各上级政府的关系。

可是,下文接着提到,正在行文请示时,恰逢"镇遏德宁、天山分司宣慰使马正奉,宣慰同知撒德弥实奉训,宣慰副使孙朝请继踵驰驿,路由是谷,亦既见之,允协前论",指示当地立即发动民夫平治道路。[2] 由此可见,河东山西道宣慰司之外另有"镇遏德宁、天山宣慰分司"。宣慰分司不见于元代官制,德宁、天山特设这一机构,也许是因为:一方面,这里是赵王的封国,必须听命于赵王;另一方面,从地方行政系统来说,又应由河东山西道宣慰司管辖;为了协调赵王和宣慰司的关系,因而特设宣慰司分司统一管理。据《金史·地理志》所载,净州不过是"丰州支郡",集宁只是抚州所辖的一县,砂井、按打堡子连设县

---

1 《元文类》卷四〇《经世大典序录·都邑》。
2 《归绥县志·金石志》。

的条件也不具备,何以元代都升为路,比丰州还高一级,与大同路平行?这也可能是赵王领地的原因,不便交丰州和大同路管辖而改路的。于路之上,又另设宣慰分司,当是为了在王府辖区同地设置官衙,以便就近协商,不致一地二主,政出多门,避免矛盾。由此可见,同在阴山南北的丰州和德宁等路,由于分属朝廷和诸侯王,因而管事的办法也有所不同。

当然,赵王各分地的官员仍须接受上级政府的监督。如至元十九年(1282)有讼净州守臣"盗官帑廪"一案,因"净隶河东山西道",所以应由其提刑按察司处置。[1] 再之,设路、县后,官员也应定期调迁,如砂井总管府徐善卿任期秩满后,赵王为了挽留他留任,还曾移文中书请求再次任命。封邑内的官员赵王虽有权自己举派,但形式上也要"必以名闻于朝廷而后授职"。

五 汪古部在中原的分地

从成吉思汗以来,蒙古军四处发动侵掠,完全是为了少数奴隶主贵族的利益。大汗是这一贵族集团的代表,他必须恪守本家族成员共同商定的如下原则:"哥哥弟弟每商量定,取天下呵,各分地土,共享富贵。"[2] 因此在每征服大片土地以后,就要进行一次瓜分。窝阔台于1234年灭金,当年就任命胡土虎那颜为中州断事官,主治汉民。次年,胡土虎括中原户口,增户一百一十余万。丙申年(1236),窝阔台

---

[1] 《元朝名臣事略》卷四《平章鲁国文贞公》引姚燧撰神道碑。
[2] 《元典章》卷九《改正投下达鲁花赤》。

决定以"中原诸州民户分赐诸王、贵戚"等,其中就有汪古部公主阿剌海等"并于东平府户内拨赐有差"。[1]

这时,东平府归汉族军阀严实管辖。1220年,严实以彰德、大名、磁、洺、恩、博、浚、滑等户三十万来降,蒙古任命严实为东平行台(后改称东平万户总管府)长官,领州县五十四,所以这时的东平府并不限于金东平府所管的数县。[2] 据《元史·食货志》"岁赐"项下所载:"赵国公主位:五户丝,丙申年,分拨高唐州二万户。"至大三年(1310),尤安受封为赵王,妻阿剌的纳八剌公主被封为赵国公主,从此汪古部首领皆袭爵赵王,所尚公主皆有赵国公主的称号,可知"赵国公主位"的民户就是继承了丙申年拨赐给公主阿剌海的那一部分,总数是二万户,具体地点是高唐州。这与姚燧所说的"由分地在高唐,即是进爵为王",《刘碑》"高唐惟祖宗汤沐邑"的说法相合。

《驸马高唐忠献王碑》的作者元代著名文人阎复是高唐州人。他曾几次著文记述高唐州的沿革及分赐给汪古部主的事。他说:"高唐……唐、宋为博州属县。国初隶东平府。至元七年(1270),始改邑为州,附以夏津、武城凡三县。民物之繁,茧丝之富,遂为山东名郡。"[3] 又说:"圣元开创之初,封建宗室,皇曾祖姑齐国大长公主驸马高唐武毅王(孛要合)有佐命之勋,裂高唐、夏津、武城三县为汤沐邑,迄今为皇甥驸马都尉赵王分地。"[4] 这段话确切地指明,丙申年从东平府拨赐给阿剌海公主的是这三县的民户。在金元之际,高唐属博州,

---

[1] 王国维《圣武亲征录校注》;《元史》卷二《太宗纪》。
[2] 《元史》卷五八《地理志·东平路》;参《金史》卷二五《地理志》。
[3] 《重建庙学碑》,《高唐州志》(光绪丁未刻本)卷三。
[4] 《武德将军斡朵忽都政绩碑》,《高唐州志》卷七《政绩》。

夏津属大名府，武城属恩州，都在严实所辖的五十四州县之内。[1] 忽必烈即位，罢汉地世侯，废除严家东平万户总管府的辖区。随后为了照顾汪古部主便于管理自己的分地，又将分属三个州、府的县集中起来单独设置了高唐州。

阿剌海公主之后，高唐州的食邑由孛要合的子孙继承。而阿剌兀思之侄镇国一系也另有分户。《阎碑》称："镇国之子聂古䚟，亦封北平王，尚睿宗皇帝（拖雷）女独木干公主。略地江淮，殁于戎事，诏以兴州户民千计给葬，其户至今隶王府。"《元史·食货志》"岁赐"项载："独木干公主位：五户丝，丁巳年（1257），分拨平阳一千一百户。"丁巳年即蒙哥汗七年，这年受封者多属拖雷家族，蒙哥诸弟忽必烈（怀孟）、旭烈兀（彰德）、末哥（河南）、拨绰（真定蠡州）等都得到分户。公主中惟独木干公主有赏赐，无疑她就是《阎碑》中拖雷之女，聂古䚟之妻。[2] "以兴州户民千计给葬"聂古䚟与"分拨平阳一千一百户"给独木干公主，时间相当，户数相同，应当是指同一回事。但兴州是在金末由岚州合河县升，本属河东北路，平阳府属河东南路，元代也分属冀宁路和晋宁路，不在一地。[3] 何以有此分歧，尚待进一步研究。

元朝灭南宋以后，至元十八年（1281），又将江南民户分赐诸王、贵戚和勋臣，其中"赵国公主位"分拨得柳州路二万七千户。"时科差未定，每户折支中统钞五钱，至成宗复加至二贯"。按五十贯折钞一

---

1 《金史·地理志》卷二五，山东西路；卷二六，大名府路。
2 《元史》卷一〇九《诸公主表·独木罕公主位》："独木罕公主适察忽驸马。伯要真公主适察忽子也先驸马，也里倪公主适也先子迭木达儿驸马。"《蒙兀儿史记》卷一五三《蒙古氏族表》将察忽等人列入汪古世系表中。然独木干是聂古䚟妻，见于《阎碑》和《史集》，而察忽等三人诸书无征，故在《汪古部统治家族》一文所附表中删去。因此，《食货志·岁赐》之独木干公主可考定为聂古䚟之妻，《诸公主表》之独木罕应为另一公主。
3 《金史》卷二六《地理志》；《元史》卷五八《地理志》。

锭计,总计折"钞一千八十锭"。而"独木干公主位"也分得"梅州程乡县一千四百户,计钞五十六锭"。由于这种收入以钞计算,故称为"江南户钞"。[1]

在高唐州的五户丝食邑,由汪古部领主派遣达鲁花赤直接监督征收供赋和当地行政。高唐州《武德将军斡朵忽都政绩碑》称:"国朝之制,宗室诸王得承制监治封域,号达鲁花赤。武德将军斡朵忽都自乃祖乃父来莅兹郡,有德政于民,凡三世矣。"斡朵忽都及其祖、父三世都任职高唐,可见达鲁花赤是由他一家世袭。乃祖不知是何人,乃父名"忽都纳,朔方人,以祖武毅王有佐命勋,为高唐州达鲁花赤,考课农桑,天下第一"。[2] 此人至元初已在职,《元史·世祖纪》至元八年(1271)冬十月载:"高唐州达鲁花赤忽都纳、州尹张庭瑞、同知陈思济劝课有效",大司农司曾建议表扬。张、陈二人都是元代能干的地方官,《元史》分别为二人立传。[3] 忽都纳在他们辅佐下也做出了政绩。

斡朵忽都在至元二十四年(1287)曾立《重建庙学碑》,官衔是"武略将军高唐州达鲁花赤兼本州诸军奥鲁劝农事",可见至迟到这年他已袭爵。至元三十一年(1294)又有他立的《重修庙学碑》。武宗至大三年(1310),高唐州树立颁行全国的《加封孔子制碑》,斡朵忽都仍在职,惟武散官由武略将军进阶为武德将军。[4] 第二年,仁宗即位。据《刘碑》称:"十一月,加封之制下,于是中书移翰林铭碑,文学张益以事状致赵王命言:'高唐惟祖宗汤沐邑,州达鲁花赤斡朵忽都与奥剌

---

[1] 《元史》卷九五《食货志·岁赐》。
[2] 《高唐州志》卷七《政绩》。
[3] 《元史》卷一六七、一六八。又见姚燧《叙州等处都蛮夷宣抚使张公神道碑》,《牧庵集》卷二;虞集《签河南江北等处行中书省事陈公神道碑》,《道园学古录》卷四二。
[4] 《高唐州志》卷七。

赤胡叔仪协力砻石，俟碑于州.'"可见刘敏中写的《敕赐驸马赵王先德加封碑铭》是斡朵忽都等发起在高唐州刻石的。

斡朵忽都之子名沈温祥。据其小传称："泰定间(1324—1327)袭监高唐。"[1] 沈温祥或作沈浑祥，高唐州有延祐五年(1318)承务郎高唐州达鲁花赤兼管本州诸军奥鲁劝农事沈浑祥立的《施田碑》。[2] 说明他在延祐间已袭高唐州达鲁花赤之职。

《高唐州志》忽都纳小传说"祖武毅王有佐命勋"，《斡朵忽都政绩碑》提到了驸马高唐武毅王，但没有说他是武毅王之后，仅称"系出朔方右族"。武毅王即孛要合，他的子、孙在阎、刘二碑中都有记载，但没有名忽都纳之孙，更没有忽都纳及其父出监高唐之事，故小传未必可靠。然而可以肯定，他们都是汪古部人，而且还是高唐王一宗的右族。可见，达鲁花赤一职是由"朔方"直接派族人来"监治"所属食邑的，也不归朝廷任迁。他"位居牧守之上"，以下有知州(如张庭瑞)、同知(如陈思济)，则由朝廷委派，任满即迁转。

高唐州的碑刻题名中，还有高唐县达鲁花赤□□都、八忽鲁思、只儿瓦歹、哈只(或称监邑)，夏津县达鲁花赤要束谋，武城县达鲁花赤秃鲁不花等人之名，可见州下各县也由汪古部主直接委任了达鲁花赤。[3]

1　《高唐州志》卷七。
2　同上，卷七。
3　同上，卷三《重塑画像记》；卷七《加封孔子制碑》《施田碑》。

六　散处中原各地的人户

马可波罗来华时曾途经丰州,丰州在辽、金时是节度军额,军名天德,所以他照当地人的习惯仍称它为天德军,并且指出:

> 〔天德军〕是诸州郡之一。那位拉丁语称为长老约翰的大王在世间非常出名,他常住在该州。……这州的首府名天德军,长老约翰的一个后嗣是这地区的王,他自己的名字叫长老乔治(Giorge)……他为大汗治理这一地区,……这些领主们(lords)即乔治等人,大汗认为是贵族的血统。
>
> 当长老约翰统治时,他的主要住地是在这个州里;而他所有的后裔也仍保留他的住地并留居于此。……这个乔治是长老约翰以来的第六代领主,并被认为是该家族最大的领主。[1]

前文已说明,长老约翰实际是指阿剌兀思,乔治就是阔里吉思(Körgis)。这段话肯定了:天德军(丰州)是汪古王的常驻之地;其统治家族相当于西方的贵族领主(lords),他们拥有一大片领地,其中心则在丰州。

《马儿·牙八剌哈三世和列班骚马史》记载:在马可波罗来华前,这两个景教修道士曾往耶鲁撒冷朝圣。1278 年,他们从大都到达东胜时,"此城的领主"君不花和爱不花闻讯后曾邀请他们到自己的驻

---

[1] 牟里、伯希和《马可波罗寰宇志》,Vol. I,181~182 页。

营地去。[1] 约元英宗时,西方教士和德里由大都经陆路回国,他也曾途经"长老约翰的国家",并说"他的主要城市叫东胜,……在他统治下还有许多其他的城镇"。二者都肯定了东胜是君不花兄弟的领地或是长老约翰统治下许多城镇的首府,这和马可波罗所说天德军是阔里吉思领地的中心一样,是把大青山以南也说成是汪古部的领地。陈旅明确说赵王的封国在"天山之北",元初文书具体指明是"砂井、集宁、净州、按打堡子四处",也就是《德风堂碑》所指的"德宁、砂井、净州、集宁等路"。丰州和东胜州是汪古部的领地,在元代史料中没有记载,更无法证明这两地是领地的中心或首府。但是,马可波罗等书的记载也不能概以无稽看待。

蒙古军南下时,尤赤、察合台、窝阔台在西翼作战,连破云内、东胜、丰州等,汪古部军一定在这支军队以内。当时的蒙古"诸王大臣及诸将校"每征服一地,除杀戮以外,其余人口皆掠为驱口,一部分随军徙往自己的领地为奴,大部分"往往寄留诸郡,几居天下之半"。汪古部自阴山南下即到达丰州、东胜,当地被占领后,其影响自然较别部为大,所掠驱口也会较别部多。而成吉思汗时"方事进取,所降下者,因以与之,自一社一民,各有所主,不相统属"。至窝阔台"诏括户口"以后,"始隶州县"。[2] 如果阴山以南许多民户已属汪古部所有,他们也会认为阔里吉思等人是自己的领主,把自己居住的地方看成是汪古部的领地。布哈拉人赛典赤在蒙古西征以后东来,"太宗即位,授丰、净、云内三州都达鲁花赤"。[3] 赛典赤所管既有天山以北的净州,

---

[1] Budge, *The Monks of Kublai Khan*, London, 1928, pp.130~137; И. В. Пигулевская: История Мар Ябалахи III и Раббан Саумы, Москва, 1958, pp.63~69.

[2] 宋子贞《中书令耶律公神道碑》,《元文类》卷五七。

[3] 《元史》卷一二五《赛典赤传》。

又有山南的丰州、云内州，很可能当时这一带多是汪古部的民户，所以才将这几州作为一个单位交赛典赤监治的。可是，丰、东胜、云内三州始终隶属大同路，与净州等"赵王之封国"设路自治者有很大差别，只能说，赵王是这几州许多民户的领主。[1] 陈旅作诗序所赞扬的砂井徐判官就是丰州人，"尝事王于邸"，也就是说他是作为属民从丰州被征到王府的。这就为丰州有汪古部属民的推想提供了一个很好的实例。

至元十一年（1274）五月元世祖下诏："延安府、沙井、静州等处种田白达达户，选其可充军者，签起出征。"[2] 白达达即汪古，沙井和静州是汪古部分地，那里当然有白达达居民，然而丙申年延安府被分赐给斡亦剌部的火雷公主，[3] 非汪古领地，元朝为将此三地的白达达户签起出征专门做出决定，即是向爱不花所属的汪古人征兵，可见延安府也有汪古领主的属户。

至元十六年（1279），巩昌便宜都总帅汪惟正所辖地区中的临洮、巩昌、通安等十站，由于站户负担过重，有人"投充诸王位下昔宝赤、怯怜口人匠等户规避站役者"。其中站户有三百四十户，分别"投充诸王只必铁木儿、驸马爱不花投下户"。[4] 这说明临洮、巩昌等地也有爱不花的投下户。

至元二十七年（1290），丞相桑哥等报告："阔里吉思投下军士于真定府飞放，征取站赤饮食刍粟。"元世祖下旨拘留，"食讫之物，勒其偿纳"。然后仍将人"发还阔里吉思投下"。[5] 真定府是拖雷的分地，

1　《元史》卷五八《地理志》。
2　同上，卷九八《兵志·兵制》。
3　同上，卷九五《食货志·岁赐·火雷公主位》。
4　《永乐大典》卷一九四一七《经世大典·站赤》；卷一九四二四《元朝典章·站赤》。
5　同上，卷一九四一八《经世在典·站赤》。

而这里也有属于汪古的投下户。元顺帝时,文学家兼史学家苏天爵曾给关某写了墓碑,指出真定路仍有汪古领主的属户。碑文说:"君讳德聚,字敬夫,姓关氏,世为真定新乐人,户版隶高唐王府。王进封赵,户仍隶之。"[1]

金未亡前,蒙古军连年深入金境抄掠。汪古部处漠南,是南征的主力之一。汪古部主不但掠得许多人户,而且还在其攻降之地指派官吏。

金兴定丁丑年(1217),蒙古军进兵代州,游骑到达坚州[本代州属县繁畤,贞祐三年(1215)升州]境,金官军闻风溃逃。城中民推刘会、王兆同领县事,二人即率乡人迎主帅降。主帅当即任命刘会为坚州判官,王兆为左监军。接着又奉监国公主"懿旨","超加"刘会"骁骑卫将军、坚州都元帅兼节度使,悬带虎符、金牌,便宜行事",迁升王兆为"昭武将军、坚州右副元帅"。[2] 不久又有记载:"己卯岁(1219),太祖之妹(应作'女')曰曳剌海,号监国公主,遣行省不华收地河东。"汾州西河县人李佺,集乡人投降蒙古,"公主承制授佺汾州监军,寻擢元帅"。[3]

1217年,成吉思汗"以木华黎为太师,封国王,将蒙古、乣、汉诸军南征"。这些军队中,以汪古军最多,此外还有漠南东部的五投下以及陆续招降的各族军队。由于成吉思汗随后就率领漠北各千户蒙古军西征,所以让木华黎负责统筹漠南各军伐金的任务。1218年秋,木华黎首次组织了对山西的军事行动。"自西京入河东,克太原、平阳"

---

[1] 《元故承务郎真定等路诸色人匠府总管关君墓碑铭》,《滋溪文稿》卷二〇。
[2] 《(光绪)繁畤县志》《刘会传》。《山右石刻丛编》卷二七《刘会碑》;卷三〇《王氏世德之碑》。
[3] 《(光绪)山西通志》卷一四八《仕实录·元李佺传》。

及河东诸州。次年己卯,"秋,木华黎克岢岚、吉、隰等州,进攻绛州,拔其城,屠之"。[1] 上述己卯年不华所率的汪古军,一定是木华黎后一次军事行动中的一支。但史料上只说他是由监国公主曳剌海(阿剌海)派遣,冠以"行省"的高级头衔,他招降的李佺是在汾州,不见于木华黎所克上列诸州之中,可见他是与木华黎分开行动的。而且,李佺的任职只请示阿剌海,并不须通过木华黎。由此可知,木华黎对于驸马、勋臣各投下的军队只有要求共同配合军事行动的调度权。各投下军是各自分担一方面的进攻任务,不仅掳掠人口、财物可据为己有,而且招降的军民官员也有权由各投下首领自己任命。

丁丑年(1217)秋八月木华黎受命以后,曾南征河北、山东等地,并没有到山西。这年进兵代州、坚州的行动,据《金史·宣宗纪》兴定元年(1217)下的记载"大元兵徇忻、代",时间是在二月。因此这支军队同木华黎统一指挥的联军无关,而是由阿剌海公主独自派出的,无怪乎史称其"凡征伐斩杀,皆自己出","军国大政,率谘禀而后行"了。她派遣的主帅有权任命刘会、王兆的官职,然后又可通过她的"懿旨"得到承认和超升。

阿剌海不但可派官称"行省"的不华征伐河东,戊子年(1228)还任命王檝"领省中都",又称"权省宣抚"。丁学芸同志发表的《监国公主行宣差河北都总管之印》,说明监国公主位下还有"行宣差河北都总管"这个官职。[2] 表明她的势力已从太行山以西伸展到河北了。宣差即达鲁花赤,前引两条史料证明真定路有汪古投下属民,当是阿剌海时期抄掠河北时所得,为此特设官员加以管理。

---

1 《元史》卷一《太祖纪》,卷一一九《木华黎传》;《圣武亲征录校注》。
2 《监国公主铜印考释》,《中国蒙古史学会成立大会集刊》。

汪古军所招附的坚州和汾州，官员由监国公主任命，其民即属公主所有，其地也会被看成是公主的分地。如中统四年（1263），元世祖"敕驸马爱不花葡萄户依民例输赋"。[1] 叶子奇说：元朝"于冀宁等路造葡萄酒"，因而太原等地有专为蒙古贵族栽种美酒原料的"葡萄户"。[2] 可见这一带也有汪古部的属民，所以世祖即位不久有令爱不花属民"依民例输赋"的决定。

这些地方，大概和丰州、东胜等地一样，属于"所降下者，因以与之"的类型。丙申年统一括户和分赐五户丝食邑后，其余州县、人户则归朝廷，但"版籍"已隶各投下者仍属他们所有。按蒙古的习惯，"国初，凡守亲王分地者，一子当备宿卫"。[3] 坚州刘会的长子刘泽，就"弱冠质于公主位下，积有年矣"。公主以"泽服劳之故，深蒙见知，懿旨赐以室女陈氏"。刘会请求告退，又"特蒙懿旨拟令子泽承袭职任，充坚州管民长官"。[4] 这个例子，反映了当时各投下在所辖城邑有权任官、纳质子、指定长官承袭人的特殊现象。

真定不是汪古的分地，但那里却有属于赵王府的人户，于是就在那里建立"真定等路诸色人匠总管府"这个机构，在私属人匠中选富实之户充当首领。前述之关德聚，"三世积善于乡，有田数千亩，岁收万钟"，"负其才能，欲显于时，数侍赵王往来漠北。王念其劳，命同知真定等路诸色人匠总管府事"。这个总管府专管王府所属人户，"凡王之贡赋、出纳、户数登耗皆司之"。"久之，赵王复荐君于朝，中书以闻，天子乃降玺书"，正式由中央任命，关德聚由同知"升为其府总

---

[1] 《元史》卷五《世祖纪》。
[2] 《草木子》卷之三下。
[3] 刘因《泽州长官段公墓碑铭》，《静修先生文集》卷一六。
[4] 《山右石刻丛编》卷二七《刘会碑》。

管",并得到一个从六品的文散官承务郎的头衔。他的儿子关博"亦以赵王命,同知其府事"。这说明元朝诸王、驸马散处各地的属民,可以由自己设置官府管理,并由自己任命官员,然后通过中书省报告皇帝批准,列入国家官僚的行列之中。

  元朝的领地制度是我国封建社会进入盛期以后的特殊现象,它是蒙古统治者入主中原后,将其原有的习惯和中原固有的制度结合起来的奇特产物。汪古部的驸马同大汗直系皇子比较起来,只能算是领主中的小巫,但经过以上分析,也可以看出其内部组织之复杂实在令人惊叹。因此,探讨汪古部的领地制度,不仅在汪古部的历史研究中是不可缺少的一环,而且也是对元代的领地制度做一个实例性的解剖。元朝实行这种以人身依附为特征的领地制度,对于已确立了地主经济的中原地区来说,可以说是生产关系上的倒退现象,实际上是我国历史发展上的一次反复,很值得深入研究。由于历代官修史书向来就忽视记载当时的社会阶级关系,而对元代蒙古族带来的这种特殊制度更没有做系统的史料整理。因此,本文拟就个人的能力所及,试图从一个具体实例着手搜集材料并做初步的探讨。

(原载《文史》第 14 辑,中华书局,1982 年)

敖伦苏木古城的若干问题

从 1927 年以后,学者对敖伦苏木的调查相当频繁,据我所知,前后有如下几次:

1. 1927 年 6 月西北科学考察团团员黄文弼的调查。
2. 1933 年《太平洋杂志》记者美国人欧文·拉铁摩尔的调查。
3. 1935 年 5 月,南京《蒙藏周报》编辑黄奋生的调查。
4. 1935 年(昭和十年)秋,日本东亚考古学会江上波夫、赤堀永三的调查。
5. 1936 年德国蒙古学家 E·海涅士的调查。
6. 1936 年 10 —11 月西北科学考察团团员法国人 D·马定的调查。
7. 1939 年日本学术振兴会、外务省文化事业部资助江上波夫、阪田须贺斯、稻生典太郎、山畸隆的调查。
8. 1941 年江上波夫的调查。

在现代田野考古和科学考察刚传入中国之际,在内蒙古偏僻的大青山后地区,有中外各学科的学者频繁来此进行考察,当时实属罕见。多次参与调查的日本学者江上波夫认为:"元代汪古部遗迹的发现是解读东亚文化史划时代的大事",至少是"考古学的大收获"。其发现是多方面的,迄今仍有若干问题有待学术界的研究和发掘。

一 有关汪古部碑刻的发现和问题

1.王傅德风堂碑记 黄文弼的调查主要是发现了《王傅德风堂碑记》,碑文作于至正七年(1347),现存文献《高唐忠献王碑》和《赵王先德加封碑》记事止于成宗末或仁宗即位时(1311),《德风堂碑》可补两碑所缺有关汪古部三十余年的史事。此碑乃专为王傅办事处所德风堂而作,故知赵王王傅府及王府就在敖伦苏木,证明这里是汪古部主的统治中心黑水新城——静安——德宁。

1927年,瑞典探险家斯文赫定与中方合作,组西北科学考察团由内蒙古出发前往西北考察,其成员黄文弼独自往敖伦苏木调查,虽获得意外的重大发现,但迟至1931年才由余逊、容媛在《燕京学报》发表一篇简短的报告,《德风堂碑》碑文只摘录了几句话。[1] 好在1928年北平《新晨报》发表了全文。[2] 我从西什库北京图书馆报刊馆抄出,可惜该报纸张和印刷都很粗糙,我将它同黄奋生的录文校补,[3] 作为我论文引用的依据。实际上,除碑文本身有残泐外,两篇录文都不全。

简短报告的作者都是我在北京大学时的师长,余逊先生教过我史学文选和秦汉魏晋南北朝史,1953年因患脑溢血从此不能再上讲

---

[1] 《西北科学考察团之工作及其重要发现——贝勒庙北之古城》,《燕京学报》第8期,民国二十年。
[2] 北平《新晨报》1928年9月2日《文化特刊副刊》第二一九期。
[3] 《新发现的五英雄城碑文》,《百灵庙巡礼》(史地小丛书),商务印书馆,民国三十五年,86~88页。

堂。容媛是文字学家容庚和哲学家容肇祖之妹,20世纪50年代是北大考古教研室的副教授。当年余先生在史语所与劳干整理西北科学考察团发现的汉简,容先生正在助其兄编《金石书录目》。[1] 他俩了解此次调查的详情,可惜失去请教的机会。

继黄文弼之后,黄奋生、马定再次抄录或拍摄了《德风堂碑》。"文革"前,我看到《华裔学志》上用英文发表陈援庵(垣)先生的论文和马定的调查报告。[2] 我想援庵老不会用外文撰文,托金启孮先生向援老索求原稿。援老寄来毛笔恭录的原文,才知此文是由英千里先生(《大公报》创始人英华——敛之之子,英若诚之父)所译。可惜我们没询问他有没有《德风堂碑》的拓本或照片。马定文中所附照片看不清文字,如能用上述报刊公布的文字和待访的拓本和照片校勘、互补,可能会还原更接近原貌的碑文。

《德风堂碑》据陈援老观察:"盖三石合为一碑,形如屏风,树立堂中。"这是一种罕见的形制,在石刻较少的内蒙古地区,尤为难得。如能再找到此碑,将为我区文物收藏增添异彩。

2.也烈可温碑 马定在四子王旗西南大黑河乡丰收地村东北王墓梁发现《管理诸路也烈〔可温〕答耶律公神道之碑》,据马定说此碑曾由绥远省政府派人拓过,《绥远省志》收入《金石志》。后者识认出

---

1 《国立中央研究院历史语言研究所单刊乙种之二金石学录目》,商务印书馆,民国二十五年六月。
2 陈垣《马定先生在内蒙发见之残碑》("On the Damaged Tablets Discovered by Mr D. Martin in Inner Mongolia");Desmond Martin, "Preliminary Report on Nestorian Remains North of Kuei-Hua, Suiyüan"(德斯蒙德·马定《关于绥远归化以北的景教遗址的初步调查报告》)。分别见 *Monumentta Serica*(《华裔学志》)1938年第3卷1期,255~256页、232~255页;内蒙古大学蒙古史研究室编《蒙古史研究参考资料》新编第14辑,20~22、13~19页。

的文字较多较准确,如耶律公之名援老误读为于成,应作子成。[1]

这是元代罕见专记基督教徒的碑文,碑名中的"诸路"应指信仰聂斯脱里教的汪古部人散居的各路,如碑文所说:耶律子成以"寺主管理也里可温",按基督教的惯例就是主教,而元朝曾设置管理各宗教的官衙,任命各教的首领为官,所以他又有"管理诸路也烈〔可温〕"的官职,充实了元代宗教史和官制的内容。《耶律公之碑》记载他是"西域帖里薛人",应如《马氏世谱》所载,同样出自"西域聂思脱里贵族",马氏"始来中国者和禄呆思",辽道宗咸雍间(1065—1074),"欲官之辞不就"。[2] 耶律氏的祖先保□则来自更早的辽圣宗时(983—1030),赐官"太尉、开府仪同三司,改姓曳剌(耶律异译)氏"。墓地规模宏伟,乡人称为"王墓",碑文称耶律氏"为世族之贵盛者",1973年内蒙古考古学家发掘出古墓二十一座,应是这个世族的墓园。[3] 他们充当也里可温的管理者,与世袭的汪古部主一样,同是汪古部中贵盛的世族,有如古部落中酋长与巫师,首领与宗教长老的关系。

3. 待访《驸马高唐忠献王碑》 这碑是应高唐王尤忽难的请求,由成宗赐其兄阔里吉思之碑。由王府属官王元举提供先世和他勋德的行状,再降旨命翰林学士承旨阎复撰写碑文。[4] 这时阔里吉思死于西域卜罗,尚未移柩归葬,所以这碑不是墓碑,而是记阔里吉思功德的碑,应树立在王城中,有可能在今后发掘中出现。据刘敏中说:至大三年(1310)八月安葬阔里吉思后,十一月,中书省行文让翰林院撰

---

1 《绥远省志稿》卷五八;盖山林《阴山汪古》,内蒙古人民出版社,1992年,274~275页有该碑录文。
2 黄溍《马氏世谱》,《金华黄先生文集》(四部丛刊本)卷四三,叶1a。
3 盖山林《阴山汪古》,192页。
4 《驸马高唐忠献王碑》,《国朝文类》(四部丛刊本)卷二三,叶20。

写碑文。王府文学张益提供事状，并转达赵王的意见："高唐惟祖宗汤沐邑，州达鲁花赤斡朵忽都……协力砻石，俟碑于州。"[1] 也就是说，《赵王先德加封碑》竖立在山东高唐，应在高唐访寻。这也说明，汪古部主的陵墓，仍遵照聂斯脱里的丧葬制度，墓碑采用叙利亚文书写并伴以十字架等纹饰。

《高唐王碑》见于文献，古城中如能再发现文献记载中没有的碑石，会更加丰富汪古部和此城的历史。今后对古城的发掘，以及利用城中建筑材料修筑的百灵庙、贝勒王府等处皆应留意观察。

4.汪古部主的也里可儿思先茔　马定听当地蒙古人说：约在敖伦苏木遗址北十二公里，此地可能是第二座王墓。[2] 盖山林1974年曾对这陵园进行发掘，地名毕其格图好来，在敖伦苏木西北十五公里。他认为"阔里吉思所葬的也里可儿思'先茔'很可能是毕其格图好来汪古陵园"。[3]

据刘敏中《赵王先德碑》载：高唐王阔里吉思被俘并死于卜罗（今新疆博乐县西五公里博罗塔剌河北岸的古城）。至大三年（1310），赵王尤安向武宗请求让其父"归葬祖茔"，由王府司马阿昔思等十九人乘传以往。七月"达殡所，奉柩以东"。八月，"至也里可儿思其先茔"，王傅脱欢等来会葬。盖山林描述说：陵园坐落在群山环抱的平地上，仅南面有天然阙口，地势极佳，"陵园最具规模"，可能就是元朝的也里可儿思。从大青山后到新疆博罗，当时应走经漠北过阿尔泰山山口的驿路，回时是由西北往东南，所以先到达也里可儿思，王傅脱

1　刘敏中《赵王先德加封碑》，《中庵集》（内蒙古大学蒙古史研究所藏元刻本照片）卷四。
2　《关于绥远归化以北的景教遗址的初步调查报告》，《蒙古史研究参考资料》新编第14辑，18页。
3　盖山林《阴山汪古》，187、211页。

欢等则闻讯从王府来会葬。佐伯好郎猜测汪古部主的陵园在王墓梁,除有学者举证反驳外,会葬的记载也增添了一条反证。王墓梁在敖伦苏木之东,"奉柩以东"的人岂能过王城而不同在王府的人会合,反而让他们来会葬呢? 我倾向赞成盖山林的意见,今后如能确认汪古部主先茔也里可儿思并有所发现,将会是考古学界的重大成绩。

敖伦苏木和汪古部研究的深入,有赖于考古调查,也有待于发现新史料。如《德风堂碑》碑文载于八十年前的小报上,就应去馆藏丰富的图书馆访寻。《赵王先德碑》乃刘敏中撰文,但他所著《中庵集》无明清刻本和民国印刷本通行,《四库全书》辑出的二十卷本失收《赵王先德碑》,上世纪二三十年代陈垣发现元刊本二十五卷,内有此碑。但抗战前北京图书馆已将这书转移,现在只留有胶卷。[1] 内蒙古大学从北京图书馆翻拍照片,此文才得以流传。《北京图书馆古籍珍本丛刊》收入《中庵集》,不知本馆有元刻本胶卷,只影印了另一清抄本。我希望有关研究者,不要满足于转抄别人的论著,应力争发掘新的史料。

二 古代边疆地区重要的基督教遗迹

公元5世纪,东罗马帝国君士坦丁堡主教叙利亚人聂斯脱里创建基督教新的教派,经波斯传入唐朝称为景教。后又在蒙古高原传播,漠南西部主要是汪古部信仰聂斯脱里教,大青山以北的旧汪古领地留存大量宗教色彩的遗迹。1933年美国人拉铁摩尔造访敖伦苏木,

---

[1] 《中庵先生刘文简公文集》二十五卷,元元统二年(1334)江浙儒司刻本,北图胶卷 CBM No.1587/ 683・811/684; 470(600)。

发现上刻十字和一些装饰图案的石碑。他结合罗马教皇派往元朝大都约翰·蒙特哥维诺主教的记载,作为西方人,敏锐地与他们的宗教联系起来。[1] 1935年,日本东亚考古学会派遣的江上波夫曾到敖伦苏木考察,虽没找到《德风堂碑》,却注意到黄文弼所忽略的景教十字架墓石并拍了照片,确认这是以景教文化为特征的遗迹。[2] 次年,马定扩大了调查范围,除敖伦苏木外,还调查了德里逊呼图克、毕其格结拉嘎、沙贝库伦、乌兰板升、王墓梁、波罗板升、木呼尔索波尔嘎等城堡或墓地,发现了大量的聂斯脱里教徒的墓葬和刻有十字架的墓石。[3] 同年,德国学者海涅什(Erich Haenisch)也在此附近考察了类似的景教十字架墓石。20世纪50年代,内蒙古有了自己的文物考古队伍,对元汪古部故地进行多次调查,尤其是70年代普遍调查散布各处的景教遗物,搜集到丰富的实物。[4] 我希望今后学界能有更深入的研究和发现。

1.聂斯脱里墓葬 日本专门研究基督教史的佐伯好郎指出:这是1885年俄属谢米列契(Семиречье,流入巴尔喀什湖的七河流域)发现两个景教大墓地后又一大发现。这类墓葬,反映古代北方民族的特有习俗和宗教信仰,是民族文化研究的一大课题。汪古部人在

---

[1] Owen Lattimore, "A Ruined Nestorian City in Inner Mongolia"(欧文·拉铁摩尔《内蒙古的景教古城废墟》),*Geographical Journal*(《地理学杂志》),1834年84卷6期,481~497页。又载《边疆史研究论文集》,1962年伦敦版,219~240页;《蒙古史研究参考资料》新编第14辑,2~12页。

[2] 江上波夫的考察报告,见佐伯好郎《景教の研究》附录,东方研究学院东京研究所出版,昭和十年(1935)十一月。又见《蒙古高原横断记》,东京朝日新闻社,昭和十二年(1937),276~294页;《汪古部的景教系统及其墓石》,《东方文化研究所纪要2》(《蒙古史研究参考资料》新编第14辑,40~50页)。

[3] 前引马定《关于绥远归化以北的景教遗址的初步调查报告》;江上波夫《评马定著〈绥远省归化以北景教遗址的初步调查〉》,《蒙古史研究参考资料》新编第14辑,50~63页。

[4] 盖山林《阴山汪古》,96~293页。

历史上曾发挥过巨大影响,他们的领袖人物名载正史,今后如能发现重要人物的陵墓,其历史意义将更超过同类的墓葬。

2. 叙利亚—突厥文字铭文 大青山后发现的景教墓石中,部分有墓志铭文,佐伯好郎认为:"墓志铭乃是研究这些遗迹的生命线,是其最重要的方面。"[1] 碑文使用聂斯脱里教发源地的叙利亚文,由于汪古本族传教士已不能熟练掌握,常与自己的突厥语混用,构成特别有趣的文字,作为一种民族古文字,很值得研究。

3. 教堂 拉铁摩尔在敖伦苏木城内发现几块长四至五英尺的石碑,凿有孔眼,一头有十字。他认为:"它们并不是孤零零地竖起的碑石,而是整个建筑设计的一部分。""是景教教堂的前部。"[2] 江上波夫也说:"1935年,我访问敖伦苏木,看到许多宏大的砖建筑物遗址,矗立在地面上。其中还保存穹窿形屋顶和矩形砖壁的原状。"[3] 穹窿形屋顶除北方简陋的窑洞式建筑外,只有西方做礼拜的教堂才有这种屋顶。他还认为拉铁摩尔看到的几块刻有十字架的碑石下的遗址,"先是景教寺院,后改建成喇嘛庙"。[4]

据蒙特哥维诺说:"此间有佐治(George,元人按蒙古读音译阔里吉思)王者,……昔信聂斯脱里派教说,……从余之言,改奉正宗(Catholic,即天主教)……捐资建教堂一所,雄壮宏丽,无异王侯之居。……王赐额题为'罗马教堂'。"又说:"王生前所建之大教堂,距此(大

---

1 佐伯好郎《内蒙古百灵庙附近的景教墓石》,《中国基督教研究》,春秋社,昭和十八年(1943),第13章(《蒙古史研究参考资料》新编第14辑,23页)。
2 《内蒙古的景教古城废墟》,《蒙古史研究参考资料》新编第14辑,7页。
3 《评马定著〈绥远省归化以北景教遗址的初步调查〉》,《蒙古史研究参考资料》新编第14辑,51页。
4 《汪古部的景教系统及其墓石》,《蒙古史研究参考资料》新编第14辑,42页。

都)尚有二十日之程,故终未得往视察也。"[1] 按他的说法,敖伦苏木古城曾建有天主教堂,阔里吉思改宗天主教前理应有聂斯脱里教堂。20世纪80年代江上波夫曾再次来访,并向李逸友先生提议合作考古发掘,重点是寻找天主教堂。这是中国甚至东亚最古老的天主教堂遗址,如能找到,将吸引西方人的普遍重视和注意。

4. 鄂尔多斯青铜器——铜十字架 敖伦苏木古城内石碑上刻的景教十字,引起拉铁摩尔注意,认为"样子和内蒙古许多地方——归化平原及鄂尔多斯沙漠发现的铜十字架差不多"。[2] 马定也说:"很多青铜的景教十字架已经在归化平原上,在鄂尔多斯人中和在内蒙古一些地区被发现。"[3] 佐伯好郎和江上波夫在江上波夫来内蒙古考察前就发表过有关绥远铜器和十字架徽章的论文。[4] 齐鲁大学的学报还出版过专刊,发表了甲骨和青铜器专家齐鲁大学教授明义士(Menzies J. M.)关于青铜十字架的几篇译著并译载佐伯好郎关于铜十字架的论文。[5]

土默特平原和鄂尔多斯常见的青铜十字架,早就引起中外学者的注意和研究,他们称为"鄂尔多斯青铜器"。向觉明(达)师在我调

---

1 Yule and Cordier, *Cathay and the Way Thither*, Chapter 3, p.47;译文见张星烺《中西交通史料汇编》第1册,中华书局,1977年,220页。
2 《内蒙古的景教古城废墟》,《蒙古史研究参考资料》新编第14辑,第7页。
3 《关于绥远归化以北的景教遗址的初步调查报告》注③,《蒙古史研究参考资料》新编第14辑,19页。
4 佐伯好郎《中国绥远出土之万字十字架徽章》(胡立初译),《齐大季刊》,3,5合期(原载《宝云》第2年第2册,昭和八年6月);江上波夫《绥远铜器について》,《考古学杂志》25卷9号,昭和十年6月。
5 《汇印聂克孙先生所藏青铜十字序》《汇印聂克孙先生所藏青铜十字图》《青铜十字图表》《青铜分部编次例——附索引表》,《齐大季刊》1934年3,5期合刊——青铜十字专号。

来内蒙古大学时,就曾叮嘱我应留意这类文物。他还向我展示一部附有大量插图的外文书,都是类似徽章的青铜器,上面皆铸十字。我刚来时,还在呼和浩特旧城一家旧货店里,看到这种十字架铜章和古钱摆在货柜中。可见早年"鄂尔多斯青铜器"的概念没现在这么宽,可能当时常见的就是这类青铜器,反映出元代基督教不仅在大青山后,而且在山前广大地区流传。至元十一年(1274),元世祖曾诏令"延安府、沙井、静州等处种田白达达户选其可充军者,佥起出征"。[1] 白达达即汪古,这条史料说明从事农业的汪古人户分布在大青山后直到陕北,因此南邻陕西的鄂尔多斯常出现此类铜器。

三　16 世纪的蒙古古文献

1.俺答汗碑　马定说:敖伦苏木关厢外距古城约一公里有一坟地,"一块有铭文的碑已从那里移到百灵庙"。[2] 江上波夫也看到古城外东北的坟墓,还去百灵庙找到运往那里的碑身并弄到碑的拓本,发表了竹内几之助的译文。他认定是"记述明代蒙古英雄俺答汗功绩的蒙文碑文",推测那"坟墓可能是俺答汗的陵寝","敖伦苏木也是同明代蒙古俺答汗的土默特部因缘不浅的重要地点"。[3]

我不知这块碑是否还存在,江上发表的释文残缺太多,[4] 不知近

---

[1]《元史》卷九八《兵志·兵制》。
[2]《关于绥远归化以北的景教遗址的初步调查报告》,《蒙古史研究参考资料》新编第 14 辑,18 页。
[3]《评马定著〈绥远省归化以北景教遗址的初步调查〉》,《蒙古史研究参考资料》新编第 14 辑,52 页。
[4]《蒙古高原横断记》,286 页。

年有何研究和进展,如此碑确系记述俺答汗事迹并证实他葬在敖伦苏木,那么此碑既有 16 世纪的蒙古文文献价值,也有重大的历史价值,由此可以推论,在俺答未扩展到大青山南时,这里是他们的活动中心。待扩展到丰州滩并建城以后,这里应是他们的夏营地所在。(先后经内蒙古社科院民族所乌兰研究员和审稿人指正,"该碑于近年在百灵庙镇再次发现,现存达茂旗博物馆。该碑的拓片由海西希解读于 1966 年,发表于其学术专著《内蒙古敖伦苏木所发现之蒙古文石碑及残页》"。)

2.蒙古佛经 我记不起从何处看到,有人在敖伦苏木(或百灵庙)调查时,看到四周远处鄂博山顶有小塔,乃上山探视。发现一塔底被老鼠打洞掏空,露出塔内纸屑残叶,展视是蒙古文佛经,因此将所有塔内文卷掘出。我记忆中此人是海涅什,因此 1981 年在乌鲁木齐国际蒙古史讨论会上,乘间请问他的弟子海西希教授。海西希回答说:发掘者是江上波夫,20 世纪 50 年代他访问日本,江上因这些文书已搁置多年,就交给他继续研究。可证这批蒙古文文书在海西希手中。

3.蒙文史书 三年前我在美国,乌兰博士常寄来她的新作与我讨论。一篇是青年学者蒙古勒呼解读海西希收入《内蒙古敖伦苏木蒙古文手抄本残件(16—17 世纪)》一书中两份未解残叶,[1] 论证它们是 15 世纪末至 1628 年前产生的《元朝秘史》的异本,残叶相当于《秘

---

1 海西希(W.Heissig),《内蒙古敖伦苏木蒙古文手抄本残件(16—17 世纪)》(*Die mongolischen Handschriften-Reste aus Olon süme, Innere Mongolei (16.–17. Jhdt.)*),威斯巴登,1976 年,552 页,OSIV/126~127,右侧两幅。

史》第 80 节中的片段,有四处与罗桑丹津《黄金史》相同而与《秘史》相异。[1] 恰巧乌兰手中也有北大考古系学生在西藏实习获得的两张残叶照片,残叶的内容分别与《秘史》第 90 节或第 119—120 节的部分内容基本相合。她将残叶与《秘史》和罗桑丹津《黄金史》从书写形式或缺文比较,认定残叶内容更接近《黄金史》。因此,从西藏所得残叶和海西希书中残叶都可看出:《黄金史》与《秘史》的差异并非出自罗桑丹津或他手下抄写人之手,而是二者之间经过转抄或改动逐渐与《秘史》原本拉开距离,在《黄金史》以前,应有各种过渡性的、中介的异本。乌兰通过这两种残叶的研究后说:"最大的收获就是关于《脱卜赤颜》与罗桑丹津《黄金史》之间可能存在某种异本的推测再次得到了实物的证实。"[2]

如前所述,海西希所有敖伦苏木蒙古文抄件乃出自佛塔,当在俺答信佛之后,即嘉靖、隆庆之际。此后其统治中心转移至土默特川,这里的佛塔似应建于 16 世纪中叶的万历以前,海西希、蒙古勒呼估计的年代范围还可缩小。西藏发现的残叶,既非宗教内容,也不是受藏传史学影响的蒙古史,我想应出自在俺答与西藏建立联系后由蒙古传过去的。

由此可见,佛塔中不仅有佛经,也有世俗文字,甚至有元朝藏之宫禁的《脱卜赤颜》畏吾字蒙古文原本,如能再发现此类失传的秘籍,其意义实不可估量。

---

[1] 蒙古勒呼《敖伦苏木蒙古文献遗存中的两份残叶之解读——〈蒙古秘史〉与罗桑丹津〈黄金史〉的关系》,载《蒙古学问题与争论》2006 年第 2 辑。
[2] 乌兰《从新发现蒙古文残叶看罗桑丹津〈黄金史〉与〈元朝秘史〉之关系》,《西域历史语言研究集刊》第 4 辑,科学出版社,2010 年,171~180 页。

四 民间故事和传说

拉铁摩尔和黄奋生的调查还侧重记录了关于敖伦苏木城的民间故事和神话传说。拉铁摩尔自称原来并没有明确的旅行目的地,而是在旅途中听到一个去年发生的神奇故事,才对此城发生兴趣。说是因喀尔喀右旗东贝勒运走古城内的砖为自己建造府第,招致夫人被城主吕祖汗及其管家乌兰巴特尔先后作法附体,为他俩代言,咒骂其夫冒犯了城主。黄奋生则直接从德王处听来,称东贝勒为沙贝子,乃喀尔喀右翼达尔罕旗云王之弟,称敖伦苏木为五英雄城,五英雄是元末明初守城死难的五员蒙古大将。或说清噶尔丹之乱时,有名乌兰巴特尔者守城战死成为神,故称此城为乌兰巴特尔城。[1]

据佐伯好郎的研究:景教所到之处,必定与当地的宗教发生联系,受其影响。如景教碑的书写者吕秀岩就是著名的八仙之一吕洞宾,道教尊称为吕祖。佐伯好郎还曾发表过论文《吕祖全书考》。[2] 古城传说中的吕祖汗或是道教中的吕祖演变而来。上世纪30年代当地的蒙汉人,皆不知景教为何物,更不知唐朝景教与道教的关系,有可能此前曾看到残留的景教文书有吕祖之名,而将他附会为古城之神。当然我纯属凭空猜测,不一定对。但民间传说往往是真实历史的折射,因此值得研究。

(原载《内蒙古大学学报》2014年第3期)

---

[1] 《内蒙古的景教古城废墟》,《蒙古史研究参考资料》新编第14辑,7页;《百灵庙巡礼》,83~84页。

[2] 《东方学报》第5册,东京,昭和九年(1934)12月。

从察罕脑儿看元代的伊克昭盟地区

今内蒙古自治区伊克昭盟地区在被蒙古征服以前大部属于西夏,他们曾在这里建置过夏、盐等州。蒙古统治者征服这一地区以后,这里设置的州县和城市都已废置了。[1] 从《元史·地理志》的记载看,这一地区没有与原有州县相应的行政区划,那么,这地区在元代的情况究竟怎么样呢？史料记载很不清楚,研究者也很少有人提出这个问题。《大清一统志》(嘉庆重修本卷五四三)谈到鄂尔多斯的沿革时,涉及元代的仅很少的几笔:"元灭夏,立西夏中兴等路,后废其地。东属东胜、云内二州及〔西南属〕延安、宁夏等路。"《蒙古游牧记》也有这种说法。可是,这是一片近十万平方公里的土地,它能全部由鄂尔多斯境外几个路、州分管吗？难道在此范围内就没有设过任何行政机构？这是一个很值得深思的疑问。

---

[1] 盐、夏州之名元初还常出现。如《元史》卷一《太祖纪》二十一年十一月,卷七《世祖纪》至元九年正月,卷一五九《商挺传》;《元文类》卷二三;程钜夫《平云南碑》。

一 两个察罕脑儿

元代史籍中经常出现察罕脑儿这个地名。中统二年(1261)王恽就曾提到他在去开平途中经过了察罕脑儿,并称"时行宫在此"。[1]《元史》记载:至元十七年(1280),作行宫于察罕脑儿。[2] 后来还修建了亨丽殿这类永久性的建筑。[3] 察罕脑儿位于由大都去上都的途中,每年皇帝巡幸上都往返要经过两次。因此扈从皇帝或应召去上都的文人雅士也多起来了,他们也留下了一些描绘察罕脑儿风物的诗篇,因而这个地名也逐渐为人们熟悉。《经世大典·站赤》记录了上都路所辖的桓州站、李陵台站、察罕脑儿站、牛群头站、独石站等站名。[4] 加上其他的行记和史料,还可找到察罕脑儿的具体位置。因此,人们在谈到元代的文献时,碰到察罕脑儿这个地名就事先有了一个固定的空间观念,总把它理解为上都附近,而忽略了《元史》中的察罕脑儿有一半是指鄂尔多斯境内的另一地名。由于对这一位于今伊克昭盟境内地名的忽视,也使围绕这一地名的零星记载可以反映鄂尔多斯状况的许多重要史实也轻易掠过了。

在明人的著作中,确切地用文字和地图指明了今伊克昭盟境内有一个察罕脑儿城,为我们分析元代的察罕脑儿提供了很好的线索。

明嘉靖《宁夏新志》载:"察罕脑城,忔都东北废城,未详其始。"而忔都城,该书却肯定是废夏州城。[5] 又张雨《边政考》载:"叉罕脑儿

---

[1] 《中堂事记》,《秋涧先生大全文集》卷八,叶19下。
[2] 《元史》卷一一《世祖纪》,至元十七年五月甲辰。
[3] 同上,卷一三六《拜住传》。
[4] 《永乐大典》卷一九四二二,叶4上。
[5] 中国书店影印本,卷二,叶56上:"夏州,在古盐州东北三百里,今河套哈剌兀速之南,即华言黑水,有废城曰忔都者盖其处也。"

城,在骆驼山西。"而"忻都城,在叉罕脑儿城西"。[1] 察罕脑,即察罕脑儿,汉语读音的儿化和译名儿字的省略是常见现象。察和叉只是译音用字不同。这两书皆附有地图,标明了察罕脑儿所在的方位,为我们确定其今天的所在地点提供了方便。

以上几种记载说明,明代还能看到今伊克昭盟境内有一察罕脑儿的废城。但是明人也不明了它的兴废始末,所以谈不上是后人的附会。根据这一线索,细检一下元代的记载,所谓察罕脑儿,除了是指上都附近作为皇帝狩猎的行宫外,其余就是指这个察罕脑儿城,而且它是元代鄂尔多斯地区一个行政、军事、经济、交通中心。

二 元代的驿站枢纽

元代的《析津志》记录了当时天下的站名,其中有一个重要的驿站察罕脑儿是在今伊克昭盟境内。该书称:从奉元(今西安)出发,"一路正北由龙桥至察罕脑儿"。经过的地点是:龙桥—耀州—同官—宜君—中邨—三川—鄜州—甘泉—延安—龙安—寨门—白塔儿—察罕脑儿。自龙桥至延安皆记有里数,延安以北各站没有里程。[2] 但可以肯定,延安向北走下去正是今伊盟境内,而绝不会是上都附近的察罕脑儿。

回过来看看《元史》,实际上有几条关于察罕脑儿驿站的记载,可以说是指这条驿路的。

---

[1] 卷五,叶3下。又见卷一,叶4上《三边四镇之图》;卷二,叶9下《榆林图》。
[2] 《永乐大典》卷一九四二六。

《仁宗纪》:延祐二年(1315)六月辛巳,察罕脑儿诸驿乏食,给粮赈之。

《英宗纪》:至治三年(1323)夏四月丙寅,察罕脑儿蒙古军驿户饥,赈之。

《顺帝纪》:至元元年(1335)秋七月癸卯,立脱脱禾孙于察罕脑儿之地。

从第一条看,既称为"察罕脑儿诸驿",察罕脑儿是代表一道驿路的地名。《经世大典·站赤》记载,上都附近的察罕脑儿只是大都往上都途中的十八站之一,明确说它属上都路管辖,即包括在常见的"上都诸驿"之中,所以这"察罕脑儿诸驿"决不会是指它。反过来可以证明,今伊克昭盟境内的察罕脑儿,当时也是一条驿道的名称,是一路驿站的枢纽。

从第二条看,这里的驿户是蒙古人,是一个蒙古站。《经世大典·站赤》所载的上都路十八站,明确分出其中有"蒙古三站",察罕脑儿不在其中。[1] 那也就只能是指我们所说的察罕脑儿。

从第三条看,这里设立了脱脱禾孙。脱脱禾孙是元朝驿道上的一种专设官职,其职务是"掌辨使臣奸伪"。[2] "朝省诸司局院及外路诸官府应差驰驿使臣所赍札子,从脱脱禾孙辨诘"。它置于"关会之地"。[3] 这就不能是上都附近的察罕脑儿,只能相当于充当一条驿路名称的总驿站——今伊克昭盟的察罕脑儿。

---

1 《永乐大典》卷一九四二二,叶4下。
2 《元史》卷九一《百官志·各处脱脱禾孙》。
3 同上,卷一〇一《兵志·站赤》。

为什么元朝要专设一条从西安到察罕脑儿为终点的驿路？对它如此重视，显然这个地方有其特殊的重要性。下面想从搜集到的零星资料进行初步探索。

三　元代一个重要的军事牧场

《元史·兵志·马政》项下记载：元王朝蒙古封建贵族拥有"系官孳生马、牛、驼、骡、羊，点数之处，一十四道牧地"。其中"玉你伯牙、上都周围，哈剌木连等处"两道牧地与本题有关。

在每道牧地之下，又列举了"各千户、百户等名目"。

其中"哈剌木连等处御位下"的名目给本题以很大启发，兹略举如下："……云内州拙里牙赤昌罕、察罕脑儿欠昔思、……开城路黑水河不花。"云内州在今土默特左旗的南境，开城（应作成）路在今宁夏固原县西南。哈剌木连是蒙古语黑河的意思，蒙古族人民很早以来就以哈剌木连称呼黄河，从开成路到云内州正是黄河由西向东流折向北流，再转东流的大河曲部分。由此可以揣知，这"哈剌木连御位下"一道牧地，正好是包括今伊克昭盟及其周围地区的各个牧场，而察罕脑儿也应该是这两地之间的察罕脑儿。上都附近的察罕脑儿如果有牧地的话，自然应包括在"玉你伯牙、上都周围"那道牧地内。

既然西边的察罕脑儿是一处牧场，那么《元史》中有些涉及察罕脑儿牧场的记载，应该是指这个察罕脑儿的。如：

《仁宗纪》：延祐四年（1317）冬十月壬子，给钞五万锭、粮五万石赈察罕脑儿。

《泰定帝纪》：泰定元年(1324)十二月乙亥，察罕脑儿千户部饥，赈粮一月。

《文宗纪》：至顺二年(1331)三月壬午，以陕西盐课钞万锭赈察罕脑儿蒙古饥民。

《顺帝纪》：至元六年(1340)春正月……察忽、察罕脑儿等处马灾，赈钞六千八百五十锭。

以上各条，都是因察罕脑儿发生灾荒，进行赈济时偶尔提到。显然，用陕西盐课钞赈济的应该是它北部的察罕脑儿；"察罕脑儿千户部"与《马政》项"一十四道牧地"下"各千户、百户……"的记载结合起来考虑，可知察罕脑儿是一个千户，欠昔思则是一个千户长的名字。其余两条大致也是指这里。从因为天灾大量拨款赈济看，这个牧场是一个很重要的牧马场。

《大元马政记》引元人宋本的《至治集》，提到成宗时共有十五处牧场，"察罕脑儿"是其中之一，牧民放牧的马群，抽分缴纳宣徽院的比例是："上及百、下及三十者抽分一头，不及三十者免。"[1] 在这些牧场上，由哈赤[2]牧放着三十余万口"本欲孳生"的系官牝羊，由宣徽院直接"抽分牛羊头匹"。[3] 因此，作为牧场的察罕脑儿在元朝也有重要的地位。

---

[1] 《大元马政记》，《广仓学窘丛书》本。
[2] 《元史》卷一〇〇《兵志·马政》："牧人曰哈赤、哈剌赤。"
[3] 《大元马政记·抽分羊马》延祐元年六月十六日中书省奏，《广仓学窘丛书》本。

四　安西王的封地

从历史的沿革看,元代察罕脑儿的变迁在史料中也有蛛丝马迹可寻。

《元史·顺帝纪》(卷四五,至正十九年七月)载:"察罕脑儿之地,在世祖时隶忙哥歹太子四千户。"《元史·宗室世系表》中,并没有忙哥歹其人。只是"世祖皇帝十子"中,第三子名忙哥剌。因为元朝将皇帝的儿子都称为太子,所以忙哥剌与忙哥歹太子的身份相当,"歹"应该是"剌"之误。

据《元史》所载,忙哥剌于至元九年(1272)受封为安西王,赐京兆为分地,驻兵六盘山。"统河西、土番、四川诸处"。这片土地也正好是世祖时设置的陕西行中书省、陕西五路西蜀四川行中书省(陕西四川行省),因为它是安西王的封地,又称之为安西省。[1] 察罕脑儿正在安西王的分地范围内,所以《顺帝纪》所说的忙哥歹太子就是忙哥剌无疑。这样,也可以知道察罕脑儿有忙哥剌属下的四个千户。

《元史·顺帝纪》至正二十七年(1367)八月还提到:"立行枢密院于阿难答察罕脑儿。"忙哥剌被封为安西王(十一年益封为秦王),在国七年死,由其子阿难答袭封,所以这里把察罕脑儿称为阿难答察罕脑儿。

察罕脑儿属于安西王在《元史·百官志》中也有反映,如:

> 管领六盘山等处怯怜口民匠都提举司。……至大四年

---

[1] 《元史》卷七《世祖纪》,至元九年十月丙戌朔;卷一四,至元二十四年十一月丁酉。安西省见卷一一,至元十八年二月乙亥;卷一五,至元二十五年六月丁卯,八月壬申,十一月庚申。

(1311)始置。国初未有官署,赋无所稽,复遣使核实,始著为籍,设司以领之。

奉元等路、平凉等处、开(城)〔成〕等处、甘肃宁夏等路、察罕脑儿等处长官司,凡五处,……

提领所凡十,并正七品,奉元等路、凤翔等处、平凉宁环等处、开(城)〔成〕等处、察罕脑儿等处、甘州等路、肃沙等路、永昌、宁夏等路、长城等路,……分掌怯怜口地方,隶各长官司。[1]

六盘山是安西王"驻兵"处。[2] "王府冬居京兆,夏徙六盘山,岁以为常"。[3] 姚燧也说:"夏则乐其高寒,即六盘居。""府在长安者为安西,六盘者为开城,皆听为官邸。"[4] 开成当时被视为上都,是安西王的夏宫所在。[5] 奉元就是元初的京兆府,安西王受封后更名安西路。其余各地,都在安西王所统的河西一带。

怯怜口由"招集析居、从良、还俗僧道编籍人户"组成。[6] 也有军、站、屯户被拘收的,也有军户因负担过重而"投充诸侯王怯怜口人匠"的。[7] 这个管领六盘山等处怯怜口民匠都提举司及其所辖的五长官司、十提领所未设机构前,应该是安西王私有的人户。因为安西王在其封地内,凡"商贾之征,农亩之赋,山泽之产,盐铁之利,不入王府,

---

1 《元史》卷八八《百官志》。
2 同上,卷一七前引文。
3 同上,卷一六三《赵炳传》。
4 姚燧《延釐寺碑》,《元文类》卷二二。
5 《元史》卷六〇《地理志》。
6 《延釐寺碑》;《元史》卷八九《百官志》。
7 《元史》卷一〇〇《兵志·陕西屯田》;卷九八《兵志·兵制》。

悉邸自有"。[1] 所以《元史·百官志》说，至大四年（1311）以前，"未有官署，赋无所稽"。《元史·世祖纪》载：至元二十四年（1287）十二月，"从安西王阿难答请，设本位诸匠都总管府"。可能就是管理后来这些民匠都提举司、五长官司、十提领所的机构。

由此可见，这个察罕脑儿也就是所谓"阿难答察罕脑儿"，它与奉元（京兆）、六盘山、开成等地并提，说明察罕脑儿在安西王领地内占有很重要的地位，而且也可以知道，察罕脑儿除了牧场，还有聚集民匠的长官司、提领所设置在这里。

察罕脑儿属于安西王所有，在剌失笃丁《史集》中有明确记载。他说："……忙哥剌之子亲王阿难答所领有的唐兀地区。他驻兵于察罕脑儿之地。"在介绍京兆府省时，剌失笃丁指出：京兆"为唐兀地区一座城"，阿难答驻于那里。又说："阿难答的禹儿惕设于一处名察罕脑儿之地，在那里筑有宫殿。"[2] 这说明察罕脑儿与开成一样，也是阿难答驻兵之地，并"听为宫邸"，难怪它能同奉元、开成相提并论。

禹儿惕（yurt）是突厥语，相当蒙古语的嫩秃黑（nuntuq）。符拉基米尔佐夫解释为"供游牧用的地段和某一社会经济单位游牧的地面"，[3] "也有'营帐、住所'的意思"。《元朝秘史》旁译为"营盘"。所以，《史集》说阿难答的禹儿惕设于察罕脑儿与前述的"阿难答察罕脑儿"是一个意思，即察罕脑儿是阿难答的牧地。狭义地理解，就是指察罕脑儿是阿难答本人及其属民的营帐所在地。关于安西王的营帐，在忙哥剌受封就国时，姚燧曾做了这样具体的描写："至长安，营

---

1 姚燧《延釐寺碑》。
2 Рашид-ад-дин, Сборник Летописей, Том II, Москва-Ленинград, 1960, pp.185, 182.
3 Б. Я. Владимирцов, Общественный Строй Монголов, Ленинград, 1934, p.43.

于素浐之西,毳殿中峙,卫士环列,车间容车,帐间容帐,包原络野,周四十里。中为牙门,讥其出入。"[1] 这种营帐只能是冬天时暂徙往长安附近的农业区,其夏营地则应如剌失笃丁所说设在草原广阔的察罕脑儿,或者是设在地势高爽的六盘山上的开成。久之,安西王在长安建成了固定的王府,其遗址至今尚存。此外据中外史籍记载,安西王在开成和察罕脑儿也分别建起了宫邸。

五 封建领有权的交相更替

元朝蒙古统治者为争夺皇位继承权曾不断发生残酷的斗争,随着皇位的频繁更替,察罕脑儿这块地方也就由于前一个领主的失败转入斗争胜利者的手中。

大德十一年(1307),元成宗死,无子,成宗卜鲁罕皇后伯要真氏谋立安西王阿难答,而由她临朝称制。成宗侄爱育黎拔力八达(成宗次兄答剌麻八剌子)与部分宗王、大臣勾结,自怀孟入大都,废皇后伯要真氏,执安西王阿难答等,赐死,迎立其兄怀宁王海山为帝,是为武宗。

武宗即位,立爱育黎拔力八达为皇太子,立詹事院"备左右辅翼太子之任"。[2] "初,安西王封于秦,既以谋逆诛,国除"。武宗为了酬

---

[1]《延釐寺碑》。
[2]《元史》卷八九《百官志·储政院》。

答其弟的推戴,把安西王的"版赋"赐给了皇太子所辖的詹事院。[1] 置都总管府,由金詹事院事察罕领之。[2] 当然,察罕脑儿也于这时由阿难答转到爱育黎拔力八达的封地之中。

至大四年(1311),武宗死,仁宗爱育黎拔力八达即位,又将自己从安西王那里得到的封地和人户转给了他的皇后阿纳纳失里。仁宗还在作皇太子时,其妃就已经有一个"怯怜口都总管府",至大三年(1310)十一月改为典内司。仁宗即位后升为典内院。皇庆二年(1313),于册封阿纳纳失里为皇后的同时,改典内院为中政院。[3] 中政院的职能是"掌中宫财赋营造供给并番卫之士汤沐之邑"。而前述的"管领六盘山等处怯怜口民匠都提举司"正好属于中政院,当然它和它属下的察罕脑儿等处长官司和提领所这时无疑都是皇后中宫的私产。《元史·百官志》在这个都提举司下还说:"至大四年始置。国初未有官署,赋无所稽,复遣使核实,始著为籍,设司以领之。"说明这个机构的建立和赋户的清理,正是与仁宗即位后将这些领地赐给他的皇后一事是有关联的。

《元史·百官志》"管领本投下大都等路怯怜口民匠都总管府"项下还载:"国初,招集怯怜口、哈赤、民匠一千一百余户。中统元年(1260)立总管府。……掌户口、钱帛、差发等事。至元九年(1272)拨

---

[1] 《元史》卷一七八《王约传》。卷二二《武宗纪》也提到,大德十一年(1307)十一月,皇太子言:"近蒙恩以安西……为分地,租税悉以赐臣。……其陕西运司岁办盐十万引向给安西王,以此钱斟酌与臣……。"

[2] 同上,卷一三七《察罕传》:"立仁宗为皇太子,……曰:'上以故安西王地赐我置都总管府。'"卷八五《百官志》:"随路诸色民匠都总管府,……掌仁宗潜邸诸色人匠……其属五:大都等处织染都提举司,……管阿难答王位下人匠一千三百九十八户……。"

[3] 同上,卷一一四《仁宗庄懿慈圣皇后传》;卷二三《武宗纪》;卷二四《仁宗纪》,至大四年二月甲子,皇庆二年二月壬戌。

隶安西王位下。皇庆元年(1312)又属公主皇后位下。"这也证明仁宗将得之于安西王的"版赋"转给了阿纳纳失里皇后。

阿纳纳失里皇后于英宗即位前已死。[1] 可能安西王的故领地连同察罕脑儿在内又转到武宗、仁宗母答己的徽政院。至治二年(1322)九月她死后,十月罢徽政院,三年二月,又罢徽政院所辖的"怯怜口及人匠总管府",改"隶陕西行中书省","降开成路为州"。这些机构和行政建置正是前文所述同察罕脑儿并提的安西王领地和人户集中的地方。[2] 似乎是由于太皇太后之死,徽政院所辖机构和地方又有改属和建置降格的措施。

至治三年(1323)八月,英宗因大臣发动政变被杀死,成宗兄甘麻刺子也孙铁木儿继位,这就是泰定帝。新的统治者取得政权后,即于泰定元年(1324)三月派遣湘宁王八剌失里出镇察罕脑儿。三年正月迁镇兀鲁思部。[3] 同年六月,又命"出镇阿难答之地"。四年三月,再命"八剌失里出镇察罕脑儿"。[4]

八剌失里是湘宁王迭里哥儿不花之子。迭里哥儿不花是晋王甘麻刺第三子,泰定帝也孙铁木儿之弟。这就是说,八剌失里是泰定帝的亲侄儿。[5] 泰定帝即位后,即赐他袭封湘宁王。[6] 次年,受命出镇察罕脑儿。在《元史·泰定帝纪》中泰定帝赏赐八剌失里的记载很多,为数极大,当时其地位是一般诸王所不能比拟的。泰定帝让自己的近亲出镇这里,也可说明察罕脑儿地位的重要。这时,察罕脑儿不但

1　参见《廿二史考异》卷九三"仁宗皇后"条。
2　《元史》卷二八《英宗纪》。
3　同上,卷二九、三〇《泰定帝纪》。
4　同上,卷三〇《泰定帝纪》。
5　同上,卷一〇七《宗室世系表》。
6　同上,卷二九《泰定帝纪》,至治三年十二月。

成为湘宁王的封建领地,甚至管理权也交给了他的王傅府。[1]

泰定帝在上都避暑时病死,他的近属拥太子称帝于上都。而答剌麻八剌系的拥护者却在大都发动政变,支持元武宗二子(后来的明宗、文宗)夺取帝位。封建统治集团内部发生了激烈的军事冲突。镇守察罕脑儿的湘宁王八剌失里当然是支持上都方面的,天历元年(1328)冬十月,发兵大举进攻冀宁(今太原),冀宁路的守兵和大都派来的援兵都被击败,冀宁城也被攻下。[2] 同月中,上都兵败,八剌失里兵败被俘,上都派全面失败。[3]

大都派拥立武宗次子图帖睦尔称帝,是为文宗。文宗夺得政权以后,大肆剪除政敌。就在八剌失里被俘的这月里,"复立察罕脑儿宣慰司"。[4] 当然八剌失里的湘宁王王傅府及其对察罕脑儿的领有权也取消了。

文宗时(1328—1332),察罕脑儿的情况不甚清楚,很可能其版赋是属于卜答失里皇后的中政院。[5] 至顺三年(1332),文宗死,卜答失里皇后立其侄明宗子懿璘质班为帝,是为宁宗,十月,宁宗为皇太后卜答失里"立徽政、中政二院"。[6] 同年宁宗死,卜答失里又立宁宗庶兄妥懽贴睦尔为帝,即元顺帝。顺帝于元统元年(1333)冬十月,"诏以

---

1 《元史》卷二九《泰定帝纪》,泰定元年三月己酉:"遣湘宁王八剌失里出镇察罕脑儿,罢宣慰司,立王傅府。"
2 同上,卷三二《文宗纪》,天历元年冬十月乙未。
3 同上,卷三二《文宗纪》,天历元年冬十月甲寅。
4 同上,卷三二《文宗纪》,天历元年冬十一月庚午。
5 同上,卷三五《文宗纪》,至顺二年五月丁亥,复立怯怜口提举司。按《元史·百官志》(卷八八),中政院属下只有一个与怯怜口有关的"管领六盘山等处怯怜口民匠都提举司",如复立的是它,那就可以肯定。
6 同上,卷三七《宁宗纪》。

察罕脑儿宣慰司人民止令应当徽政院差发"。[1] 这就明确了察罕脑儿宣慰司辖境内人民所出的差发,元朝政府概不过问,全部归卜答失里的徽政院"自有"。后至元六年(1340),顺帝削去卜答失里的太皇太后尊号,徙置东安州,随即被处死。[2] 元末农民起义蜂起。至正十五年(1355)正月,"诏豫王阿剌忒纳失里与陕西行省平章政事搠思监从宜商议军事"。即派宗王出镇陕西。十八年十月,又"诏豫王阿剌忒纳失里徙居白海,寻迁六盘"。察罕脑儿是蒙古语词,汉语意为白湖,通常译为白海。[3] 这个"白海",必是与六盘山同为安西王行宫所在的察罕脑儿。可知这几年内,是由豫王出镇安西王封国的旧地。十九年七月,顺帝"从皇后奇氏请","以察罕脑儿宣慰司之地属资正院,有司毋得差占"。[4] 资正院是专掌顺帝皇后财赋的机构,从此以后察罕脑儿又成了皇后奇氏的私产。[5]

六 军事行政重镇——察罕脑儿宣慰使司都元帅府和行枢密院

在安西王时代,元朝政府看来在察罕脑儿并没有设置州县或其他行政机构。武宗将察罕脑儿等地的"版赋"转赐给爱育黎拔力八达

---

[1] 《元史》卷三八《顺帝纪》。又于同年为皇太后卜答失里的徽政院设官属三百六十六员。
[2] 同上,卷四《顺帝纪》;卷一一四《文宗卜答失里皇后传》。
[3] 上都附近之察罕脑儿也常称为白海,见《元史》卷一六《王思廉传》、一六六《蔡珍传》、一六九《刘哈剌八都鲁传》、二〇三《靳德进传》。
[4] 同上,卷四四、四五《顺帝纪》。
[5] 同上,卷二〇四《朴不花传》。

后,又于至大三年(1310)九月"立宣慰司都元帅府于察罕脑儿之地"。[1] 泰定帝时,湘宁王八剌失里出镇察罕脑儿,地方行政也由王傅府管理,所以一度罢了宣慰司。文宗发动政变成功并俘获八剌失里,马上就取消了湘宁王八剌失里的王傅府,又重新在这里恢复了察罕脑儿宣慰司。[2]

据《元史·百官志》载:

> 宣慰司,掌军民之务,分道以总郡县。行省有政令则布于下,郡县有请则为达于省,有边陲军旅之事则兼都元帅府。

宣慰使司,共有六道,都设在内地。宣慰使司都元帅府,共有八府,其中有"察罕脑儿等〔处〕"在内。其余都设在广东、云南、广西、福建、贵州等边远地区。[3] 宣慰使司是仅低于行省的一级行政机构,其辖境不会太小,也许相当于今天的伊克昭盟。而且它还设兼管"边陲军旅之事"的都元帅府,可见察罕脑儿在元朝有其军事和政治上的重要性。[4]

至正二十七年(1367)八月,元朝又立行枢密院于"阿难答察罕脑儿",命陕西行省左丞相秃鲁兼知行枢密院事。[5] 这时距元亡已只有

---

1 《元史》卷二三《武宗纪》。
2 同上,卷三二《文宗纪》。
3 同上,卷九一《百官志》。
4 同上,卷二四《仁宗纪》有伯忽,其人于皇庆二年(1313)正月,由察罕脑儿宣慰使调任中央御史大夫。可见伯忽是以仁宗心腹派往其分地的,故即位后就出任显职。此外所见者尚有宣慰使散忒迷失(卷三三《文宗纪》,天历二年二月)、何渊(《山右石刻丛编》卷三四,后至元二年)、元帅蒲庸(《(弘治)延安府志》卷四,至正间)等。
5 同上,卷四七《顺帝纪》。

一年,农民大起义已在全国许多地区摧垮了元王朝的统治。元王朝为继续挣扎,任命行省左丞相设行枢密院坐镇此地,可见当时的以察罕脑儿为中心的伊克昭盟地区是蒙古军队屯驻的重要基地,所以才采取了这样的重大战略措施。

元顺帝被逐出北京后,洪武二年(1369),明将徐达、汤和等自河南进兵陕西,越过六盘山,平定关陇等地。次年,明军又败元将扩廓铁木儿于定西,定宁夏。蒙古军皆败逃察罕脑儿,汤和等军回师东进,大战于察罕脑儿,俘虏元猛将虎陈,掳获马、牛、羊十余万。从元军最后集中于察罕脑儿和当地牲畜之多来看,也证实了这里是一个重要战略地区。元军遭到这次沉重的打击后,从此再也不能组织有力的抵抗,接着明军就顺利地攻占了东胜、大同、宣府等地。[1] 最后将元朝残余势力驱向漠北。

七 明清关于察罕脑儿废墟的记载及其今地的位置

察罕脑儿在明代可能还大部保存,所以永乐中宁夏总兵柳升曾请求修复。景泰中,石亨也曾请求移宁塞营于此。[2] 说明察罕脑儿城那时还可利用为防止鞑靼南侵的前哨据点。

清道光二十五年(1845)陕西怀远县(今横山)知县何丙勋曾亲自考察过该县城"正西九十里"的白土城。据他描写,这古城的鼓楼、钟

---

1 《明史》卷二二六《汤和传》。
2 顾祖禹《读史方舆纪要》卷六一。

楼及其他建筑物的遗址尚存,甚至"其钟楼尚堪上去,高约十余丈,白土筑成,鸡笼顶式大厦一间,半间已坍,半间挂钟,屋顶形迹宛然。屋外飞檐八层,插椽孔穴层层可数,穴中尚有松椽三四橛,闻椽之长出者悉为鞑子猱升拔用。……"他以"遍询老民,金称此城之外,怀邑草地并无另有城基"为理由,断言此城为夏统万城。1843 年,榆林人杨江也曾去"专马走视",他也说"遍访〔伊克昭盟〕七旗之地,俱言止此一城可观,余皆坍废云"。所以他也肯定:"相度形势于纪载夏州适相符合,其为西夏发迹之所,竟可无疑。"这种推论,为当时的历史地理学家徐松(当时的榆林知府)、张穆所肯定,所以后人深信不疑。[1] 在目前能看到的历史地图、地名大辞典中普遍接受了这一看法,甚至还有此城照片作为统万城遗址展览在历史博物馆中。

我认为,以上推论是靠不住的。首先,赫连勃勃的统万城和后来的夏州,距 19 世纪中叶已有一千八百年,不可能保存这么完好。而察罕脑儿城直至明初还是据兵要地,以后弃置沙荒之地。由于它的时期较晚,保存较好,所以明朝的将军才一再提出修复它以为御边之用。何丙勋等人所见伊克昭盟"七旗之地""止此一城可观"的古城只能是察罕脑儿城。其次,赫连勃勃时代,城市建筑决没有什么钟鼓楼制度,所谓"鸡笼顶式大厦"很可能是穆斯林式建筑。阿难答信奉伊斯兰教,[2] 中华人民共和国成立后在西安安西王府旧址曾发现过阿拉伯幻方,说明当时曾有大批来自西亚的穆斯林在其周围,因此在察罕脑儿出现穆斯林建筑是很自然的。

由此可见,察罕脑儿城就是横山县正西九十里今乌审旗境内的

---

[1] 杨江《夏州城考》,收入《关中丛书》本《河套图考》;张穆《蒙古游牧记》卷六。
[2] Рашид-ад-дин, Сборник Летописей, Том II, p.154. 208~210 页有大段阿难答笃信伊斯兰教的描述。

古城。统万城和夏州的遗址应据明人地图由此往西寻找,也就是明嘉靖《宁夏新志》和张雨《边政考》中的忻都城,即废夏州城。

(原刊《内蒙古大学学报》1978年第2期)

补　记

本文初作于 1965 年,起因是为《中国历史地图集》提供补充意见。此次重新发表,对原文文句欠妥和排印错讹之处做了个别修改。这些年来,关于察罕脑儿又有了几点新认识,特补记如下:

一、读伯希和著《马可波罗注释》(P. Pelliot, *Notes on Marco Polo*, 第 1 卷,1959 年)第 143 条"察罕脑儿"(Ciagonnor),得知他已根据我所引用的剌失笃丁《史集》第 II 卷的两条史料,指出:"在马可波罗的时代华北地区有两个察罕脑儿",并猜想这个察罕脑儿在黄河河套内鄂尔多斯境,榆林以西和横山县北。1971 年出版的《史集》英译本(J. A. Boyle, *The Successors of Genghis Khan*)286 页相应史料译文的注 183 中也引用了伯希和这个结论。因此我应当声明,最先提出两个察罕脑儿并考定这个察罕脑儿的大体方位的人是伯希和。尽管他声称:"很遗憾,我在蒙古时期的汉文史料中没有发现任何关于唐兀察罕脑儿的记载",居然只靠《中国古今地名大辞典》(商务印书馆,1931 年)"察罕脑儿城"条六七十字的释文,得知它"在陕西横山县北";又据所述有关汤和、石亨的明代史事,确认"这个地点在明初仍为人所知",从而得出了上述天才的结论。

早在中华人民共和国成立前,邵心恒师也注意到这个问题。可惜他据 E. Blochet 刊本作的《剌失德丁〈集史〉译释》遗稿,直至 1985 年才收入《邵循正历史论文集》发表,但有关察罕脑儿的两段史文没译出,而是在《铁木耳合罕本纪》记阿难答所辖唐兀境诸大城时,注文谓其中两城"疑指察罕脑儿之宫殿",并引用未译释的有关史文为证。同时还引证我前引的两条汉文资料:认为《元史·顺帝纪》之"阿难答察罕脑儿""即此",冠以已故阿难答之名,是"举之以别于其他察罕脑儿";认为《元史·百官志》中管领六盘山等处怯怜口民匠都提举司所辖的察罕脑儿等处长官司、提领所,"亦此察罕脑儿"(见《邵循正历史论文集》82~83页)。

虽然此文关键结论已有人言之在先,我仍以同国内外两位前辈学者的意见不谋而合,并能为此新见增添若干例证加以较全面的阐释而感到高兴。

二、《史集》第 II 卷《铁木耳合罕纪》(俄译本 208 页,英译本 323 页)还有一条有关记载:"铁木耳合罕将以前忽必烈合罕所赐忙哥剌之军,及原属于彼之唐兀地,委付阿难答。唐兀乃一幅员广阔之大国,汉语称为'河西',……此地诸大城曾为诸王之都邑者有:京兆府、甘州府、……阿黑巴里(Aq-baliq)。"甘州府以下两地名各刊本皆不可读,邵心恒师认为"疑指察罕脑儿之宫殿"。伯希和将第三地名校定为也里海牙(Irqai,马可波罗作 Egrigaia,《元朝秘史》作额里合牙,即宁夏,今银川)或兀剌海(Uraqai,西夏重镇,元为路),将第四地名校定为 Halǎjan,即《元朝秘史》265 节的阿剌筛,马可波罗书中的 Alacian,伯希和的读法贴切合理,比较可信。

Aq-baliq 乃突厥语词,汉语意为白城,蒙古语称 Čaγan Balaqasun。伯希和虽然注意到"剌失笃丁提到的 Aq-baliq 列于唐兀境内诸城之中",认为它可能与《大元马政记》中甘肃州的察罕八剌哈孙相当,但又以此城不著名,不能称为都邑,所以仍认定同马可波罗书中的蛮子阿黑八里(Acbalec Mangi)是同一地方,即也属于陕西行省的汉中。(参见 Notes on Marco Polo 有关各条,第 1 卷 7~8、132~137 页;第 2 卷 641 页)

汉中元以前属南宋,与《史集》作为唐兀(西夏)境内都邑的说法不符。再检张雨《边政考》卷一、二、七的地图、正文和表,所有地名都是从东到西,顺序相同。卷一《总图》有叉罕脑儿,注城池标志(叶4上)。卷二《榆林图》有叉罕脑儿,注地名标志;而它以南相应近边处却标写"察罕城寇路"(叶8上,叶9下)。下文各边至边外里程和"边外寇路",两处皆没有察罕脑儿,而相应处皆被察罕城所取代(叶16下,叶26上)。察罕脑儿本来是湖名,可以湖为地名,也可充近处城池的城名,或径称察罕脑儿城(卷七,叶3下)。而书中此三处表明,察罕脑儿城还另有察罕城这个名称。1845年怀远县知县何丙勋亲往考察时曾描述,它是一座"白土城",残留的大厦也用"白土筑成",可能因此又有察罕城——白城这个名称。《史集》中的 Aq-baliq,当即察罕城的突厥语称谓,也就是察罕脑儿城。由于它是安西王的行宫所在,故《史集》将它列入阿难答所辖唐兀境五大都邑之中。

三、汉文史料只有"王府冬居京兆[至元十六年(1279)改安西路],夏徙六盘山","府在长安者为安西,六盘者为开成,皆听为宫邸"等记载,波斯史料中阿难答在察罕脑儿另有行宫的说法前文没能确证。我后来发现姚燧撰《武略将军知秦州史君神道碑》(《牧庵集》卷二五)载:史克恭"刺葭州,葭濒西河,方摄延安路事。……俄秦藩肇建,于冬发万人筑白海行邸"。忙哥剌于至元九年(1272)被封为安西王,建藩于秦(陕西),两年后进封秦王,故称"秦藩"。这个"白海",必是《顺帝纪》至正十八年(1358)豫王阿剌忒纳失里徙居的"白海",也就是蒙古语察罕脑儿的汉名。因为察罕脑儿南面紧接延安路及其所辖州县,与此"白海"的地理位置也相当,所以令近处延安路和葭州的守令发民夫修筑行邸。可见安西王除开成以外,早已在察罕脑儿另建有"宫邸"。李逸友《呼和浩特市万部华严经塔的金元明各代题记》一文(《文物》1977年第5期),附录有"皇庆元年四月十五日白海子住人□伯同何如奴"等的题记(五〇七条)。我怀疑此"白海子"即丰州此塔西南方向的察罕脑儿,似可为它又称白海增一例证。

四、前文已说明,察罕脑儿从至大三年(1310)设宣慰司都元帅府以后,直至元末,其存在和短期罢设皆历历可考,且著录于《元史·百官志·宣慰使司都元帅府》。《南村辍耕录》卷一一《中书鬼案》条,有一件至正三年(1343)察罕脑儿宣慰司的呈文,是由陕西行省咨送上报,经中书省批准的,这就给此宣慰司归陕西行省管辖提供了明文证据。《元史·地理志》的蓝本是《经世大典·赋典》的《都邑》编,而此编乃据大德七年(1303)纂成的《大元一统志》所修,可能是没把这个后设并且下无州县的宣慰司都元帅府补入。《中国历史地图集》第七册,仅将察罕脑儿作为一驿站名标出,拘泥于《元史·地理志》所载行政建置,而将《元史·百官志》的记载置之不顾,使今伊克昭盟地区留下大片空白,实在令人遗憾。1983年出版的《中国通史》第七册所附《元代行政区划分表》(613页),在陕西行省一栏内,已将察罕脑儿宣慰司列入,为《元史·地理志》的缺失做出了补正。

(原载《内蒙古大学学报三十周年论文选》,1991年)

关于银定与歹成

克晟学兄：

前接来函询问有关银定、歹成事，近日又得读《南开学报》大作关于郑先生点校本《明史》三校稿一文，始知所问来历。郑先生对《明史》卷二三九校记建议："原校样'银定歹成'，或加顿号作'银定、歹成'，或不加，不很一致。按卷三二七《鞑靼传》，'天启三年春，银定纠众再掠西边，官军击败之'。'明年，……歹青以领赏哗于边，边人格杀之'。歹青与银定分列，似以加顿号为宜。"郑先生的意见完全正确，足见他老审校之认真和细心。

银定、歹青等人，在明代史料中，生平还略有事迹可寻，西方和日本学者司律义（Henry Serruys, *Genealogical Tables of the Descendant of Dayan-Qan*）、和田清（如《中三边及び西三边の王公について》等）皆有研究，点校本出版时虽已据毅生师意见改正，我认为仍有必要辑录有关二人事迹的史料，确证银定、歹青并非一人，为吾师的正确意见作一补充。

《明史》中累见有银定和歹成的名字连在一起，常在一起行动，因而产生有加或不加顿号的疑惑，现将《纪》《传》中有关记载按编年顺

序罗列如下:

卷二一《神宗纪》:〔万历三十三(1605)年春正月〕庚辰,银定、歹成犯镇番,总兵官达云击败之。

卷二三九《达云传》:是时,寇失松山,走据贺兰山。后连青海诸部寇钞不已,银定、歹成尤桀骜。三十三年连营犯镇番。云遣副将柴国柱击之,寇大败去。

卷二三九《柴国柱传》:进凉州副总兵。……银定、歹成连兵寇镇番,国柱驰救,……

卷二一《神宗纪》:〔三十五年〕夏四月,银定、歹成犯凉州,副总兵柴国柱击走之。壬子,顺义王扯力克卒。

卷二三九《达云传》:三十五年,……松山、青海二寇复连兵犯凉州,云逆战红崖,大获。

卷二三九《官秉忠传》:擢宁夏、甘肃副总兵。尝与主将达云大破寇于红崖,银定、歹成屡被挫去。

卷二三九《柴国柱传》:银定、歹成复犯河西,国柱邀击。

卷三二七《鞑靼传》:未几,扯力克死……。西部银定、歹青数拥众犯东西边。

卷二三九《柴国柱传》:三十六年春,改镇甘肃。银定、歹成屡不得志,益寇钞永昌。国柱驰与大战,败之,追之麻山湖。

卷二七一《祁秉忠传》:万历四十四年(1616)为永昌参将。银定、歹青以二千余骑入塞,秉忠提兵三百拒之。

卷二六四《王家祯传》:天启间,历官左佥都御史,巡抚甘肃。松山部长银定、歹成扰西鄙二十余年。家祯至,三犯三却之,……

《明史》上引记载,称银定、歹成"走据贺兰山",或称"松山银定、歹成""松山部长";曾"犯镇番(今甘肃民勤)""犯凉州(今甘肃武威)""犯松山""掠西边""扰西鄙"。常一起出没于西边松山一带,松山在今甘肃永登至古浪以东,长城以南,有大、小松山之分,南北二山之间有松山堡,清设松山驿,是当时联系东方宁夏镇和西方甘肃镇的必经要冲。所谓"西边""西鄙",是在宁夏、甘肃巡抚和永昌(今甘肃永昌)、镇番参将的管区内,由此可见银定、歹成的大致活动范围。《明史》卷三三〇《西番诸卫传》列举明末"时为陕西……三大寇"说:"一河套、一松山、一青海。"《武备志》卷二〇七《镇戍延绥》条引《兵略》,对此二人的牧地有明确的记载:

> 贺兰山后蒲草泉、长流水等处,是营名。离边二三百里不等。住牧酋首……炒哭儿即歹成,在中卫厂互市。……喇叭即银定,弟土门大儿,系歹成侄子,是叛夷。

长流水的地名仍保留至今,在贺兰山西,阿拉善左旗(巴彦浩特)以南约五十公里处,可见,歹成和银定的牧地都在这一带,牧地接近,故常一起行动。

在蒙、汉史籍中,银定和歹成的身世皆历历可考。

先说银定。

(1)《武备志》所谓"喇叭即银定"的"喇叭",在乾隆殿本《蒙古源流》卷六作喇嘛·斡齐尔·格隆(Lam-a wčir Gelüng),他是衮必里克·墨尔根·济农(Günbilig Mergen Jinong)的曾孙。衮必里克是达延汗第三子的长子,统辖河套鄂尔多斯诸部的"济农",萧大亨《北虏世系》译称"麦力艮吉囊"。他第三子卫达尔玛·诺木欢·诺颜(Oyi-darm-a Nomoqan Noyan)的长子名达奇·和硕齐·鸿台吉,其次子即喇嘛·斡齐尔·格隆,喇嘛(Lam-a)在《兵略》中读成 Lab-a,故译为喇叭。值得注意的是,由于殿本系统原文误作 Gelüng,故译为格隆,但在库伦本系统蒙古文本中是作 Yeldeng,确证了"喇叭即银定"的说法。达奇·和硕齐第三子名图们达哩·彻辰·和硕齐(Tümendari Sečen Qosiɣuči),此图们达哩就是《武备志》中银定之弟土门大儿,都是 Tümendari 的不同译名。他俩之父是昆都楞岱青(歹成)的长兄,所以《兵略》说他俩"系歹成侄子"。

《明史》中的"松山部长"银定,除上列与歹成一起行动外,也有单独出现的记载,确证与歹成不是一人,如:

> 卷三二七《鞑靼传》:〔天启〕三年(1623)春,银定纠众再掠西边,官军击败之。明年(1624)春,复谋入故巢,犯松山,为守臣冯任等所败。

> 卷二七一《官惟贤传》:历……延绥西路参将,仍移镇番。〔天启〕五年……,明年(1626)春,班记剌麻台吉复纠松山银定、歹成及……三儿台吉以三千骑来犯。惟贤再败之,……三儿台吉被创死,进惟贤副总兵。其冬,银定等以三儿之死挟愤图报,……七年春,银定……等由黑水河入。

后一条虽仍出现"松山银定、歹成"联名形式,但后文则只有银定之名,也证实银定与歹成是两个人。

(2) 明代史籍中出现的银定不止一人,据《〈蒙古源流〉笺证》卷六(叶 18a 至 b):统辖河套鄂尔多斯诸部的衮必里克·墨尔根·济农

（Günbilig Mergen Jinong），第九子名鄂克拉罕·伊勒登·诺颜（Onglaqan Yeldeng Noyan）。[1] 伊勒登（Yeldeng）即《明史》中常见之"银定"，诺颜（Noyan）是蒙古贵族的头衔，相当于明清常见的台吉。《万历武功录》卷一四有《银锭台吉传》，就是这位鄂克拉罕·伊勒登·诺颜的传记，说他是"吉能之弟也"。前文又有《吉能列传》，称"吉能者，吉囊之子也"。"吉囊"就是衮必里克·墨尔根·济农，"济农"是"吉能"和"吉囊"的异译，是鄂尔多斯部主的专称，史籍中常以官称"济农"或"吉囊"而代其名。他的长子诺延达喇继位，明人将其父 Jinong 称号的汉译"吉囊"改译为"吉能"。焦竑《国朝献征录》卷一二〇记载衮必里克有四子，也说第三子名银锭把都儿台吉。《万历武功录》卷七《俺答列传》记录吉囊（济农）儿子的名字不下二十一个，其中肯腾台吉和艮定台吉，都是银定（Yeldeng）的译名的误写。

然而，此银（锭）台吉比前文衮必里克的曾孙松山部长银定高两辈，《万历武功录·银锭台吉传》说他于乙亥年（万历三年，1575）去世，《明史》中万历三十三年（1605）后才频繁出现并号称喇叭的银定应是另一人。

（3）鄂克拉罕·伊勒登·诺颜万历三年死后，二十年（1592）《明史》又出现一位银定：

> 卷二三八《麻贵传》：〔万历〕十九年（1591）……明年，宁夏哱拜反。……俄以总督魏学曾命抚著力兔（吉囊第二子狼台吉次子，《源流》鄂巴·卓哩克图·诺延——Oba Joriγ-tu Noyan）、银

---

[1] 鄂克拉罕，和田清复原为 Uklekhan，是根据乾隆时所译满文本错误的拼写，故汉译本译音也误。据库伦本系统的蒙古文原本，应作 Onglaqan（参见乌兰《〈蒙古源流〉研究》）。《〈蒙古源流〉笺证》小注："《藩部表》鄂克拉汗作翁拉罕。"译音正确，与蒙古文本原音吻合。

定、宰僧(著力兔弟打正台吉,《源流》塔噶济·宰桑·诺延——Daγači Jayisang Noyan)于横城(宁夏东南黄河东岸,灵武东北边堡),啖以重利,皆不应……

宁夏哱拜与鄂尔多斯诸部结盟作乱,是明万历间一件大事。明对蒙古诸部"啖以重利",据《万历武功录·哱拜承恩传》载:著力兔、宰僧先后派使者入明进行谈判请赏,"而银定把都台吉……至横城索重赏,比著、宰"。

《明史》卷二五六《崔景荣传》可能说的是同一事:

> 擢右佥都御史,巡抚宁夏。银定素骄,岁入掠。景荣亲督战破之,因议革导贼诸部赏。诸部惧,请与银定绝。银定既失导,亦叩关求市。

万历二十年(1592)出现的银定与万历三十三年(1605)后频繁出现的银定可能不是一人,他可能是银锭台吉之子。《〈蒙古源流〉笺证》卷六(叶 20b):"鄂克拉罕生子克齐吉·伊勒登·诺颜(Kečigi Yeldeng Noyan)……兄弟三人。"伊勒登(Yeldeng)父子同名,也可译作银定。

(4) 此前的万历七年(1579),《明史》又出现一位银定:

> 卷二二二《郑洛传》:〔万历〕七年以左侍郎总督宣、大、山西军务。昆都力子满五大令银定入犯,洛奏停贡市。

这个银定入犯"总督宣、大、山西军务"郑洛的管区内,与贺兰山以西、同歹成牧地接近的银定相距甚远,肯定是另有其人。昆都力在《万历武功录》卷九有传,称昆都力哈。《北虏世系》载:"老把都儿台吉,即昆都力哈,……在宣府张家口东北,至独石、开平一带住牧,张家口互市,……子七:……七庆朝库儿台吉,即满五大。"人名和父子关系与《郑洛传》完全相同,住牧地确实在他管区最东宣德以北"独石、开平一带"。

《〈蒙古源流〉笺证》卷六(叶14b):"达延汗……令〔三子〕巴尔斯·博罗特·赛音·阿拉克统率右翼三万人之众。""巴尔斯·博罗特之子衮必里克·墨尔根·济农、阿勒坦汗、拉布克台吉、巴雅斯哈勒·昆都楞汗(Bayisqal Kündülen Qaγan)……兄弟七人。……巴雅斯哈勒庚午(1510)年生,占据永谢布之七鄂托克喀喇沁而居。"这个巴雅斯哈勒·昆都楞·汗就是《北虏世系》的老把都儿台吉或昆都力哈,也就是《明史》中的昆都力,"哈(Qaγan)"的头衔意味着他也自称为汗,与其兄吉囊、俺答汗并列为陕甘、宣大边外三大首领。

《北虏世系》又载:歹颜哈(达延汗)第七子名那力不赖台吉,也在宣府张家口以东至独石口边外住牧。那力不赖相当于《蒙古源流》中的"乌巴繖察,统率阿苏特、永谢布二处"。那力不赖长子名失剌台吉,四子名莫蓝台吉;莫蓝的第四子"银定,即银定把都儿台吉,授千户"。魏焕《皇明九边考》卷五记述大同镇边夷称:"北虏哈剌真、哈连("速"的笔误)二部,常在此边住牧。哈剌真……大酋把答罕奈领之,哈连部……大酋失喇台吉领之。"把答罕奈就是把都儿昆都力哈,哈剌真即《源流》所谓"占据永谢布之七鄂托克喀喇沁";哈速即《源流》的阿苏特,大酋失喇台吉当即统率"阿苏特、永谢布"之那力不赖的长子失剌台吉。明茅元仪《武备志》卷二〇五《镇戍宣府》条引《兵略·宣府镇边外住牧夷人》称:"张家口大市厂边外……大酋永邵布(永谢布)

……夷酋阿速(阿苏特)等……俱听哈喇慎王子白洪大调遣。"这是以部名哈喇慎替代那力不赖子孙的人名。白洪大在《万历武功录》卷九有传。《北虏世系》中称为白洪大台吉,是昆都力哈长子威正台吉(即黄把都儿)之子。《兵略》所记相同,说"白洪大即昆都力哈,哈即王子也。总掌管哈喇慎达子"。可见,昆都力哈是老把都巴雅斯哈勒所据喀喇沁部首领世袭的尊称,永邵布、阿速部首领"俱听哈喇慎王子调遣",所以那力不赖之孙银定要听从昆都力子满五大的命令。

《万历武功录·满五大传》,提到一位"百户银定傥不浪",也可能是此银定。

(5) 张鼐《辽夷略》载:"直广宁西北而牧,离边约七百余里,市赏亦由镇远关者,其酋曰瑷塔必,故而生十子,曰脑毛大黄台吉、曰以儿邓……。"《兵略》则仅记有三子,长子脑毛大黄台吉作奴木大黄台吉,二子以儿邓作银定台吉,无疑是 Yeldeng 的不同译音。据《北虏世系》,这位银定乃达延汗的长子铁力摆户(《源流》:图噜博罗特)的曾孙,铁力摆户次子名也密力台吉。瑷塔必正是也密力的长子,《北虏世系》译称挨大笔失台吉,《万历武功录》译称阿牙台皮。

或译"以儿邓"的银定台吉在万历九年(1581)也见于《明史》:

> 卷二三八《李成梁传》:九年四月,黑石炭、以儿邓、小歹青……入辽阳。

再说歹成。

(1) 首先是与银定一起行动的松山部长歹成。他的身世也载于《蒙古源流》。《〈蒙古源流〉笺证》卷六(叶 18a):衮必里克·墨尔根·济农第三子名卫达尔玛·诺木欢·诺颜(Oyidarm-a Nomoqan Noyan)。

后文(叶 20a)又说:"卫达尔玛生子……兄弟六人",第三子名阿恰·昆都楞·岱青。[1] 这个岱青(Dayičing)就是《明史》中常见的歹成。

卫达尔玛·诺木欢·诺颜在《北虏世系》中作"那木按台吉"。《明实录》嘉靖三十三年(1554)二月载,甘肃总兵和巡抚派兵"出塞捣虏酋那木孩巢",那木孩疑即此"诺木欢(Nomoqan)"或"那木按",说明他的牧地当时已在甘肃塞外。《北虏世系》又说他的第三子名朝库儿台吉,《源流》中他的第三子阿恰·昆都楞·岱青,后文(叶 27b)又名阿恰·昆都楞·楚库克尔(No-kiy-a Kündünlen Čüküger),朝库儿与楚库克尔都是炒哭儿(Čüküger)的异译,如前引《兵略》所说:"炒哭儿即歹成。"与他一同住牧贺兰山后蒲草泉、长流水等处的酋首"喇叭即银定",其父是昆都楞岱青(歹成)的长兄,所以《兵略》说喇叭"系歹成侄子"。

歹成,《明史》初见于 1596 年。《明史》卷二四七《刘綎传》:"〔万历〕二十四年(1596)三月,火落赤……歹成……等掠番窥内地。"据前文所引,万历三十三年(1605)以后,歹成与银定常一同出现于松山地区。1616 年又出现歹青。《明史》卷三二七《鞑靼传》:"〔万历〕四十四年(1616),总兵杜文焕数破套部猛克什力等于延绥边,火落赤、摆言太及吉能、切尽、歹青、沙计东西诸部皆惧,先后来请贡市。"这两条歹成和歹青皆单独出现,更可佐证,银定和歹成无疑是两个人。

(2)毅生师引用《明史》卷三二七《鞑靼传》中天启三年(1623)所见之银定和明年"以领赏哗于边,边人格杀之"的歹青,判断歹青和银定是两个人,完全正确。但是,同银定一起常"掠西边"的歹成与天启四年被"格杀之"的歹青(或称小歹青)也不是同一人,歹成、歹青(Dai

---

[1] 此名中的阿恰,将第一音节 Na 误读为词首 A,应还原为 Nakiy-a Kündülen Dayičing。

čing）都是蒙古语同一词的异译，是蒙古人常用的名字，要将史籍中的歹青一一区分开来，确非易事。不过，被杀的歹青属于达延汗长子一系，与林丹汗是近亲，故在东边活动；歹成与银定是鄂尔多斯吉囊的子孙，活动在西边，很好分别。

《明史·鞑靼传》在"边人格杀之"之后还说："歹青，虎墩兔近属也，边臣议岁给偿命银一万三千有奇，而虎怏怏，益思飏去。"

此事在《明熹宗实录》（卷六八）中有更详细的记录："天启六年（1626）二月癸卯，经略高第会同总督王之臣疏言：虎墩兔为八部酋长，……可谓忠顺矣。适其台吉歹青以领赏假道于白塔峪，乘醉需索，夷人常态，我兵与格斗，遂毙歹青，并杀四夷。夷语'台吉'即中国称宗室也。歹青系墩兔之至亲，夷俗惟在阵斩杀不计，非两相战杀，俱索偿命。自去秋八月，讲誊不遂，怏怏以去。阁部抚院虑其为患，再三讲誊，无可复减。许其偿命银，春秋两季，共一万三千四百两。"虎墩兔（Qutuγ-tu）就是《蒙古源流》中的林丹·库图克图汗（Lingdan Qutuγ-tu Qaqan），是博第阿喇克之孙图们汗的曾孙，蒙古各部的共主。

据《蒙古王公表传》卷二七《敖汉部总传》："敖汉部在喜峰口外，……达延车臣汗子十一，长图噜博罗特，……图噜博罗特子二：长博第阿喇克，……次纳密克，生贝玛土谢图。子二：长岱青都楞，号所部曰敖汉。""纳密克"就是《北虏世系》的也密力台吉，"贝玛土谢图"即也密力次子卑麻台吉，前文又译以儿邓的银定台吉之父挨大笔失，正是他的长兄。岱青都楞《北虏世系》作秃文都剌儿台吉，是贝玛土谢图之子。《辽夷略》作"都令小歹青"，《明史》中也以"小歹青"的名义出现，如前文《明史·李成梁传》所引，他曾于万历九年（1581）与以儿邓一道"入辽阳"。此外还有：

卷二二八《李化龙传》：二十二年夏，擢右佥都御史，巡抚辽东。初，总兵官李成梁破杀泰宁速把亥，其子把兔儿、弟炒花……为患。其年四月，把兔儿围辽阳，朵颜小歹青……分犯锦、义，……把兔、小歹青……益相结。明年，小歹青悔祸款塞……且告朵颜长昂将犯边。……歹青言既信，化龙遂许其请。上疏曰："环辽皆敌也，迤北土蛮种类多不可数。近边者，……直锦、义则小歹青，……所未驯伏者，惟小歹青与长昂耳。小歹青素凶狡，雄长诸部。……今乃叩关求市，……所疑于歹青者无信耳。……小歹青不掠锦、义，零窃少矣。……化龙寻以病去，……小歹青遂复为寇云。

卷二三九《董一元传》：卜言台周（图们汗子布延台吉，嗣为布延彻辰汗）入右屯，攻五日夜。……乃引去。时二十二年十月也。……歹青复临边驻牧，期以明年正月略辽、沈东西。

卷二三九《杜松传》：三十六年夏，代李成梁镇辽东。……掩杀拱兔部落百四十余级。……拱兔果以无罪见剿怒，小歹青亦数激之，乃以五千骑攻陷大胜堡。

熊廷弼《计安西虏书》也说到这件事："初，小歹青欲抢犯宁前，拱兔阻之。既而明无故捕杀拱兔部夷。小歹青因激拱兔曰：'……愿意以兵助叔……。'"（《皇明经世文编》卷四八〇）

据《辽夷略》，拱兔是瑷塔必之子，前文以儿邓之弟。瑷塔必即《万历武功录》的阿牙台皮，卷一三《拱兔列传》称："拱兔，阿牙台皮二子也。"阿牙台皮是秃文都剌儿的伯父，秃文都剌儿与拱兔是叔伯兄弟，不能称拱兔为叔，《万历武功录》卷一〇有《小歹青列传》，称："小歹青，堵剌儿（都剌儿，Dural）男也。"很可能小歹青是秃文都剌儿之子,故熊廷弼书信中的小歹青称拱兔为叔。

虽然,上引《明史》中的歹青不一定是同一人,但就其"直锦、义"而牧,攻掠的大范围是"入辽阳""略辽、沈东西",曾经"陷大胜堡(锦州北三十五里)""犯宁前",大体是在山海关外辽东西活动,与甘、宁间的歹成不相干。

(3)和田清认为:岱青杜棱所以叫作都令小歹青,可能是因为宗家土蛮之子另有岱青,称为大歹青。《北虏世系》中,大歹青作歹成,是土蛮台吉(图们汗)的亲弟,小歹青是土蛮的再从兄弟。

我不从事《明史》研究,所知有限,对具体某人的考订未必正确,然相信足可证明毅生师的建议是正确的。为便于参考,综合《北虏世系》和《蒙古源流》诸书所涉及的有关人物(除长昂外,大多是达延汗子孙)列世系表如下:

歹颜哈(达延汗)——长子铁力摆户(图噌博罗特)——
├─不地台吉　　　　　┬─打来素台吉　　┬─土蛮台吉——卜言台周——┬─莽和克台吉——虎墩兔
│(博第阿喇克、　　　 │(达赉逊)　　　　│(图们汗)(白洪大·布延台吉·彻辰汗)│　　　　　　(林丹·库图克图汗)
│博迪汗、字只罕)　　 │　　　　　　　　│　　　　　　　　　　　　　　　　　│
│　　　　　　　　　　│─黑石炭　　　　 ├─昆都力庄兔台吉
│　　　　　　　　　　│(那眉兔台吉)　　└─歹成台吉(岱青都儿)
│
└─也密力台吉──┬─挨大笔失台吉　┬─脑毛大(媛兔)
　　　　　　　 │(瑷塔必、阿失台皮)├─拱兔
　　　　　　　 │　　　　　　　　 └─以儿邓(银定)
　　　　　　　 │
　　　　　　　 └─卑麻台吉────禿文都剌儿台吉────小歹青
　　　　　　　　 (贝玛土谢图)　　　　　　　　　(都令小歹青、岱青都楞、堵剌儿)

歹颜哈(达延汗)——第三子赛那剌(巴尔斯·博罗特·赛音·阿拉克)——长子麦力艮吉囊(衮必里克·墨尔根·济农)——
├─①那言大儿吉能(诺延达喇济衣)────把都儿黄台吉────卜失兔台吉(吉能)
├─②狼台吉(拜桑固尔·台吉)　　　┬─1
│ (Baisanghur lang taiji)　　　 ├─2著力兔(鄂巴·卓哩克图·诺颜Aoba joriktu noyan)
│　　　　　　　　　　　　　　　　└─3宰僧(塔喇济·宰桑·诺颜Dayači jayisang noyan，打正台吉)
├─③卫达尔玛·诺木欢·诺颜　　　　┬─1铁盖黄台吉　　　　　　　　　　　─银定(喇嘛·斡齐尔·格隆，喇叭)
│ (Oyidarm-a nomoqan noyan)　　 │　达奇·和硕齐·鸿台吉　　　　　　　　(Lam-a wčir Yeldeng)
│　　　　　　　　　　　　　　　　│　　　　　　　　　　　　　　　　　　─土门大儿(图们达哩·彻辰·和硕齐)
│　　　　　　　　　　　　　　　　├─2丑气把都儿(海努克巴图尔诺颜)
│　　　　　　　　　　　　　　　　└─3歹成────────────沙计(桑赛楚库克尔诺颜)
│　　　　　　　　　　　　　　　　　　(阿恰·昆都楞·岱青、阿恰·昆都楞·楚库克尔、炒哭儿、朝库儿)
├─④花台吉　　　　　　　　　　──合罗赤台吉　　　　　　　　　　──火落赤把都儿台吉
│ (诺木塔尔尼郭斡台吉)　　　　　(布延达喇古拉齐巴图尔)　　　　　 (莽古斯额尔德尼郭巴齐)
├─⑧把都儿台吉─────────②明爱台吉　　　　　　　　　　　　 ┬─①摆言太(布延台扎诺颜)
│ (阿穆尔达喇达尔罕诺颜)　　　　(明安额叶齐诺颜)　　　　　　　　 └─②猛克什力(蒙克锡哩台吉)
└─⑨银锭台吉(鄂克拉罕·伊勒登·诺颜)──银定(克齐兵·伊勒登·诺颜)

歹颜哈──────────第三子赛那剌──────第三子老把都儿台吉昆都力哈
老把都儿台吉昆都力哈──┬─威正台吉(黄把都儿)──白洪大台吉(昆都力哈)
　　　　　　　　　　　 └─满五大(七庆朝库儿台吉)

歹颜哈──第六子纳力不剌台吉────虎剌哈赤──┬─速巴亥(苏不害)
　　　　 (阿尔楚博罗特)　　　　　　　　　　├─炒花(炒哈)──把兔儿(卜言把都儿)

歹颜哈──第七子那力不赖台吉──┬─①失剌台吉──┬─①
　　　　　(乌巴缠察)　　　　　│(失喇)　　　 ├─②
　　　　　　　　　　　　　　　│　　　　　　 └─③
　　　　　　　　　　　　　　　└─④莫蓝台吉──④银定台吉，即银定把儿台吉，授千户

(原载《郑天挺先生百年诞辰纪念文集》，中华书局，2000年)

试论清代内蒙古农业的发展

清王朝统一全国以后,由于全国出现了一个中央集权的大统一的政治局面,内蒙古地区近三百年的封建割据状态结束了。清代这种政治形势的出现,为我国各民族相互的交往和经济、文化的交流创造了极其有利的客观前提。经过清代二百多年的发展,在经济上,内蒙古地区已经从一个以游牧业为主的地区变成了一个既有牧业、狩猎业,又有农业、商业和手工业的多种经济并存的地区;在民族关系上,内蒙古地区形成了一个以蒙古族为主体,包括汉、回、满、达斡尔、朝鲜、鄂温克、鄂伦春等多民族聚居的地区。这是内蒙古经济和民族关系史上极为重要的时代,而其中农业的发展影响特别显著。本文试图就鸦片战争以前内蒙古农业发展的原因、规模和意义提出个人的一些意见。

一 清初一百年间内蒙古农业的发展

内蒙古地区是我国古代北方民族活动的地方,他们虽然主要是经营游牧畜牧业,但在某些与中原毗邻的地区内,自秦汉以来即已有农业存在(如河套)。辽、金以来,东部地区农业也有一定的发展。特别是元朝,由于内蒙古大部地区列于内郡(腹里),因而造成了各民族间经济上互相促进的有利前提,农业更有发展。元亡以后,明中央政权与蒙古封建主不断进行战争,使内蒙古原有的农业遭到了很大的破坏,造成了蒙古族人民生活上的困难。如正统十一年(1446),也先率众征兀良哈时,即曾遣使到大同"索粮接济"。[1] 可见蒙古族人民对植物性食粮是非常需要的。

当然,内蒙古的农业在明代并不是完全消失了,西部地区,俺答汗时代农业即已有相当的发展;东部地区,史料表明察哈尔部[2]及喀喇沁人[3]都是善于农耕的。不过,从耕地面积、农业人口的数目和耕种技术的水平来看,当时农业在整个经济生活中所占的地位还是微不足道的。

本来游牧畜牧业与定居农业两种经济具有互相配合、互相调剂的依存关系,也先向明廷"索粮接济"正好反映了牧业对农业的这种依存关系,也反映了蒙古族人民对发展农业的要求。而且,内蒙古广

---

[1]《明英宗实录》卷一四六,正统十一年十月乙巳。
[2]《清太宗实录》,天聪二年(1628)五月辛未:"致书于明国诸臣,……比闻察哈尔汗,罢弃耕种,欲就尔食。"
[3] 同上,天聪六年(1632)五月戊申:"前者令喀喇沁人于法库山耕种,若耕种未完,当督之尽耕。"

大地区内具有大片可耕的良好土地,在自然条件上,也完全有可能使蒙古族人民的愿望变成现实。可是,一方面因为这时内蒙古尚处于牧奴制的经济基础之上,牧民们很难自发地改变原有的生产习惯;另一方面,由于蒙古封建主与明廷的对峙,阻隔了蒙汉人民的传统联系,因而也不能向汉族等务农的民族学习耕种技术。清朝统一全国以后,为蒙汉等各民族人民的相互交往和合作创造了可能性,在这一先决条件具备以后,内蒙古的农业迅速地发展起来了。

首先,在统一的国家内,内蒙古成为华北的破产农民重建家园的地区,因为这里清朝的统治秩序尚不严密,地旷人稀,地租较低,所以他们愿意迁来。还在清兵刚入关不久,由于八旗贵族在华北大量圈占土地,迫使当地好些农民背井离乡去内蒙古垦荒谋生,其中有许多人索性"依蒙古族、习蒙语、行蒙俗、入蒙籍、娶蒙妇",[1] 久之就融合到蒙古族里面了。另一种是集体移去的。在西部地区,李自成农民起义军的余部就有一部分进入河套一带。这时来内蒙古开垦的农民,主要还是为了解决暂时生活困难的单身汉。清初山海关外八旗庄屯就由各边"酌开边门"让内地农民去耕种;[2] 西部地区也是如此,因为他们都是"春至秋回",所以被称为"雁行"。[3] 在陕西边外,人们就把"暂时伙聚盘居"经营农业的形式称为"伙盘"。[4] 到了 17 至 18 世纪之际,汉农在内蒙古定居的渐多,逐渐在热河、察哈尔和归化城土默特等长城沿边地区形成许多集聚的村落。

其次,蒙古族人民由于对农产品的迫切需要,欢迎汉族农民来内

---

1 《朝阳县志》(1930 年周铁铮等纂修),卷二六《种族》。
2 《清朝文献通考》卷五。
3 王建勋《重修五原四大股庙碑记》,《五原厅志略·艺文志》。
4 张鹏一《河套图志》卷四《屯垦》。

蒙古开垦,这也加速了农业的发展。17世纪末,蒙古族人民主动招募汉人开垦的情况日渐普遍。如"康熙年间,喀喇沁三旗呈请内地民人(汉人)前往种地",至乾隆十四年(1749)已达数万。[1] 归化城土默特的蒙古族人民,清初即按军事组织编成两翼六十佐替清廷服兵役,"蒙旗兵官,向无俸饷",清政府乃将旗地重新划分为份地进行分配,称为"户口地",要他们自耕代饷。因为蒙古族人民既要"且耕且牧"维持生活,而且每年还要用几个月出外"充当各种苦差",所以大部分人只好招募汉人耕种,"全指所分租项当差"维持家庭生活。[2]

这时,蒙古族人民本身对学习和从事农业也表现出很大的兴趣。1691年,喀尔喀蒙古的土谢图汗即提出"思得膏腴之地,竭力春耕,以资朝夕"。[3] 1698年,乌珠穆沁亲王也奏请将"克勒和朔等地,给伊属下就食人耕种"。[4] 这些虽然都是封建主提出的要求,实际上也反映了蒙古族人民的愿望。

再次,清朝统治者各种官地的招垦,在清初内蒙古农业的发展中也占了很大的比重。

还在刚入关的那年(顺治元年,1644),清廷即设立了分隶内务府、镶黄、正黄、正白三旗的官庄一百三十二所,其中若干所就在喜峰口和古北口外。[5] 1669年,康熙宣布停止在华北圈占民地,同时提出了无地旗人"应否以古北等口边外空地拨给耕种"的问题。[6] 次年,正

---

1 《大清会典事例》卷九七八;《清高宗实录》,乾隆十四年九月丁未。
2 贻谷《绥远奏议》,《光绪三十一年二月二十八日土默特旗官兵失业苦累万分亟宜整理清厘以资生计摺》;《土默特旗志》卷四《武备》。
3 《清圣祖实录》,康熙三十年七月丙午。
4 同上,康熙三十七年四月甲寅。
5 《清朝文献通考》卷五《田赋考五》。
6 《清圣祖实录》,康熙八年六月戊寅。

式确定将古北口、罗文峪、冷口、张家口外的土地拨与正黄、镶黄等七旗,这就是宗室、官员、兵丁的庄田。[1] 据近人调查,青龙、平泉、承德、丰宁等地,1669年拨给平民开垦或跑马圈占的土地几乎所在都是。此外,皇庄和王公庄园也散处各地。[2] 钱良择于1688年由张家口往呼和浩特的旅途中,曾经将当时目击的满洲贵族的庄田作了很形象的描述:"行百余里,屯台哈窝儿,译言庄地也。平衍如掌,四山环之,山下有泉,泉旁茆舍分列,地皆耕种,云是内大臣所置庄也。"[3] 康熙三十四年(1695),清政府又在归化城土默特添设粮庄十三所。五十一年(1712),在驻马口外设粮庄十五所。[4] 此外,还有下嫁给蒙古贵族的公主,为了满足他们对各种农产品的需要和取得一笔稳定的收入,清廷也划出土地给他们招民耕种。如康熙年间,归化城土默特即曾向住在该地的敬安固伦公主"效纳地亩数千顷"。[5] 哲里木盟宾图王旗(科左前旗)境内,"庄头高、杨、刘、董、梁、周六姓数百户,……自顺治间……相传随和硕格格下嫁札旗,栖止秀水河边,垦种祭田,渐成村落"。下嫁阿鲁科尔沁旗的公主,其庄头也有在宾图王旗占地垦种的情况。[6]

必须指出,这些农田是掠夺蒙古族人民的牧场,使用农奴式的庄丁开拓出来的,它主要是为了供应皇室贵族消费性的需要,对蒙古族人民的经济生活并没有什么好处。可是,这些土地多处于内蒙古南部的基本农业区,目前在全自治区的粮食生产中占有很重要的地位。

---

1 《清朝文献通考》卷五;《大清会典事例》卷一五九。
2 参见田山茂《清代蒙古的社会制度》,337页。
3 钱良择《出塞纪略》,《小方壶斋舆地丛钞》第二帙,卷一二。
4 《大清会典事例》卷一一九六。
5 《土默特旗志》卷五。
6 《东三省政略》,《蒙务》上《蒙旗篇》。

因此,我们对于在最先开发这些土地时流过血汗的各族农民的功劳仍应该予以肯定。

最后,康熙和雍正时代,由于西北战事频繁,急需就地解决军粮,所以皇帝们对边外农垦也很重视,这也是促进内蒙古农业发展的原因之一。如1691年,康熙即提出"边外积谷,甚属紧要",令人派遣庄丁到达尔河、呼尔河、席喇穆伦地方耕种,"其籽粒、耒耜、耕牛,皆令预备"。[1] 1723年,雍正也提出:"边外地方辽阔,开垦田亩甚多,将京城无业兵丁,移驻于彼,殊为有益。"结果也决定将"在京八旗满洲、蒙古骁骑内,选熟谙农务者八百名前往热河、喀喇河屯、桦树沟三处开垦"。[2] 由于这样陆续地派人移垦,也有许多满族人民长期在内蒙古务农了。自雍正至乾隆初,清廷准备在呼和浩特驻兵以备对准噶尔的战争,至乾隆二年(1737),专为驻军用的新城(绥远)建成了,因而迫切需要就地解决军粮问题,这也促使清廷大量拨地招垦。[3]

看来当时清廷对招垦的成效颇为关切。雍正四年(1726),雍正甚至宣布按招种多寡作为考核官员政绩的办法,其中规定:"直隶张家口外地亩,分作十分招种。如招种八分以上题请议叙;不及五分,题请议处。"[4]

清朝初年,蒙古族人由于在反清斗争中生产上遭到破坏,以后又被征调了大量人畜从事征服战争,因此其畜牧业遭受了很大损失。清统治者为了收买民心巩固自己的政权和保证对蒙古族人民进一步

---

[1] 《清圣祖实录》,康熙三十年十二月丁亥。
[2] 《清世宗实录》,雍正元年六月辛酉。
[3] 《归绥县志·经政志·垦务》云:"归、武、萨、托、清五县之八旗粮地,清初由庄头承种以收获之半纳诸官府,充作旗兵饷项。"放垦的具体时间、数字见下文。
[4] 《大清会典事例》卷一六六。

的需索，对蒙古族地区的农业也给予一定的注意。据汪鸣銮："康熙十年（1671），口外始行开垦，皇上多方遣人教之树艺，命给之牛、种。"[1] 1698年，乌珠穆沁亲王奏请将"克勒和朔等地，给伊属下就食人耕种"后，康熙即指出："此耕种关系蒙古诸人生计，若不速遣，必致经霜失时。"同年十二月，即派遣"原任内阁学士黄茂等前往教养蒙古"，临行时还说："蒙古地方，多旱少雨，宜教之引河水灌田。"并且决定从宁夏等地派能引水的技术人员前往指导。他又说："敖汉、奈曼等处，田地甚佳，百谷可种。如种谷多获，则兴安等处不能耕之人就近贸易取籴，均有裨益，不须入边买内地粮米，而米价不至腾贵也。"[2] 由此可见，当时内蒙古的蒙古族人民对发展植物性食粮有了迫切的要求，而康熙从解决军需和笼络蒙古族人民的愿望出发，对内蒙古地区的农耕也给予了一定的重视。

农业发展起来以后，不仅解决了内蒙古部分地区消费的需要，而且很快就有粮食出口了。如康熙在1709年就曾说过："今河南、山东、直隶之民，往边外开垦者多，大都京城之米，自口外来者甚多。"当时北京小米一石值银一两二钱，而口外米价极贵之时，小米一石不过值银三钱，价格相差四倍，所以内蒙古的食粮"京师亦常赖之"。[3] 由于口外粮食生产日渐上升，因而如何设法向内地大量调运的问题就提到日程上来了。还在1692年，康熙就曾派人研究能否将宁夏米由归化经黄河运往陕西赈灾的问题。[4] 1725年，由于天津米价腾贵，雍正就令奉天官员将"地方粮十万石由海运至天津"，并且申令"若有自海

1　汪鸣銮《随銮纪恩》，《小方壶斋舆地丛钞》第一帙。
2　《清圣祖实录》，康熙三十七年十二月丁巳。
3　同上，康熙四十八年十一月庚寅。
4　同上，康熙三十一年三月壬申、癸酉。

运粮食之商人,不必禁止"。同日又谕:"归化城土默特地方,年来五谷丰登,米价甚贱,……应自归化城购买米石,从黄甫川界黄河运至内地。……若此事易办,则外而蒙古,内而百姓,大有裨益。"[1] 尽管这一想法没能实现,却说明了内蒙古地区经蒙汉各族人民短短几十年的辛勤开发后,已经从自古依靠中原粮食的地区变成了一个引人注目的输出粮食的地区,反过来还能对华北地区给予支援。这种新局面的出现,也就为现在内蒙古自治区居于全国一大粮仓的地位奠定了初步基础。

至18世纪中叶为止,内蒙古地区的农业区主要还只有归化城土默特、察哈尔和热河三部分。

东部以热河、喀喇沁、土默特等地发展较早,很早就有山东、河北的农民迁往开垦。据1712年康熙声称:"山东民人往来口外垦地者多至十万余。"[2] 而1760年时乾隆则说:"现在古北口外,内外民前往耕种者不下数十万户。"[3] 这虽然都是些大概数字,但也可看出当时这一地区农业发展的盛况。[4]

察哈尔地区,除了官庄以外,主要是河北和山西的农民分往东西两部分开垦。1724年,察哈尔都统曾经将察哈尔右翼四旗的私垦地进行过一次丈量,共有地29709.25顷;同时还发现"自张家口至镶蓝旗察哈尔西界各处,山谷僻隅,所居者万余"。于是清政府决定在张家口设理事同知一员"督管农民事务",自此以后,这里的农业更加速

---

[1] 《清世宗实录》,雍正三年七月癸亥。
[2] 《清圣祖实录》,康熙五十一年五月壬寅。
[3] 《清高宗实录》,乾隆二十五年正月庚申。
[4] 如1701年康熙说:"今巡行边外,见各处皆有山东人,或行或商,或力田,至数十万人之多。"(《清圣祖实录》,康熙四十六年七月戊寅)1749年乾隆又说:"喀喇沁札萨克地方……招募民人,……迄今多至数万。"(《清高宗实录》,乾隆十四年九月丁未)

发展起来了。[1]

归化城土默特地区,清政府因为准备修建绥远城,屯兵应付对准噶尔的战争,仅雍正十三年(1735)一次就开放了土地四万顷,向山西等地广泛招民开垦。[2] 除此以外,粮庄和公主府地等的开垦面积也逐年有所扩大。如1695年设置的十三所粮庄,起初定额只二百三十四顷,但到乾隆二年(1737)时,实际开垦了两千六百余顷。[3] 不到四十年骤增十余倍,可见当时农业发展的迅速。

伊克昭盟地区,康熙以后农业也有所发展。1697年,鄂尔多斯右翼中旗(鄂托克旗)贝勒松阿喇布向康熙奏准:将陕西边外车林他拉、苏海河噜等处"发边内汉人与蒙古人一同耕种"。[4] 以后的发展,近人潘复根据调查材料做了如下的描述:"自清康熙末年,山、陕北部贫民,由土默特而西,私向蒙人租地垦种;而甘省边氓亦复逐渐开垦,于是伊盟七旗境内,凡近黄河、长城处,所在有汉人足迹。"[5] 据1736年延绥镇总兵奏:"榆林、神木等处边口,越种蒙古余闲套地约三四千顷,岁得粮十万石。"[6] 1748年以前,"陕省榆林、葭州、怀远、神木、府谷、靖边、定边等七州县沿边农民,每遇春耕出口种地,向于司库岁拨银内借给牛具籽种,秋收后照时价收粮,抵补仓储"。[7] 可见这些地方当时对出口种地还有一定的帮助。

---

[1] 《口北三厅志》卷一《地舆》;《清世宗实录》,雍正二年七月甲寅。
[2] 《土默特旗志》卷五。
[3] 《大清会典事例》卷一一九六。
[4] 《清圣祖实录》,康熙三十六年三月乙亥;《河套图志》卷四《屯垦》;《钦定外藩蒙古回部王公表传》卷六;《蒙古游牧记》卷六。
[5] 潘复《调查河套报告书》,219页。
[6] 《清高宗实录》,乾隆元年三月丁巳。
[7] 同上,乾隆十三年十一月。

这时,蒙古族经营农业的人口也增加了。据 1743 年的统计,归化城土默特两旗蒙古族人民共有土地 75048 顷,其中牧地只占 14268 顷,已不足五分之一。[1] 可见农业已在他们当中占有很重要的地位。热河地方的情况,康熙曾对当地蒙古族人民的经济生活做过这样的描写:"农作非蒙古本业,今承平日久,所至多依山为田,既播种后,则四出游牧,秋获乃归。"[2] 在一首诗中又说:"蒙古佃贫民,种田得租多,即渐罢游牧,相将艺黍禾。"[3] 由此可见,在汉族农民的影响下,有许多蒙古族牧民已开始转向半农半牧经济,甚至有人已全部放弃了游牧经济。

由于边外农田日辟,汉民渐多,清政府为了加强其封建统治,于雍正初年陆续设立了归化、古北口、张家口三厅,专门管理口外"种地民人"。[4] 随后又设立了八沟(1729 年设,在喀喇沁右、中旗境)、多伦诺尔(1732)、独石口(1734)、四旗(1736,在热河)、塔子沟(1738,喀左旗境)、绥远(1739,设于新建立的绥远城)、喀喇和屯(1742,热河境)等七厅。从这些地方行政机构的设置和分布来看,至 18 世纪中叶,内蒙古地区的农业区已初步形成了。

二 清政府的蒙汉隔离和禁垦政策

清朝统治者由于上述种种原因,从他们本身的利益出发,也只得

---

1 《清高宗实录》,乾隆八年八月壬子。
2 《热河志》卷七五《荒田诗序》。
3 同上,卷九二,康熙三十三年(1694)山田诗。
4 《清世宗实录》,雍正五年二月庚辰。

对内蒙古农业的发展采取默许或支持的态度,然而这是和它的基本政策矛盾的。还在统一全国后不久,清政府一面陆续发布命令鼓励在全国各地垦荒,并于顺治十二年(1655)题准:"各边口内旷土,听兵垦种。"但又附带声明"不得往口外开垦牧地"。[1] 康熙虽然对开垦种植说了许多鼓励的话,但他在批准"喀喇沁三旗呈请内地民人前往"的要求时,又限制"每年由户部给予印票八百张"。[2] 并且一般只许采取春去秋返的方式,限制长期在内蒙古定居。康熙廿二年(1683)即曾规定:"凡内地民人出口,于蒙古地方贸易耕种,不得娶蒙古妇女为妻。傥私相嫁娶,查出,将所嫁之妇离异,给还母家;私娶之民,照地方例治罪;知情主婚和说合之蒙古人等,各罚牲畜一九。"[3] 雍正时又规定:"种地之民人,……不准带领妻子前往,……俟秋收之后,约令入口,每年种地之时,再行出口耕种。"[4] 这些禁令无非是从各方面限制汉人在内蒙古长期安家立业。关于察哈尔的开垦,清人曾经对雍正做了这样的歌颂:"我世宗……灼知塞外闲田独多芜溁,始召民垦获。今独石,张家二口以外,……畇畇原隰,孰非歌帝力给公上之民乎?"[5] 实际上,这些地方早就有汉民耕种了,清政府只是考虑到:"若设立庄头耕种,则多费钱粮;若将现种地之民,尽行驱逐入口,……至于度命艰难,不无作乱为非之事。"所以才决定让他们耕种。显然这不是"皇恩浩荡",只不过是恐怕强迫驱逐,"不无作乱为非之事"发生,送一个顺水人情,反而可以省去自己设庄置办生产资料和组织人力的麻烦,

---

[1] 《大清会典事例》卷一六六。
[2] 同上,卷九七八。
[3] 同上,卷九七八。
[4] 《口北三厅志》卷一《地舆》附录。
[5] 同上,卷五《地粮志》。

也用不着"多费钱粮"了。只要设几个地方官,将土地进行丈量升科,规定每亩交纳七分银子的田赋,一年就可凭空增添十九万两银子的收入,[1] 所以才决定让汉农留下。从此也可看出清朝"招民垦获"的本质。

乾隆以后,开始转入清朝严格禁垦的阶段。乾隆十四年(1749)的禁垦令可以说是绝对禁垦时期开始的标志。这道禁令中宣布:"喀喇沁、土默特、敖汉、翁牛特等旗以及察哈尔八旗,嗣后将客留民人居住,增垦地亩者严行禁止。"为了切实贯彻这一指令,又规定理藩院每一年一次选派司官二人,会同地方官进行巡查。若蒙古官民再有违禁之事发生,札萨克则"照隐匿逃人例,罚俸一年";管旗章京以下的官员,则处以罚牲畜、革职或鞭一百等处罚;"其容留居住开垦地亩典地之人,亦鞭一百,罚三九"。"其开垦地亩及典地之民人,交该地方官从重治罪,递回原籍","该管同知、通判,交该部察议"。[2] 几乎是从各个方面定出了防止的办法。乾隆三十七年(1772)又明确规定:"口内居住旗民人等,不准出边在蒙古地方开垦地亩,违者照例治罪。"这项规定后来就成为清朝各代迭修的《理藩院则例》中最主要的条例。[3]

清政府有见于禁令成效不大,又在嘉庆十一年(1806)和道光十九年(1839)对1749年的禁阻办法做了更缜密的补充,处罚也更为加重。蒙古贵族自札萨克、王以下,如违例招垦,就按私招汉民之多寡,处以不同之罚俸处分,再多则处以"革职留任"或"永远革职,不准开复"。无俸之协理台吉、台吉、塔布囊及非贵族之各级官员,违例一律按情节轻重罚牧畜。而该地区失察之盟长、札萨克也要按违禁者招

---

[1] 《口北三厅志》卷一《地舆》附录;《清世宗实录》,雍正二年七月甲寅。
[2] 《清高宗实录》,乾隆十四年九月丁未。
[3] 《大清会典事例》卷九七九;光绪《理藩院则例》卷一〇。

人之多寡罚俸。普通蒙民如私自招垦，则处以鞭、枷号等刑罚，再犯者即发往南方交驿站当苦差。[1] 汉人私往开垦者，轻则驱逐出境，递解回原籍，将已垦的土地，或勒令撩荒，或令退回原主；重则交地方官处以枷号、杖、徒等刑罚。此外，对查办不力的地方官，也制定了各种惩罚制度。

除了严禁蒙古族人民容留汉人的各种严格规定，清政府还想利用长城作为阻隔蒙汉人民往来的障碍。还在清初，对于汉族农民流入内蒙古和东北地区即已做了严格的限制。只有在1743年，由于"天津、河间等处较旱，闻得两府所属失业流民，闻知口外雨水调匀，均各前往就食，出喜峰口、古北口、山海关者颇多"。清政府为了减轻内地的危机，才"行文密谕边口官弁等"，不必"仍照向例拦阻，不准出口"。[2]

可是，在1749年宣布对内蒙古广大地区"严行禁止……容留民人居住，增垦地亩"之后一年，又严行规定："山海关、喜峰口及九处边门，皆令守边旗员，沿边州县，严行禁阻。"他们把它当成从根本上解决问题的好办法，以为"庶此后流民出口，可以杜绝"。[3] 1811年，嘉庆又加以重申，他认为仅靠禁垦"殊非清源节流之道"，于是又通谕直隶、山东、山西各督抚转饬各关隘，实力查禁私行出口的内地民人。并且规定："若有官吏互相容隐，私行纵放，一经查出，即据实参处。"他也以为这么一来，"如此各省关禁，一律申明，使出口之人渐少，则私垦之弊，当不禁而自除"。[4]

1　《大清会典事例》卷九七八。
2　《清高宗实录》，乾隆八年六月丁丑。
3　《大清会典事例》卷一五八。
4　《清仁宗实录》，嘉庆十六年十月丁巳；《大清会典事例》卷一五八。

清政府为什么要在这时严申禁止汉人出关垦地呢？内蒙古农业经过清初一百年的发展，在某些地区的确已颇具规模了。汉族农民出口耕地者也越来越多，在颁布禁令的前一年，估计一年之中就有"山东饥民出口者几至数万"。[1] 1742年，据归化城都统的报告称：土默特两旗蒙古的牧场已不甚宽裕，因此担心"若将草地陆续开垦，必致侵占牧所"。次年，都统奉旨派人普查了土默特两旗的土地，查出共有农田和牧场75048顷，其中已典给汉民者有四千顷。于是清政府为此下达了"牧场禁止开垦"和"不许复行典卖"的命令。[2] 1748年，清政府又派员到东部卓索图盟和昭乌达盟检查了一次，查出喀喇沁左、中旗和土默特右旗也有典卖土地的情形，[3] 于是乾隆在1749年发布了上述包括这两盟和察哈尔八旗禁止增垦和典卖土地的谕旨，将前几年行之局部地区的禁令推广成为具有普遍意义并著于《大清会典事例》的成法，因而开始了绝对禁垦的时代。

因此，在此时下达这一禁令的确与保护牧场有关。清政府在禁令中也一再申言："将地亩贱价出典，因而游牧地窄，至失本业"[4]，"若仍令招民垦种，有碍游牧，致妨蒙古生计"[5]，等等。满洲统治者在统一全国和镇压各族人民的过程中，蒙古骑兵是他们一支极为得力的军事力量。特别是清政府长期对西北用兵，使用由军事封建性质的盟旗组织起来的蒙古牧民当兵作战具有很大的优越性，因为他们随时可以自备马匹、甲胄武器和军需进行没有后勤的长距离的远征，所

---

1 《清高宗实录》，乾隆十三年五月己丑。
2 同上，乾隆七年十一月丙辰朔、乾隆八年八月壬子。
3 《大清会典事例》卷一六七。
4 《清高宗实录》，乾隆十四年九月丁未；《大清会典事例》卷九七八。
5 《大清会典事例》卷一六七。

以，如果不对他们的基本生产资料——牧场——加以维持，就会使他们在生产和生活上得不到起码保证，势必使这支维护清王朝封建统治的重要武装在兵源和供应上发生问题，正是出于这一基本考虑，在发现某些地区出现了牧场问题时，清政府立即采取了相应的措施。

然而，分析一下整个历史发展的社会背景，将禁垦令与同时颁发的许多命令联系起来看，"清朝保护蒙古牧业"并不是禁垦的根本原因。清朝对蒙古一贯实行的一项基本政策是民族隔离政策，禁垦只不过是服从于民族隔离政策的一个环节而已。所以，禁垦可以在这时期执行，另一时期不执行，这地区适用，而另一地区不适用，但民族隔离政策却是一贯普遍执行的。如康熙所写的诗中表明，他虽然容许"赢此边外垦，稍救乏业黎"；但又认为"亦知非远图"，不过是"权以医燃眉"而已。[1]

那么，清政府估计这种"边外垦"会有哪些严重后果以致并"非远图"呢？从历史事实来看，大致有如下几个方面：

第一，清朝统治者担心汉族人民流入内蒙古之后会加强蒙汉人民的联系并增强蒙古族的力量，不利于自己的封建统治。因此，当年康熙发现"山东民人往来口外垦地者多至十万有余"时，他虽然知道："若不容留，令伊等何往？"但又指出，如果任其自流，则"将来俱为蒙古矣！"因为在内蒙古的封建领主制度之下，各个旗和封建主都以所辖的阿勒巴图的多寡代表他们的实力和财富的大小，而在清初，由于内地许多汉族农民不堪忍受地主阶级的剥削，到了内蒙古地区以后，他们宁愿"入蒙籍，为蒙奴"以换取在这里有地可耕的条件。但从清朝统治者的角度看来，汉族人民是他们的私产，如果"俱为蒙古"，就

---

[1] 《热河志》卷九二《物产》。

会使蒙古族迅速发展起来,使蒙古王公坐大,从而会造成尾大不掉的局面,因此在康熙这段话中,流露出清朝统治者真心的忧虑。于是他立即采取措施,命令"嗣后山东民人有到口外种田者,该抚查明年貌、姓名、籍贯,造册移送稽查"。[1] 以便使这些人在中央政权的户籍册上有案可查,而不致被蒙旗所吸收。到了1748年,清政府发现一年之内"山东饥民出口者几至数万",致使康熙时规定每年只发八百张印票的限制已成具文,所以就在这年由理藩院做出决定:"嗣后责令司员暨同知通判等,查明种地民人确实姓名、现在住址,及种地若干、一户几口,详细开注,给予印票。贸易民人,亦一例查给。仍令乡长、总甲、牌头等,于年终将人口增减之数报官查核,换给印票。"[2] 这种做法,其目的显然是发现大量人口向口外流徙时防止这些人"俱为蒙古"的措施。

第二,清朝统治者希望长期保留蒙古族的牧奴制经济制度,使蒙古族的经济永远不能自立而必须依赖于中原,以便于其统治的稳定。如康熙在一首诗中就说:"〔蒙古〕既渐罢游牧,相将艺黍禾,禾黍日以好,……"但他又认为:"是云务近利,而或失本道。"[3] 乾隆在下达禁垦令时也是说担心他们"至失本业"。要使蒙古族永远不"失本道",那就非执行阻隔蒙古族人民与汉族人民直接联系的民族隔离政策不可了。

如果说,下令"守边旗员,沿边州县严行禁阻"汉民出口与禁垦还有联系的话,那么,在申称禁垦的同时又常常宣布禁止蒙汉人民在同一村落内聚居就只能另作理解了。如1730年,雍正禁止察哈尔地方

---

[1] 《清圣祖实录》,康熙五十一年五月壬寅。参见《清世宗实录》,雍正五年二月庚辰。
[2] 《大清会典事例》卷九七八。
[3] 《热河志》卷九二《物产》。

招民开种,便以"民人、蒙古杂居一处,亦属无益"作为重要的理由。[1] 1739年,因为察哈尔地方的汉人已"垦种多年,断难徙归"。结果仍命令将蒙汉杂居的村落中的蒙汉人,"互相抵换居住"。[2] 在1749年严申禁垦的前一年,正式将这一办法作为制度确定了下来,规定"嗣后蒙古部内所有民人,民人村内所有蒙古,各将彼此附近地亩,照数换给,令各归其地"。在这法令中既承认他们是自愿"互相容留",又提出"恐滋事端"为理由。[3] 实际上,换家换地不是人为地制造事端吗?

除此以外,前面谈到,清政府对于去内蒙古种地之民人,规定"不准带领妻、子前往,秋收之后约令入口"的限制;对于汉族商人,也规定不许他们"潜留各部落娶妻立产","定限一年催回","止准支搭帐房,不准苫盖房屋","不准取蒙古名字"。[4] 反过来,也不许"蒙古人起用汉名","建造房屋,演听戏曲","不准延请内地书吏教读,或充书吏"。[5] 把所有这些禁令联系起来看,清政府的中心意图无非是考虑怎样才能保证其统治秩序的稳定,他们既不愿汉人"俱为蒙古",也不愿蒙古人"失其旧俗",摆脱其政治、经济文化各方面的落后状态。清政府认为,这两种趋势都是不利于他们的封建统治的。

第三,当时在内蒙古地方,不仅有"蒙古部内有民人,民人村内有蒙古"的情况,而且汉人的村落又是散布在内蒙古的广大地区内,因此清政府直辖的各级行政机构就无法对他们进行直接控制了。因为有不利于其统治的危险,所以他们也要大力推行民族隔离政策和禁

---

[1] 《清世宗实录》,雍正八年九月乙未。
[2] 《清高宗实录》,乾隆四年三月己酉。
[3] 《大清会典事例》卷九七八。
[4] 《大清会典》卷六七。
[5] 《大清会典事例》卷九九三。

垦。这种做法,与清王朝禁止汉人下海,去沿海各岛和东北各地的政策是完全一致的。所以在 1748 年发现有大量汉人移往口外时,清政府当年就做出决定:"蒙古地方,民人寄居者日益繁多,贤愚难辨,应责成该处驻札司员及该同知通判,各将所属民人逐一稽考数目,择其善良者立为乡长、总甲、牌头,专司稽查。遇有踪迹可疑之人,报官究治,递回原籍。"而且要求他们取具没有"容留匪类"的"甘结存案"。[1] 显然这是一种加强对人民统治的里甲制度。在这种里甲之上,为了使这些汉民有中央直辖的行政机构管理他们,所以清政府又在内蒙古地区按内地的制度设立了府、厅、州、县。雍正初年设古北口、张家口、归化城三同知的事,一方面是因为受康熙担心汉民"俱为蒙古"的启发而采取的措施,另一方面也是要这些地方官负责与汉民原籍联系,保证准其居住耕种的人"查无过犯逃逋等情事"。[2] 除了前述所设的机构,乾隆二十五年(1760),又在归化城同知厅以外设立了归化城通判厅、清水河厅、萨拉齐厅、和林格尔厅、托克托厅。三十九年(1774),于塔子沟厅东境土默特左翼旗设立三座塔厅,八沟厅北境翁牛特右翼旗设立乌兰哈达厅。四十三年(1778),将承德州(热河厅改)升为承德府,喀喇和屯厅改为滦平县,四旗厅改为丰宁县,八沟厅改为平泉州,乌兰哈达厅改为赤峰县,塔子沟厅改为建昌县,三座塔厅改为朝阳县,悉隶属承德府。随后,由于东部哲里木盟的开发,又于嘉庆五年(1800)在郭尔罗斯前旗设长春厅,十一年(1806)于科尔沁左翼后旗设昌图厅,截至这时,内蒙古地区已有"一府,一州,五县,十二厅。此内各厅,有隶吉林将军统辖者(长春厅)、有隶奉天府尹统辖者

---

[1] 《大清会典事例》卷九七八。
[2] 《清世宗实录》,雍正五年二月庚辰。

(昌图厅)、有隶山西巡抚辖者(归化等七厅)。至承德府所属各州县及宣化府口外三厅,皆隶直隶总督统辖"。[1] 这样,就使内蒙古地区在原来盟旗分立的基础之上,又加上了汉民分省而治的措施;而在每一具体地方,又有盟、旗和府、厅、州、县并存。这一套对内蒙古政治分割统治的方法,迄至内蒙古人民在中国共产党领导下得以实现民族区域自治以前,一直被北洋军阀和国民党反动政府承袭和利用。

上述清政府与禁垦同时所采取的各项措施表明,他们面对着汉族农民年以万计地流入内蒙古的形势,首先考虑到的,主要是以上几项不利于其封建统治的政治理由,所以在1748至1849年颁布了包括禁垦在内的一系列民族隔离政策。所谓"保护牧业",不仅是当时的社会现实使清政府无法解决的问题,而且在主观上清政府也没做过什么认真的考虑。所以我们在下面将要看到,他们是怎样使禁垦政策导致破产,并且是怎样一手破坏了内蒙古的牧业的。

三 清政府的蒙汉隔离和禁垦政策的破产

尽管清政府自乾隆至道光一百年间,曾经三令五申地禁止汉族农民去内蒙古地区开垦,然而事实正好相反,在这段时间内,内蒙古地区的农业却以前所未有的速度发展起来了。

清朝统治者无法禁止汉族农民不断流入内蒙古地区的根本原因是由于封建剥削的残酷所造成,这是清朝统治者无法解决的一个社会问题。华北各省的农民,当封建剥削和天灾荒年使他们难以生活

---

[1] 《清仁宗实录》,嘉庆十五年四月庚子。

时，他们自然地将邻近地广人稀的内蒙古和东北地区看成是另寻生路的地方，于是一大批一大批地移出口外，甚至不惜冒犯国家大法的危险。这是当时的社会危机所造成的必然结果，并不是统治者一两纸敕令所能遏止的。这里不妨用嘉庆自己的话来说明这一问题，他说："其内地民人，均有土著版籍，设地方间遇灾荒年岁，……州县官果能勤宣德意，劳来安集，小民又何肯轻去其乡，至出口垦荒者，动辄以千万计！"[1] 这段话完全道出了问题的本质，不过他把责任推在州县官身上了，实际上，皇帝本人又何尝做过"勤宣德意，劳来安集"的事呢？

还在1746年，巡视归化城等处的官员的报告中，就提到有"上年口内欠收，贫民就食归化，无力回籍"的情况。[2] 乾隆末年以后，清王朝已发展到一个由盛而衰的阶段，封建社会的危机已很突出，这种情形也就更加普遍了。据《东三省政略》所载，郭尔罗斯前旗就是始于"乾隆中直隶、山东人出关就食，流寓旗地，渐事耕种"。[3] 1803年，一位官员自盛京（今沈阳）来京时奏称："伊于关外路上见出关民人，或系只身，或携带眷属，纷纷前往佣工贸易。"他解释说："缘关外地方佣趁工价比内地较多，若遇偏灾年分，山东、直隶无业贫民，均赴该处种地为生，渐次搭盖草房居住，是以愈聚愈众。"[4]

鸦片战争以后，随着全国社会的半封建、半殖民地化，广大农村中的农业危机越发不可收拾，不言而喻，上述的情况只会是日益普遍、日益发展了。现今仍在内蒙古西部流行的一个地方戏曲节目《走西

1　《清仁宗实录》，嘉庆十一年七月己未。
2　《清高宗实录》，乾隆十一年四月甲申。
3　《东三省政略》，《蒙务》上《蒙旗篇》。
4　《清仁宗实录》，嘉庆八年四月丙子。

口》,就生动地表现了当时华北农民普遍遭遇的历史悲剧。其中夫妻二人的唱词完全可以解答我们所要研究的问题:

> 玉莲一十六岁整,刚和大春配成婚,……
> 咸丰正五年(1855),山西遭年馑,
> 有钱的粮满仓,穷人受可怜。
> "二姑舅捎来信,他说西口外好收成;
> 我有心走西口,恐怕玉莲不依从。"
> "妹妹莫伤心,……口里出口外,不只哥哥一个人。"
> "哥哥出口外,玉莲我挂心怀;
> 但愿他平安无事,秋后回家来。"[1]

内蒙古地区现住的汉族农民,就是这些"何肯轻去其乡",父母、妻子期待"他平安无事,秋后回家来"的农民聚集起来的。

在社会矛盾无法解决的情况下,清政府面对这种情况,也不得不暂时放松禁令。前引1743年乾隆的上谕很可以说明问题:

> 本年天津、河间等处较旱,闻得两府所属失业流民,闻知口外雨水调匀,均各前往就食,出喜峰口、古北口、山海关者颇多,各关口官弁等,若仍照向例拦阻,不准出口,伊等既在原籍失业离家,边口又不准放出,恐贫苦小民,愈至狼狈,著行文密谕边口官弁等,如有贫民出口者,门上不必拦阻,即时放出。但不可将遵奉谕旨,不禁伊等出口情节,令众知之,最宜慎密。倘有声言

---

[1] 《二人台音乐》,内蒙古人民出版社,1958年,36~37页。

令众得知,恐贫民成群结伙投往口外者,愈致众多矣。[1]

这一段谕旨,充分反映了清朝统治者欲禁不能而又无可奈何的心情。不过,这时正是清王朝极盛的时代,所以还能将其权宜之计"慎密"处之。大申禁令之后,特别是乾嘉之际,封建剥削和阶级矛盾更为激烈了,许多地区爆发了秘密会社反抗封建统治的运动;当灾荒歉收的年代,破产的农民随时有"铤而走险"的可能,清政府为了转移人民的反抗情绪,不得不采取借内蒙古之地以养汉民的办法。如1792年河北省发生旱灾,流亡在外就食者"日聚日众",在形势所迫之下,乾隆只好宣布"往各蒙古地方谋食者不禁";而且还要各地方官向贫民宣传:"今年关东盛京及土默特、喀喇沁、敖汉、巴沟、三座塔一带,均属丰收,尔等何不各赴丰稔地方,佣工觅食。"[2]

自从这次开禁以后,"民人多有携眷出关,概准放行"的情况,于是嘉庆在1803年的谕旨中宣布,这一办法"系属一时权宜抚绥之计,事后即应停止"。同时又对类似情况做出了如下明确的规定:

> 嗣后民人出入,除只身前往之贸易佣工就食贫民,仍令呈明地方官给票,到关查验放行、造册报部外,其携眷出口之户,概行禁止。即遇关内地方,偶遇荒歉之年,贫民亟思移家谋食,情愿出口营生者,……候旨允行后,始准出关。[3]

---

[1] 《清高宗实录》,乾隆八年六月丁丑。
[2] 同上,乾隆五十七年七月辛丑;《大清会典事例》卷一五八。
[3] 《清仁宗实录》,嘉庆八年五月乙未。

这道谕旨表明，因饥荒年景而出关的贫民，可以不按禁令做出例外处理，如原属科尔沁左翼中旗，现属吉林省的梨树县，就是因"嘉庆八年弛流民出边禁"而开垦的。[1] 此后至道光年代，"借地养民"乃形成定制。如1832年河北省发生大旱，道光惟恐贫民"结队成群"来京觅食，"甚或扰累地方及为匪不法情事"，于是又想起"山海关外，岁屡丰收，此时小民扶老携幼，纷纷出关就食，该乡愚等一时不能领得该州县印票，势所难免，……为觅食起见，自未便加以禁止"。[2] 也就是说，在封建社会固有的矛盾无法解决的情况下，统治者也只能随着形势的变化和矛盾的变化来制定权宜的政策。禁垦的基本政策和必须解决暂时危机的权宜政策之间的矛盾，不能不导致民族隔离政策的破产。

其次，由于内蒙古有国家直辖地区和札萨克管理的盟旗的区别，清朝统治者出于本身的利益，仍旧在直辖地区继续招垦。

热河地方，是皇帝行宫所在，由热河都统直接管辖。沿边口外，设有牧厂，由总管等官管辖。其中盛京边外，有养息牧牧厂；独石口外，有御马厂；张家口外，有礼部牧厂（祭祀用）、太仆寺左翼牧厂、太仆寺右翼牧厂（皇帝御用）、镶黄等旗牧厂、正黄等旗牧厂（八旗贵族用）。察哈尔蒙古，因反抗清朝，被编隶八旗，迁于宣化口外，由察哈尔都统直辖。而土默特部也因为企图反抗，被镇压后，算是"带地投诚"，所居土地也就被认为是清朝"赏还之地"，由绥远城将军统辖。这些地区都是清廷直属地区，可以任意处理，招民开垦所收的地租，直接由国家和贵族大臣收纳。在这些地方，他们从未考虑过蒙古族人

---

1 《东三省政略》，《蒙务》下《筹蒙篇》。其他各地也有因嘉道以来弛边禁而开放的记载。
2 《清宣宗实录》，道光十二年六月己亥、辛丑。

民的牧场问题,不受禁令限制,仍继续招民开垦。

一种是清朝政府和王公大臣官地的招垦。如土默特地方,1735年提出开放四万顷"大粮官地"的计划,大多在禁令颁布以后才完成招垦。例如,其中归化厅浑津、黑河二里官地一项,就是经乾隆二年、七年、九年、十六年、五十四年陆续奏放的。十六年(1751),开放了大青山十五道沟的粮地。三十七年(1772),在土默特丈放了一千五百九十三顷九十八亩作为补充军粮的"代买米地"。四十三年(1778)又开放了二百顷左右"赡养"驻军家属的"鳏寡孤独地"。[1]

在热河直辖地区,古北口以外滦平、丰宁二县,"向系民人按册输粮",因此一直不在禁阻之列。[2] 五十七年(1792),京南各属大旱,"贫民"赴"热河就食者日聚日众",迫使清廷同意他们"分往各蒙古地方谋食",并命令开放各个关卡,而"不必专由古北口出口"。[3] 由此可见,通往热河的古北口没有其他关卡那种严格的限制。

前面已谈到,清朝统治者禁垦的目的在于隔离蒙汉人民,当某些地区的农业化已成为既成事实并划出一定范围设立地方行政机构后,他们认为封建秩序的稳定已有了保证,也不再禁止开垦了。如"热河迤北一带,系蒙古外藩游牧处所,自乾隆四十三年(1778)改设州县后,民人渐集多,山厂平原,尽行开垦"。[4] 按乾隆的说法,在他即位初年还是"士民稀少",但在禁令颁行之后,至1778年,已经是"四方商贾之民,骈集辐辏,俨然成一都会"。[5] 四十九年(1784),承德府

---

[1] 《土默特旗志》卷五《输田记》附;《归绥县志·经政志》。
[2] 《清仁宗实录》,嘉庆十五年二月己酉。
[3] 《清高宗实录》,乾隆五十七年七月辛丑;《大清会典事例》卷一五八。
[4] 《清仁宗实录》,嘉庆十五年二月己酉;《大清会典事例》卷一五八。
[5] 《清高宗实录》,乾隆四十三年二月丙午。

属各县即已共有 109805 户,557404 口。道光元年(1821),又增 144646 户,883879 口。[1] 清政府于嘉庆五年(1800)在郭尔罗斯前旗设置长春厅以后,就在长春堡划出东西二百三十里,南北一百八十里的地界,作为专供民人"租地垦种"的地区。[2] 1806 年,又于科尔沁左翼后旗昌图额尔克地方,划出东西一百余里,南北二三十里、四五十里不等的地区,设立了昌图厅,规定"原议里数内未开之荒地,准其开垦"。[3] 嘉庆十七年(1812),又划出东西一百二十里,南北五十二里的地区,"准其招民开垦"。[4] 由此可见,清朝的禁垦政策并不适用于已确立中央政府直接统治准予开垦的地区。

在这段时期中,清政府还开放了许多牧厂。牧厂以察哈尔地区为最多,除了前面提到的大牧厂,全察哈尔还有二十五处王公牧厂。归化城土默特境内,则有右卫和绥远八旗两个大牧厂。直属宫廷的牧厂中,礼部和太仆寺的牧厂分别牧放专供祭祀和食用的牲畜,其余大多是军用牧厂。18 世纪中平定准噶尔以后,统一全国的战争已经完成,大规模军事活动所需要的军驼和军马随之大为减少。在大申禁垦的同时,这些地区却屡次经过敕许公开进行招垦,其中由王公或牧厂管理人私自招垦的更多。以丰镇厅所辖地区为例,自乾隆二十六年(1761)至六十年(1795),仅乾隆一代,地亩升科即有二十六年、三十一年(两次)、四十三年、五十一年、六十年六次,地亩数共达27043 顷 56 亩。[5] 前已谈到,大规模禁垦是在乾隆十四年(1749)开始

1　《承德府志》卷二三《田赋》。
2　《大清会典事例》卷一五八。
3　同上,卷九七八。
4　同上,卷九七九。
5　《丰镇厅志》(1916 年石印本)卷五《田赋》。

的,三十七年(1772)又正式颁布"口内居住旗民人等不准出边在蒙古地方开垦地亩"的禁令,可是对这一地区的牧厂来说,《山西通志》中记载的事实正好相反,该书称:"乾隆三年牧地旧禁私垦,三十六年(1771)始定招垦之制。其后穷荒益开,科赋亦与民地无别。"[1] 可见清廷在自己收益的地区,并不注意考虑"蒙古生计"而强调它的禁垦。出于同样的动机,热河建昌镇等处马厂,也于三十五年(1770)"招佃开垦收租"。[2] 土默特地区情况也是这样。和林格尔境内的右卫八旗马厂,在三十一年(1766)由绥远城将军和山西巡抚提出将其中五旗牧厂交地方官招民开垦,三十五年(1770)又将其余三旗牧厂开放了。[3] 大青山后的绥远八旗牧厂,也因"裁汰兵丁、牧放马少,地亩空闲",由绥远城将军提出"待民开垦",[4] 到嘉庆十一年(1806),又由将军春宁奏准开放两千七百二十五顷。[5]

由于清政府在直属地区的招垦,就不能不让汉民越出长城以外,而汉民既已来到了口外,也就无法阻止他们向其他未辟地区转移,因而无论是已辟或未辟地区,在禁垦同时农业都有了发展。

第三,清政府在其核准招垦地区剥削的苛繁,也是迫使农民违抗禁令向剥削较轻的禁垦区扩展的一个原因。清政府陆续在口外设置府厅州县,建立里甲制度,并一再饬令地方官员到所管地区巡查,除了有加强封建统治的意图,同时也是为了检查有无私垦的情况,查出后即可据农户和地亩的数字升科征赋,扩大自己的剥削。由蒙古贵族

---

[1] 《山西通志》卷六五《田赋略》八。
[2] 《清高宗实录》,乾隆二十五年十二月戊子。
[3] 《晋政辑要》卷一〇。
[4] 同上。
[5] 《绥远城驻防志·马厂地》。

收租之处,则负有对"佃户拖欠"地租者"承追"的责任。[1] 所以凡建立了封建统治秩序的地区,也就随即带来了残酷的剥削。如 1724 年在察哈尔右翼四旗进行了土地丈量,接着将这些地亩"入官"并设同知"督管农民事务",随后就"照边内例,定为三等起科,每犁一具,征银四两二钱"。[2] 1751 年,直隶总督方观承说:"察哈尔汤河围场四百有六里,现有村铺六十八所,住旗民二百六十七户,其地亩已垦成熟者一百八十七顷,未垦荒山约计可得百余顷,现令民垦种,俟成熟后,履亩确勘,照例升科。"[3] 这段话完全暴露出清朝统治者蚊蚋嗜血般的贪婪嘴脸,农民好不容易逃到这里开出几片荒地,收到一些粮食,他们就闻风而来,很快又将这些农民网罗到残酷的封建剥削之中。

这样一来,在这一时期,凡是清朝封建剥削特别加强的地方,内地的农业危机也蔓延到这里,到处呈现着土地荒废的现象;而清朝尚未确立其直接封建统治的蒙古地方,农业在禁垦声中反而有了新的扩展。如归化城土默特地方,前述由清政府开放的右卫八旗牧厂、绥远八旗牧厂、浑津和黑河的庄头地、大青山后的"空闲地"等,自嘉庆以后,都出现了"地户潜逃、弃地遗粮"的情况。这些地方,起初私垦时往往是禁不胜禁,一旦升科以后,也就留无法留了。[4] 如大青山后沙拉穆楞地方,在 1810 年发现有私垦,于是清政府冠冕堂皇地发布:"归化城沙拉穆楞牧场为该处蒙古等生计攸关,若有民人自垦地亩,

---

1 《大清会典事例》卷九七八《户丁·稽查种地民人》,嘉庆十一年条;卷九七九《耕牧》《耕种地亩》乾隆十三年第三条。
2 《清世宗实录》,雍正三年正月壬戌。
3 《清高宗实录》,乾隆十六年十一月。
4 参见安斋库治《清末绥远的开垦》,《满铁调查月报》19 卷 2 号,40~41、43~50 页;《清末土默特土地的整理》,《满铁调查月报》19 卷 12 号,41~52 页。

自应随时驱逐,……经此次查办后,该处空地即不许多垦一垅,多容一人。"[1] 1847 年,清政府看到禁令没有成效,乃正式宣布:"……沙拉穆楞等处开垦成熟,每亩征租银三分一厘八丝。"[2] 这种剥削加上以后,仅仅过了十二年,禁不胜禁的沙拉穆楞地就出现了"地亩硗薄,原定租额过重,以致地户逃弃,租银拖欠"的情况。[3] 这一例子也说明了清朝统治者以保护牧场为名的禁垦政策,只不过是为了禁止对他们无利可图的私垦以保障其升科地的经常剥削罢了。

随着清政府的封建剥削网逐渐扩大,农民流亡运动像连锁反应似的也波及内蒙古较早的农业区。归化城土默特农民大致是向北和西两个方向进展。北面大青山后,还在 1744 年,即已有人进入乌喇特旗察罕齐劳地方和四子部落旗境内耕种。[4] 1761 年,也查出大青山十五峪地方有人偷种。[5] 1832 年,土默特和茂明安旗毗邻地区因为蒙古王公招垦发生了地界纠纷。[6] 到了 19 世纪末,这种逃亡现象则更为严重,山西巡抚张之洞的报告中说:"各边界乌拉特、达拉特、杭锦、四子王部落、茂明安等部落蒙古牧地,近来庄头疲累,逃亡较多,加以流氓择利,来去无常。"[7] 可见逃亡者已遍及乌兰察布盟了。

农民流亡的另一方向是西去。土默特西部河套一带,19 世纪初农业有了可观的发展。

河套地区的农业得到发展,是因为当时清廷的封建统治和剥削

---

1 《清仁宗实录》,嘉庆十五年冬十月己亥。
2 《大清会典事例》卷一六二。
3 《清文宗实录》,咸丰九年十月癸丑。
4 《清高宗实录》,乾隆九年六月辛未。
5 同上,乾隆二十六年二月戊戌。
6 《清宣宗实录》,道光十一年九月戊午。
7 《光绪朝东华录》,光绪十年四月丁巳,朱寿朋辑,中华书局,1960 年。

还没有完全加于这块地方,而蒙古王公的剥削也只限于一定的程度。但到19世纪中叶清朝的封建剥削也在这里加强以后,农业发展的势头又很快消失了。据《绥远志略》载:"道光、咸丰年间,后套因经多年之经营,地方颇为繁盛。"由于同治、光绪之间,清军在镇压回民起义时的破坏和长期驻军后套的骚扰,"人民负担过重,地户多有逃亡,因而地荒渠废,渐见衰败"。[1]

河套以西的阿拉善旗,据道光十九年(1839)的调查,"定远营地方,有久经开垦熟地一千一百九十顷六十七亩"。[2] 在伊克昭盟,陕西等地迁来的汉民也不少。嘉庆二十二年(1817),理藩院就曾规定:"神木理事司员,所属鄂尔多斯六旗,与该处同知间年一次巡查,将各旗有无新招民人私开地亩报院。"[3] 可见这时新招和私开的地亩有不少。前引张之洞的报告,也提到从土默特逃亡到达拉特、杭锦二旗种地的汉民。

东部卓索图盟几旗,也有逐渐向昭乌达、哲里木盟各旗发展的情形。除了有汉族农民向北流徙,甚至蒙古族农民也因不堪剥削开始逃亡了。道光十九年(1839),理藩院正式制定了禁"私招别旗蒙古"的法令,失察之札萨克和旗内官员及私招者都要从重议处。[4] 同治六年(1867),就查出"郭尔罗斯公属台吉所招越旗种地承名有业者五百七十一户,其喀喇沁等私相援引,依亲就食,暨伙种地亩者共一千七十八户"。[5] 光绪十七年(1891),发现科尔沁右翼前旗札萨克"私招喀喇

---

[1] 廖兆骏《绥远志略》,1937年版,16页。
[2] 《大清会典事例》卷九七八。
[3] 同上。
[4] 同上。
[5] 同上。

沁、土默特蒙人垦放洮河夹心荒地","是时来垦者约千户"。[1] 据《东三省政略》的记载,这几乎是哲里木盟各旗的普遍现象,他们除了招募河北、山东"无业之民",就是招"敖汉、奈曼、喀喇沁、土默特诸旗蒙人以助耕作,俗名榜青"。[2]

从这些事实看来,清朝的封建剥削伸展到内蒙古地区后,蒙汉农民也遭到了内地农民同样的悲惨命运,在无法忍受的情况下,他们采取逃亡这种消极抵抗的方式,使广大的禁垦地区的农业得到了新的发展。

第四,清朝宣布禁垦以后,禁垦地区农业反而有迅速的扩展,除了因农民不堪剥削向这些地区逃亡私垦,蒙古王公贪图地租积极招佃也是一个重要原因。如前述土默特大青山后、乌兰察布盟各旗、伊克昭盟各旗、阿拉善旗垦区的开辟,除了少数是逃亡农民私垦,大多数还是由蒙古王公所招致。特别是东部哲里木盟各旗,主要是蒙古王公主动招来的。现在的长春和农安,就是因为郭尔罗斯前旗札萨克恭格拉布坦于乾隆五十六年(1791)私招汉人放垦的,所以这一旗农业发展独早。[3] 1806年,嘉庆查出今昌图一带有流寓民人数万时,曾经指出:"民人出口后该王公等若不招致,给与地亩耕种,伊等无业可图,必不能久留边外;是流民出口之多,总由该王公等招致所致。"[4] 这段话的确是符合当时的实际情况的。清朝针对这种情况,在嘉庆五年(1800)和道光十九年(1839)的禁垦令中,着重对私募开垦的蒙古

---

[1] 《东三省政略》,《蒙务》上《蒙旗篇》。
[2] 同上,《蒙务》下《筹蒙篇·纪实业》。
[3] 同上,《蒙务》下《筹蒙篇·纪建置郡县》。
[4] 《清仁宗实录》,嘉庆十一年七月己未;《大清会典事例》卷九七八。

王公和失察的盟旗官员拟定了极为详备和严格的惩罚条例。[1]

然而这种办法并没有奏效,原因是清朝统治者与蒙古王公本质上是相互勾结的。例如在禁垦时,为了对某些王公表示优渥,政府又常常特许他们放垦。如嘉庆十六年(1811),理藩院一面晓谕敖汉旗"不得多开一垅,多招一民";一面又承认"该旗博尔克之地,仍给该王为业,听其自行办理"。二十二年(1817),又划出土地1780顷14亩,"给该王招民耕种"。[2] 各种特许各处都有,势必造成同禁垦的矛盾。

东部较早放垦的是昭乌达盟几个旗,1749年乾隆颁布对喀喇沁、土默特等地的禁垦令,同时宣布"翁牛特、巴林、克什克腾、阿鲁科尔沁、敖汉等处,亦应严禁出典开垦"。[3] 可见这时农民已开始从卓索图盟向昭乌达盟发展。乾隆晚期,由于南部已开辟殆尽,这种趋势也就更为明显。这几旗中以敖汉旗开垦得最多,以致在1799年(嘉庆四年)、1800年、1807年、1811年、1824年(道光四年)接连对该旗发布了禁垦令。[4] 1800年,嘉庆的上谕中谈到,敖汉旗的"蒙古地亩",都是招"出有押租钱文"的汉民垦种的,"嗣后民人挟资携眷,陆续聚居,数十年来,生齿日繁,人烟稠密"。[5] 1831年发生了巴林与克什克腾旗争地一案,上谕中称:"克什克腾实有招民种地之事,……该旗希图得租开种。以致地窄,又欲展占巴林地界。"[6] 从这些材料看来,昭乌达盟的开垦在18世纪初已有相当规模了。

18世纪末,内蒙古东部的开垦已由辽河流域延及松花江流域,哲

---

1 《大清会典事例》卷九七八。
2 同上,卷九七九。
3 《清高宗实录》,乾隆十四年九月丁未。
4 《大清会典事例》卷九七八、九七九;《清仁宗实录》,嘉庆五年五月甲午。
5 《清仁宗实录》,嘉庆五年五月甲午。
6 《清宣宗实录》,道光十一年正月己卯。

里木盟靠东的几旗陆续开放。这几旗开辟虽然较晚,可是到 19 世纪却有了惊人的发展。

乾隆四十九年(1784)颁布的法令中称:"科尔沁地方种地民人,与蒙古有交涉事件,所有宾图郡王(科左前旗)地方……住址近铁岭县,即交铁岭县管理;达尔汉亲王地方(科左中旗)……住址近开原县,即交开原县管理。"[1] 可见这两旗这时已有不少汉人来此耕垦。嘉庆八年(1803),可能是按对"遇灾歉之年,贫瓯思移家谋食"者作为例外通融之年,在科左中旗梨树城地方,由于边禁放松,加之"达尔汉王招佃垦地,人民渐集"。至光绪三年(1877),乃正式设奉化县治。道光元年(1821),遵照理藩院借地养民的办法开放了东辽河近边一带八家镇地方,1826 年续放七里界荒,接着又展放爱宝屯等处,至 1877 年,终于在八家镇设置了怀德县。[2] 科左前旗南境,也于嘉庆年间开放,后均划入法库厅和康平县。[3] 每禁一次,人口和耕地反而有新的增加。1822 年,查出科左中旗和前旗"民人已有二百余户,垦成熟地已有两千余垧"。[4] 1823 年,又查出科左中旗"招留民人二百五十五户,其垦地三千一百八十四垧"。科左前旗"招留民人一百零三户,耕种熟地一千五百四十六垧"。[5] 三年后,又查出二旗界内"新招流民五百七十二户,续查出科左中旗新招流民一百九十三户"。[6]

1　《大清会典事例》卷九七八。
2　《东三省政略》,《蒙务》下《筹蒙篇·纪建置郡县》;《蒙务》上《蒙旗篇·纪科左中旗》,《筹设之北南驿站……摺》。
3　同上,《蒙务》上《蒙旗篇·纪科尔沁左翼前旗》;《蒙务》下《筹蒙篇·纪建置郡县》。
4　《清宣宗实录》,道光二年七月庚辰;《大清会典事例》卷九七八。
5　同上,道光三年九月庚午;《大清会典事例》卷九七八。
6　《清宣宗实录》,道光六年七月癸未;《大清会典事例》卷九七八。

科左后旗是1802年奏准开垦的,仅仅过了四年,流寓之人已有数万,农民有三千九百余户,于是清政府划定"东至吉林边栅,西至辽河一百余里;南至威远堡地界,北至白塔水河二三十里、四五十里不等"设置昌图厅,"原议里数内未开之荒地,准其开垦"。[1] 1812年,又在昌图额尔克地方,划出东西长一百二十里,南北宽五十二里的地界,"准其招民开垦"。[2] 1829年,发现该旗库都力等处已有人开种,派人查办。[3] 由于开垦已经是既成事实,只好再将"东至硕勒合硕,西至姑奈经勒克,南至昌图,北至库都力甸子"划为开垦地,当时已有"原招民人一千四百余户,误写界外地亩改移界内民人三百余户"。[4] 1877年,昌图厅被升为府治。

这时开垦土地最多的还有郭尔罗斯前旗。乾隆年间,就开始有山东、河北人出关就食,到这里从事耕种。乾隆五十六年(1791),札萨克恭格拉布坦正式自动大量招垦。1799年,吉林将军秀林奏准在这里"借地安民"。[5] 1800年,清政府统计长春堡地方已有熟地二十六万五千六百四十八亩,民户两千三百三十户,并划定自"东穆什河,西至巴延吉鲁克山二百三十里;自吉林伊通边门,北至吉住窝铺一百八十里"作为招民"租地垦种"的"地界",并派设长春厅理事通判进行管理。[6] 1806年,查出"流民增至七千余名之多"。[7] 1808年,又查出

---

[1]《清仁宗实录》,嘉庆十一年七日己未;《大清会典事例》卷九七八。
[2]《大清会典事例》卷九七九。
[3]《清宣宗实录》,道光九年七月甲午。
[4]《理藩院则例》卷一〇。
[5]《东三省政略》,《蒙务》下《蒙旗篇·纪郭尔罗斯前旗债务及开放余荒始末》。
[6]《大清会典事例》卷九七八、一六七、一五八。
[7]《清仁宗实录》,嘉庆十一年七月己丑;《大清会典事例》卷九七八。

流民三千零一十户。¹ 1810年，又"查出新来流民六千九百五十三户"。² 1824年，郭尔罗斯公辖克托克托瑚私自容留民人，"垦地共两千七百余顷"。³ "道、咸以降，垦者日众，逐渐增至六七十万垧"。⁴

以上所述，大致是鸦片战争前内蒙古地区农业发展的基本轮廓。自1749年乾隆对蒙古各旗宣布禁垦起，每当查出有私垦时，就严申今后"不许多容一人，多垦一亩"，可是每次查禁后事实上垦区却在不断扩大。至道光十九年（1839），终于颁布了最完备、惩罚最苛酷的禁令，⁵ 同时内蒙古的农业也发展到了高潮。这种情况完全是以上各种原因所造成的，清朝统治者企图束缚农民在某些地区，禁止去某些地区的主观意愿是根本办不到的。如1776年乾隆因甘肃二十九州县遭灾，想动员灾民去新疆垦种，就"未能得要领"，而"山东百姓之趋赴口外"，却诚如他自己所说："虽禁之不止。"⁶ 1810年嘉庆也承认："流民出口，节经降旨查禁，……每查办一次，辄增出新来流民数千户之多，……再届查办复然，是查办流民一节竟成具文。"⁷

鸦片战争以后，随着全国半封建、半殖民地化的逐步加深，封建王朝的统治已处于风雨飘摇之中，虽然原有的各种蒙汉隔离政策并未取消，但也无暇增添明知办不到的"具文"了。1902年，清王朝终于彻底改变了以前的做法，转入实行"移民实边"政策的新阶段。

1　《大清会典事例》卷九七八。
2　《清仁宗实录》，嘉庆十五年十一月壬子。
3　《清宣宗实录》，道光四年二月甲午；《大清会典事例》卷九七八。
4　《东三省政略》，《蒙务》上《蒙旗篇·纪郭尔罗斯前旗》。
5　《大清会典事例》卷九七八、九七九。
6　《清高宗实录》，乾隆四十一年七月辛未。
7　《清仁宗实录》，嘉庆十五年十一月壬子。

四　农业区的形成对内蒙古经济与民族关系发展的影响和意义

清代内蒙古地区的农业发展起来以后,在客观上为内蒙古经济的发展、社会的进步和各民族的友好合作建立了基础,它的影响是积极的,意义是深远的,必须予以肯定的评价。

(一)汉族农民大批迁入内蒙古地区后,通过与蒙古族人民互相学习生产技术,促进了生产水平的提高

清朝初年,蒙古族人民也有从事农耕的,但耕种技术水平还很低下,大多处于半农半牧或以农业作为副业的状态。方式济描写康熙时嫩江流域附近蒙古族的农业时说:"蒙古耕种,岁易其地,待雨乃播,不雨则终不破土,故饥岁恒多。……布种辄去,不复顾,逮秋复来,草莠杂获,计一亩所得,不及民田之半。"[1] 热河一带也是如此,"既播种,则四出游牧射猎,秋获乃归,耕耨之术,皆所不讲,谓之靠天田"[2]。"谷虽熟,不事刈获,时至霜陨穗落"[3]。所以无论是播种、中耕、秋收都非常草率,也不大懂得掌握农时,当然所获也就无几了。汉族农民大批迁入内蒙古地区以后,逐渐把内地选种、施肥、开畦、培垄、兴修水

---

[1]《龙沙纪略》,《饮食》,《昭代丛书》己集广编本。
[2]《热河志》卷七五,康熙三十三年《荒田诗序》。
[3]《清圣祖实录》,康熙三十七年十二月丁巳。

利、注意农时等精耕细作的技术传播开来。到乾隆时,这种情况就大为改变了。在乾隆所写的诗中,就做了这样的今昔对比:"蒙古昔种田,撒种委之去,谓曰靠天收,秋成乃刈获。……而今则不然,均习耕耨务,课雨与量晴,不殊三农虑。"[1] 这说明少数地区蒙古族人民的农耕技术已有了迅速提高。

到了清末,"近边诸旗,渐染汉俗,……凡设郡县之区,类皆农重于牧,操作亦如汉人"。[2] 因此,从清代起,蒙古族中也有了大量本民族的农民,迄至现在,蒙古族的农民已超过了牧民的总数。现在内蒙古全区各族牧民大约有五十万,而蒙古族农民就有七十多万。如果加上清代属于内蒙古现属黑龙江、吉林、辽宁、河北等省境内的蒙古族农民,人数就在一百万以上了。从这个数字上看,必须肯定蒙古族农民在开拓内蒙古的农业上所做出的贡献。

汉族农民和蒙古族人民直接交往以后,也从蒙古族人民那里学到了放牧的技术。直至目前为止,畜牧业仍然是内蒙古汉族农民经济生活中的重要补充。在日常生活中,他们也从蒙古族牧民那里学会擀毡子、制乳制品、穿皮袄、着毡靴等技术和习惯。

由此可见,随着内蒙古农业的发展,蒙汉各族人民之间的友好合作关系也大大发展了。诚如清末人所描写的:"蒙汉杂处,观感日深,由酬酢而渐通婚姻,因语言而兼习文字。"[3] 蒙汉人民已凝结成不可分割的关系。

---

1 《热河志》卷七五《藩卫》。
2 《东三省政略》,《蒙务》下《筹蒙篇·纪实业》。
3 同上,《蒙务》下《筹蒙篇·纪建置郡县》。

(二)农业的发展对牧业经济起了良好的调剂和促进作用

内蒙古农业区的出现,改变了历史上北方的牧业经济与中原的农业经济相互脱离的情况。从此,牧业区的牧民可以直接从邻近农业区获得大部分必需的农产品及其各种加工品,不再像过去那样必须通过互市等手段从中原地区换取。至于居住在农业区边缘地带的牧民,或者是由于农业的扩展,或者是本身在汉族农民的影响下,开始经营粗放的农业,因而已处于半农半牧的经济区内。他们从农业得到的直接利益更为明显。一方面,有些牧民已开始走向定居、半定居的生活,生活较过去趋于稳定;另一方面,牧民们可以就近得到粮食和各种农产品加工的食物以及饲养牲畜的干草和马料等。如卓索图盟一带,在一批汉人向蒙古人租地的契约中,一般规定除了完纳粮食作为正租,还要缴一种小租,其中包括有粳米、杂谷、猪肉、白酒、清酱、秫秸、干草和柴薪等。这完全反映了牧业经济的多种需要。[1] 特别是碰到天灾年岁时,牧业经济如能就近得到农业经济的支援,也就可以靠粮食和谷草渡荒了。

清朝初年,内蒙古东部三盟各旗还设立了储备粮食的仓库,其性质是清政府"令该王等养赡本旗贫乏无业者",各旗如遇偏灾歉收之年,札萨克可以"将仓存谷石酌量出陈易新,借给众人"。若"本旗仓存之谷,如不敷用,准其暂由邻旗借用"。据1772年哲里木盟十旗、卓索图盟五旗,昭乌达盟十一旗各旗存谷的数字,总计有445269.80石

---

1 《锦热蒙地调查报告书》(1937年伪满地籍管理局编),上卷,245页及书中附录之契约。

之巨。[1] 这种"义仓"形式的粮仓在素以游牧业为主的地区出现,不仅在荒歉年岁能起一定的救济作用,而且也显示出蒙古族人民处于多民族统一国家中的优越性。有些还没有发展农业的地区,当发生荒歉时,往往临时向清政府申请招汉人越界种地解决困难。雍正十年(1732)鄂尔多斯部分地区的灾荒就是用这种办法解决的。[2]

对于汉族农民来说,不仅如前所说,当内地每遇荒年时,他们可以到内蒙古垦荒渡过荒年。而且,他们在这里经营农业,要得到自己所必需的耕畜和畜产品,也比内地的农民方便得多。对农民来说,耕畜是重要而又不易置备的生产资料,由于有毗邻牧区的支援,或借或购,都很容易得到解决。

方式济的《龙沙纪略》一书中记载了清初的一件事:"卜魁(齐齐哈尔)初立城,值岁饥,将军沙纳海尽发仓谷以赈",次年又藉"蒙古助牛力""屯种还仓"。这对仓谷并没有什么损失,而双方都得到了好处,所以"边人"很久还"感述其事"。这一事例生动地说明了农牧并存、相互调剂的好处。

(三)农业的发展也促进了内蒙古地区手工业和商业的发展

在农民聚居的村落,逐渐发展有物资交换的集市,出现了街道、村镇和城市,有了固定的商店和手工业作坊。到了19世纪,内蒙古已正式形成既有牧业,又有农业、商业和手工业的多种经济并存的地区。

---

[1] 《大清会典事例》卷九七九。
[2] 《河套图志》卷四引《怀远县志》。

手工业和商业的发展,促进了内蒙古经济的繁荣和活跃,而定居农业的发展,则是商业和手工业产生的前提和基础。

五 驳对清代内蒙古农业发展和民族关系的谬论

由于在农业的发展过程中,也的确产生了侵占牧场和土地典卖的现象,曾经造成蒙古族人民生活上的困难,发生过不少次民族纠纷,清政府也一再以此为题颁布禁令,因而使某些人得出了这样一种结论,似乎农业发展以后必然会带来农牧矛盾和民族矛盾等消极因素。有人认为:清朝始终执行保护蒙古牧业的政策,蒙古族牧民失去牧地不能归咎封建统治者,而只能怨恨前来耕种的汉人。

我们认为,事实绝不是这样。这里有两个问题,即我们应如何看待农牧矛盾和民族矛盾的问题。

先看看农牧矛盾的问题。农业和牧业作为两个经济范畴来说,不应该抽象地断言二者之间存在着必然的矛盾。相反,千百年的历史证明了,从事农业和牧业的民族,一直在为这两种经济建立联系而斗争。由于历代封建统治者的阻挠,这种愿望始终未能实现。清朝把从事这两种不同经济的民族统一在一个多民族的国家中,使农牧业之间的相互联系、支援和调剂的好处得以实现,这是完全应该肯定的。农业和牧业会产生矛盾,只有在农田侵占了牧场致使牧业经济难以维持的情况下才有可能。因此,我们在分析农牧矛盾时,必须根据历史事实指出在什么时候、什么地区,由于农田侵占牧场过多,致使农牧业产生了矛盾,决不能对牧区出现的农业一概加以否定。我个人认为,清代的农业发展可以分为四个时期:1644 年至 1748 年是第一时期;1749年(禁垦令颁布)至1839年是第二时期;1840年(鸦片战争)至1901年是第三时期;1902年("移民实边"开始)至1911年是第四时期。

在第一时期内,内蒙古的农业尚处于开创阶段,除了极个别地区,在内蒙古广大地区内,农田还只不过星星点点地散布开来,所以还谈不上什么农牧矛盾。

第二时期,内蒙古的农业较前一时期有了很大发展,但在大部分地区内,农业还只是开始发展,某些蒙古族人民欢迎开发的地区甚至还很少人去。因此,在这段时期中,农牧业相互配合的有益作用还是主要的。

然而,在这一时期内,特别是到了18世纪末至19世纪以后,在某些地区,如卓索图盟和归化城土默特一带,农牧业的矛盾的确已开始出现,蒙汉之间也时有纠纷,这就要我们正确分析另一个问题——民族矛盾的问题。根据当时的历史实际情况,清政府不仅像前面所证明的那样,他们"保护牧业"的口号是别有用心的,而且他们自己还侵占了蒙古族人民的牧场。东从山海关外养息牧牧厂开始,西到土默特地方,现在是内蒙古主要的农业地区,19世纪以前农业几乎就集中在这一带,清政府认为这些地区是由其直属的,从清初起就霸占了许多庄田和牧厂,分属于国家、宫廷、贵族和八旗官兵等不同系统。这些土地,过去无不是蒙古族人民最好的牧场,但当其报垦时,从没有听到清廷考虑过蒙古族人民的牧场问题。除了庄田、牧场,为了皇帝个人的寻欢取乐,还圈占了地域广阔的围场,如热河木兰围场周围即达六百余里,牧场被划入围场之内以后,蒙古族人民如果偷入采蔬菜、割草、砍树、打牲畜都要受到极为苛酷的惩罚。[1] 当然，这些牧场的被占应由清朝统治者负责。

除了已圈占的地区，清朝统治者往往越出既圈地区的界限侵占蒙古族人民的牧场。如察哈尔地区，经常就有庄头在蒙古族牧地招民开垦的争执案件发生。绥远八旗牧厂，[2] 本来是奉旨由牧厂界内土默特蒙古和绥远驻防军队"公共游牧"的。而绥远城将军却将它视为清政府所有、放垦收租，当自己牧地因放垦不够使用时，又侵入到接近八旗牧厂的蒙古族牧民住地内提出公共游牧的要求。这样，不仅使原来八旗牧厂界内的蒙古族牧民"既失其业，又失其牧"。[3] 而且还将界外蒙古的牧场也侵占了。又如清水河地方，因康熙时下嫁蒙古的公主住于此，准予圈占一定地区招民种地收租，但随着招种日多，"清水河东北西尔哈墨哩图一带地方，西北乌兰拜星一带地方，原系蒙古游牧处所"，也被她的"属人占据"了。[4] 因此，这些地方发生侵占牧场和争执事件，完全应由清朝统治者负责。

蒙古王公贪图地租，私自将牧场开放也是造成人为纠纷的一个原因。汉族农民大多是孑然一身来到内蒙古地方，不仅政府不予支持，反而处于非法状态，如果不是蒙古王公无计划地招徕，他们是绝对没有力量侵垦牧民必需的牧场的。蒙古封建主只关心扩大自己的剥削来源，当他们发现将土地经营农业比作牧场更为有利时，往往不管牧场有无空闲，纷纷招民开垦。1800 年，敖汉旗发生了一次驱逐民人

---

1 《大清会典事例》卷九九六。
2 《土默特志》卷五《赋税》。
3 《光绪二十八年七月土默特伊精额等呈控被绥远城协领等欺凌侵占马厂折》，见安斋库治《清末绥远土地的开垦》附录二，《满铁调查月报》19 卷第 2 号。
4 《清高宗实录》，乾隆六年五月乙巳。

的事件,清朝官员的报导很能说明当时一般的现象。这篇文件是这样说的:"此项蒙古地亩,招民垦种之初,均出有押租钱文,并非凭空占种,……蒙古、民人,本属相安无事,迨垦种日多,有碍蒙古牧厂,因而呈请撵逐。"[1] "有碍蒙古牧厂"是如何造成的呢?就在乾隆最初发布禁垦令的同时已指出了这样的事实:"蒙古台吉、官员、喇嘛,皆称殷实。……此等殷实之人,每倚恃己力,将旗下公地令民人开垦,有自数十顷至数百顷之多占据取租者,是以无力蒙古,愈至困穷。"[2]

在近代以前这段历史时期中,在大多数场合下,汉族农民逐渐把土地开垦以后,一般说来与牧场还没有太大矛盾,蒙汉等民族本来是聚居相安的。所谓"侵占牧地"的纠纷,有许多实际上是蒙古王公提出来的借口,他们想借此驱逐汉人,"意欲不还原价而得所典之地"。[3] 如1751年,就发生了"土默特贝子哈木噶巴牙斯呼郎图,不按原拟年限,驱逐种地民人及故纵属人勒索科派"的事件。[4] 1806年,嘉庆即曾指出:"凡蒙古王公该管界内,有荒地先经奏明招民垦种者,系该王公情愿开垦","及垦种日久,民户种多,又恳请驱逐,案牍累累,殊非情理之平。"[5] 1821年,敖汉旗提出了撵逐汉人的要求,据松筠调查:"其招民垦种之地,……均系台吉等得价私写,并非民人强占,今民人垦种年久,既出地价,又费工本。"所以蒙古贵族这时提出要撵逐汉人,当然不是什么"侵占牧地"的问题,只不过是想侵吞地价而坐享农民经营过的土地罢了。[6]

---

1 《清仁宗实录》,嘉庆五年五月甲午。
2 《大清会典事例》卷九七九。
3 《清高宗实录》,乾隆十四年九月丁未。
4 同上,乾隆十六年春正月。
5 《清仁宗实录》,嘉庆十一年七月己未。
6 《清宣宗实录》,道光元年二月癸卯。

由此可见,农牧矛盾产生的另一主要原因,是蒙古王公为了扩大自己的剥削来源无计划放垦牧场。因此在这一时期的词讼案件中,蒙古牧民的斗争锋芒主要是反对属于上述清政府所承认的那一类性质的事件,即控告"蒙古台吉、官员、喇嘛""倚恃己力"将多数牧民赖以为生的"旗下公地令民人开垦"。汉族农民主要是反对蒙古王公企图夺走他们"垦种年久,既出地价,又费工本"的土地。所以即使从形式上来看,这一时期内主要的表现也还是阶级斗争。

除了蒙古王公将公有牧地招民开垦,在这一时期,也出现蒙古族平民典卖土地而失业的现象,对于这个问题应该怎样去看呢？我认为这是农业发展以后必然引起的土地占有形式的变化。在内蒙古的牧业经济中,虽然早已存在封建主对土地的支配权和牧民对某一地段习惯上的使用权,但土地私有观念并不浓厚。土地经过招募汉人垦辟以后,每个蒙古族人占有土地的多寡,就变成了他们的经常收入(地租)多寡的重要因素。因而他们自然会产生占有某一具体地段的要求。当农业发展以后,内蒙古各地大致形成了如下几种土地占有形式:一、札萨克管领的旗地;二、札萨克、王公、台吉私有的领地;三、寺院或上层喇嘛的香火地或领地;四、全旗保留的共有公共游牧地;五、非贵族官员领受的官地;六、普通蒙古族群众分得的土地。[1]

经过人们劳动改造过的土地会具有价值,因而也就可以作为商品进行典卖,这是建立在私有制基础上的阶级社会中(特别是在汉族社会中既有习惯的影响下)不可避免的现象。前面谈到,乾隆以后清政府所颁布的许多禁垦令中,的确有许多是和禁止典卖土地有联系的。1742年,清政府最先发现"〔归化城〕土默特蒙古,生计艰难,多有

---

[1] 参见姚锡光《筹蒙刍议下·经画东四盟条议》,《满蒙丛书》第五卷。

典出地亩"的情况后,于是决定"按原价定限归还,……自后不许复行典卖"。次年经过"复查蒙古地亩及人口数目之后",正式确定了撤回的办法。[1] 1748年,又查出土默特右翼,喀喇沁左、中翼三旗都有出典之地,也规定"照从前归化城土默特蒙古撤回地亩之例",将"民人所典地亩,应计所典年分,以次给还原主"。接着在次年的禁垦令中申禁止"将地亩典给民人",并规定了各种违禁处分的办法。[2]

事实上,禁止土地典卖和禁垦一样,并没有收到预期的效果。乾隆四十一年(1776),又发现有"民人持贱价典出蒙古土默特地亩"的情况,于是又重申"嗣后将典卖地亩之处,永行禁止"。[3] 道光十二年(1832),清政府发布了处理科尔沁地方典地的法令。接着在十九年(1839)又一连发布了三道关于处置喀喇沁、土默特地方地亩出典的法令。[4]

这种土地转移的情况,不仅蒙、汉民之间存在,而且在蒙古族当中也有分化。1743年归化城土默特的地亩统计中指出:"土默特两旗蒙古共四万三千五百五十九口,……田地共七万五千零四十八顷有奇。……无地亩之蒙古两千八百一十二口,人多地少之蒙古两千一百五十六口,有田三二十亩以上、一顷以下不等之蒙古两万两千一百零四口,……田地多余之人一万六千四百八十七口,耕种地亩四万两千八百顷。"约占总人口三分之一强的人占有全部耕地的百分之五十七,平均每人占地近二百六十亩。而百分之十一以上的人口却已经完全丧失了土地或少地。在以后百数十年的发展中,当然分化会更

---

1 《清高宗实录》,乾隆七年十一月丙辰、八年八月壬子。
2 《大清会典事例》卷九七九。
3 同上,卷一六一。
4 同上,卷九七八、九七九。

为剧烈。前引 1743 年乾隆颁布的法令中还说:"蒙古台吉、官员、喇嘛,皆称殷实,惟属下兵丁贫乏者多。此等殷实之人,有自数十顷至数百顷之多占据取租者。"[1]

归化城土默特是怎样由公共牧场而被分配到各户成为私地的呢?据《蒙垦续供》所说,还在康熙时代,即分配"每兵一名,给地五顷"。而据《土默特旗志》所载,则是"兵士五千名,弁兵无俸饷,马皆自备,均给田有差,每兵一名,种地一顷,官弁递增"。因此,他们取得土地,是由于必须负担清朝的兵役和徭役,所以才分给他们一份土地维持本人和家庭的生活。《土默特旗志》还谈到,这些兵丁所负的操演、巡逻和各种差役等义务,几乎常占去他们整年、整季的时间,无论是营农营牧,他们都无法亲自经理,因而只得出租给汉族农民耕种;有时因经济困难,难免会发生出典土地的情况。这显然是清朝统治者自己造成的恶果,并非既成事实之后所能禁止得了的。

因此,尽管清政府于 1743 年在归化城土默特提出了重新分配土地的方案。1748 年,在其他地方也规定:"嗣后令于殷实之札萨克、台吉、官员、公主、郡主等陪嫁内监及喇嘛等地内,酌拨三分之一,各与本旗穷苦蒙古耕种。仍量其家口多寡,分给地亩。"并指出:"傥仍有开垦旗下公地,强占穷人地亩者,从重治罪。"[2] 内蒙古地区也和内地一样,封建统治者除了在这里更加重对农民的剥削,是根本无力解决农民的土地问题的。1863 年发布的上谕中也指出:"体察热河所属蒙古情形,阿勒巴图既无可耕之地,又无可牧之厂。"[3] 牧民丧失土地的趋势,只能是越来越加剧了。

1　《大清会典事例》卷九七九。
2　同上,卷九七九。
3　《清穆宗实录》,同治二年正月己未。

然而，土地私有制的发展，在客观上对内蒙古社会生产关系的变化也产生了一些积极的影响。内蒙古社会牧业中的生产关系，一直是建立在牧奴对贵族领主人身隶属的牧奴制经济基础之上，这种生产关系比汉族封建社会的地主经济更为落后，牧民比汉族农民的处境更为低下，所遭受的剥削也更为残酷。随着农业的发展，也逐渐发展了土地私有制度。诚然，因此出现了蒙古贵族、喇嘛和汉族地商利用特权霸占土地导致蒙古平民失去土地的现象。可是，另一方面，土地私有制也给土地的租佃、典押和买卖打开了方便之门，通过租佃取得土地的汉族农民，与蒙古封建主基本上只有契约关系，也就是说，他们把在内地封建社会那种地主租佃土地的生产关系移植到内蒙古地区来了。这种关系在人身权利上多少较牧奴优越一些。蒙古王公为了达到多收地租的目的，争取招致更多的汉族农民，因而也就不能不对他们做出一定的让步。汉族农民与蒙古族农民在一起共同生产和生活，他们这种较优越的地位不能不促起蒙古族农民争取同等地位的要求和斗争。前面谈到，喀喇沁、土默特各旗蒙古族民众就有"私相援引"，成百成千地往哲里木盟各旗"榜青"、种地的情况，说明这些人企图通过越旗种地以摆脱领主的约束。清政府为了维护牧奴制的封建关系和逃亡蒙古族民众的领主的利益，同治六年（1867）又颁布禁止"越旗种地""勒限各旗照数收回"或将越旗蒙民"归各台吉名下为奴管束"的规定。[1]

恩格斯在分析 13 世纪中叶德国历史时曾说过一段话，虽然他是就完全不同的历史情况说的，但对我们理解上述问题却很有启发意义。恩格斯是这样说的："随着地主需要的增加，支配农民的赋役远

---

[1] 《大清会典事例》卷九七八。参看本文第三节"第三"末所述。

比支配他们的人身重要得多。包含着古代奴隶制的许多成分的中世纪初期的农奴制,它给予地主的权利,逐渐失去了价值。……农业的经营完全墨守旧法,所以庄园主要想增加他们的收入,只有开垦新土地和建立新村。但是,要达到这样的目的,只有同移民好好商量,不管他们是庄园里的依附农民还是外来农民。……最后,新吸引来的移民的优越地位,又影响到附近依附农民的处境。"[1]

土地私有制的发展也大大削弱了蒙古王公的权力。过去在一个旗内,自札萨克而下,王公、台吉、官员层层地统治着蒙古牧民。蒙古封建主把牧民控制在自己下面,看成是个人的私产。农业发展起来后,将土地据为私产引起了更大的重视,因而有前述六种土地占有形式的出现。清代末年,姚锡光曾经对这种情况所产生的后果做了如下分析:"除札萨克所管之官地及自有私产以外,皆非札萨克所统治,如古大夫之私家,然因是上行下效,推之各箭丁亦各自为计。盖枝柯盘结,根本已伤,所谓君国子民者,早亡其实,而仅存其名,则内蒙各札萨克之失其统治力也久矣。其致此之由,大半由于土地之垦辟,蒙汉之杂处。"所以他认为要"收回各札萨克土地人民之权"的一项办法就是"蒙古与汉民,准典卖田土,一如内地田地过割办法"。[2] 我认为他的说法还是基本符合实际情况的。

此外,土地的买卖也必然会导致新的阶级分化,有些贵族在日益没落,非贵族的地主出现了,从而也将逐渐侵蚀传统的世袭贵族经济和促使封建领主制度趋于瓦解,清朝统治者竭力维护的牧奴制度在蒙古族农民当中已开始动摇了。

---

1 《马尔克》,《马克思恩格斯全集》第 19 卷,364 页。
2 《筹蒙刍议》上,《实边条议·议二·蒙古部落处置》。

当然,我们绝不能把这种细微的变化加以夸大。内蒙古地区建立在人身隶属基础上的牧奴制度,在清王朝、北洋军阀和国民党等反动政府的支持下,在蒙古王公顽固坚持的情况下,没有经过中国共产党领导进行民主改革以前,仍然牢固地压制着广大的蒙古族人民。但是,我们对于随着农业发展而产生的生产关系的变化及其对蒙古族社会发展的客观积极影响,也应予以一定的重视。

本文仅仅是谈1840年以前内蒙古农业的发展,也就是我所划分的前两个时期的发展。在这两个时期中,应该对农业发展的积极意义给予充分的估价。就消极方面说,牧地缺乏和土地因典卖而丧失的情况只在少数地区出现,农牧之间主要还是协调的。在民族关系方面,前来开垦的主要是汉族劳动农民,他们与蒙古族人民在生产上和生活上互相支援、互相学习,基本上是"聚居相安"的关系;他们都受蒙古王公的封建剥削,因而当时出现的纠纷大多还是属于蒙汉劳动人民反对蒙古王公的阶级斗争。

1840年鸦片战争以后,中国逐渐走向半封建、半殖民地化,内蒙古社会也随着起了很大的变化。清政府越来越腐朽,它对蒙古的政策虽仍抱着过去的一套不放,但也无暇过多地考虑了。恰恰在1839年发布了一系列严格禁垦和禁止典卖土地的命令后,以后也很少再去重申,而是任其自流了。这时期中,内蒙古的阶级状况也有了变化,除原有的蒙古僧俗封建主以外,又出现了另一个封建剥削阶级汉族地主阶级。汉族地主阶级的代表是清政府委派的官吏。截至19世纪初为止,内蒙古已设置了一府、一州、五县、十二厅。这些地方官吏散布到内蒙古各个地区。一方面,他们保护蒙古王公的利益,负责"承追"并"严行究办"拖欠地租和抗租不交的汉族农民;[1] 另一方面,他们也保护汉族的地主掠取蒙古族人民的土地,致使蒙古族人民急剧地赤贫化。

汉族的大地主主要是地商。起初是有一些称为"揽头"的人,专门包揽大片土地代替蒙古王公招人开垦进行中间剥削。以后又用借放高利贷款的办法,将大片土地据为己有。他们"明知蒙旗借债不能遽偿,而即因其颟顸,肆行盘剥"。蒙古王公无力偿清高利贷时,也就不管自己是否有权处理土地,擅自"私行抵押,以致债讼纠缠,民蒙交困"。[2] 还有些地商利用蒙古族人民不谙词讼的弱点,常有"淆乱曲直,以缠讼困之,一廛寸土之争,每至于破家倾产。当颠连无告之时,为因噎废食之想,……以招垦治生为大戚"。[3] 因此,这一时期中,在原来蒙古僧俗封建主与蒙汉劳动人民的阶级矛盾之外,又出现了汉族地主阶级与蒙汉劳动人民之间的阶级矛盾。由于汉族地商不择手段地骗取蒙古族人民的土地,使他们得出"以招垦治生为大戚"的错觉;由于阶级矛盾在不同民族之间相互交错,使社会现象更为错综复杂;并且有时在形式上表现为民族矛盾。

这一时期,蒙古封建主放垦牧场达到了越发狂滥的地步,这也是造成汉族地商活跃的原因。由于内蒙古地区商品经济日渐发达,汉族商人带到内蒙古地区的商品种类越来越多了,接着资本主义国家的商品输出也开始渗入内蒙古各地,蒙古封建主的生活更为奢侈,需求更贪得无厌,为了满足自己的挥霍,对原有的收入越来越感到不足了。反之,蒙古族人民在残酷的封建剥削之下,生活更为困苦,因而能

---

1 《大清会典事例》卷九七九《耕种地亩》;卷九七八《稽查种地民人》。
2 《东三省政略》,《蒙务》上《蒙旗篇·纪科尔沁达尔汉王旗荒债控案始末》。
3 同上,《蒙务》上《蒙旗篇》。

提供给封建主剥削的剩余生产物必然日益下降,这种情况,也促使他们更热衷于招垦收租。特别是蒙古王公值朝觐京师的年班时(三年一次),往往就在繁华的北京尽情挥霍,"出入交游,动耗巨万"。或者为了争袭爵位,引起诉讼争斗,开销极大,在这种"危迫困难之下,则进借债之说以快目前,虽厚利剥削而不顾"。[1] 当无法偿还高利贷时,就不顾禁令将大片土地抵押开放了。当帝国主义侵入内蒙古以后,这种情况则更为严重,如科右前旗札萨克乌泰,为了向帝俄取得贷款,甚至干出了将全旗矿产、牲畜抵押出去的卖国行为。[2] 因此,在这一时期中,由于蒙古王公的滥招和汉族地商处心积虑地骗夺,牧地往往是一次以若干里计地开垦,牧民生活无法安排,因而在某些地方不能不使农牧矛盾趋于表面化了。

1902年以后,清政府对内蒙古的政策有了很大的改变。清朝统治者为了苟延其摇摇欲坠的封建统治地位,在全国实行所谓"新政"。取消了对内蒙古地区的许多禁令,实行了所谓"移民实边"政策。在农业方面,清政府不仅不再执行禁垦政策,而且还提出了大量丈放土地的蒙垦政策。有人认为,由于蒙垦政策的推行,内蒙古的农业才得以发展起来;或者说,丈放蒙地对内蒙古农业的发展具有客观上的进步作用;或者说,如果以前的禁垦政策是反动的,就不能说这时候放垦是反动的。事实不然,因为在1902年以前,禁垦令早已名存实亡了,用不着清政府宣布放垦,内蒙古现有的农业区在这时已基本形成了。清政府的所谓"放荒",其目的实际上是想发动一次土地大掠夺,是想通过丈放土地搜括一批押荒银来弥补财政上的亏空。因为这时内蒙

---

[1] 《东三省政略》,《蒙务》上《蒙旗篇》。
[2] 同上。

古大部分地区已没有什么荒闲土地,如果再继续丈放,"不垦牧地,则无可垦矣!"放垦了牧地,自然造成牧业的破坏和牧民的破产。除牧场外,"不垦熟地,则可垦亦无几矣!"所以清政府把久已种熟的农田也当作荒地丈放了。

这样一来,对蒙古族人民来说,清政府既剥夺了他们土地的占有权,又分占了他们的地租。对汉族农民来说,也就是要他们在过去已向蒙民缴了押荒银取得租佃权之后,这回又得向清政府再缴一次。因此,这完全是一种赤裸裸的掠夺手段,哪能谈得上什么进步意义呢?[1] 特别是对蒙古族牧民说来,骤然间将牧场大片开垦,放牧没牧场,务农又不会,弄得颠沛流离,贫困潦倒,其痛苦是不可设想的。因此,到这时,农牧矛盾突出化了。在阶级关系上,除了蒙古僧俗封建主,作为中央政权的清政府也直接参与到攫取土地、分沾剥削劳动人民利益的行列中,同时还有帝国主义厕身其间进行侵略,蒙汉各族人民的苦难更为深重了,民族关系也更为复杂了。

尽管在农业发展过程中,特别是实行蒙垦政策以后,的确出现过农牧矛盾和民族矛盾的现象,但归结到本质上去看,这既不是两种经济的矛盾,也不是两个民族的矛盾,而是两个阶级——蒙汉统治阶级和蒙汉劳动人民的矛盾,是阶级社会中居于统治地位的阶级制造出来的。

内蒙古地区农业的发展,特别是清代前二百年的发展,大大促进了内蒙古经济的繁荣,也有利于牧业的发展和蒙汉人民之间生产技术的交流。这是汉蒙各族农民辛勤劳动的结果,是他们的功劳。清

---

[1] 参见黄时鉴《论清末清政府对内蒙古的"移民实边"政策》,《内蒙古大学学报》1964年第2期。

政府所实行的禁垦政策是反动的,是不利于内蒙古经济的发展和蒙汉各族人民的友好联系和团结的,绝不是什么"保护蒙古的牧业",功劳绝不能记在他们的账上。

近代以来,由于大规模地、无计划地滥垦,挤掉了蒙古族牧民必需的牧场,造成了牧业的破坏和牧民的失业破产,这是清政府推行蒙垦政策的结果,是蒙古封建主滥肆放垦公共牧场的结果,是汉族地商巧取骗夺的结果。清政府所实行的放垦政策是反动的,是带有大民族主义的压迫和经济掠夺性质的,是不利于农牧业的协调发展和各民族的友好关系的,这种形势是清王朝、蒙汉封建阶级和帝国主义所造成的,这是他们的罪过。蒙古族人民遭到了失地、失业的灾难,汉族农民也遭到了更苛酷的剥削的痛苦。各族人民是帝国主义和封建主义压迫下的患难弟兄,他们并没有根本利益的冲突;各民族的友好关系是主流,绝不是什么"中国人大量侵垦",罪过绝不能记在汉族农民的账上。

这就是从历史事实得出的结论。

(原载《内蒙古大学学报》1964年第2期《蒙古史专号》)

二

读《唐驳马简介》的几点补充意见

《元史及北方民族史研究集刊》1978年第一期丁国范先生《唐驳马简介》一文,指出唐代的驳马即刺失笃丁《史集》中的阿剌黑臣,我很同意这个意见,但文中似尚有未说透彻之处,想补充几句话向同志们请教。

一 驳马是突厥语的意译

文中引《通典》:"马色并驳,故以名云。"又引《唐会要》:"马色并驳,故以为国号。"可见驳马不是译音,而是汉语意译的称呼。突厥语究竟应怎样称呼,所引《通典》这段最末小注已有说明:"突厥谓驳马为曷剌,亦名曷剌国。"《新唐书》卷二一七下也说:"又有驳马者,或曰弊剌、曰遏罗支。"韩百诗将曷剌拟音为 Hola-γât-lât,将遏罗支拟音为 Ngo-lo-tche—Ât-lâ-t'sie,前者相当于突厥语的 ala,后者相当于突厥语的 alach,都是"斑驳的""白底黑斑的"意思。ala 是突厥语的正写,

alach 则是突厥语方言形式的别写。[1] 这样,我们就可以知道汉文史料中的驳马部在突厥语中是称为 ala 或 alach。

二 贺兰与驳马有何关系

文中引《元和郡县图志·关内道》:"贺兰山,……山有树木青白望如驳马,北人呼驳为贺兰。"这是一条有力的突厥语资料,可惜文中仅以此条解释汉语"驳"是什么意思,其实重要的是这条资料说明"北人(突厥人)呼驳为贺兰",也可以将"驳马"省称为"贺兰"。贺兰(Holan)也就是《通典》中的曷剌(Hola),只不过多了一个不稳定词尾-n。贺兰山及其临近地区在 13 世纪蒙古语(实际是沿袭突厥人的旧称)中读阿剌筛(Alašai),[2] 近代则称阿拉善(Alašan)。ala 变成 Hola,阿剌筛或阿拉善译成贺兰山,都是在 ala 前增加了一个辅音并将前一元音 a 读成 o,这是汉籍中译读突厥、蒙古语常见的现象。马可波罗来华途经宁夏时,称 Alašai 为 Calacian,可能他是根据当地唐兀人的发音,也是 ala 前加了一个辅音。[3] 可见,曷剌、贺兰、Cala 都可还原为突厥语中的 ala,义为"驳色的",也指驳色的马。

---

[1] Hambis, "Kästim et Ges-dum", *Journal Asiatique*, 246(1958), p.320, n.21.《新唐书》提到的"弊剌"不是驳马,应指另一个突厥部拔悉弥。
[2] 《元朝秘史》,265 节。
[3] Moule and Pelliot, *Marco Polo*, *The Description of the World*, Vol.1, p.100.

三　Alaqčin 何以就是驳马部

蒙古语中的 alaq，即突厥语中的 ala，乃表示颜色的形容词，后来才变成 alaqčin，即由 alaq 有规则地得出的女性形容词，它的复数是 alaqči'ut，即《元朝秘史》中的"阿剌黑赤兀惕"，旁译作"花色的"，分别形容牻羘和绵羊。[1]

唐代突厥人用 ala（曷剌，斑驳的）这个形容词称驳马部，也用 ala（贺兰）形容"山有树木青白望如驳马"的贺兰山，同样蒙古人也可用 alaqčin 这个形容词称呼驳马部。12 世纪蒙古还有类似的部落。如《元朝秘史》一○九节中的不𪖈合臣（Buluqačin），即《史集》中的不剌合臣（Bulqačin）。[2] "不剌合"义为貂鼠，不剌合臣即"捕貂鼠的每"，同阿剌黑臣一样，都是以其谋生特点作部名。

以上几条补充是否恰当，请指正。

（原载《元史及北方民族史研究集刊》1978 年第 3 期）

---

[1] 《元朝秘史》，124 节、170 节。参见 Hambis, "Notes sur Käm", *Journal Asiatique*, 244(1956), p.299, n.39.

[2] 《史集》（俄译本），第 1 卷第 1 分册，102 页。

元朝对唐努乌梁海及其周围地区的统治

12世纪初,女真族在我国东北地区兴起,先后灭辽、侵宋,在北方广大地区建立了金王朝,同时也继承了辽王朝对漠北各部的统治。12世纪末,漠北的蒙古部勃兴,到了1206年,它的首领铁木真统一了蒙古草原,称成吉思汗。从此,蒙古贵族在成吉思汗及其继承人的统率下,向四面发动了连续不断的征服和掠夺战争。在这些战争中,最早的一次就是对唐努乌梁海等北边地区的征服,然而,在蒙古史的研究著作中,对这次战争的过程、地理以及成吉思汗等对这一地区统治的情况很少记载,本文拟就这一问题做初步的整理和探讨。

成吉思汗北征的原因及被征服各部的居地

1206年成吉思汗建国时,他已征服了与他争雄的蒙古草原各部,唯有北边的斡亦剌和部分篾儿乞、乃蛮人尚未征服。蒙古统治者像以往北方游牧民族贵族集团一样,每当自己强大起来,总要驱使受他们统治的游牧民向中原发动掠夺财富的战争。成吉思汗也把侵掠中原的金王朝作为主要目标,但为了解除后顾之忧,就必须剪除斡亦剌等宿敌,所以他最先决定向北进军。

这件事在《元朝秘史》二三九、二四〇、二四一等节中有简略的记载。这里先引用二三九节前面一段:"兔儿年,成吉思汗命拙赤领右手军去征林木中百姓,令不合引路,斡亦剌〔惕〕种的忽都合别乞,比万斡亦剌〔惕〕种先来归附,就引拙赤去征万斡亦剌〔惕〕。入至失黑失惕地面,斡亦剌〔惕、不里牙惕、巴儿浑、兀儿速惕、合卜合纳思、康合思、秃巴思〕诸种都投降了。"[1]

这一段话虽然简略,但由于它逐一记录了被征服的部名,因此,我们可以结合有关各部的其他历史记载,判定他们的居住地区,从而有可能为这次征战的过程和范围勾画出一幅大致的轮廓。下文试图用解释这段话的方式来描绘这一段历史。

兔儿年即丁卯年(1207),拙赤是成吉思汗的长子。这时,成吉思汗刚即位一年,就令其长子出征是有深意的。

"林木中百姓"的蒙古文原文作"槐因亦儿坚"(hoi-yin irgän),《圣武亲征录》作"火因亦儿干"。当时,蒙古草原以北,从贝加尔湖地区西至额尔齐斯河流域,分布着许多说蒙古语或突厥语的部落,因为他们的住地山岳连绵,森林密布,所以草原上的蒙古牧民就这样称呼他们。拙赤出征就是降服了这些部落,以下将他们大体分成三个范围介绍。

---

[1] 《元朝秘史》,《四部丛刊》三编本)此段引文是引用原书各节后的总译,方括号内的字句是被总译省去,由原文补入的。以下仿此。

唐努乌梁海地区

（1）拙赤最先征服的是斡亦剌惕部（Oyirad）。[1]《元朝秘史》说："斡亦剌种的忽都合别乞，比万斡亦剌〔惕〕种先来归附。"然后"就引拙赤去征万斡亦剌惕，入至失黑失惕地面"。拙赤自南向北进军，那么失黑失惕应在忽都合部之北。《元朝秘史》一四四节载，忽都合与札木合等同成吉思汗大战于客鲁连河的阔亦田，事后"为了争夺林木向失思吉思进发"。[2] 失黑失惕（Šiqšid）和失思吉思（Šisgis）是同一地方，由于辅音转位的关系拼写略不一样，指的是现在的希什希德河。这河是叶尼塞河上游华克穆河源头南边的支流，溯源再往南就可越过分水岭进入色楞格河水系。

1953年，蒙古科学院在希什希德河以南的德勒格尔汗山阳，色楞格河支流德勒格尔河以北发现了一通蒙汉文《释迦院碑记》，碑是蒙哥汗时外剌领主所立，碑中提到他的夏营地就在此地，估计这就是拙赤首先到达的忽都合的斡亦剌的活动地区，他通过这里再进入希什希德河。

（2）"万斡亦剌惕"的"万"，《元朝秘史》的蒙古文原文是"秃绵"（tümän），即千万的"万"，不是译音，而是译意，即众多的斡亦剌人。这说明当时的斡亦剌是人口众多而互不统属的许多部，忽都合别乞管辖的只是斡亦剌人中接近蒙古草原的一支，由于他首先投降引路，

---

[1]《元史》译斡亦剌（《亲征录》同）、猥剌、外剌台、歪剌歹。陶宗仪《南村辍耕录》，中华书局标点本，卷一《氏族·蒙古七十二种》条作外剌歹（另重出一个外剌）。剌失笃丁《史集》（俄译本），第1卷第1分册118~121页有专节，作 Uirat。

[2]《元朝秘史》，144节，引文总译略去，据原文译。

拙赤又顺利地降服了今库苏古尔湖以西失黑失惕地面的斡亦剌其他各部。

（3）前引《元朝秘史》中最后一个部名叫秃巴思。[1] 他们就是唐努乌梁海的主要居民土瓦人,现在一般称此地为土瓦自治州。秃巴思是一个古老的民族,最先在唐初成书的《北史》和《隋书》中提到。[2] 后出的《通典》等书中还有他们的专传。秃巴思当时译成都波或都播,属于铁勒部落联盟成员之一。[3]

隋初,突厥分裂为东西两部,东突厥据有漠北。唐太宗贞观四年（630）,东突厥败降于唐,铁勒部落联盟中的薛延陀继起,据有突厥人的故地。贞观二十年（646）,薛延陀又被唐军所破,于是都波与铁勒诸部首领一齐到灵州（今宁夏灵武县南）朝觐唐太宗,表示"愿得天至尊（指唐太宗）"作他们的可汗,并请求"列其地为州县"。[4] 第二年,唐朝就在大漠以北直至都波等部地区内,按原有的十三部的领域设置六都督府、七州。接着唐朝又在故单于台（今喀喇巴尔哈逊）置燕然都护府,总管上述各都督府、州所在地的唐朝领土的行政、边防和各民族的事务。[5] 都护府属关内道,受唐朝中央政府直接管辖。[6]

---

1 原文作秃巴昔（Tubas-i）因-i 是蒙古语中的宾格,与 s 连读即译为"昔",然部名应作秃巴思（Tubas）。
2 《北史》卷九九;《隋书》卷八四《铁勒传》。
3 《通典》卷一九九;《太平寰宇记》卷一九八;《新唐书》卷二一七。
4 《太平寰宇记》卷一九八《铁勒》。
5 《唐会要》卷七三《安北都护府》;《新唐书》卷二一七上《回鹘》。
6 《元和郡县图志》卷四《关内道·天德军》。

都波和都播相当于元代文献中的秃八(Tuba)和今天的土瓦(Tuwa)。[1] 唐代记载都波人之西为坚昆(今叶尼塞河与阿巴坎河流域),[2] 与今天土瓦人的居地叶尼塞河上源的唐努乌梁海地理位置大致相当,可见成吉思汗时秃巴思人也在此地。拙赤的军队可能是沿希什希德河北上,入华克穆河,沿河西进,降服了唐努乌梁海的主要居民秃巴思人。

(4) 合卜合纳思(Qabqanas)在《元史·地理志》中作撼合纳(Qamqana)。[3] 还具体解释说:"撼合纳,犹言布囊也,盖口小腹巨,地形类此,因以为名。在乌斯东,谦河之源所从出也。"乌斯河以东的谦河源,应该是乌鲁克穆河的正源贝克穆河(大叶尼塞河)。唐努乌梁海的北边,有东西萨彦岭与北边隔绝,通行的大道是由乌斯河中游向东南,通过山口到达贝克穆河的支流乌尤克河,再东南下乃进入此地区中心;溯乌尤克河而东,可以走到贝克穆河源头。据地理学家报导,贝克穆河的许多支流,由于河流附近没有分水支脉,形成了一些往往有好几公里的平原。在贝克穆河上源,有托锦湖等大小湖泊,周围是开阔的草原,群山"俨如一道岩石屏障环峙在盆地的四周"。[4] 通过山口进入这些盆地,自然有"口小腹巨"的感觉。也许,撼合纳并非指某

1　《南村辍耕录》卷一《氏族·色目三十一种》条。都波和都播(Tuo-Pua)是 Tuba 转写时的音变,《元朝秘史》中的秃巴思是 Tuba 的规则复数形式。由于辅音 b 和 w 的变化,秃八又变成今天的土瓦。
2　《唐会要》卷一〇〇《都播》;《新唐书》卷二一七下《都播》《黠戛斯》。
3　《元史》卷六三《地理志·吉利吉思、撼合纳、谦州、益兰州等处》。《元史》卷二七、五九、一六九译憨哈纳思,《经世大典·站赤》作憨哈那思,《亲征录》作撼哈纳思,都可还原为 Qamqanas, Qabqana 和 Qamqana 是由于蒙古语辅音 b、m 可以转换, Qabqanas 和 Qamqanas 是它们的复数形式。这个词源于突厥语的 qap(袋子)—qapan(捕捉鸟和狐狸的陷阱)。见伯希和《卡尔梅克史评注》,巴黎,1960年,58页,注42。
4　卡鲍《图瓦历史与经济概述》,莫斯科,1934年,13、31、32页。

一山谷，而是说他们住在贝克穆河类似的谷地中，因以为名。

兀儿速惕（Ursut）在《元史·地理志》中作乌斯。[1] 明确指出："乌斯亦因水为名，在吉利吉思东，谦河之北。"谦河也就是乌鲁克穆河，这河同克穆齐克河合流后向北流，有一条由东流入的支流就是乌斯河，现在沿岸还有以乌斯为名的村镇，完全与《元史》所说乌斯在"谦河之北"的记载符合。拙赤的进军也可推想是由乌鲁克穆河顺流推向乌斯河流域的兀儿速惕部的。

由此可见，拙赤降服斡亦剌、秃巴思、合卜合纳思和乌斯后，也就取得了整个唐努乌梁海以及库苏古尔湖以西和萨彦岭以北的部分土地。

贝加尔湖地区

前引《元朝秘史》中提到的不里牙惕、巴儿浑、康合思是贝加尔湖地区的部族。

不里牙惕（Buriyat）无疑就是现在的布里雅特蒙古。今苏联布里雅特蒙古自治共和国境内，历史上还有其他民族活动过，元代不里牙惕人的居地应较它为小，但可以断定当时的不里牙惕人是住在贝加尔湖的东南部。

巴儿浑（Barqun）是一个古老的部族，唐初就以拔也古的名称见

---

[1] 乌斯，《元史》或作兀速、兀儿速，《圣武亲征录》作乌思，都可还原为 Urs。兀儿速惕是 Urs 的复数形式。《史集》作 Urasut，第 1 卷第 1 分册 122~123 页有专节。

于历史记载。[1] 唐代鄂尔浑河的突厥碑文中,阙特勤和毗伽可汗碑中都可见到 Bayirqu 这一部名。[2] 敦煌藏文文书中有一 Ba-yar-bgo 部,都是指此部。[3] 贞观二十年(646),拔也古与铁勒诸部至灵州请求归唐。647 年,唐朝置六都督府,以拔也古部所建的幽陵都督府即其中之一。[4]

巴尔浑在《史集》中拼写成 Barqu 或 Barqut。[5] 解释说:"他们被称为巴儿忽惕,是因为他们的营地驻扎在色楞格河彼岸,在蒙古人称为 Barqūjin-Tūkūm 的地方。"[6] Barqūjin-Tūkūm 在《元朝秘史》中译作巴儿忽真·脱古木("古"或作"窟"),并有一处在脱古木旁注汉译为"宎",即洼地的意思。[7]《元史·太祖纪》和《圣武亲征录》提到的八剌忽怯谷、八儿忽真隘、巴儿忽真之隘等,都是指同一地方,"谷""隘""之隘",显然是脱古木的意译。[8]《史集》说此地在色楞格河彼岸,《元朝秘史》一〇九节载成吉思汗等突袭篾儿乞惕部,其首领沿色楞格河逃往巴儿忽真地方。色楞格河下游的东北,有一条巴尔古津河自东流入贝加尔湖,沿河的草原,三个城市以及河与湖之间的山脉,都

---

1 《隋书》卷八四;《北史》卷九九《铁勒传》。以后各书尚有拔野古、拔曳固、拔野固等不同写法。
2 沙畹《西突厥史料》,冯承钧译,1958 年再版,88 页。
3 巴科《八世纪五个回鹘人出使亚洲高原北部记》(伯希和所得敦煌藏文文献 1283 号),*Journal Asiatique*,1956 年,244 卷第 1 期。
4 《旧唐书》卷一九五《回纥传》,卷一九九下《铁勒传》;《新唐书》卷二一七上《回鹘传》;《唐会要》卷七三《安北都护府》。
5 《史集》,第 1 卷第 1 分册,121~122、150 页。Barqun 和 Barqu 的差别是由于蒙古语中字尾的辅音-n 极不稳定,Barqut 是 Barqu 的规则复数形式。《南村辍耕录》作八鲁忽歹。
6 《史集》,第 1 卷第 1 分册,121 页。
7 《元朝秘史》,8、157、177 节。
8 Tūkūm,科瓦列夫斯基《俄蒙法字典》读作 dōküm,解释为今天在蒙古语中指山脉之间的一片肥沃土地,《蒙和大辞典》解释 düküm 为"通路",Tūkūm 为平野。

以巴尔古津命名,这就是蒙古时代巴尔忽人的居地。[1] 所谓巴尔忽真脱古木可能是它南边的入口,或者是河流两侧的谷地。在苏联布里雅特蒙古自治共和国中,今天这一带地方构成一个巴尔古津区。

康合思(Qangqas)不见于他书记载。《元史·地理志·吉利吉思、撼合纳、谦州、益兰州等处》下有昂可剌(Angqara)部,疑《元朝秘史》"康合"下脱一"剌"字,康合剌思也就是昂可剌。[2]《元史》说:"昂可剌者,因水为名,附庸于吉利吉思。昼长夜短,日没时炙羊肋,熟,东方已曙矣,即唐史所载骨利干国也。"元盛如梓的《庶斋老学丛谈》也有类似记载,昂可剌作盎吉剌,可见此地在元朝对内地人并不太陌生。昂可剌"因水为名",这当然是指贝加尔湖西的安加拉河,昂可剌人当住在此河附近。

骨利干于647年内附,唐朝置六府、七州,骨利干属以回纥部为主的瀚海都督府。648年,唐朝将骨利干分出另设玄阙州。龙朔(661—663)中,又改名为余吾州。[3]

的确,唐代有关骨利干的记载中,都提到那里有《元史》描述昂可剌地区"昼长夜短……"的现象,地理位置也相当,但不能把二者等同起来,因为骨利干的名称仍以豁里或火里的形式出现在元代文献中。[4] 骨利干在唐代的突厥文阙特勤和毗伽可汗碑上出现过,读作

---

1 巴儿忽人是今天呼伦贝尔盟陈巴尔虎、新巴尔虎等旗的巴尔虎人的祖先,他们是后来迁入的。岑仲勉将拔也古与贝尔池联系起来是错误的,见《突厥集史》下册,772页。
2 思是蒙古语复数语尾,康、昂的区别是由于辅音脱落。
3 《旧唐书》卷一九五《回纥传》,卷一九九《铁勒传》附;《新唐书》卷二一七上《回鹘传》,卷二一七下《骨利干》;《唐会要》卷七三《安北都护府》,卷一〇〇《骨利干》。
4 《元朝秘史》第8、9、240、241节,将豁里和秃马惕连成一部。《元史》卷一〇〇《兵志》作火里秃麻。

Quriqan。¹ 而豁里或火里，应还原为 Qori。《史集》中也记载了这部，拼写成 Quri 或 Qori。² 由于-qan 在突厥、蒙古语中，常常只是名词不重要的后缀，所以可以断定元代的 Quri 或 Qori 是由唐朝的 Quriqan 演变而来的。³

《元朝秘史》所载拙赤征服的部名中没有豁里，而是在二四〇节紧接着的另一次征服战争中提到一个豁里秃马惕部。《史集·部族志》是将豁里和秃马惕分别介绍的，而《元朝秘史》和《元史》却常把两部并在一起，可能由于某种原因他们已结成了部落联盟，但豁里和秃马惕确是两个不同的部。⁴《史集·部族志》称豁里同巴儿忽惕、秃马惕是"彼此邻近"的部，《元朝秘史》第八节有一件豁里秃马惕人与巴儿忽真脱古木人通婚的事例，都可说明他们住在贝加尔湖地区。17 世纪哥萨克人来到贝加尔湖地区时，将布里雅特人分成五部，其中一部叫豁林，住在贝加尔湖西岸和奥尔杭岛上，与历史记载的地望相符，这就是豁里人的后裔。⁵

秃马惕，《元史》作秃满或秃麻，《圣武亲征录》作吐麻，《史集》作 Tumat。后两书提到，秃马惕的首领歹都忽勒莎豁儿曾去朝觐成吉思汗并归顺于他，可能就是因为拙赤远征声威所及而自动降附的。《元朝秘史》脱漏了这段史实，而是在记述拙赤远征后，接着写蒙古军镇压豁里秃马惕，追述了他们为什么降而又叛。事实的经过是：歹都忽勒莎豁儿死后，秃马惕部由其妻孛脱灰塔儿浑管理。蒙古贵族豁儿

1　冯承钧译《西突厥史料》，88 页。
2　《史集》，第 1 卷第 1 分册，121、122、150 页；第 2 卷，190 页。
3　伯希和《圣武亲征录译注》，莱登，1951 年，64 页。
4　同上，4、64 页。
5　列文《西伯利亚各族人民》，莫斯科，1956 年，219 页。

赤因去秃马惕部挑选美女,激起秃马惕人的反抗而被捕。成吉思汗闻讯,派熟悉林木中百姓的斡亦剌部首领忽都合别乞前往,也被秃马惕人俘虏。1217年,成吉思汗先后派博罗浑和朵儿伯多黑申两员大将进讨,才把秃马惕人镇压下去。[1]

  由此可见,蒙古军可能是通过斡亦剌部而到达秃马惕居地的。《史集》记载:"斡亦剌惕的营地在八河地区,在古代沿着这些河流住有秃马惕部。诸河从此流出,汇合为一条叫作谦的河流,后者注入昂可剌沐涟。这些河流的名称如下:Кок-Мурэн, Он-Мурэн, Кара-усун, Санби-Тун, Укри-Мурэн, Акар-Мурэн, Джурчэ-Мурэн, Чаган-Мурэн。"[2]

  前已说明,斡亦剌部散布在希什希德河一带,这已是谦河的支流华克穆的最上游,从华克穆和贝克穆河其他各支流也找不到上列八河相应的河名;而且,谦河是叶尼塞河的上源,并不注入昂可剌沐涟(即今安加拉河)。可是,希什希德河东北,在今布里雅特蒙古自治共和国的西北角,苏联地图上排列着若干往北流向安加拉河的支流,较大者数目也同八条接近。其中 Ока 河疑即 Акар 河。俄语中的 Белая 和蒙古语的 Чаган 都是白的意思,Белая 河疑是 Чаган-Мурэн。Урик 河疑即 Укри-Мурэн,也许《史集》波斯文抄本有辅音颠倒现象。Онот 河疑即 Он-Мурэн,Онот 可能是 Он 的蒙古语复数形式。Китой 河疑为契丹的语变,Джурчэ-Мурэн 即女真河,在 Китой 河地区,还有以 Китой 命名的山和居民点。[3] 可能辽金时这里曾有中原迁

---

[1] 《史集》,第1卷第1分册,122页;第2分册,178、255、256页;《圣武亲征录》《元史》太祖十二年丁丑;《元朝秘史》第240、241节。
[2] 《史集》,第1卷第1分册,118页,译音据俄译本俄语音标。
[3] 《苏联大百科全书》(第2版),Китой 条。

来的人居住过，所以留下了契丹或女真的名称，故 Китой 河有可能是 Джурчэ-Мурэн。再往东是 Иркут 河，它的上游叫 Чёрный Иркут，俄语 Чёрный 和蒙古语的 Кара（усун 意为水）都是黑的意思，所以这二者也可能是一条河。因此，八河中有六条河从这里可找到着落，也同《史集》"注入昂可刺沐涟"的说法吻合。这就是古代秃马惕人住区的一部分，后来被斡亦剌人所据。由于史料中豁里和秃马惕并提，而唐代的骨利干和今天的豁林，都可断定在秃马惕人住地以东，互相邻近，因此将秃马惕部的住地定于安加拉河上源是较为可靠的。

《史集》中说："豁里、巴儿忽、秃马惕和巴牙兀惕等部，……居住在巴儿忽真脱古木地区，或邻近这个地区。"[1] 巴牙兀惕就是下文将提到的另一批部名中的巴亦惕，也就是《南村辍耕录》和《元史》中所见的伯要歹和伯牙台。[2] 今天这个部名仍作为地名 Баяндай 保留下来，位于伊尔库茨克西北，贝加尔湖以西不远的地方，可能这与古巴亦惕人的居地有关系。

《史集》还说："在该地（色楞格河彼岸、巴儿忽真脱古木）曾住有很多部落：斡亦剌惕、不剌合臣、客列木臣……"又说不剌合臣和客列木臣"他们彼此邻近"。[3]

不剌合臣（Bulqačin）虽然不见于《元朝秘史》所列被征服各部的名单，但在一〇九节曾提到这一部，译作不黸合臣（捕貂鼠的人），他们曾替住在色楞格河的篾儿乞惕人通风报信，估计住处相近。17 世

---

1 《史集》，第 1 卷第 1 分册，150 页。
2 伯希和认为巴亦惕（Bayit）这词来源于突厥语 bai——"富有的"，它的蒙古语复数形式则变成巴牙兀惕（Baya'ut），即《元史》中所见的伯牙兀带、伯牙吾带。见《卡尔梅克史评注》，60 页，注 2。
3 《史集》，第 1 卷第 1 分册，121 页。

纪俄罗斯的记载中,有不剌合惕人(Bulaqat)住在安加拉河上游巴拉干草原和河东的乌达、奥萨直到满祖罗克等支流沿岸,他们是古不剌合臣的后裔。[1]

客列木臣(Kärämüčin,义为捕青鼠者)不见于其他史籍,只能估计它在斡亦剌和不剌合臣邻近的地区。

以上各部都在贝加尔湖地区,《元朝秘史》二三九节在招降斡亦剌惕以后,接着列举了不里牙惕和巴儿浑两部,很可能是拙赤先征服了贝加尔湖以南这几部,再回头转向唐努乌梁海境内的,其余各部则可能是由于蒙古军声威所及,在以后十余年中陆续归附的。

叶尼塞河流域及其以西地区

《元朝秘史》二三九节记述拙赤招降斡亦剌、秃巴思等部后,接着又说:"至万乞儿吉思种[2]处,其富人也迪亦纳勒……等也归附了。将白海青、白骟马、黑貂鼠来拜见拙赤。自失必儿、〔客思的音、巴亦惕、秃合思、田列克、脱额列思、塔思、巴只吉惕〕等种以南林木中百姓,拙赤都收捕了。"

《元朝秘史》的记载过于简略,据《圣武亲征录》和《史集》所载,1207年拙赤并没有到乞儿吉思,而是派两个使者到那里。乞儿吉思各部首领于是派人随使者来献名鹰,表示归降成吉思汗。1217年,秃马惕人起而反抗蒙古的压迫,蒙古向乞儿吉思征兵要求助征,乞儿吉思拒绝

---

1 托卡烈夫《苏联各族人种学志》,莫斯科大学出版社,1958年,452页。
2 《元朝秘史》蒙古文原文作土绵乞儿吉速惕(Tümän Kirgisut),Kirgisut是Kirgis的规则复数形式。

发兵,也起而反抗。于是成吉思汗又令拙赤领兵征讨,终于降服了他们。[1]

(1)乞儿吉思是一个历史悠久的民族,在《史记》和《汉书》的《匈奴传》中就有记载,作鬲昆或隔昆;以后直至隋唐,又有坚昆、契骨、结骨、纥骨、居易、纥扢斯、黠戛斯等不同译写法。649年,黠戛斯俟利发失钵屈阿栈入朝,唐太宗封他为左屯卫大将军、坚昆都督,以其地置坚昆都督府,隶燕然都护府。[2] 9世纪中,黠戛斯大破回鹘,称雄于漠北,遣使求唐册命,唐朝派大臣前往册封其首领为"宗英雄武诚明可汗"。[3] 黠戛斯在《辽史》中作辖戛斯,是辽的一个属国,有义务向辽朝贡,有战事辽可遣使征兵令其助征。

《元史·地理志》对乞儿吉思的地理位置有明确的描述:"其境长一千四百里,广半之。谦河经其中,西北流,又南有水曰阿浦,东北有水曰玉须。"[4] 谦河即叶尼塞河;阿浦即《周书·突厥传》中的阿辅水,今阿巴根河;玉须可能是安加拉河或其某支流。因此乞儿吉思的地域应在阿巴根和安加拉河之间,是叶尼塞河上中游一个人多地广的大部。同书乌斯条下说:"在吉利吉思东。"谦州条下说:"在吉利吉思东南。"因此,这更可明确乞儿吉思在乌斯河西,谦州(乌鲁克穆和克穆齐克河流域)西北,即叶尼塞河往西至阿巴根河流域。这大概是指

---

1. 《圣武亲征录》戊寅年(1218)。《史集》,第1卷第1分册,122、150页;第2分册,151、153、256页。
2. 《旧唐书》卷一九五《回纥传》;卷三《太宗纪》贞观二十二年二月。《唐会要》卷七三《安北都护府》;卷一〇〇《结骨国》。
3. 《唐会要》卷一〇〇《结骨国》。
4. 《元史》卷六三《地理志·吉利吉思、撼合纳、谦州、益兰州等处》,此处作吉利吉思,还有乞儿乞思(《圣武亲征录》同)、乞力吉思、乞而吉思、乞里吉思、乞里吉思、乞咬契等异译,《山居新语》作怯里吉思,《北使记》作纥里迄思,《西使记》作乞里乞四。

其中心地区而言,叶尼塞河东至安加拉河也应是他们的活动范围,昂可剌条下说"附庸于吉利吉思"的记载可以说明这点。

(2) 失必儿(Šibir)。这就是《元史·玉哇失传》中的亦必儿·失必儿。《史集》作 Ibr-Šibir,说乞儿吉思"一边与名昂可剌沐涟的大河相接,直抵亦必儿·失必儿边境"。[1] 这当然是指乞儿吉思以北的西伯利亚广大地区而言。

(3) 客思的音(Käsdiyim)。这是一个古突厥部,唐代汉、突厥、藏三种文献都有关于它的记载,汉籍中称它为可史檐(Qaštam 或 Käštäm)。[2] 叶尼塞河摩崖卢尼文字作 Kašdim。[3] 敦煌藏文文书中作 Ges-dum。[4] 在元代文献中,《圣武亲征录》译写为客失的迷(Kašdimi)。《史集》作 Kuštimi,在《部族志》中把它同 Urasut、Tälängüt 合成一节介绍,说"这些部落类似蒙古人,他们熟悉蒙古药方,并善用蒙古办法治疗。他们也被称为森林部落,因为他们住在乞儿吉思和谦谦州人境内的森林里"。[5]

(4) 田列克(Tänläk 或 Tänläng),沙畹认为即唐朝铁勒部落联盟中的多览葛。[6] 648 年,多览葛降唐后,于其地置燕然都督府,同拔也古一样,是六都督府之一。[7] 突厥碑文中的 Tälängüt。[8] 他们是田列克

---

1 《史集》,第 1 卷第 1 分册,73、150 页。
2 《通典》卷二〇〇《盐漠念》:"……又北八日行至可史檐部落。"
3 拉德洛夫《蒙古古突厥文碑铭》,326 页。转引自伯希和《卡尔梅克史评注》,巴黎,1960 年,59~60 页,注 51。
4 巴科《八世纪五个回鹘人出使亚洲高原北部记》,*Journal Asiatique*,1956 年,244 卷第 1 期。
5 《史集》,第 1 卷第 1 分册,122 页。
6 沙畹《西突厥史料》,87 页。
7 《唐会要》卷七三《安北都护府》及其他。
8 拉德洛夫《蒙古古突厥碑文》,428 页。转引自伯希和《卡尔梅克史评注》。

人的祖先。同《元朝秘史》二〇七节的帖良古惕（Tälänggüt）一样，都是 Tänläng 的复数形式。这部在《经世大典》[1]《圣武亲征录》《史集》中都有记载，写成帖烈困秃、帖良兀或 Tälänggüt。《元史》卷一二八《床兀儿传》和卷一三二《玉哇失传》有人名帖良台或帖里哥歹，可能是部名之误，或系以部为人名。

（5）巴亦惕、（6）秃合思、（7）脱额列思。巴亦惕是贝加尔湖地区的部落，前已说明。秃合思（Tuqas）在历史文献中不见于记载。脱额列思（Tö'äläs）或是因唐人记载里的都罗斯水、多逻斯川、多罗斯城而名，地理位置也相当。[2]《史集》中这部拼写为 Tualas，把它同贝加尔湖地区的巴儿忽惕、豁里、秃马惕等部列在一起。[3] 而《元朝秘史》二〇七节提到，脱斡劣思（Tö'öläs）和帖良古惕是额儿的失河（额尔齐斯河）以东居住的林木中百姓，受八邻部的豁儿赤管辖。《元史》有赐"八怜（应作邻）脱列思"钞的记载。[4] 此脱列思即脱额列思，元时仍属八邻部。前文引《史集》称客失的迷和帖良古惕住在谦谦州和乞儿吉思的森林中，而脱额列思又与帖良古惕相邻，因此可以断定，这三部应在乞儿吉思、谦谦州以西，额尔齐斯河以东，不能在贝加尔湖地区。

17 世纪俄罗斯的文件中记载，当时阿尔泰有两个小王国 Täläs 和

---

1 《永乐大典》（中华书局影印本）卷一九四一九《经世大典·站赤》。
2 《旧唐书》卷一九五《回纥传》有都罗斯水，卷一九四下和《新唐书》卷二一五下《突厥传》作多逻斯川，《西域图志》卷三《地图考》订为喀喇额尔齐斯河。多罗斯城见《新唐书》卷一三三《王忠嗣传》及元载《唐赠兵部尚书王忠嗣神道碑》，王昶《金石萃编》卷一〇〇。
3 《史集》，第 1 卷第 1 分册，121 页作 Tulas，然注明另有两个波斯文抄本作 Tualas，它和 Tulas 均应按弱组词读 Töäläs 和 Töläs。
4 《元史》卷二〇《成宗纪》，大德四年五月。

Tälängüt。¹ 这应是脱额列思和帖良古惕的后代。13 世纪应在阿尔泰一带。² 还有一些帖良古惕人和客失的迷人 17 世纪属卫拉特统治，在卫拉特首领僧格致沙俄的文书中提到过。³ 费舍尔著《西伯利亚史》(1774 年出版) 所附的古西伯利亚地图上，帖良古惕被标为鄂毕河上游及其右支托木河沿岸的居民。⁴ 直至 19 世纪，这里仍有阿赤客失的木和帖良古惕人在一起杂居。⁵ 据 1897 年调查，萨彦阿尔泰人民中有 Tö'ölös 和 Toqus 人。⁶ 前者是脱额列思，后者应是《元朝秘史》中的秃合思(Toqas)人。因此，以上四部都在乞儿吉思和谦州的西边。

(8) 塔思(Tas)是后来哈萨克人中一部的名称。⁷ 元代的住地不详。

巴只吉惕(Baǰigid)就是后来哈萨克人中的拜只吉特(Baiǰigit)部。伯希和认为，这就是现在的巴什基尔人。⁸《元朝秘史》记述速别额台西征时曾累次提到巴只吉惕。⁹ 今苏联乌拉尔河以西还有个巴什基尔自治共和国，还有巴什基尔人分布在乌拉尔河以东至托波河之间。¹⁰ 拙赤当时招降的巴只吉惕绝不至如此靠西，但应是以上诸部中最西的一部。

---

1 托卡烈夫《苏联各族人种学志》，430 页。
2 波塔波夫《阿尔泰人史纲》，莫斯科，1953 年，104 页。唐代的多逻斯川如果就是喀喇额尔齐斯河，正好它流过阿尔泰地区，与《元朝秘史》记载相合。
3 巴德雷《俄罗斯、蒙古、中国》，第 2 卷，伦敦，1919 年，178 页。巴德雷将客失的迷(族名)误译为贡民，伯希和已指出，从改(《卡尔梅克史评注》，59~60 页，注 51)。
4 《史集》第 1 卷第 1 分册，123 页，俄译者注 1。
5 伯希和《卡尔梅克史评注》，58 页，注 41。
6 托卡烈夫《苏联各族人种学志》，438 页。现在有 Tälängät 或 Tälängit 人住在郭尔诺阿尔泰州东南部，Tälä'üt 人住在阿尔泰北区及边外，同书，427 页。
7 《卡尔梅克史评注》，60 页，注 56。
8 同上，注 57。巴只吉惕(Baǰgird 或 Baǰgirt)即巴什基尔(Bachkir)的蒙古文形式。
9 《元朝秘史》，262、270、274 节。
10 鲁登科《巴什基尔人历史人种学纲要》，莫斯科，1955 年。

以上各部散布地区很广，绝非《元朝秘史》所说是兔儿年（1207）拙赤一次招降的。如《圣武亲征录》记载："戊辰年（1208）冬，〔成吉思汗〕再征脱脱（篾儿乞部）、曲出律可汗（乃蛮部）。时斡亦剌部长忽都花别吉（即忽都合别乞）不战而降，因用为向导，至也儿的失河，尽讨篾里乞部，……。"[1] 说明成吉思汗于1208年冬曾亲率大军追击篾儿乞和乃蛮残部至额尔齐斯河。据《元朝秘史》记载，忽都合部是驻于希什希德河以南，在拙赤进军时已投降，这段事实可能被《圣武亲征录》等书遗漏。而这回忽都合是又一次当了蒙古军的向导，额尔齐斯河附近的部族应当是这次招降的。《圣武亲征录》又载：戊寅（1218）年，乞儿吉思配合秃马惕人反抗蒙古，拙赤"领兵涉谦河水，顺下招降之，因克乌思、憾哈纳思、帖良兀、克失的迷、火因亦儿干诸部"。因此这几部归降应在最后征服乞儿吉思人之后。

蒙古对南西伯利亚的统治

《元朝秘史》二三九节记载拙赤征服各部回师后，成吉思汗对拙赤说："我儿子中你最长，今日初出征去，不曾教人马生受，将他林木中百姓都归附了，我赏与你百姓。"以上各部因此大多成为拙赤的属民。

斡亦剌部的忽都合别乞因不战而降，又为蒙古军征"万斡亦剌"、秃马惕等部多次效劳，成吉思汗乃将斡亦剌各部并成四千户，任命他为四千户的首领。[2] 成吉思汗镇压秃马惕部的反抗后，将它的女首领

---

1 又见《史集》，第1卷第2分册，151～152页；《元史》卷一《太祖纪》。
2 《史集》，第1卷第2分册，269页。

字脱灰答儿浑赐给忽都合，¹ 这意味着忽都合也占有秃马惕部众及其土地，原属秃马惕的"八河地区"成为斡亦剌人的驻地，可能就在这时。有一部卫拉特史书称四卫拉特中一部名 Tümät，无疑就是 13 世纪时变成斡亦剌属民的秃马惕。² 成吉思汗同忽都合又相互以子女交换婚聘，以后两大家族世代联姻，使斡亦剌贵族成为忠实于蒙古大汗的北方大领主。³

叶尼塞河以西直至额尔齐斯河的帖良兀惕、脱额列思等部，成吉思汗将他们分赐给八邻部贵族豁儿赤，与其他部合成一万户，以豁儿赤为镇守林木中百姓万户。⁴

秃巴思人的住地，是成吉思汗非常重视的直接辖地。

元朝对唐努乌梁海等地区设置行政机构和统治情况

至元七年（1270），忽必烈在他正式建国号为大元的前一年，派遣汴梁祥符人刘好礼到唐努乌梁海地区，担任吉利吉思、撼合纳、谦州、乌斯、昂可剌等"五部断事官"，"以比古之都护，治益兰"。⁵ 刘好礼

1　《元朝秘史》，241 节。
2　伯希和《卡尔梅克史评注》，6 页。
3　《史集》，第 1 卷第 1 分册，118~121 页；《元朝秘史》，239 节。
4　《元朝秘史》，207 节。
5　《元史》卷六三《地理志》有关记载标题为《吉利吉思、撼合纳、谦州、益兰州等处》，正文除此四部外，还有乌斯、昂可剌两部。卷一六七《刘好礼传》称刘好礼为"益兰州等五部断事官"。卷一二八《土土哈传》说海都叛乱时，土土哈奉诏取乞里吉思，过欠河，"尽收其五部之众"，也是五部。我认为应理解作以益兰州为治所管辖下的其余五部。

到任后,即于益兰州修建官廨、仓库,设置招待元朝政府和各族来往使臣的传舍。这里经过各族人民多年的共同努力,已建成一个相当规模的城镇,所以成为五部的首府,由中央官员在此行使行政管辖的职权。后来元朝在漠北设岭北行省,这五部归岭北行省管辖。

《元史·地理志》益兰州条下说:"益兰者,蛇之称也。初州境山中居人见一巨蛇,长数十步,从穴中出,饮河水,腥闻数里,因以名州。"益兰即突厥语 Yilan(蛇)的译音,益兰州可能是元朝建城后命名。[1] 苏联考古学家在唐努乌梁海境内曾进行过多次发掘,他们在乌鲁克穆河南支流埃列格斯与麦日盖河汇合处曾发现夹河修建的四个连接的城镇遗迹,其中有规模巨大的建筑物和大量琉璃建筑装饰物及其他遗物出土。[2] 说明这是当时一个重要行政中心和蒙古贵族的住地,很可能就是元代的益兰州。

益兰州断事官管辖下的五部,有四部已见于拙赤征服的部名之中,唯有谦州没有提到,也不见于《元朝秘史》其他节。可是在《元史》和《史集》中,谦州或谦谦州却很常见(《元史》还有欠州或欠欠州等写法)。《元史》明确说:"谦州,亦以河为名,……在吉利吉思东南,谦河西南,唐麓岭之北。"前已说明,吉利吉思的中心在叶尼塞河与阿巴坎河一带,唐麓岭即今唐努山,这山以北,吉利吉思东南,正好是唐努乌梁海地区。在这地区内,叶尼塞河上源各河流贯全境,东部有华克穆(小叶尼塞)、贝克穆(大叶尼塞)南北两河从东向西流,于今克孜尔市

---

[1] 韩百诗说:"益兰州拟音当作 Yilanǰiu(t)。突厥语 Yilan 义为蛇,Yilančik 义为小蛇,Yilanči'ut-Yilanǰi'ut 是 Yilančik 的蒙古语复数形式。可能是附近某河或某山名 Yilan 或 Yilančik,因而得名。"《谦河即叶尼塞河上游考》,*Journal Asiatique*,1956 年,44 卷第 3 号,289~290 页。

[2] 吉谢列夫《古代蒙古的城市》,莫斯科,1965 年,60 页。

附近汇为乌鲁克穆河,再向西汇合从西南来的克穆齐克河,北流出唐努乌梁海境。在突厥语中,"克穆"(Käm)是河的意思,"齐克"(čik)是小的意思,"乌鲁"(Uluq)是大的意思,所以克穆齐克和乌鲁克穆可直译为小河或大河。这两河上源各河多叫什么"克穆",相当于元代的汉字译音"谦"或"欠"。谦河是大小"克穆"汇合后的总称,就是指乌鲁克穆及其以下的叶尼塞河干流。"谦河西南,唐麓岭之北"正好是克穆齐克河,谦州是它的译音,既是河名,又是地区名。此河再加谦河,即成为谦谦克,复数译音即谦谦州〔惕〕,《史集》作 Käm-Kämǰiüt(谦谦州惕),表示它还是部族名称。[1]

前面提到,拙赤征服的秃巴思人,就是现住唐努乌梁海境内的土瓦人,而在《元史》和《史集》中却从未提到,只记载了谦州或谦谦州人,因此很可能二者是一回事,秃巴是民族的自称,谦州或谦谦州是蒙古人"以河为名"称呼他们。既然,斡亦剌人居于希什希德河一带的华克穆河上游,撼合纳人在贝克穆流域,那么唐努乌梁海的其余地区应属于谦谦州或秃巴思。

成吉思汗占领谦州以后,就把它作为屯兵重地和手工业中心。他利用这里"出良铁"[2] 和盛产毛皮的条件,将从金朝俘虏来的成千工

---

[1]《史集》,第 1 卷第 1 分册,74、123、150 页及俄译者注。今乌鲁克穆河又称谦河,与克穆齐克河汇流,又可称克穆克穆齐克(Käm-Kämǰik),其蒙古语复数形式是 Käm-Kämǰigüt,《史集》中的 Käm-Kämǰiüt 是它的波斯语形式。元代文献中译写时复数语尾-t 一律略去,其译音借用了汉字代表行政建置的"州"。

[2]《长春真人西游记》下卷,谦谦州作俭俭州。《周书》卷五〇《突厥传》载,突厥人曾是柔然的锻奴。又说其祖先:"其一国于阿辅水(阿巴根河)、剑河(谦河)之间,号为契骨。"《太平寰宇记》卷一九九详载黠戛斯炼铁的事。足证叶尼塞河上游的吉利吉思及其他突厥语族人有善于锻铁的传统。

匠迁到这里,设置若干工匠局,专门制作武器、甲胄。[1] 冀州人贾塔剌浑率领的炮手军曾在谦州驻扎过,后来在西征中亚时起过一定作用。[2] 除武器外,汉族工匠还在这里"织绫罗锦绮"。谦州"地沃衍宜稼,夏种秋成,不烦耘耔",所以"亦收禾麦",是漠北少有的粮食产地。[3]

忽必烈初即位时,就派遣名将脱伦阇里必之子伯八为驻守谦州万户。[4] 随后又派刘好礼出任五部断事官。由于谦州和乞儿吉思以西,毗邻窝阔台后王海都的领地,谦州、乞儿吉思当海都叛乱时,成为元军同海都双方必争之地。[5] 忽必烈这些安排,是有他的政治和军事意图的。元朝有军队在谦州屯田,设有"欠州武器局",这都是从战略出发,为了就地解决粮食和武器的供应。[6]

元朝在谦州也征收赋税。谦州盛产岩盐和池盐,不用人力加工,天然生成,"调味甚适口",有人建议"榷盐酒可以佐经费",因刘好礼反对没有实行。但阿里不哥的后裔定王府(大营盘)却一直用盐"为课程抽分"。[7]

---

1 《长春真人西游记》下卷。《元史》卷九三《百官志》有欠州武器局;卷七《世祖纪》至元七年,"徙谦州甲匠于松山";卷六三《地理志》谦州条下说:"有工匠数局,盖国初所徙汉人也。"
2 《元史》卷一五一《贾塔剌浑传》。
3 《长春真人西游记》下卷;《元史》卷六三《地理志》。
4 《元史》卷一九三《伯八传》。
5 杨瑀《山居新语》:"縴縴州与怯里吉思为邻境,过此即海都家望高处也。"
6 《元史》卷一一《世祖纪》至元十八年闰八月;卷一二,十九年十一月;卷九〇《百官志》。
7 杨瑀《山居新语》。《元史》卷八五《百官志》有管领定王位下……都总管府,"掌别吉大营盘……一应差发,薛彻干定王位下事";"大营盘"即〔唆鲁禾帖尼〕别吉大营盘",薛彻干即阿里不哥的曾孙,玉木忽儿之子;据《史集》载,谦州、吉利吉思是阿里不哥分地。《元史》卷一六七《刘好礼传》。

《史集》记载,谦谦州"有很多城市和村落"。[1] 据考古发现,除益兰州外,埃列格斯河以东的拜哈克附近,乌鲁克穆河南岸沃马克地方都有元代城镇遗迹,这三城出土的文物、建筑物的风格和取材,各种工具和器皿都同中原一样,可见元代当地与内地联系之紧密以及汉族工匠之多和贡献之大。[2]

　　刘好礼在谦州,对当地经济的发展也做了一些有益的工作。原来当地居民习惯于用杞柳树做杯皿,渡河用"刳木为槽"的独木船代替舟楫,也不会铸作农具。刘好礼将这些情况报告元朝政府,请求由内地派遣工匠来传授制作陶器、造船、打制农具的技术,对当地生产技术的发展起了促进作用。[3] 据《元史》记载,谦州有不少织工,说明当地已有了纺织手工业。[4]《元史》中也常有中央政府调拨粮食、钱钞、衣裘进行赈济以及供应农具、渔具的记载,虽然仅对统治者必须维持的屯田军、官匠户、站户等发放,但仍有益于当地生产的发展。[5] 1949年,在乌鲁克穆河以北的图兰城发现元代的犁镜,上铸至元二十三年(1286)等汉字。[6] 它同唐努乌梁海地区发现的其他文物和遗迹,是历史上元朝曾在这里行使有效管辖的见证。

　　由于元朝的大统一,加强了各民族间的交往。《元史》说:"谦州,……居民数千家,悉蒙古、回纥人;有工匠数局,盖国初所徙汉人也。"回纥人就是指当地说突厥话的居民,在现代土瓦人中,19 世纪末密居

1　《史集》,第 1 卷第 1 分册,150 页。
2　吉谢列夫《古代蒙古的城市》,59~119 页《登帖烈克城》。
3　《元史》卷一六七《刘好礼传》;卷六三《地理志》。
4　同上,卷一一《世祖纪》,至元十八年六月。
5　同上,卷六《世祖纪》,至元六年二月;卷一一,十八年六月,闰八月;卷一二,十九年十一月;卷一四,二十三年。
6　实物现存克兹尔市土瓦地志博物馆。见列文等编《西伯利亚各族》,422 页。

在克穆齐克河畔的居民中还保留"回纥"的名称,可见当时是把秃巴思等泛称为回纥。[1] 由于各民族长期相处,可以直接交流生产技术和知识,有利于当地经济和文化的发展。

谦州等地的居民,由于各种原因被成批地迁往内地,如1265和1270年,元朝曾先后迁谦州诸色匠户和甲匠到大都和松山。[2] 14世纪,大都南城有缣州营,就是他们的子孙。[3] 乞儿吉思等部民一部分先被迁到缙山,后又迁往山东,由政府分配田地、耕牛和籽种与汉族一起务农。[4]

《史集》中说:"乞儿吉思和谦谦州是相互毗邻的两个地区,它们二者构成一个领地。"与《元史·地理志》所载相符。[5] 元朝在乞儿吉思也实行屯田,由中原调汉人带农具、耕牛前往开垦,向政府缴租。[6] 乞儿吉思人要向元朝贡献骒马、鹰鹘。政府偶尔调耕牛、粮食赈济当地人民。[7] 元英宗时,兀儿速、憨哈纳思等部贫乏,政府曾调给每户牝马二匹。[8]

斡亦剌不在五部之列,作为蒙古大汗的世戚,他们是独立的领地。蒙哥死后,斡亦剌部支持阿里不哥,后者同忽必烈军在昔木土的

---

1 列文等编《西伯利亚各族》。
2 《元史》卷六《世祖纪》至元二年春正月;卷七,至元七年六月;《元文类》卷四二《经世大典序录·玉工》。
3 杨瑀《山居新语》。
4 《元史》卷一八《成宗纪》,元贞元年十二月。
5 《史集》,第1卷第1分册,150页。
6 《元史》卷七《世祖纪》,至元九年六月。
7 同上,卷二二《武宗纪》,大德十一年秋七月;《元史》卷一二《世祖纪》,至元十九年秋七月、二十年春正月;卷一六,二十八年秋七月。
8 同上,卷二七《英宗纪》,至治元年八月。

决定性战役中，就是因斡亦剌的合丹火儿赤军被击溃而失败的。[1] 忽必烈为了拉拢这一贵族集团，选用忽都合好几个后人供职元朝。[2] 其中别乞里迷失驸马曾率军由江淮灭南宋，后来又驻兵北疆防御海都，曾经立过大功。[3] 1236年，窝阔台大封宗室勋戚，割延安为斡亦剌部分地。[4] 元朝又以公主嫁斡亦剌首领也不干，分别封为延安公主和延安王，在元朝北疆担负起"藩瀚屏垣之寄"的重任。[5]

1291年，忽必烈"令中书省官定拟于乞里吉思以至外剌之地起立六站，数内乞里吉思、帖烈困秃、憨哈那思、外剌四处各设一站，兀儿速设二站"。[6] 这几部都在《元朝秘史》中出现过，据前述的地理位置推断，应是一条由乞儿吉思—帖良古惕—兀儿速惕—合卜合纳思—斡亦剌的驿道，从西北起，贯穿唐努乌梁海，东南至斡亦剌境。19世纪，俄国学者在叶尼塞河的米努辛斯克和托木斯克附近曾分别发现两种八思巴字牌符，前者是长方形，银牌镀金，后者是圆形，铜牌镀银。[7] 牌符是元朝享用驿递供应的凭据，从出土实物说明，这条驿道常有元朝的贵族、官员来往，牌符的出土地说明驿路的西北已通到托木河和鄂毕河的汇流处，从这里南下斡亦剌的领地，可以同岭北行省的驿道

---

1 《元史》卷四《世祖纪》，中统二年十一月；卷一二〇《尤赤台传》；剌失笃丁《成吉思汗的继承者》（波义耳英译本），266页。
2 《史集》，第1卷第1分册，120页。
3 《元史》卷九《世祖纪》，至元十三年七月；卷一二七《伯颜传》；卷一五二《刘通传》；卷一三二《杭忽思传》；卷一三五《阿答赤传》；卷一六五《孔元传》；卷一六六《王昔剌传》；剌失笃丁《成吉思汗的继承者》（波义耳英译本），261页。
4 《元史》卷九五《食货志·岁赐·火雷公主位》；姚燧《牧庵集》卷一七《袁湘神道碑》。
5 《元史》卷一〇八《公主表·延安公主位》。
6 《永乐大典》卷一九四一七《经世大典·站赤》；《元史》卷一六《世祖纪》，至元二十八年九月，乞里吉思误为乞里台思。
7 玉尔《马可波罗书》第1卷，352页插图；羽田亨《元朝驿传考》图版第1、第4，正文81、107页。

连接起来,直接通往当时全国的中心大都城。无怪乎 1321 年乞儿吉思部所在的叶尼塞河泛滥成灾,也记录在元朝宫廷的《实录》和《经世大典》之中,因而在《元史》纪、志中都有反映。[1]

1300 年,元朝曾赐八邻脱列思(即《元朝秘史》中的脱额列思)民钞六万五千余锭。[2] 在此以前,元军与海都曾大战于亦必儿失必儿之地,[3] 都可说明元朝北疆之辽阔。

在贝加尔湖西北的火里秃麻(即《元朝秘史》的豁里秃马惕),有直属元朝政府的马场。[4] 贝加尔湖元朝称菊海,有"戍兵"在此驻扎,从此可通过驿路到达昌州(上都西南)。[5]《元史》中的伯要疑即巴亦惕部,1290 年,元朝曾以车五百辆运米千石赈济,可能就是通过这条驿路。[6]

巴儿忽在《元史》中有八里灰、八剌忽思、八立浑、八儿胡等不同译写,居住地和豁里部都是狩猎用的海青(鹰隼)产地,有穆斯林商人专从八里灰弄来海青向元朝统治者贡献谋利,由于沿途"骚扰穷民百姓","百姓苦之",为此政府专门颁布了一个法令,可见这条道路来往之频繁。[7] 1286 年还有调米千石往此地赈济的记载。[8]

元朝时,蒙古人把北边森林中的部族称为"林木中百姓"或兀良

---

1 《元史》卷二七《英宗纪》;卷五〇《五行志》,至治元年七月。
2 同上,卷二〇《成宗纪》,大德四年五月。
3 同上,卷一三二《玉哇失传》。
4 同上,卷一《兵志・马政》;《元文类》卷四一《经世大典序录・马政》。
5 《元史》,卷一六七《刘好礼传》。
6 同上,卷一六《世祖纪》,至元二十七年五月。
7 同上,卷一〇《世祖纪》,至元十六年十二月;《元典章》卷五七;《史集》,第 2 卷,190 页;《马可波罗寰宇记》(慕尔、伯希和汇校本),第 1 卷,281~286 页;伯希和《马可波罗书注》,Barqu 条。
8 《元史》,卷一一四《世祖纪》,至元二十三年七月。

合人,《史集·部族志》中有一个"林木中兀良合"部,将它同其他各部并列,实际上却常作为所有森林部族的泛称。谦州一带的秃巴思人住在"唐麓岭之北",蒙古人乃称他们为唐麓兀良合,也就是清代文献中的唐努乌梁海。同样阿尔泰山北部的帖良兀惕、脱额列思人,被称为阿尔泰乌梁海。

唐努乌梁海等地在元亡后被斡亦剌(明代史籍中以瓦剌著称)所并,后来归蒙古北部的阿勒敦汗所统治。清朝又重归我国版图,由清政府设旗和佐领。1914年,沙俄政府乘袁世凯政府腐朽无能之机,公然侵吞了唐努乌梁海。

(原载《社会科学战线》1978年第3期)

汉藏两族人民历史悠久的友谊

藏族是我们伟大祖国民族大家庭中的一员,从有历史事迹可考的时代起,就同汉族建立了亲密的友谊。

大约在公元6世纪中叶,藏族就开始由部落进入部族,建立了自己的国家,这就是我们历史上所记载的吐蕃。当时,藏族的生产力已有较大发展。畜牧业、农业和手工业都已相当发达,金、银、铜、锡、铁等几种主要金属已被广泛利用,藏族已能自己制造相当精良的甲胄和武器。例如,《新唐书·吐蕃传》中就有如下记载:"其铠胄精良,衣之周身,窍两目,劲弓利刃不能甚伤。"正是由于这些优越条件,所以吐蕃能把高原上的部落统一起来,建成一个强大的国家。

634年,吐蕃首次遣使访问唐朝,受到唐朝的欢迎,唐太宗也派行人冯德遐进行了回访。接着藏王松赞干布累次向唐朝请婚,"遣大论(官名)薛禄东赞献黄金五千两,它宝称是,以为聘"。641年,唐太宗将宗室女文成公主嫁给松赞干布。从此,唐朝和吐蕃在频繁、全面的接触中建立了友好关系,经济和文化开始大量的交流,这对汉藏两族经济和文化的发展都起了重要的作用。根据历史的记载,藏族这时从汉族处学会了养蚕、造纸、制墨、碾硙、酿酒、制陶、医药、历法、农具制造等。这些知识和技术的传入，不能不对当时藏族的生产力起推动作用。藏族人民自己也对这种来往给予极高评价。藏族的历史家曾以大量篇幅记录这一时期汉藏两族的友谊，并且认为这是藏族古代历史上的黄金时期。在汉文史籍中也可找到同样的记载，如《旧唐书·吐蕃传》上就记有松赞干布羡慕华风，向唐朝请求学习的故事。他"自亦释毡裘，袭纨绮，渐慕华风；仍遣酋豪子弟请入国学，以习诗书；又请中国识文之人典其表疏"；"又请蚕种及造酒、碾硙、纸、墨之匠"；都得到唐太宗的许可。所有这些都足以说明当时两族间的亲密关系。此外，当时汉藏两族甚至在政治上也结成同盟，吐蕃曾经支持唐朝的对外政策，并在一定程度上做了唐朝同印度和尼泊尔等国联系的桥梁。

汉族先进技术的输入，对藏族的社会经济和文化发展，起着极重要的作用。其中，造纸和制墨技术的传入，对藏族文化的发展具有特殊意义。藏族在公元 7 世纪初就已根据梵文创制了自己的文字。当时，由于学会了制造纸墨，文字的大量传播和使用才有可能；大约在不到五十年的时间内，藏文就成为所有藏族交流和传达信息的共同媒介，这就大大地促进了藏族的统一和团结。其他像农具制造、制陶、酿酒、医药、历法等技术和知识的传入，对提高藏族社会生产力和改善人民的生活，发挥了很大的作用。直到今天，藏族的生活中仍保留着不少古代汉族的东西，特别是在物质生活方面，如西藏贵族的服饰、食品、生活用具等，有些在今天看来是藏族的民族形式，实际却是受了汉族的影响。

汉族人民也从藏族人民学到和得到很多东西。前面已经提到，藏族的金属手工艺是很早就发展起来的。如松赞干布第一次送给唐朝皇帝的礼品中，就有金甲之类精美的金属工艺品。646 年，他又送给唐太宗一个七尺高制作很精巧的金鹅;656年,吐蕃送给唐高宗一个金城,城上有狮子、象、驼、马、原羝等,并有人骑;又献"金瓮、金颇罗等"。736年,吐蕃送给唐玄宗几百件形制奇异的金银器玩,唐玄宗特令陈列在长安皇宫的提象门向群臣公开展览。这些都说明当时藏族在金属工艺方面已达到了较高水平。汉族当然也因此学到了不少技巧。值得特别提出的是藏族造吊桥的技术。远在唐代,藏族已学会了造铁索吊桥,这在《唐书》中已有记载。后来在公元15世纪中,藏族杰出的建筑师唐通甲波就在雅鲁藏布江跨度近二百米的江面上造起两座巨大的铁索吊桥。在当时的技术情况下,这不能不说是很伟大的建筑。二百多年以后,汉族在修筑泸定桥时,曾在技术方面遇到很大的困难,粗重的铁索无法吊过对岸,最后在藏族技师的指导下,采用先架引绳的办法才把铁索顺利地引过来。泸定桥的修成是汉藏两族技术合作的成果,也是两族人民亲密友谊的象征。从唐代以来,汉藏两族之间就建立了经常的贸易关系。汉族从藏区输入马匹、皮革、药材等,马匹的输入对内地的农业和军事都起着重要的作用;藏族从内地输入茶叶、绸缎等,这就是后来发展不衰的所谓"茶马互市"。这也正是维系汉藏两族友谊的一种重要因素。

吐蕃王朝在公元9世纪中叶就崩溃了,高原上再度出现了分裂割据的局面。这时,藏族虽然没有统一的政权,但是同汉族的往来仍然继续不断。在青海、甘肃一带,先后建立起唃厮罗等小王国,这些由藏族,或大部分是藏族所建立的政权,同汉族维持着更密切的关系,特别是"茶马互市"之类比以前还要发达。

元朝统一中国后,藏族地区就正式并入中国版图。公元13世纪西藏被以萨迦寺为中心的萨迦派所统治,萨迦派首领同元朝的关系非常密切,有的在大都(北京)担任元朝的帝师,还有许多西藏喇嘛来到内地,有些人还担任很高的官职。喇嘛由于享受了种种特权,如乘驿等,大都利用特权经营商业。《元史》载有"佩圆符者络绎于途","圆符"就是元朝所发乘驿(由驿站提供食宿和车马)的凭证。当时,人民虽然苦于供应,但是汉藏人民之间的商业贸易却有很大的发展,喇嘛从西藏带来藏红花、青稞、毛呢、地毯、葡萄等,除了西藏的土特产,有的还是间接从印度、尼泊尔等国进口。元朝的另一个措施是在接近内地的藏区建立了土司(今青海、西康等地),上设吐蕃等处宣慰司和吐蕃等路宣慰司。从这时起,高原上就没有再出现过一个完全统一的政权。以拉萨为中心的政权只能统治十三个万户,相当于今天前后藏、阿里和康区一小部分地方。事实上十三个万户也很少完全统一起来,而是经常互相争夺。

14世纪中,伯木古鲁派取代了萨迦派,建立起比较统一和稳定的政权。这时同内地的关系仍然继续发展着。

明朝在政治上实行怀柔,在经济上鼓励贸易,在文化上扩大交流。因此,尽管明朝的实力并没有深入西藏,西藏同内地的关系仍然是密切和友好的。许多西藏的活佛接受了明朝的册封。很多喇嘛来到内地,其中许多人仍做生意,享受着特权。直到今天,西藏的寺院中还有明刻佛经,这也可作为当时汉藏两族文化关系紧密的证明。清朝的统一中国,在西藏又引起重大的变化。在清朝还没有进关时,西藏实际上受着蒙古的统治;清朝统一中国以后,就逐渐清除了蒙古在西藏的势力。起初清朝政府还想利用西藏原有的政权进行统治,但是由于藏族人民的反抗和对外关系的复杂,就在18世纪末加强了驻藏大臣的权力,将西藏置于它的直接控制之下。从这时起,西藏就成为中国领土不可分割的一部分。

清朝对藏族人民采取民族隔绝政策,对藏族加以种种限制,不准他们同其他各族人民自由往来。又进行所谓"改土归流",企图将藏族地区置于清朝直接统治的地方政府管辖之下,藏族地区反抗朝廷的斗争不断发生。虽然如此,汉藏两族人民间的友好关系并未中断,特别是青康等接近内地的藏族人民,他们不仅同汉族人民有较多的贸易往来,而且较以往有了更多的直接友好关系。例如,清末以来,有几十万生活无着的汉族人民流入西康各地,用他们的辛勤劳动,开发了泸定、康定、巴塘等平原上的大片荒地,并把内地的生产技术和经验带到藏族人民中间。今天,我们在西康一带还可看到许多的建筑物,如喇嘛寺、头人官寨和大桥梁,这些都是徙自四川名山县的汉族工匠造成的。在这些汉藏杂居地区,两族人民长久融洽地生活在一起了。

到了北洋军阀和国民党统治时期,藏族人民也同汉族人民一样,遭到更加残酷的压迫和剥削。同时,外国帝国主义怀着侵略野心,或者对民族上层施以诱骗拉拢的手段,或者干脆实行武装干涉,企图达到将西藏从祖国分裂出去的目的。但是,历代反动政府以及外国帝国主义的一切反动措施,不能阻碍汉藏两族人民友好关系的发展。近几十年来,汉藏两族人民在共同反帝反压迫的斗争中更结成了休戚相关、患难与共的亲密友谊。在反对帝国主义侵略的斗争中,他们表现出了英雄气概,对英帝国主义的侵略进行过多次坚决的抵抗,写下了光辉灿烂的历史篇章。在反对清朝统治者和国民党反动派的斗争中,汉藏两族人民也曾取得亲密的合作。1935年,红军在长征路过西康藏族地区时,曾经帮助他们建立了一个红色的博巴政府(藏族人民政府),并替他们培养出了一批革命干部。这是藏族人民第一次认识到自己真正的解放者。在中华人民共和国成立以后,藏族人民坚决粉碎了帝国主义和民族分裂分子的分裂阴谋,促成了西藏的和平解放。曾任博巴政府副主席的格达活佛,就是为争取西藏的和平解放而惨遭帝国主义分子谋害的。

1951年5月,达成了"关于和平解放西藏办法的协议"。从此,西藏人民永远摆脱了民族压迫和帝国主义的奴役和羁绊,重新回到了伟大祖国——自由平等的民族大家庭中来。中华人民共和国成立以来,入藏的解放军和工作干部始终坚持不渝地执行了党和国家的民族政策、宗教政策,认真尊重藏族人民的民族平等权利、宗教信仰和风俗习惯。以马克思列宁主义为指导的民族政策是最彻底平等的民族政策,它并不以取得法律上的平等为满足,因为少数民族在经济和文化上都较落后,所以人民政府还在经济和文化等方面,对藏族给以很大的帮助。几年以来,由于党和国家的正确领导,由于汉藏两族人民的亲密团结和共同努力,在增强团结,巩固国防,贯彻宗教信仰自由政策,发展西藏的政治、经济、文化教育、医疗卫生、培养民族干部等工作中,都已取得了重大的成就。这就使汉藏两族之间的关系发展到了一个崭新的阶段,结成新的友好关系。

中华人民共和国的民族政策中最基本的一个原则就是实现民族区域自治。中华人民共和国成立以来,凡是已具备了实行自治条件的民族聚居区的杂居区,都已实现了民族的区域自治。已经实行区域自治的地方,少数民族已充分享受到当家做主的权利,人民的积极性得到充分的发挥,各项建设迅速向前发展。目前,藏族地区已经成立了九个自治州,只有西藏地方还保留着旧的政权形式。1955年3月,国务院通过了《关于成立西藏自治区筹备委员会的决定》。西藏自治区筹备委员会的成立,将使西藏地方向社会主义迈进一大步。就目前西藏地方的情况来说,这是一种巨大的飞跃;不只是西藏人民,而且全国人民都会为这一巨大的发展而欢欣鼓舞。在完全平等的新基础上,汉藏两族人民将更加亲密地团结在一起,为建设社会主义社会而奋斗。

(本文是因庆祝西藏自治区筹备委员会成立应《人民日报》约稿,经李有义教授修改。后改在《人民中国》(Народный Китай)1956年6月12期用俄文发表,汉文据《人民日报》1956年4月17日清样稿)

库腾汗——蒙藏关系最早的沟通者

《蒙古源流》记录成吉思汗死后至元末部分,占全书篇幅不多,几乎仅录帝系、各帝出生、即位与去世年次而已,甚至还有错误。虽然这段对库腾汗、忽必赉汗和托欢特穆尔汗三人的事迹有较多的描述,然而又夹杂了一些荒诞不经的传说,所以人们一般认为这部分史料价值不大。

尤其是库腾汗的事迹,读起来真有点令人莫名其妙,兹录其事略如下:

> 谔格德依……岁次戊子(1228),年四十二岁即汗位。……逾六年,岁次癸巳(1233),年四十七岁殁。子库克、库腾二人。长库克,乙丑年(1205)降生,岁次癸巳(1233),年二十九岁即汗位,在位六月,是年即殁。次库腾,丙寅年(1206)降生,岁次甲午(1234),年二十九岁即汗位。……库腾汗在位十八年,亦于辛亥

年(1251)殁,享年四十六岁。[1]

谔格德依(Ögödei)即元太宗窝阔台,在位十三年,辛丑年(1241)殁,寿五十六。库克(Güyüg)即定宗贵由,丙午年(1246)即位,在位三年,戊申(1248年)死,寿四十三。这些年代都记载在《元史》太宗和定宗本纪中,确凿可考,当然是《蒙古源流》的记载失实了。但这两汗帝系传次还符合事实,至于库腾(Ködeng)汗则不然,历史上,根本就没有在定宗之后、宪宗之前在位十八年的大汗。初读至此,感到实在荒谬之至。

沈曾植读至此也有同感,他所作笺证说:"库腾即《史》阔端太子也,未尝即帝位,此之无稽可笑。"张尔田又补注说:"太宗之后,六皇后称制者四年,定宗崩,皇后斡兀立海迷失摄国又几四年,此数年中,史事最略,殆因此致误。"

沈、张二人指出这一记载的错误并试图探讨致误的由来,这是符合笺证精神的。可是经仔细考虑后,觉得仅以"无稽可笑""史实最略,殆因此致误"来笺释这段记载很难令人满意。因为通观《蒙古源流》全书,无稽之谈不在少数,但大多皆有所本,往往于追溯其史源之余,反而可取得更大的意外收获。而就太宗至顺帝这部分看,全文笔墨不多,但作者却将这"未尝即帝位"的库腾,与在位三十余年且关系元朝兴亡的世祖和顺帝等同,作为蒙古大汗中描述的重点,显然不是因偶然之误羼入的,可能是作者根据某种记载,甚至认为库腾还是一个比其他大汗更重要的人物,决不能因"无稽"而忽略他。现将《蒙古

---

[1] 《〈蒙古源流〉笺证》卷四,叶 9 上至 10 下。*Eine Urga-Handschrift des mongolischen Geschichtswerks von Sečen Sagang（alias Sanang Sečen）*,柏林,1955 年,42 下至 43 上。

源流》所载库腾汗史迹原文引录如下,试继沈、张二氏笺释之。

库腾,丙寅年(1206)降生,岁次甲午(1234),年二十九岁,即汗位。

岁次乙未(1235),因龙祟侵魔患病,**多人诊视,不能痊愈,术穷**,因议及"西边地方,有奇异通晓五识名萨斯嘉·恭噶·嘉勒灿(Sa-Skya kun-dgah Rgyal-mtshan)喇嘛,**延请医治,庶几有益**"。遂令**韦玛郭特**(Uyimaγud)之朵儿答答儿罕(Doorda-Darqan)为首之使者往请。

萨斯嘉·班第达(Sa-Skya Bandida),[1]〔系……岁壬寅()降生,至戊辰年(1208)〕二十七岁,往额讷特珂克(印度),师之异端讲论辨难,穷其词,获班第达(Bandida)之号而

克巴·嘉勒灿(Grags-pa Rgyal-mtshan)喇嘛,曾告之云:"帽萨枘雁 似猪鼻,尾似木网,**娓娓长音,语须三四译者**(Bodisadu,源于梵语,应译菩萨)之化身,名 被名道尔达者请汝,汝必往行。当于彼处,大兴佛教。"因示卦验,适与之合。

时六十三岁,于甲辰年(1244)起程,至丁未年(1247)六十六岁,与汗相见,**造成狮吼观音,收服龙王**,仍与汗灌顶,顷刻病愈,众皆欢喜。即遵萨斯嘉·班第达之言而行,所有边界蒙古地方,创兴禅教。岁次辛亥(1251),萨斯嘉·班第达七十岁圆寂。

库腾汗在位十八年,亦于辛亥年殁,享年四十六岁,喇嘛与

1　汉译本译成帕巴喇密特,据蒙古文本改。以下各处同。藏文文献或略称萨斑。

汗二人同年而逝。

在这段文字里，《蒙古源流》不只是谈到库腾汗曾任大汗一事，而且还有一段与西藏喇嘛发生接触的史实。除此处外，《蒙古源流》还记载着成吉思汗和窝阔台也与西藏喇嘛发生过关系，兹引述如下：

> 岁次丙寅(1206)，年四十五岁，〔成吉思汗〕用兵于土伯特(Töbed)之古鲁格·多尔济汗(Günlge Dorǰi Qaγan)，彼时土伯特汗，遣亦鲁忽(Iluqu)诺延为使，率三百人前来进献驼只……。上因致书并赉仪于萨嘉·察克罗咱斡·阿难达·噶尔贝喇嘛(Sa-Skya Čaγ Lo-tsa-ba Ananda gar-bha-gai-kemekü Bla-ma)云："尼鲁呼诺延之还也，即欲聘请喇嘛，但朕办理世事，未暇聘请，愿遥申皈依之诚，仰恳护佑之力。"是由收服阿里三部属，八十万土伯特人众，遂进征额讷特珂克(印度)。

关于窝阔台写道：

> 岁次戊子(1228)，年四十二岁即汗位。欲往请萨斯嘉·札克巴·嘉勒灿，因事耽延。

关于库腾汗所邀请的萨斯嘉·班第达，《蒙古源流》后文还出现几次。在记述忽必烈的一段，提到了"萨斯嘉班第达之侄玛迪·都斡咱(Madi-dhvajah)，系乙未(1235)年生。岁次丁未(1247)[1]年十三岁

---

[1] 汉译本误译为辛未。

时,随伊叔父而来"。岁次甲子(1264)[1]曾为忽必烈灌顶。灌顶前,忽必烈曾和他互相问难经典,因为"萨斯嘉·班第达所持之《喜金刚根本经卷》在汗处",所以忽必烈说经时玛迪·都斡咱甚至不能领悉。玛迪·都斡咱《蒙古源流》又称他为帕克巴(Phags-ba)喇嘛,也就是元代创造国字的著名帝师八思巴·罗古罗思·监藏(blo-gros-rgyal-mtshan,藏语法名,汉语意为圣者慧幢),玛迪·都斡咱是慧幢的梵语竹法(Madi dhvajah)。在元顺帝段,也谈到他的国师阿难达·玛第喇嘛(Ananda-mati lam-a)曾引证"曩昔我尊胜喇嘛其五识极坚之萨斯嘉·班第达所造《法语宝藏素布锡达史》(Sayin üge-tü erdeni-yin sang kemekü šastir,藏文名 Legs-par bshad-p'ai rin-po-chehi gter,梵文名 Subhā sitaratna-nidhi)"中的话规谏元顺帝。萨斯嘉·班第达在这书中累次出现,而且还有著作行世,当然决不会是虚构出来的人物。

为了弄清《蒙古源流》这段记载的真伪和来源,不妨先从蒙古本身的其他史籍对证一下。《蒙古源流》作者自称曾参考过七种史料,其一即《古昔蒙古汗等根源大黄册》,此书尚存,即苏联出版的《黄册》(莎拉·图吉)。[2] 其中关于库腾的部分,除《蒙古源流》增添了几处之外,几乎全部相同(上引文中标黑体字者乃《黄册》所无。由于迁就《蒙古源流》汉文旧译,细微差别这里不举出了)。只有《黄册》具体说库腾的病是患癞疾。而在介绍萨思迦·班第达时,称他为文殊师利(Mañjughosa)的化身。

《黄册》抄本正文旁还附有另一种记载,说法与上引文有异:

---

[1] 汉译本误译为戊子。
[2] Шара Туджи, Монголъская Летопись XVII века,苏联科学院1957年版,导言、原文、俄译、注释本,由莎斯金娜负责整理。有人认为这书曾谈到18世纪初的事实,所以是《蒙古源流》以后的书,实际上后一部分是后人所添。

某史云:窝阔台可汗病足,遣使赴萨斯嘉·班第达云:"**汝若不来,将派大军,扰唐古特国,必致大孽**。知此,仍以来为愈。"使者至彼,即告以此语。〔萨斯嘉·班第达〕**遣使赴大喇嘛请示**。此喇嘛给与一虱、一土块、一壶舍利,**并无一言**。〔萨斯嘉·班第达〕问使者:"我圣喇嘛有何法旨?"使者云:"并无复言,仅给此三物。"萨斯嘉·班第达接此云:"土示我将死,虱示我将被食,舍利示蒙古将归依佛法。"遂来蒙古。窝阔台可汗出迎**至额里巴(Eriba)之阔阔兀孙水(Köke Usun)**相见。窝阔台可汗请班第达医足疾。谓:"〔汝〕前世为印度王子,建寺时动土伐木,遂致土神降邪,因汝建寺功德,故生为成吉思之子。"即撒四手摩诃葛剌(Mahākāla,大黑)之朵儿麻(gtorma,施舍),足病立愈。从此,可汗及蒙汉百姓俱皈依佛法。[1]

罗卜藏丹津(blo-bzaṅ bstan-'dsin)所写《黄金史》中,也引用了这部史书的某些话,只是省去了黑体字标识的一些词句,把付予三物一事说成是萨斯嘉·班第达所为,而用"窝阔台见此诸物,即谓"一句与窝阔台本人直接联系起来。此外,在最后还增添了"显示诸般鬼神变

---

[1] Шара Туджи,原文,44~45 页;俄译文,137~138 页。有趣的是,这书不仅将库腾汗事迹和窝阔台、贵由在位年次与《蒙古源流》错成一样。甚至一些小错误也相同,如称窝阔台鼠年(戊子,1228)四十二岁即位。这与元代确切的记载显然不符。但没有羼杂喇嘛事迹的《黄金史纲》就正确地记成己丑年(1229)四十三岁即汗位。由此可见,明代蒙古人自有一部元代帝系传次、生、卒、即位年的原始记录。西藏记载传入后,为了与之吻合,往往不惜更动固有记载,所以用蒙古史料时这点值得注意。其次《黄册》记年用生肖,《蒙古源流》用甲子,显见是后者做了加工工作,如前者抄袭后者,决不会倒退到用落后的纪年方法。

化,即于凉州(Rču)城建塔,名曰甘麻剌西剌(Kamalaśila)一段事实。[1]

在较《蒙古源流》晚出一百余年的《水晶数珠》(*Bolor Erike*)一书中,也有与《蒙古源流》类似的记载,但说法上有很大差别,说明它另有所本。再之,这书的作者拉西朋楚克是参考过汉文史料的,而且选择史料曾做过考订,因此,他仍坚持采用这段史事,必定有他充分的根据。例如,他既知汉籍只有定宗、宪宗的记载,于是将太宗长子贵由(Güyüg)说成已夭折。太宗死后,乃由其子贵禄(Gülüg)又名阔端者即汗位,是为定宗,以此弥合与汉籍的矛盾,而且,他在最后又增添了如下的内容:

> 于是,班第达·恭噶·嘉勒灿喇嘛前来,可汗亲身出迎,多所赠赐,并开宴会,委为司祭,班第达乃为蒙藏汉三国最高之喇嘛,蒙古国中开始弘布无比之佛法。
>
> 可汗请班第达创制蒙古字,班第达为创造蒙古字,曾经一夜冥想。翌晨黎明时分,有一女子持揉革搔木跪地。因此征兆,即依搔木形制蒙古字母,分阳、阴、中、强、虚、弱性母音三种。[2]

也就是说,在八思巴以前其叔就已造过文字了。

由以上蒙古文资料可以证明,在13世纪上半叶,蒙古统治者已直接与西藏往来,尽管有不同说法,但基本事实一致,而且皆有所本,因此很值得我们重视。

---

[1] *Altan Tobči*,乌兰巴托,1937年,下册,111~112页。
[2] Rasipungsuγ, *Bolor Erike*, Mongolian Chronicle Scripta Mongolica III, Cambridge, 1959, Part I, p.219; Part IV, p.178.

为了判断以上史料的可靠性,现再举一些汉文史料来印证。

库腾即《元史》中的阔端,《元史》卷一〇七《宗室世系表》载:"太宗皇帝七子,……次二阔端太子。"与《蒙古源流》等书的说法无异。《元史》中没有他的传,续修的各家元史为他立传的有《新元史》(卷一一一)、《元史类编》(卷三〇)、《元史新编》(卷一六)、《元书》(卷四二)、《蒙兀儿史记》(卷二六)等书,但都是摭拾《元史》中片言只字补缀而成,写得都不够清楚。现将《元史》中所见的记载介绍如下:

《元史·太宗纪》阔端事共出现过五次:

> 七年乙未(1235),春……遣……皇子阔端征秦巩。
> 十一月,阔端攻石门,金便宜都总帅汪世显降。
> 八年(1236)……秋七月,……阔端率汪世显等入蜀,取宋关外数州,斩蜀将曹友闻。
> 冬十月,阔端入成都,诏招谕秦巩等二十余州皆降。
> 十一年己亥(1239)春,皇子阔端至自西川。

阔端的军事行动是由1234年的忽里塔贵族大聚会决定的。剌失笃丁谈到:大汗(窝阔台)于马年(甲午,1234)征服了契丹(指金)地区回到达兰·达葩(Талан-Даба)地方后,决定召开忽里塔。在这一年,羊年(乙未,1235),他想再一次把所有子弟、亲族和那颜聚会起来,叫他们重新听取札撒和决议。经过整月的宴会后,他提出了国家的军政大事。因为某些国家的边境还没有完全征服,而在另一些地区匪徒极为活跃,他要改变这种情况。于是他任命每个亲族到各个国家去。[1] 这也就是《元史·太宗本纪》所说的"六年甲午(1234)夏五月,帝在达兰·达葩之地,大会诸王百僚"讨论的内容。到次年春,正式发布令各路大军出发的命令,而阔端是负责征略陕甘一带的,从此,他长期用兵西北、西南,并封藩于此。如果他死于辛亥(1251)之说可靠的话,那么从甲午(1234)至辛亥正好是《蒙古源流》所说的"在位十八年"。

阔端征略陕甘的活动也出现在《元史》汪世显(卷一五五)、按竺迩(卷一二一)、高智耀(卷一二五)等人的传里。《汪世显传》的内容已略见于上引《太宗本纪》,但《按竺迩传》中某些记载是值得注意的,传中说:

> 丙申(1236),大军伐蜀,皇子〔阔端〕出大散关,……按竺迩领炮手兵为先锋,破宕昌(今属甘肃),残阶州(今甘肃武都)。攻文州(今甘肃文县),……遂拔其城,……因招徕吐蕃酋长勘陁孟迦等十族,皆赐以银符。略定龙州(今四川平武)……

从上文看来,还在1236年,阔端的军队已经开始和吐蕃接触。1239年阔端自西川回军以后,《元史·高智耀传》提到:"皇子阔端镇西凉,儒者皆隶役,智耀谒藩邸,言儒者给复已久,一旦与厮养同役,非便。"《南村辍耕录》卷二《高学士》一条也有同样记载,而且高智耀还说:"国朝儒士,自戊戌(1238年)选试后,所在不务存恤……"可见阔

---

[1] Рашид-ад-дин,《史集》,Том II,35页。《史集》说忽里塔是羊年(1235)召开的,与《元史·太宗纪》所载甲午(1234)年大会诸王和次年春委派各路大军出发说矛盾,故从《元史》。

端在 1238 年以后即分藩出镇西凉。¹《元史·赵阿哥潘传》载,"皇子阔端之镇西土也",还招抚了金故将土波思·乌思藏·掇族氏阿哥昌,"承制以阿哥昌为叠州安抚使",这就是说,阔端麾下还起用过出身藏族的部将。剌失笃丁在介绍窝阔台诸子时,也说他的次子是阔端,蒙哥汗赐予他牧地于唐古特(Тангут)地区并派遣他率军队到那里。²《史集》将派遣人窝阔台说成是蒙哥,事实上,阔端在窝阔台汗时早已出镇西凉了,蒙哥汗只不过是承认原来的藩封并另封了阔端的儿子蒙哥都等。³

根据《元史》的记载,可以了解阔端生平的大致轮廓,那么《蒙古源流》记载他延请喇嘛医病一事是否有根据呢?

据剌失笃丁说,窝阔台死后,脱列哥那(Туракина)皇后称制,她宠信了一位从波斯徒思城(Тус)掳掠来的名叫法迪玛(Фатима)的妇女,因争宠之故,于是有人诋毁她用妖术使阔端(Кудэн)致病,并给贵由去信,如果他有什么好歹,还要求贵由处置她。所以贵由即位后首先就审讯法迪玛。⁴ 另一处也提到,在选举贵由为大汗的忽里塔大聚会上,诸王和众那颜说:"因为成吉思汗预先指定为汗的阔端不太健

1　《嘉庆重修一统志》卷二六七《凉州府》(叶 17 上):"斡尔朵(志改鄂尔多)古城,在永昌县东南一百二十里,俗传为永昌王牧马城,地名黄城儿,有永昌王避暑宫,遗址尚存。"事实上当时阔端尚习于游牧生活,建斡耳朵凉州郊外,故有牧马城之传说。又卷二六八(叶 6 上):"永昌王阔端(志改为和通)墓,在永昌县东南一百二十里斡耳朵城。"按《元史》卷七《世祖纪》至元九年十一月,诸王只必帖木儿筑新城成,赐名永昌府。据卷一〇七《宗室世系表》,只必帖木儿乃阔端第三子。卷六〇《地理志》:"至元十五年,以永昌王宫殿所在,立永昌路,降西凉府为州隶焉。"可见世祖时封阔端子为永昌王,因此阔端也被追谥为永昌王。

2　Рашид-ад-дин,Том II,11 页。

3　《元史》卷三《宪宗纪》,二年壬子(1252)夏:"……分迁诸王于各所,……蒙哥都于扩端所居地之西。"

4　Рашид-ад-дин,Том II,117 页。

康,而据合罕¹遗言〔作为继承人〕的失烈门(Ширамэн)还未达成年,所以最好是指定贵由汗,因为他是合罕的长子。"² 由此可见,阔端在 1244 年萨斯嘉·恭噶·嘉勒灿自西藏出发前,的确是在患病。

因此,请喇嘛治病的事很有可能,元代西僧《胆巴传》有如下记载：

> 初,世祖居潜邸,闻西国有绰理哲瓦(Chos-rje-bo)道德,愿见之,遂往西凉,遣使请于廓丹大王。王谓使者曰："师已入灭,有侄发思巴('Phags-pa),此云圣寿,年方十六,深通佛法,请以应命。"

廓丹就是阔端和库腾的另一种汉译,在他那里,的确有闻名的喇嘛。发思巴就是八思巴,其叔绰理哲瓦当然就是恭噶·嘉勒灿。由此可见,《蒙古源流》所载并非凿空之说,不能以"无稽"轻率对待。

恭噶·嘉勒灿不仅确有其人,《蒙古源流》称颂他道行高超也可以在汉籍中得到证明。上引《胆巴传》接着提到八思巴与忽必烈的一段对话："上召问曰：'师之佛法,比叔如何？'曰：'叔之佛法如大海水,吾所得者,以指点水于舌而已。'"³ 元顺帝元统间(1333—1334)敕修的《百丈清规》谈到帝师时,更详细地介绍了八思巴的出身和他与自己的伯父的师承关系：

---

1 指窝阔台,这是 13—14 世纪蒙古人普遍对他的尊称。
2 Рашид-ад-дин,Том II,119 页。"阔端不太健康"仅见于 Blochet 本,俄译文据其他各本作已死,与事实不合,故不采用。
3 《佛祖历代通载》卷三五,频伽精舍刊《大藏经》本。

> 帝师拔合斯八，法号惠幢贤吉祥（blo-gros rgyal-mtshan dpal bzaṅ-po），吐波（即吐蕃）国人也。己亥岁（1239）四月十三日降生，父曰唆南绀藏（Bsod-nams Rgyal-mtshan）。初，土波有国师禅咀罗吉达（《元史》作朵栗赤），得正知见，具大威神，累叶相传，道行殊胜，其国王世尊之。凡十七代而至萨斯嘉哇，即师之伯父也。师天资素高，复礼伯父为师，秘密伽陀微妙章句一二千言，过目成诵。七岁演法，辩博纵横。年十有五，岁在癸丑（1253），世祖皇帝龙德渊潜，师灼知真命有归，驰骑径诣王府。……[1]

此外，《大藏经》中还有一部元人译的佛典《出家授近圆羯磨仪轨》，也谈到了八思巴的师承关系。至元七年庚午（1270）为这书作的序文中说：

> 律仪方便羯磨仪轨，此乃圣光德师之总集也。始自天竺，次届西蕃，爰有洞达五明法王大士萨思迦·扮底达，名称普闻，上足苾刍拔合思巴，乃吾门法主，大元帝师，……援兹仪轨，衍布中原。[2]

将《蒙古源流》与上引记载对照，萨思迦即《蒙古源流》所译的"萨斯嘉"（Sa-Skya），是当时西藏一大寺院和教派名。"扮底达"就是他从印度所获得的"班第达"学位。"洞达五明"即《源流》所译的"通

---

[1] 频伽精舍刊《大藏经》本，小乘律部，寒帙六。文末注云：见翰林学士王磐等奉敕所撰碑。《佛祖历代通载》《佛祖统纪》《释氏资鉴》等书中八思巴的传都说明引自此碑，《元史·释老传》中本传事实也取材于此，但独有这段记有八思巴的生辰和父名。
[2] 同上，小乘律部，寒帙六。

达五识"。他的"上足""拔合思巴"即《元史》中的八思巴,《源流》中的帕克巴。《蒙古源流》关于恭噶·嘉勒灿在西凉传教以及他和八思巴的师承关系,从元代的汉籍中可以得到充分的证明。《胆巴传》说忽必烈"遣使请于廓丹大王"时"师已入灭",而八思巴的传记中又说他谒世祖是在癸丑年(1253),那么《蒙古源流》称恭噶·嘉勒灿死于辛亥年(1251)也很可信。

《蒙古源流》说萨思迦·班第达曾著有《素布锡达史》一书。这书的确在元朝已流行,而且一直流传到现在,并出版了各种文字的译本。蒙译本是蒙古族人民喜爱的文学作品之一,内蒙古人民出版社曾经大量发行过。

元代汉文史料虽足以证明《蒙古源流》这段记载不是捏造,但看不出二者之间有直接因袭关系。而且,多种蒙古文史书皆记有此事,说法却有三种不同类型,这些记载从何而来?可以肯定最先是出于元代西藏喇嘛的记载,然后发展为西藏的史书,再于明末喇嘛教在蒙古传播时传到蒙古。二次世界大战以后,国内外对于藏族史的研究有了很大进展,藏文史书相继整理出版,苏联列里赫(Рерих)所著《十三至十四世纪的蒙藏关系》[1]和日本冈田英弘所著《蒙古史料中所见之初期蒙藏关系》[2]两文专门讨论了这段史实,特别是元代藏文史书《红册》的出版,使我们能接触到当时的原始史料,这问题就更加清楚了。《红册》是乌思藏搽里八万户长公哥·朵儿只(1309—1365)所著,书成于火狗(1346)至水兔(1363)年。他生长在元朝,曾去过内地,熟悉

---

[1] Филология и История Монгольских Народов,莫斯科,1958年,333~346页。
[2] 《东方学》,东京,1962年3月,第23辑。

当代史事,所载是较确实的。[1] 此后,《青册》《新红册》《智者喜宴》《西藏王臣史》等藏文史书陆续编成,其中都有此事件的直接反映。

据藏文史籍记载,阔端确曾于土猪年(己亥,1239)派朵儿答(Doorda Darqan)领军侵入乌思藏,打到拉萨东北,焚毁了热振寺(Ra-skreng)和赞拉寺(Rgyal Lha-khang),杀死僧俗数百人。这些记载证明,《蒙古源流》称乙未(1235)之后阔端曾派道尔达去西藏一事是有根据的,不过这次进军不是去请萨思迦·班第达。不然,阔端1235年害病,1247年才见到医生,太不合情理。事实上这是一次征服战争,但在后来宣传蒙古封建主和西藏喇嘛历史因缘的书籍中,有意要掩盖这次流血事件,所以把这两件事混淆在一起。

藏文史料中还谈到,朵尔答很快就离开了西藏,并送了一个报告给阔端。他在报告中说,在西藏各教派中,噶当派(bkah-gdams-pa)的后继者思答笼派(stag-lung-pa,因建于1186年的达隆寺而得名)和必力公派(bBri-gung-pa)具有很大影响,但势力最大的还是萨迦派。

1037年,恭绰·赞波(dkon-mchog rgyal-po)在札什伦布之西萨迦(Sa-Skya)地方建寺,从而形成萨迦派。其子公哥·宁波(Kun-dgah snying-po)自1111年起住持萨迦寺,至1158年圆寂。他一生对萨迦派的教义有很大发展,为萨迦派在西藏树立威信起了很大的作用。以后,琐南·采莫(Bsod-nams rtse-mo,1142—1182)和乞剌思八·监藏(Grags-pa rgyal-mtshan,1147—1216)也做出了不少贡献。后者就是《蒙古源流》中留预言给恭噶·嘉勒灿的人,他是恭噶·嘉勒灿的叔

---

[1] Kun-dga 'rdo-rje, *The Red Annals*, Part I, The Tibetan Text, 锡金噶大克出版,1961年。此书出版后,又出版了稻叶正就、佐藤长的日译本《フゥラン・テプテル(〈红册〉)——チベット年代记》,京都法藏馆,1964年。

父,也是他的导师。

蒙古人出现于西藏高原时,的确是恭噶·嘉勒灿在主持萨迦寺,生卒年与《蒙古源流》相同。在青年时代(1204—1213),曾就学于克什米尔高僧萨迦·识里八达(Sakya Sribhadra),精通五明,取得班第达的称号。《蒙古源流》提到的正是这事,不过他不是去印度留学,而是向旅藏的萨迦·识里八达学习。《蒙古源流》所记的戊辰年(1208)实际上是恭噶·嘉勒灿入萨迦·识里八达之门的一年。1216年,乞刺思八·监藏圆寂后,他继其伯父主持萨迦寺。1219年恭噶·嘉勒灿曾去过尼泊尔和印度,并按当时的习惯参加了辩论。

阔端接到朵尔答的报告,就给萨思迦·班第达发出一封邀请他访问其凉州附近藩邸的信,这信是由朵尔答一位部下嘉勒棉(rGyal-sMan)带去的。关于此事《红册》中说:

> 北方皇子阔端来召时,即应往日哲尊·乞刺思八(Rje-btsun Grags-pa)之预言,谓:"日后有北方语言、人种不同,戴飞鹰帽,穿猪鼻靴的人来召,即将弘布佛法。"甲辰年(1244),时六十三岁,伯父偕侄等三人出发,旅途历三载,丙午年(1246)到达北方。皇子适赴贵由皇帝即位盛典,归来后即相见。丁未年(1247),遂任祭天首领,弘布佛法。[1]

萨思迦·班第达(或略称萨班)到达阔端处后,承认乌思藏是蒙古的藩属,显然会遭到乌思藏僧俗封建主的非难,为此他向乌思藏纳里速僧俗诸首领写了一封信进行解释。从信中所引阔端的话,可以

---

[1] 《フゥラン·テプテル(〈红册〉)——チベット年代记》,117页。

看出他请萨班去凉州的真实意图。阔端对他说:"我视汝如头,其余来附者如足。汝奉我特召而来,其余则皆畏摄来服耳。"萨班也乐于接受阔端将他"视如头"的待遇,这就可使萨迦地方僧俗领主凌驾于乌思藏各教派各领地之上。阔端一面表示:乌思藏"各处俗官之中,凡在职诸官吏,不论何人,皆仍留居原职不变"。同时又"命萨思迦之金符官与银符官任我之达鲁花赤","各地诸官吏亦不得自作主张","凡事应请命于萨思迦之金符官"。萨班借蒙古军队四出征伐的事例对他们进行威胁,指陈利害,劝说他们接受蒙古设官授职,清查户口,确定赋役,缴纳贡赋等规定。[1] 由于西藏封建主是自愿承认为蒙古的藩属,阔端就不再把军队开入西藏。后来由于某些西藏封建主停止纳贡,蒙古军队又于 1251 年开进西藏。《元史·宪宗纪》元年辛亥(1251)也记载着:"以和里䚟统土蕃等处蒙古汉军,仍前征进。"可能这两者所指的是同一件事。

与萨思迦·班第达偕行的二侄就是八思巴和恰纳(Phyag-na),所以《蒙古源流》称"岁次辛未(1247)十三岁随伊叔父而来"一句,应该解释为来到阔端藩邸。会见阔端之后,阔端为他在凉州郊外建筑了住舍(拉卜楞,bLa-brang)和寺院(sPrul-Pahi-sde,化身寺)。藏文史料中也谈到,他曾医好了阔端的病,经过他的努力,佛教在西凉盛行起来了。

由此可见,《蒙古源流》这段史实已从西藏史料中得到确证,只是有的将几件事混淆起来,所以发生讹误。有些是因为辗转流传,经过几道手之后,乃产生各种说法,因而反映在蒙古文史册中有不同记载。

---

[1] J. Tucci, *Tibetan Painted Scrolls*, Vol. I, Rome, 1949, pp.10~12. 译文据《西藏地方历史资料选辑》,三联书店,1963 年,42~43 页。

西藏最先服属蒙古,或许是因由阔端主导,所以认定他是大汗。为了弥合蒙古原有的记载,乃缩短太宗、定宗在位时间,从中安插这位"库腾汗";或者是不提事情是因阔端而起,将恭噶·嘉勒灿出访蒙古,写成是应大汗窝阔台的邀请。这些错误,大多已经在藏文书籍中形成。《水晶数珠》一书采用夹注各种史料加以考据的办法,为我们追溯每一事件的史源提供了很好的线索。

西藏的喇嘛,为了宣扬萨迦派首领世代担任元朝诸帝帝师的事迹,不惜把从未同蒙古发生接触的高僧与各汗联系起来。藏、蒙史籍中有各种不同的说法,如《水晶数珠》所引的《千辐金轮》就说:"成吉思汗遥奉萨迦·阿难达·噶尔贝喇嘛。窝阔台汗亦遥奉乞剌思八·监藏喇嘛。贵禄(阔端)汗则招徕班第达·恭噶·嘉勒灿喇嘛"。此说与《蒙古源流》的记载完全相同,只不过后者不提阔端另有贵禄之名。而《水晶数珠》却根据《千辐金轮》写成贵由(Güyüg)还有一位二弟名贵禄(Gülüg)或阔端。据冈田英弘考证,《蒙古源流》所说出征土伯特之事是西夏之误。阿难答·察克罗咱斡和阿难达·噶尔贝是两个人,《千辐金轮》所记阿难达·噶尔贝是公哥·宁波的梵名,前已提到,他在成吉思汗生前的1158年已圆寂,不可能和成吉思汗发生关系,所以《蒙古源流》或其所据的书又增加一个与恭噶·嘉勒灿同时的察克罗咱斡(又名搠思哲班,Chos-rje-dpal)进去。《蒙古源流》中"在位十八年"的库腾的由来,从此可找出演变原委。

此外,《水晶数珠》中关于萨思迦·班第达造字一说,在一部讲缀字法的书《心脂》中,据说是元僧搠思吉斡节儿(Chos-kyi hod-zer)所撰,有如下记载:

萨斯嘉·班第达……到达凉州,……住其地七年,……当时，萨斯嘉·班第达曾于夜间冥想，应以何种文字裨益于蒙古。翌晨兆现，一女子肩揉皮搔木前来跪拜。因依此兆，仿搔木形象制作蒙古文字，分男性、女性、中性三类，编成强、虚、弱性三种。其文字为：

a na ba γa qa ma la ra sa da ta ya ča ǰa va

e ne be ge ke me le re se de te ye če ǰe ve

i ni bi gi ki mi li ri si di ti yi či ǰi

然以时机未至，未获机缘，故未以蒙古语翻译佛典。后萨斯嘉·班第达圆寂，忽必烈彻辰可汗乃遣使召八思巴喇嘛。[1]

按《心脂》的说法，萨思迦·班第达的确为创制文字做了一定的准备工作，据伯希和的解释，大概是他利用畏吾儿文字做出了表音的原则。[2] 八思巴既有萨思迦·班第达的开创工作在前，故能驾轻就熟地创制出蒙古国字。

关于忽必烈何时会见八思巴，《蒙古源流》失载。汉籍中前引《胆巴传》和《百丈清规》(王磐撰《帝师拔思发行状》同)却有明确记载，即癸丑年(1253)世祖居潜邸时，曾遣使往西凉廓丹(阔端)大王处延请萨思迦·班第达。阔端以"师已入灭"，乃让其侄八思巴应命。于是八思巴"径诣王府"。而《红册》的记载是："忽必烈皇帝巡幸到 Lu Pahi Çan，闻北方的蒙哥(Mongor)太子将偕喇嘛八思巴晋谒，大悦，即

---

[1] 《竹路恳挑》(*Jirükenü Toldu*)，清刻本，叶3上、下。
[2] 此说系列里赫引自 P. Pelliot, "Les Systèmes d'écriture en usage chez les anciens Mongols", *Asia Major*, 2, 1925, p.286.

派一百多名骑兵往北方蒙哥太子处迎接。"[1]

《红册》同《源流》一样，也说萨班是"辛亥年(1251)七十岁在北方圆寂"。他是死在凉州(武威)以东的化身寺，遗骨置于寺中一个塔内，至今尚存。可见1253年他确已不在世。阔端也于辛亥年去世，故《胆巴传》所谓"遣使请于廓丹大王"有误。上引《红册》中的 Mongor，日译本下注有两个抄本作 Mon gor du 或 Mon gor dan，应译为蒙哥都，此人是阔端之子。《元史·宪宗纪》载壬子年(1252)分迁"蒙哥都于扩端所居之西"，即指此人。日译本没译出汉名。根据程钜夫《平云南碑》载："岁在壬子(1252)，我世祖……专征。……明年夏四月，出萧关，驻六盘。"Lu Pahi Çan 当即六盘山。这年忽必烈在行军途中，与《红册》的"巡幸"相当。因此地离蒙哥都驻地永昌不远，故就近派人去延请高僧，八思巴并没有直接去漠北的王府。现在西藏沙鲁寺德庆颇章还保存一幅忽必烈会见八思巴的壁画，可能就是以夏秋之间六盘山驻营地的景色为背景。总之，这段历史应以《红册》所载最精确可靠。

《蒙古源流》中这段关于库腾汗的史实具有重大的意义。

首先，阔端部下朵尔答的军队进兵吐蕃，随即在政治上建立了宗主和藩属的关系，蒙元[2]究竟何时确立对西藏的统治？据《蒙古源流》所载应从1239年算起。

其次，藏、蒙史料证明，元朝诸帝崇尚喇嘛教，实际上是从阔端开始的，也就是先在《蒙古源流》所说的"所有边界蒙古地方，创兴禅教"。由青海、甘肃一带传到中原，由萨思迦·班第达引出来八思巴。

---

[1] 《フゥラン・テプテル(〈红册〉)——チベット年代记》，118页。
[2] 文中"蒙元""蒙元时期"是蒙元史学界的常用词，所叙述的范围超出元朝、元朝时期，为准确表达文意，不便修改。使用"蒙元""蒙元时期"不存在破坏各民族团结的倾向。(出版者注)

如果略去这一环节,对元朝喇嘛教传播的历史也是弄不清楚的。

再次,萨思迦·班第达创造文字的记载,对于研究蒙古文字史和八思巴字也是很重要的资料。只要记载不是完全出于虚构,不管他做的工作到了什么程度,总是对蒙古文化发展的贡献,加上他还留下了一部文学作品——《苏布喜地》,现在仍为藏蒙等各族人民所欣赏,所以他是一个值得纪念的人物。

最后,在分析《蒙古源流》和其他蒙古文资料中,固然发现有许多常识性的错误,但经过剖析,让我们知道明末清初的蒙古文史书中,既包含从元朝留下来的确切记录,也有元代汉籍忽略的藏文史料。蒙、藏僧俗封建主为了发挥其政治和思想影响,或将某些史实歪曲和神话化。或因辗转流传失真,但总不能因有个别错误而否定全文,而应通过比勘各类史料,剔除混乱和讹误,从中发现有价值的珍贵史料。因此,很有必要开展对兄弟民族文献史料的研究,填补历史记载的空白点。例如,1959年《历史研究》等刊发表了几篇关于研究祖国与西藏历史关系的专文,都忽略了阔端在1239年前后与西藏确立主从关系的史实。[1] 问题是作者实仅限于依赖汉文史料的缘故,所以,必须大力挖掘和整理兄弟民族文字的史料,丰富和充实多民族国家的历史。

本文草成,参考了潘世宪先生所译日文资料,又承林沉同志译校蒙古文资料,加注藏名音标,谨致谢意。

(原载《内蒙古大学学报》1963年第1期)

---

[1] 王忠《中央政府管理西藏地方的制度的发展》,《历史研究》1959年第5期;子元《西藏地方与祖国的历史关系》,《民族研究》1959年第4期;周一良等《西藏是我国领土不可分割的一部分》,《北大史学论丛》,高等教育出版社,1959年;只有韩儒林《元朝中央政府是怎样管理西藏地方的》一文(《历史研究》1959年第7期)引证了《续藏史鉴》,藏文《如意宝树》附《西藏大事表》和《蒙古源流》,提到了这段史实。

元朝的藏族

唐末吐蕃王室政权崩溃以后,藏族地区出现了"种族分散,大者数千家,小者百十家,无复统一"的分散局面,形成许多"各有首领"的割据势力。[1] 今西藏地区元代称前藏为乌思,后藏称为藏,阿里称为纳里速古鲁孙。

早在窝阔台即汗位时,便将原来的西夏地区令他的次子阔端镇守。[2] 阔端率军驻扎河西,着手经营吐蕃。

1236年,阔端奉命率西路军入四川攻宋,命宗王末哥分兵由甘南进军,以按竺迩为先锋,破宕昌、阶州、攻文州,由古阳平道入川。途经州县多是汉藏杂居区,按竺迩顺便招徕了吐蕃酋长勘陁孟迦等十族。阔端任命吐蕃的首领为边州长官。[3]

1　《宋史》卷四九二《吐蕃传》。
2　RASHĪD AL-DĪN,俄译本,20页及注;波义耳英译本,11页。
3　《元史》卷二《太宗纪》;卷一二一《按竺迩传》。

乌思藏归附蒙古

1239年,阔端派遣部将朵儿答答剌罕率军侵入乌思藏地区。由于窝阔台病死,朵儿答闻讯撤军。阔端根据朵儿答的报告,得知萨迦派是乌思藏最有影响的教派,由款氏家族世袭统治。阔端乃写信给主持萨迦寺的萨思迦·班第达·公哥监藏,邀请他来访凉州附近阔端王府的斡耳朵。[1] 1244年,萨思迦·班第达携带他的两个侄儿——九岁的八思巴和六岁的恰那朵儿只应召前往凉州。1247年,萨思迦·班第达会见了从和林选汗归来的阔端,代表乌思藏各地方、各教派僧俗势力同阔端达成协议,承认乌思藏归属蒙古。[2] 萨思迦·班第达发出一封《致乌思藏纳里僧俗诸首领书》。在信中,他借用阔端的话,强调蒙古宗王已承认他是乌思藏各部的"头","其余未附者为足",并传达了阔端的谕令:凡各地俗官中在职官吏,皆仍任原职不变;任命萨思迦的金符官和银符官为各地的达鲁花赤。各地官吏名单、俗众人数、应纳贡赋的数目,都要缮成清册,上报给阔端和萨迦寺。[3] 从此,蒙古汗通过萨思迦·班第达这位宗教领袖确立了吐蕃的统治,而萨迦统治集团也依靠蒙古汗的支持,取得了乌思藏政教领袖的地位。各地方、各教派僧俗封建主仍保持原有地位,对蒙古纳贡称臣。

---

1 J. Tucci, *Tibetan Painted Scrolls*, Vol. I, Rome, 1949, p.9.
2 《フゥラン・テプテル(〈红册〉)——チベット年代记》,稻叶正就、佐藤长译,京都·法藏馆,1964年,117页。
3 *Tibetan Painted Scrolls*, Vol. I, pp.10~12.

元朝对西藏的统治

忽必烈还未即位前,就已经同西藏的上层封建主建立了联系。蒙哥汗三年(1253),忽必烈在进军大理途中,曾驻军于六盘山,听说凉州阔端后王蒙哥都处有高僧萨思迦·班第达在那里,于是遣使往请。当时萨思迦·班第达已死,蒙哥都乃推荐他的侄儿八思巴应命。[1] 八思巴应召到忽必烈处,很得宠信。1258年,中原的僧道发生争执,蒙哥下令僧道各派代表到开平忽必烈处辩论,年轻的八思巴辩胜了道家,更博得了蒙古皇室的尊信。[2]

中统元年(1260),忽必烈即帝位,任八思巴为"国师"。至元七年(1270),又升号"帝师大宝法王"。[3] 帝师的身份非常崇高,有权"统领诸国释教",是佛教的最高领袖,同时还有权管理"吐蕃军民"等世俗事务,也就是藏族地区的最高政治首脑。[4] 元朝提高八思巴的地位和权威,也就是承认萨迦派在西藏各教派中的领袖地位,利用喇嘛教在西藏的强大影响,通过帝师控制西藏各派僧俗割据势力。八思巴和以后的帝师都是由元朝皇帝任命的,他们常住大都,无非是以元朝命官的身份,执行朝廷的旨意,管理吐蕃政事而已。所以,元朝把四分五裂的西藏,统属于帝师和以款氏家族为核心的萨迦集团,实际上达

---

1 《フゥラン·テプテル(〈红册〉)——チベット年代记》,118页。"蒙哥都"误译为"蒙哥",据注中所引另一抄本改。又见《胆巴传》,《佛祖历代通载》(频伽精舍本《大藏经》)卷三五。
2 《大元帝师班弥怛拔思发行状》,《佛祖历代通载》卷三二;《圣旨焚毁诸路伪道藏经之碑》,《至元辨伪录》卷五、《佛祖历代通载》卷二一。
3 《大元帝师班弥怛拔思发行状》;《元史》卷二〇二《释老传》。
4 《大元帝师班弥怛拔思发行状》。

到了直接统治西藏的目的。元朝利用这种拉拢萨迦教主的办法,轻易地将西藏由一个宗王的属地并入元中央王朝的版图。这在藏文文献中也认为是一桩重大历史事件,各种史书都要大写特写。在日喀则的德庆颇章(汉语意为极乐宫),今天还能看到一组八思巴朝觐忽必烈的壁画,形象地记录了这一象征祖国统一的历史场面。

元朝任八思巴为帝师后,又先后设置了中央和地方管辖藏族地区的机构。1280年,设立都功德使司,"掌奏帝师所统僧人并吐蕃军民等事"。[1] 1283年,又另设总制院,"掌浮图氏之教(佛教),兼治吐蕃之事",由拥有"国师"称号的喇嘛领导。[2] 这实际上是协助帝师管理全国佛教和藏族地区政教事务的中央办事机构。1288年,元朝政府认为总制院所辖各宣慰司地区广大,军民财政事体繁重,于是根据唐代吐蕃来朝在宣政殿接见的制度,更名宣政院。宣政院的职责仍规定为"掌释教僧徒及吐蕃之境而隶治之"。但它的地位却提高到同枢密院和御史台一样,都是秩从一品的高级官署,可以不通过中书省自行任免官吏。[3] 首席宣政院使往往由首相兼任;[4] 副手必须由帝师推举的僧人担任,"总其政于内外"。[5] 如吐蕃有大事,可临时设分院就地处理。[6]

1　《元史》卷一一《世祖纪》。
2　同上,卷一二《世祖纪》,误作总教院;卷二〇五《桑哥传》。
3　同上,卷二〇五《桑哥传》;卷八七《百官志·宣政院》;卷二一《成宗纪》,大德七年二月丁亥;卷二二《武宗纪》,大德十一年七月丙戌、八月甲午,至大元年五月辛巳;卷二九《泰定帝纪》,至治三年九月己亥。
4　同上,卷二〇五《桑哥传》《铁木迭儿传》;卷一三八《脱脱传》;卷四五《顺帝纪》,至正十七年七月乙西。
5　同上,卷二〇二《释老传》。
6　同上,卷八七《百官志·宣政院》。

宣政院之下,元朝又"郡县土番之地,设官分职"。宣政院管辖三个仅低于行省的宣慰使司都元帅府:一个是吐蕃等处宣慰使司都元帅府,管辖陕甘以西的藏族地区,治所在河州(今甘肃临夏);其二是吐蕃等路宣慰使司都元帅府,管辖四川以西的藏族地区;第三是乌思、藏、纳里速古鲁孙等三路宣慰使司都元帅府,管辖西藏前后藏和阿里地区。《元史》武宗、英宗、顺帝本纪都载有朵思麻宣慰使司,《明史·西域传》说元朝曾置朵甘宣慰使司。藏族称青海为"朵","朵思麻"意为下朵,指青海东南部,相当于吐蕃等处宣慰使司。"甘"或"甘思",今译作"康",即今甘孜藏族自治州和昌都地区,"朵甘思"当包括康和青海西部地区在内,与吐蕃等路宣慰使司相当。可见,吐蕃等处和吐蕃等路两宣慰使司又称为"朵思麻"或"朵甘思"宣慰使司。

宣慰使司都元帅府之下,还分设若干宣抚、安抚、招讨等司以及元帅府、总管府、万户府和千户所等。

上述地方机构的品级、职权、设官人数和管辖范围,元朝都有规定。[1] 乌思藏的首要官员,一般由当地的僧俗封建主担任,但要经元朝政府任命。[2] 西北、西南两地区的宣慰使,甚至于宣抚使、安抚使等官,常由元政府直接派遣,其余由当地头人充任,各级官员必须遵守元朝的法令,接受考核。[3] 宣慰司等机关的文卷要接受地方监察机关按察司的检查。[4]

元初,忽必烈封他的儿子奥鲁赤为西平王,将吐蕃地方委付给

---

[1] 以上均见《元史》卷八七《百官志》。
[2] 《フゥラン·テプテル(〈红册〉)——チベット年代记》,125~127页。
[3] 《南村辍耕录》卷二二《黄河源》;《元史》卷一七《世祖纪》,至元二十九年二月庚寅;卷二三《武宗纪》,至大二年九月己亥;卷二七《英宗纪》,延祐七年十月乙丑;卷二九《泰定帝纪》,二年正月戊申;卷三四《文宗纪》,至顺元年二月乙酉。
[4] 《元史》卷一二《世祖纪》,二十年七月丁丑。

他。奥鲁赤的子孙镇西武靖王一系就驻在吐蕃,世袭这块封地,[1]有权会同宣政院处理当地的军政事宜。[2] 在乌思藏,元朝派有军队屯驻,设"管蒙古军都元帅府"。[3] 吐蕃的军务由宣政院处理,吐蕃或邻境有事,各地长官必须领军听从调遣。[4] 这些措施,加强了元朝对藏族地区的直接控制。从内地到藏族地区,还开辟了朵思麻、朵甘思和乌思藏三条驿路,更巩固了政治上的统一,也便利了经济上的联系。[5]

阔端曾对西藏封建主提出,臣属蒙古不能只表示归附,而且必须纳贡;各部应将所属官吏姓名、僧俗人众和应纳贡物缮造清册呈报。[6] 1286年和1287年,元朝曾两度派官员会同萨迦的本勤(萨迦行政首脑)清查乌思藏的户口和土地数目,确定各封建主应向元朝纳贡的数额。[7] 元朝还在藏族地区推行"乌拉"制度,主要是保证驿路的供应和服役。[8] 藏族人民从此成为元朝的"编民",承担国家的赋税和徭役。藏文史书《萨迦世系史》说:"元帝辖十一行省,西藏三地面虽不足一行省,但因为它是八思巴的住地和传教所在,故作为一省委付于八思

1　Рашид-ад-дин, Сборник Летописей, II, p.155.《明太祖实录》卷五二,洪武三年五月辛亥;卷八三,六年七月戊辰。
2　《元史》卷二三《武宗纪》,至大二年秋七月壬辰。
3　同上,卷八七《百官志》。
4　同上,卷二四《仁宗纪》,至大四年八月丙戌;卷三四《文宗纪》,至顺元年秋七月丁丑;卷三五,二年九月丙子。
5　《经世大典·站赤》,延祐元年四月三日,载《永乐大典》卷一九四二一。
6　《萨迦班底怛致乌思藏纳里僧俗首领书》,Tibetan Painted Scrolls, Vol. I, Rome, 1949, pp. 10~12.
7　Tucci, "From the Fifth Dalai Lama's Chronicles", Tibetan Painted Scrolls, Vol. II.《萨迦世系史》,德格版,叶90下。转引自《西藏地方历史资料选辑》(三联书店1963年内部发行),46页。
8　《经世大典·站赤》,延祐元年四月三日、延祐六年正月十日;《永乐大典》卷一九四二一;《元史》卷一七《世祖纪》,至元二十九年九月甲申。

巴。"足见当时藏族人民是把西藏看成元朝的一个行省,元朝也确实在西藏充分行使中央政府对地方政府的权力。

封建农奴制社会的发展

元朝统一了西藏地方,克服了西藏内部的封建割据局面,促进了西藏农奴制社会的发展。

唐末吐蕃王室政权崩溃以后,藏族地区出现了"种族分散,大者数千家,小者百十家,无复统一"的分散局面,形成许多"各有首领"的割据势力。[1] 由于佛教这时已经被藏族普遍信奉,这种割据势力又具有僧俗结合、政教不分的特点。

在吐蕃王权时代,王室虽大力提倡佛教,但大部分贵族并未接受,原有的本教仍据统治地位。经过几世纪的发展,佛、本两教相互影响、渗透,终于糅合成一种别有特色的佛教——藏传佛教(俗称喇嘛教),得到所有封建主的普遍承认和尊崇。到了12、13世纪,以一些大寺院为中心,形成若干教派,控制着当地的政权,成为地方封建割据势力。各个教派的首脑,往往出身于同一家族,他们通过宗教控制政权,形成贵族世家。当时,最著名的有以热振寺为中心的噶当派,以萨迦寺为中心的萨迦派,有山南地区兴起的噶举派,以及由噶举派分化出来的搽里巴、必里公、伯木古鲁、思答笼、噶玛、牙不藏等支系。[2]

阔端派兵进入西藏时,萨迦是影响最大的教派,因此邀请萨迦首

---

[1] 《宋史》卷四九二《吐蕃传》。
[2] 《フゥラン・テプテル(〈红册〉)——チベット年代记》,第5章,萨迦派的系统;"From the Fifth Dalai Lama's Chronicles", Tucci, *Tibetan Painted Scrolls*, Vol. II.

领萨思迦·班第达去凉州,把他提高到全西藏宗教领袖的地位。元朝封他的侄儿八思巴为帝师,授权"统领诸国释教",当然西藏各教派得听命于他。八思巴以后的帝师,大多出身于款氏家族,其余少数都由萨迦寺的高僧、八思巴的弟子或侍者充任,始终被萨迦集团所垄断。萨迦寺的高级僧职罗本,就职时要亲自去大都受帝师的法戒,取得帝师的承认。[1]

阔端也提高了萨迦派的政治地位。他授予萨迦官员金银符,代表他担任各处的达鲁花赤,并且声明:"不请命于萨迦之金符官而妄自行事,即是目无法纪,犯此者难邀宽宥。"[2] 元朝同样将吐蕃的政权交给帝师和萨迦集团。帝师有权直接支配宣政院及其下属藏族地区各级政权,帝师的法旨可以同皇帝的诏敕并行于藏族地区。[3] 忽必烈任命八思巴为帝师时,同时派遣他的弟弟恰那朵儿只回藏统治西藏三部。[4] 元仁宗、英宗、泰定帝时,八思巴的侄孙公哥罗古罗思监藏班藏卜任帝师,其兄唆南藏卜同时受封为白兰王,领乌思、藏、纳里速古鲁孙三道宣慰司事。[5] 西藏三路曾先后设立军民万户府和宣慰使司都元帅府,其万户、宣慰使、都元帅等要职,除帝师的族人外,大多由萨迦的官员本勤和大侍从担任。[6]

帝师是西藏最大的封建领主。据藏文《萨迦世系史》说:八思巴首次传授佛法时,忽必烈把乌思藏作为供奉赐给他。第二次传授佛

---

1 《フゥラン·テプテル(〈红册〉)——チベット年代记》,第5章,萨迦派的系统;*Tibetan Painted Scrolls*, Vol. Ⅱ, pp.625~629。
2 《萨迦班底怛致乌思藏纳里僧俗诸首领书》,《西藏地方历史资料选辑》,43页。
3 《元史》卷二〇二《释老传》。
4 《フゥラン·テプテル(〈红册〉)——チベット年代记》,第5章,萨迦派的系统。
5 《元史》卷二七《英宗纪》,至治元年十二月己未;卷三〇《泰定帝纪》,三年五月乙卯。
6 《フゥラン·テプテル(〈红册〉)——チベット年代记》,第5章,萨迦派的系统。

法时,忽必烈又下谕把包括纳里速古鲁孙在内的三地面所有僧俗人众都充当对他的供奉。所以,前后藏和阿里三部又有元朝皇帝赏赐给帝师的封建领地的性质。

元朝将帝师奉为"诸国"佛教的领袖、藏族地区的政治首脑、西藏最大的封建主,这种特殊身份相应地增强了萨迦僧俗封建领主的地位,使他们取得代表元朝行使政权的资格,对西藏各教派、各地方维持了约一百年的统治。

14世纪中,萨迦的款氏家族因内讧而分裂,日趋衰落。噶举派的伯木古鲁(帕竹)一支崛起于泽当。这个教派是由朗氏家族控制的,他的首领赏竺监藏于英宗至治二年(1322)受封为伯木古鲁万户。以后他的势力逐渐强大,先后消灭搽里八、必里公等万户,最后并吞了萨迦的辖地。元顺帝封赏竺监藏为司徒,承认了伯木古鲁政权取代萨迦统治前后藏的事实。

阔端在西藏归附后,曾对各地方势力宣告:"凡在职诸官吏,不论何人,皆仍留原职不变。"[1] 元朝建立后,分乌思藏为十三万户,将各教派和各地方势力都包括在内,仍任命原来的僧俗领主担任万户,充当元王朝在西藏各地的基层军政官员。这些万户中,如伯木古鲁、搽里八、必里公、思答笼、牙不藏等,同萨迦一样,也是喇嘛教派、地方政权和封建领地三者结合的,照例被一些贵族世家垄断统治。在十三万户之下,还有千、百户等小领主。[2]

元朝统治者注意到西藏原来的历史特点,本着"因其俗而柔其人"的方针,提倡当地影响最大的喇嘛教,对原有的各地方势力分别

---

[1] 《萨迦班底怛致乌思藏纳里僧俗诸首领书》,《西藏地方历史资料选辑》,43页。
[2] 《元史》卷八七《百官志》;Tucci, "From the Fifth Dalai Lama's Chronicles", *Tibetan Painted Scrolls*, Vol. Ⅱ, p.626, n.52.

予以承认,"僧俗并用",并做出便于统治西藏的各种安排,终于确立了西藏政教合一的封建等级制度,影响西藏社会达数百年之久。

西北、西南两吐蕃宣慰使司所辖地区,某些方面与西藏地区相同。由于接近内地,有其不同的特殊处。元朝统治这些地区的行政设置,奠定了明清的州县和土司制度的基础。

农牧民是藏族地区的基本生产者。在割据时期,各地方的僧俗领主掌握着政权,霸占土地等生产资料。农牧民被迫向他们服劳役和缴纳实物,逐渐沦为依附于他们的农奴。由于当时西藏内部极不统一,各割据势力兴衰无常,他们对农牧民的控制还不稳固,农牧民对领主的隶属关系也就不那么牢固和普遍。

元王朝力图稳定西藏的封建秩序,一方面扶持萨迦集团管辖全藏,同时又分建十三万户,承认大小封建主原有的地位。元朝几次清查西藏的户口和土地,明确了各个领主对所属农牧民和土地的占有权力。历代帝师挟皇帝的圣旨,向乌思藏各宣慰使、万户长等文武官员和僧俗人众发布文告,申明对各领主辖境的百姓及土地、水、草、牲畜、工具等一律严加保护,不许侵犯。各领主所属百姓应安居原处,不许逃亡或投靠别人,其他领主也不得强占。百姓应按时依例为领主执役应差,对朝廷敕封的领主不得违抗。为了使这种农奴制度得以长久维持,文告中也告诫各地领主和文武官员,不许在合法或陈规的限度外滥施权力,无故需索骚扰或滥支供应等等。[1] 萨迦的本勤赏璘等任宣慰使时,还通过地方政权制定了乌思藏大部分法律。[2] 封建领主和属民的地位及其相互关系,由朝廷的法令确定了下来,封建农奴

---

1 《帝师亦摄思连真等发布的文告》,《沙鲁寺文献》,*Tibetan Painted Scrolls*, Vol. Ⅱ, p.670.
2 《フゥラン・テプテル(〈红册〉)——チベット年代记》,第5章,萨迦派的系统。

制度得到了确认和发展。

农奴要向领主纳实物和服劳役,尤其是劳役非常沉重。小领主支配所属农奴服役,而大领主又可支配所属小领主的农奴为他服役。如元初释迦藏卜任本勤时,就曾征调前后藏十三万户的人夫为萨迦修建大康萨寺和拉康寺的内外围墙。[1] 农牧民还要给元王朝服"乌拉",在驿路上,来往使臣的饮食住宿和交通工具,驮运过往货物的马匹、畜力、车辆、人夫等,都要由站户提供。

农牧民除向领主纳贡外,各领主向蒙古统治者贡献的负担也落在他们身上。萨思迦·班第达向阔端臣服时,曾指定献纳各种土产和奢侈品,如珍珠、颜料、胭脂红、赭石、广木香、兽皮、皮毛、氆氇及金砂、银、象牙等等。[2] 据往来驿路所运货物的零星记载,西藏对元朝的贡品有葡萄酒、酥油、水银、西天布、硫磺、青稞、盐货等土产,名目有所谓"年例出产职贡",有所谓"宣政院所辖西番课程钱物"等。皇太后也有专门供奉她个人的"西番出产货物"。[3]

西藏社会中地位最低下的是奴隶。元朝在西藏调查户口时,一般以六口之家算作一"小帐"。六口即估计为夫妇、子女各二人,婢、仆各一人。[4] 既然当时将每"小帐"平均估计有婢仆二人,可见奴隶的使用还相当普遍。

藏族的农奴和奴仆处于社会的最底层,他们备受僧俗封建领主的压榨,还要承担对元王朝的义务。在不堪忍受的情况下,各种形式的反抗此伏彼起。

---

1 《フゥラン・テプテル(〈红册〉)——チベット年代记》,第 5 章,萨迦派的系统。
2 《萨迦班底怛致乌思藏纳里僧俗诸首领书》,《西藏地方历史资料选辑》,43 页。
3 《经世大典·站赤》,载《永乐大典》卷一八四一九至一九四二二。
4 《萨迦世系史》,《西藏地方历史资料选辑》,46 页。

元世祖至元末年，必里公起而反对元朝和萨迦的统治，破坏驿站，经过萨迦三任本勤的连续讨伐，才被镇压。[1]

1294年，四川行省奉诏重开吐蕃道，藏族起而反抗，包围茂州。[2]

元世祖和成宗时，朵思麻路曾有藏族起事。[3] 朵甘思、萨迦、康撒儿等地也发生动乱，成宗派陈萍为宣政使兼吐蕃宣慰使前往征讨，起事在首领几十人牺牲后被镇压下去了。[4]

1323年，参卜郎诸族起事抗元，杀元使臣，劫取财物。元朝先后派镇西武靖王搠思班、四川行省平章兼宣政院使囊加台、吐蕃等路宣慰使都元帅乞剌失思八班藏卜讨伐，经过两三年才平定。[5]

顺帝时，元王朝已达到崩溃的边缘。至元三年（1337），藏族人民发动起义，矛头直指镇守当地的镇西武靖王，杀死王子党兀班。元朝特设行宣政院派兵前往征伐。[6]

元末农民起义一开始在中原爆发，藏族农牧民也纷纷起事，仅仅在1347年一年内，发生藏民起义的地区就有"二百余所"。[7] 元王朝穷于对付，只得"不拘资级"，派遣官员镇压。[8] 元王朝加强对各族人民的镇压，并不能挽救自己的灭亡。同样。煊赫一时的萨迦集团，在

---

1 《元史》卷一七《世祖纪》，至元二十九年九月甲申；《フゥラン・テプテル（〈红册〉）——チベット年代记》，第5章，萨迦派的系统。
2 《元史》卷一三一《速哥传》。
3 《元文类》卷四三《经世大典序录·招捕·西番》；《元史》卷一二二《巴尔朮阿而忒的斤传》。
4 黄溍《大司徒陈公神道碑》，《金华黄先生文集》卷二七。
5 《元史》卷二八《英宗纪》，至治三年三月丁未；卷二九《泰定帝纪》，元年三月庚子；二年春正月戊申、三月乙丑；卷一七五《张珪传》。
6 同上，卷三九《顺帝纪》，至元三年五月甲寅。
7 同上，卷四一《顺帝纪》，至正七年十月戊戌。
8 同上，八年三月壬寅。

封建主内讧和藏族人民起义的打击下,终于退出了号令全藏的历史舞台。

农业、手工业和商业

雅鲁藏布江流域是西藏的主要农业区,在适宜耕种的地方,分布着许多农村居民点。作物主要是青稞,元时称为"青麦",是岁贡的项目之一。[1] 某些藏族地区会种葡萄,所酿的"西番葡萄酒"颇享盛名,元时是进贡的珍品,上贡"使者相继于途"。[2] 藏族的农业多与畜牧业相结合,其余广大地面是纯粹的牧区。

藏族农牧民多附带经营家庭手工业。他们用羊毛制成各种毛织品,有"毛布""毛缨""红缨"等名目,除满足自己需要外,还有一部分用来同内地进行交换。[3] 乌思藏的细氆氇是一种精致的毛织品,元时称为"西天布",是上贡的特产之一。[4]

11至12世纪,热振寺、萨迦寺、伯木古鲁的帖寺、噶玛派的术普寺,搽里八派的搽寺、公塘寺、必力公帖寺、思答笼寺等,皆陆续建成。元朝寺院的建筑又有很大发展。萨迦扩建和新建的寺院最多,有四大寺十四小寺之称。其中以本勤释迦藏卜建造的大寺最有名,寺院

---

[1] 《经世大典·站赤》,至元三十年,载《永乐大典》卷一九四一九。
[2] 《饮膳正要》卷三;《明实录》,洪武七年七月。藏族的农业多与畜牧业相结合,其余广大地面是纯粹的牧区。
[3] 《明实录》,洪武五年十二月己未;二十一年二月庚申、壬戌。
[4] 《经世大典·站赤》,至元三十年,载《永乐大典》卷一九四一九。

周围,升起金碧辉煌的宝塔。萨迦的四周和奔波里的山头,筑起雄伟的城垣。[1] 顺帝至正十一年(1351),伯木古鲁派建成泽当大寺。这些工程浩大的建筑物能够建成,一方面是有元朝财力的支持,但主要还是靠调发大量无偿劳动力,是藏族劳动人民的血汗结晶。

在各教派和各封建主的领地上,围绕着大寺院兴起了一些新的城镇,形成各地方的政治中心,也是商品交换和专业手工业者聚集的经济中心。

藏族地区对内地的贸易,宋代就已在汉藏毗邻地区进行"茶马互市",规模已很可观。元代继续维持这种传统交换方式。如1277年,元军取得四川后,就立即在碉门、黎州设榷场与吐蕃贸易。[2] 由于全国统一,大批藏族僧侣和官员来到内地,他们将元朝统治者的大量赏赐和自己采购的货物,利用国家的驿道运往西藏。许多人借此经商营利,实际上是另一种贸易形式。[3]

茶仍是输往藏区的主要货物。元世祖至元年间,废除了设官高价专卖的办法,让茶商纳课自由交易,更便于茶的销售。[4] 据明初记载说:"秦蜀之茶,自碉门、黎、雅抵朵甘、乌思、藏五千余里皆用之,其地之人,不可一日无此。"[5] 饮茶已成为藏族人民的普遍需要。输往藏区的商品还有布匹、各种丝织品、瓷器、铜器及各种日用品等。由于藏

---

1 《フゥラン・テプテル(〈红册〉)——チベット年代记》;"From the Fifth Dalai Lama's Chronicles";有关各处。
2 《元史》卷九《世祖纪》。
3 《经世大典·站赤》,延祐二年,载《永乐大典》卷一九四二一。
4 《元史》卷一六七《张庭瑞传》。
5 《明实录》,洪武三十年三月癸亥。

人可直接去内地各处贸易,商品的来源和品种远较前朝为多。[1] 从藏族地区内销的货物,宋朝只重战马,禁止"以茶博易珠玉、红发、毛段之物"。[2] 到了元朝,内销的商品据零星资料所见,有牲畜、农畜产品、毛织品、皮货及作为药材和颜料之用的各种土特产等,向中原输出的品种和数量大增。在朵甘思的老思刚地方,已分化出"专务贸贩"的商人,以贩卖碉门乌茶、四川细布,交易藏区的土产为生。[3]

文化的发展

元朝完成全国的统一,便利了各民族文化教育的交流,促进了藏族地区文化的发展。

在文学界方面,著名的藏族长篇史诗《格萨尔王传》很可能是元代形成的。这书在几百年来,被国内外译成许多民族的文字。这部史诗卷帙之多,为世界文学中所罕见,当是藏族人民长期流传下来的群众性创作,绝非某一个人所能完成。萨思迦·班第达著有《苏布喜地》一书,很早就被译成蒙文,是藏、蒙人民喜爱的文学界作品。

萨思迦·班第达也是一个语言学者。他到凉州时,曾应阔端的请求制作蒙古文字。他设计了四十四个字母,据后人推测,可能是利

1　《经世大典·站赤》,延祐二年二月二十四日,载《永乐大典》卷一九四二一。
2　《宋会要辑稿》,兵二二。
3　《明实录》,洪武二十一年二月壬戌。

用畏兀儿字母做出了表音的原则。[1] 由于他很快去世,这种文字来不及推广,现在也没留下它的样品。忽必烈即位后,八思巴又奉命根据藏文字母"创为蒙古新字,译写一切文字"。[2] 1269 年,忽必烈下诏以新制蒙古字颁行天下。用这种字母拼写的蒙、汉、藏文实物甚多,迄今仍大量留传,俗称"八思巴字"。[3]

史学也有很大发展。寺院重视对珍贵文献的保管,在萨迦寺专设有称为朋你克的管理档案的官员。十五卷的《萨迦甘本》是五个萨迦寺主的作品,曾经在德格刊行。[4]《红册》是现存最古老的藏文史籍之一,由搽里八的公哥朵儿只于 1346 年写成。公哥朵儿只原来是搽里八的万户长,曾朝谒过元帝。后来出家专理佛事,受元封为司徒。《红册》除写了当时萨迦、噶当、噶举、伯木古鲁各主要教派的历史外,还根据汉文史料写了唐、宋、吐蕃和蒙古的历史。他明确说,曾经参考过宋祁和范祖禹执笔的《唐书·吐蕃传》和《资治通鉴·唐纪》。蒙古王统部分可能参考过蒙古文史料,这书以蒙古语《忽兰·迭卜帖儿》的形式命名,说明他是懂蒙古语的。《红册》的写成,本身也反映了多民族统一国家内文化教育交流的特色。

卜思端(1290—1364)的《善逝教法史》也是元代的史学名著。卜思端出身于佛学名门,从小至成年,曾求教于二十八位大师,学识极其

1　P. Pelliot, "Les Systèmes d'écriture en usage chez les anciens Mongols", Asia Major, 2, 1925, p.286. 转引自列里赫(Ю. Н. Рерих)《十三至十四世纪的蒙藏关系》,Филология и Исторлия Монгольских Народов,莫斯科,1958 年。
2　《元史》卷二○二《释老传》。
3　罗常培、蔡美彪《八思巴字与元代汉语》,科学出版社,1959 年。
4　列里赫(Ю. Н. Рерих)《十三至十四世纪的蒙藏关系》,Филология и Исторлия Монгольских Народов,333~346 页。莫斯科,1958 年。

渊博,著作很多。中年以后,常在后藏沙鲁寺,嗣法弟子发展成沙鲁派。《教法史》完成于1332年,全书分三大部分,第一部分是教法的概说,第二部分是印度和藏族地区的佛教史,第三部分是大藏的目录。这书以谨严著称,认真地搜集了确切的历史资料,很少记载西藏文献中常见的离奇神话。这书在西藏很有影响,有几种不同的刻本。

元王朝对佛教的提倡推动了佛学的研究。在搽里八的公哥朵儿只主持下,卜思端曾编纂了《甘珠尔》(藏语大藏经典部)和《丹珠尔》(大藏注解部)两部佛经大藏,这是藏文佛经的第一次大集结。[1]

元朝统一全国后,印刷术也很快传到西藏。公哥朵儿只的祖父噶德衮布在元世祖时曾去过内地七次,回藏后在搽里八设立了印刷厂。[2]《红册》所利用的汉文史料的藏译本,就曾在1325年由国师亦真乞剌思刻印过。[3]

元朝修建了许多新的寺院,各种建筑、绘画、雕刻、塑像等艺术都在原有基础上得到提高,同时还吸收了中原和国外的各种技巧和风格。如搽里八的领主噶德衮布曾请汉族的巧匠修建了汉式的佛殿。[4] 萨迦寺的黄金塔,是元初由尼泊尔建筑师和雕塑家阿尼哥带领尼泊尔工匠,花两年时间造成的。[5] 现存拉当寺的弥勒佛、沙鲁寺的莲华生等雕刻作品,在造型上是写实的,刀法与元代雕塑有近似之处。沙鲁寺的几幅"供养天"壁画,是在尼泊尔、印度艺术影响下创造出来

---

[1] Tucci, "From the Fifth Dalai Lama's Chronicles", *Tibetan Painted Scrolls*, Vol. II, p.630.
[2] 同上,639页。
[3] 《フゥラン・テプテル(〈红册〉)——チベット年代记》,126页。
[4] 同上。
[5] 《元史》卷二〇三《阿尼哥传》。

的,已具有成熟的"江孜派"的新风格。[1]

在科学技术方面,医药、历算之学有所发展。萨思迦·班第达去凉州,因为曾治好阔端多年无法治愈的痼疾,所以才大受尊信。卜思端本人曾写过医学著作。元时的贡品中有广木香、牛黄、胭脂红、茜草等药材,可见当时藏族对药物已有较深的认识。[2] 在中原的影响下,藏族的历算学也有发展。卜思端也写过有关天文学的著作。

(《中国通史》第七册附注原稿)

---

[1] 《西藏佛教艺术》,刘艺斯所作序及所附各图,文物出版社,1957年。
[2] Tucci, *Tibetan Painted Scrolls*, Vol. II, p.251.

元朝的西北各族

成吉思汗征服北方诸部落以后。1208年,又继续进军追击篾儿乞部脱脱和乃蛮部屈出律两个残敌。屈出律和脱脱在索果克河遭到突然袭击后,率残部越过阿尔泰山的阿来岭(奎屯岭),逃到额尔齐斯河的支流不黑都儿麻(布克图尔玛)河发源处。蒙古军在斡亦剌部忽都合引导下,追上了脱脱和屈出律。脱脱在作战中中流矢而死,成吉思汗又消灭了一个顽敌。[1]

屈出律向西败逃,经过畏兀儿人的别失八里、苦叉(库车)等处,以及巴尔喀什湖东面哈剌鲁(唐代的葛罗禄)人的住地,逃往垂河(楚河),投奔西辽。[2] 脱脱子火都[3] 渡额尔齐斯河南逃,企图进入畏兀儿地界。

---

1 《圣武亲征录》分三处记述,时间清楚。RASHĪD AL-DĪN,俄译本,Том I,Часть 2,стр.151~152. 史实据《元朝秘史》198节补充。
2 Juvaini, *The History of the World-Conqueror*, Manchester University Press, 1958, p.62; RASHĪD AL-DĪN,俄译本,Том I,Часть 2,стр.181~182.
3 RASHĪD AL-DĪN,俄译本,Том I,Часть 2,стр.153作脱脱弟,今从《秘史》198节。

降附畏兀儿等部和灭西辽

畏兀儿部的降服　元代文献中所记载的畏兀儿,其统治者是唐代回鹘汗国的后裔,居住在天山以南的哈剌火州(在今吐鲁番)和以北的别失八里(旧称北庭)一带。宋代史籍称他们为"高昌"或"西州回鹘"。辽朝西迁后,畏兀儿处在西辽的控制之下。西辽在这里设有"监国",或称"少监",对畏兀儿人征收苛重的赋敛,并监督畏兀儿君主(亦都护)的活动。当蒙古军西进时,畏兀儿亦都护巴而朮阿而忒的斤便奋起杀死西辽的少监,派遣使臣向成吉思汗进贡珠宝方物。1209 年,归附于蒙古。[1]

篾儿乞部火都渡额尔齐斯河南逃,派遣使者到哈剌火州要求收容。巴而朮阿而忒的斤拒绝火都的要求,杀死他的使者,并领兵拒战。畏兀儿军在崭河一带与速不台率领的蒙古军击溃了火都的残部,并遣使向成吉思汗报告作战的经过。[2]

1211 年,巴而朮阿而忒的斤亲自到克鲁伦河畔谒见成吉思汗。按照氏族收养子的旧例,成吉思汗认巴而朮阿而忒的斤为第五子,又把自己的女儿也立安敦公主嫁给他。畏兀儿的亦都护从此与蒙古汗族建立了婚姻关系,因而被纳入贵戚之列。[3]

畏兀儿的征服,对于新建的蒙古国来说,是具有重大意义和深远影响的事件。从畏兀儿往东南,可从腹背威胁西夏,往西则打开了进

1　The History of the World Conqueror, pp.44~45;RASHĪD AL-DĪN,俄译本,Том I, Часть 2, стр.152~153;《圣武亲征录》;欧阳玄《高昌偰氏家传》,《圭斋集》卷一一。
2　RASHĪD AL-DĪN,俄译本,Том I, Часть 2, стр.153;《圣武亲征录》。
3　The History of the World-Conqueror, pp.47~48.《圣武亲征录》;RASHĪD AL-DĪN,俄译本,Том I, Часть 2, стр.163;《元史》卷一二二《巴而朮阿而忒的斤传》。

军西辽的通途。成吉思汗还因而得到一批有较高文化的畏兀儿人才,在蒙古国家的发展中发挥了显著的作用。

哈剌鲁等部的降附 居住在巴尔喀什湖南的哈剌鲁部,也受西辽的控制。哈剌鲁的马木笃汗驻在海押立(今卡帕尔城附近),西辽在这里也派遣"监国"进行统治。马木笃汗的父亲,前一代的汗就是被西辽逼迫自杀而死。西辽的残暴统治,早已激起哈剌鲁贵族的强烈不满。

屈出律逃到西辽后,就曾与哈剌鲁马木笃汗联络,企图联合反抗西辽。1211 年,成吉思汗派大将忽必来率兵西进哈剌鲁境。哈剌鲁的阿尔斯兰汗杀西辽监国,投降蒙古,并随忽必来前往朝见成吉思汗。[1] 成吉思汗把名叫阿勒合别姬的公主赐给他为妻。[2] 哈剌鲁从此归属于蒙古统治。伊犁河谷地区,占据阿力麻里(霍城西北、克根河西岸阿尔泰古城)一带的脱黑鲁儿汗不扎儿是这里的穆斯林的首领。由于西辽强迫信奉佛教,他们正在联合起来反抗西辽的统治。蒙古军到来时,脱黑鲁汗也投降了蒙古。[3]

蒙古顺利地征服了西辽的这些属国,其统治区便和西辽接壤了。

灭西辽 1217 年,成吉思汗把进行了七年的侵金战争交付木华黎以后,便亲率他的军队指向了西方。

篾儿乞部的火都西逃后,乘成吉思汗统率蒙古军南下侵金无暇西顾之机,又逐渐结集起篾儿乞的残部,在乃蛮旧地以西图谋再起。

---

1   Очерк Истории Семиречья, В. В. Бартольд Сочинения, Том II, Часть 1, стр.54, 83. 阿尔思兰汗一说即马木笃汗,一说是马木笃汗之弟。*The History of the World-Conqueror*, pp. 74~75.

2   《蒙古黄金史》。

3   *The History of the World-Conqueror*, p.75;В. В. Бартольд, Туркестан В Эпоху Монгольского Нашествия, В. В. Бартольд Сочинения, Том II, стр.432~433.

1217年秋,成吉思汗命令速不台率领一支蒙古军从土拉河出发歼灭世仇篾儿乞部。速不台装备车轮钉满了铁钉的战车,越过了崇山峻岭,来到楚河,向篾儿乞残部发起攻击,杀火都,尽灭篾儿乞部残众,得胜而回。[1]

乃蛮太阳汗之子屈出律投奔西辽,1211年,屈出律与花剌子模算端相结合,推翻了西辽的直鲁古汗,夺取了西辽政权。屈出律在可失哈耳(喀什噶尔)、忽炭(和田)等地,西至锡尔河右岸地区建立起他的统治,已经延续六年之久了。乃蛮人信奉景教。屈出律娶西辽公主,改信佛教,并强迫他的统治区内的广大穆斯林改奉佛教或景教,毁坏他们的庄稼,到处奸淫烧杀,激起了人民强烈的反抗。[2]

1218年,成吉思汗派遣大将者别领兵两万攻打屈出律。这时,屈出律已经捕杀了阿力麻里的不扎儿汗,并在攻打阿力麻里。者别军到来,屈出律从阿力麻里撤退,向西逃跑。者别军击溃西辽军的阻击,顺利地进驻西辽都城八剌沙衮。[3] 屈出律又逃往可失哈耳。者别向未征服地区宣布:准许居民信奉本民族传统的宗教,从而得到穆斯林广泛的支持。可失哈耳等地的居民纷纷起来杀死监视他们的西辽士兵。屈出律逃往巴达哈伤地区,在撒里豁勒地方被蒙古军追及擒获。[4] 者别当即将他处死,并割下他的首级,在可失哈耳、鸭儿看(莎车)、忽炭等地传首示众。随即西辽未下各城相继降附。[5]

---

1 RASHĪD AL-DĪN,俄译本,Том I, Часть 2, стр.177~178;《元朝秘史》,199、236节。
2 The History of the World Conqueror, pp.65, 67; RASHĪD AL-DĪN,俄译本,Том I, Часть 2, стр.180~184。
3 The History of the World Conqueror, p.76; В. В. Бартольд Сочинения, Том I, стр.468。
4 The History of the World Conqueror, pp.66~68.《圣武亲征录》作"撒里桓"。RASHĪD AL-DĪN,俄译本,Том I, Часть 2, стр.183 作 Сарыколь,今巴达哈伤仍有此地名。
5 《元朝秘史》,237节;《元史》卷一二〇《曷思麦里传》。

蒙古各汗对西北地区的统治

成吉思汗在西征以后,将西北新征服的土地分封给自己的儿子。察合台的封地,东面同畏兀儿相邻,西边直到撒马耳干和不花剌等地,中心驻营地在阿力麻里(今新疆霍城县西北克根河西岸的阿尔泰古城)附近的忽牙思。[1] 窝阔台的封地则以叶密立和霍博两地为中心,相当于今额敏河与和布克河流域及其附近地区。[2] 这两块封地一部分已跨逾帕米尔以西,一部分则在今新疆境内。

畏兀儿亦都护、哈剌鲁的阿儿思兰汗和阿力麻里城的速黑纳的斤归附了蒙古,成吉思汗仍旧保留他们的原有管辖地区的世袭统治权力,并以相互通婚结成亲戚关系,从而巩固了他所需要的政治联盟。[3] 各部为了表示对蒙古统治者的臣服,有义务向大汗献纳贡物,派自己的亲属和大臣到蒙古作质,应随时调遣军队跟蒙古大军出征等。

在各个重要城镇,成吉思汗派遣达鲁花赤到那里进行直接统治,见于记载的有:忽炭(和田)、可失哈耳(喀什噶尔)、鸦儿看(叶尔羌)、

---

[1] Juvaini, *The History of the World Conqueror*, pp.29, 43.
[2] 同上,p.43;《元史》卷二《太宗纪》。
[3] 《元朝秘史》,235 节;Очерк Истории Семиречья, В. В. Бартольд Сочинения, Том II, Часть 1, стр.54.

曲先(库车)、¹ 坤闾(库尔勒)、² 哈密、³ 亦剌八里(伊宁)、⁴ 别失八里(吉木萨尔县北破城子)、⁵ 独山城(别失八里东)、⁶ 阿力麻里、海押立、合剌火州(吐鲁番县境)⁷ 等处。后来，除各城设达鲁花赤外，又任命精于理财的回回人麻速忽总管征收这些地方的税赋，每年将实物折成货币直接上缴大汗的国库。⁸ 麻速忽在窝阔台、贵由、蒙哥诸大汗朝都担任这一职务。⁹ 这事在《元史》中也有反映，蒙哥即位时，"以讷怀、塔剌海、麻速忽等充别失八里等处行尚书省事"，¹⁰ 就是将今新疆和中亚部分地区看成一个行政单位，由大汗派遣他们三人驻别失八里"行尚书省事"。当时蒙古统治者还没有采纳中原官制，实际上麻速忽等人是主管财赋和刑政的札鲁忽赤。

1252 年，蒙哥为了巩固自己的汗位，镇压了反对他的几个窝阔台家族的成员，又把西北一些地方分赐给顺从他的窝阔台系宗王：合丹封于别失八里一带，蔑里封于额尔齐斯河，合失之子海都封于海押立，哈剌察儿子脱脱封于叶密立。¹¹

1　《元朝秘史》，263 节，译作：兀丹、乞思合儿、兀里羊、古先答邻勒(《元史》又作曲先塔林)。
2　《元史》，卷一三四《昔班传》。
3　同上，卷一三三《脱力世官传》，作渴密里，还有曲先。
4　黄溍《逊都台公墓志铭》作业里城子，见《黄金华先生文集》卷三五。
5　《元史》卷一五〇《石抹也先传》。
6　同上，卷一二四《哈剌亦哈赤北鲁传》
7　RASHĪD AL-DĪN，俄译本，Том II，стр.64；Boyle 英译本，94 页。
8　《元朝秘史》，263 节。
9　RASHĪD AL-DĪN，俄译本，Том II，стр.64, 120, 140；Boyle 英译本，94、183、218 页。
10　《元史》卷三《宪宗纪》。
11　同上。

元朝在西北的统治措施

窝阔台系的诸王由于争夺大汗继承权失败,一直伺机报复。忽必烈即汗位后,海都又同以笃哇为首的察合台系宗王联合起来,乘元军征南宋的机会,发起更大规模的对抗。1271 年,忽必烈派其子那木海出镇阿力麻里组织抵御,并在这里设行中书省和行枢密院,以右丞相安童等大臣和将帅行中书省和枢密院事,使玉门关外的西北地区成为全国最重要的一个行省。[1] 1282 和 1285 年,元朝又一度在这里设行御史台。[2]

此外,元朝还在这里设置了一些高级军事行政机构。1279 年,在天山以南设立了忽炭(和田)宣慰司都元帅府。[3] 1286 年,又设立了别失八里、和州(哈剌火州)等处宣慰使司都元帅府;[4] 成宗时,又分设北庭(别失八里)和曲先塔林两个都元帅府。[5] 在畏兀儿亦都护之下,依照诸王设王相府之例,设置大都护府,管理畏兀儿各城和徙居汉地的畏兀儿人,其机构的名称、品秩、编制的改动和官员的任命都由元朝政府决定。[6] 畏兀地以西,忽必烈命察合台后王阿只吉和出伯在此

---

1 RASHĪD AL-DĪN,俄译本,Tom II, cтp.12~13;Boyle 英译本,22~23 页;《元史》卷一三《世祖纪》,至元二十一年三月丁巳;卷一二六《安童传》;卷二〇三《田忠良传》;卷一二七《伯颜传》;卷一二八《土土哈传》。
2 《元史》卷一二《世祖纪》,至元十九年三月戊子。
3 同上,卷一六六《刘恩传》。
4 同上,卷一二《世祖纪》,至元二十年四月丙戌;卷六三《地理志·西北地附录》。
5 同上,卷一八《成宗纪》,元贞元年春正月壬申;卷一九,大德元年七月辛未;卷九一《百官志·都元帅府》。
6 同上,卷八九《百官志·都护府》;卷一一《世祖纪》,至元十七年十二月甲午,至元十八年二月乙酉;卷一三,至元二十二年十月戊午。

镇守。[1]

窝阔台为了沟通与察合台以及拔都兀鲁思的联系,开辟了从和林往西的驿路。[2] 驻守察合台分地西夏故土删丹州(甘肃山丹)的部将按竺迩,从删丹起开辟了一条驿路,经甘州(张掖)、肃州(酒泉)、玉门关直达察合台的驻营地。[3] 忽必烈在位时,西北地区军事活动频繁,从河西走廊通往西域的南北二路,设置了新的驿站。1278年,北路以别失八里和彰八里(昌吉)为驿路的枢纽,由驻在这两地的官员管理全线的军站。[4] 分地在太原的察合台后王阿只吉奉命出镇西北,1281年,他请求从太和岭(山西雁门以北)到别失八里设立了三十个驿站。[5] 在天山南路,1272年于忽炭和鸦儿看两城之间设置了十三个水驿。[6] 1282、1286年,又先后设立了忽炭经阇鄽(且末)、怯台(且末县东南哈达里克)、罗不(若羌),沿塔里木盆地南缘通往敦煌的驿道。[7] 马可波罗来华就是从中亚经过这条驿路到达上都和大都的。

1280年,元朝在畏兀儿地区设立交钞提举司,1283年又设立交钞库。[8] 元朝常用交钞在当地购买军粮、牲畜及其他军用物资,赏赐驻防的宗王和将卒也支付交钞,不必为转运军需物资而劳民长途跋涉

---

1 RASHĪD AL-DĪN,俄译本,Том II,стр.185;Boyle 英译本,286 页。
2 《元朝秘史》,279 节。
3 元明善《雍古公神道碑》,《永乐大典》卷一〇八八九。
4 《元史》卷六三《地理志·西北地附录》。
5 同上,卷一一、一三《世祖纪》;《经世大典·站赤》,十八年四月甲午(二十九日),二十二年正月庚辰(七日),见《永乐大典》卷一九四一八。
6 《元史》卷八《世祖纪》,至元十一年春正月丙午,忽炭(Qotan)作于阗。
7 同上,卷一二《世祖纪》,至元十九年九月丁巳朔;卷一四,至元二十三年正月己卯。《析津志》:沙州,自此至兀端五千余里,见《永乐大典》卷一九四二六。
8 《元史》卷一一、一二《世祖纪》,至元十七年三月辛未;二十年三月辛巳。

了。可见,元朝的交钞已在畏兀儿人民中广泛流通,客观上,这对发展各民族互通有无的贸易有促进作用。

察合台兀鲁思的统治

成宗大德五年(1301),海都、笃哇大举入侵,被元军击溃,海都因受伤后不久死去,由其子察八儿继汗位;笃哇也因膝上中箭,从此成为瘫痪。[1] 笃哇、察八儿受到这次打击,知道无力再同元朝争胜,乃于1304年遣使向大汗求和。当时,元朝正处于"人民困于转输,将士疲于讨伐"的窘境,也就欣然接受了西北诸王的和议。[2]

西北诸王与大汗停战后,很快又发生内讧,互相争斗不息。1306年,笃哇死,子宽阇继位。宽阇在位一年半死,旁系宗王塔里忽夺据汗位。笃哇旧臣刺死塔里忽,拥立笃哇幼子怯伯。察八儿乘怯伯刚即位,内部不稳,联合海都系诸王来攻,反而被战败,率残部渡伊犁河,逃往大汗辖境内。[3] 至大三年(1310),察八儿与窝阔台系诸王朝觐武宗于大都,归顺大汗。[4] 察合台系诸王获胜后,为了加强内部团结,以防窝阔台系诸王反扑,乃召集大会,推戴怯伯之兄也先不花为汗,怯伯也

---

1 RASHĪD AL-DĪN,俄译本,Том Ⅱ, стр.212;Boyle 英译本,329 页;《元史》卷一一八《孛秃传》附《阿失传》。
2 《元史》卷二《成宗纪》,大德七年七月丁丑、十一月己卯;大德八年九月癸酉;卷一一九《月赤察儿传》;卷一二八《床兀儿传》;卷一三二《玉哇失传》。
3 《多桑蒙古史》上册,340 页,引瓦撒夫书。
4 《元史》卷二三《武宗纪》,至大三年三月庚寅、六月壬申;卷一一七《牙忽都传》;卷一三八《康里脱脱传》。

愿自动让位。当时也先不花在武宗皇帝处,闻讯回到察合台兀鲁思即汗位。[1] 从此,海都时一度扩张起来的窝阔台兀鲁思完全瓦解,土地和人众分别为元朝和察合台后王所并。据波斯史料记载,也先不花为汗时(约 1311—1320),元朝的边防军冬天驻营于霍博(今译和布克)河岸,夏天驻扎在额尔齐斯河支流也孙木伦附近。可见阿尔泰山以西这些地区仍由元朝直接管辖,从此以西,则属于也先不花。[2]

西北诸王向大汗请和以后,承认自己是元朝的宗藩,每年遣使进贡。1308 年,万户也列门合散来自中亚,呈上成吉思汗时所造撒麻耳干、塔剌思、塔什干等城的户口清册,并按旧例继续向大汗上缴应纳的民赋。[3] 元朝见和议已成,也就撤除了边备。[4] 察合台后王虽不断向元朝遣使进贡,但仍经常发动侵略战争。据《元史》记载,1319 年,有叛王入侵忽炭(和田),元朝派镇西武靖王搠思班率兵征讨。[5] 以后今南疆的地名不再见于记载。文宗至顺二年(1331)编纂的《经世大典》将畏兀儿中心地区列入察合台后王笃来帖木儿位下,表示已归察合台兀鲁思管辖。1324 年,元朝赐北庭(别失八里)的撒儿都鲁军羊马;六月,派遣诸王阔阔出镇压畏兀儿;[6] 1330 年,复立总管府于哈剌火州;[7] 说明元朝这时还直接管辖哈密以西直到哈剌火州和别失八里等地。此后,1347 年,有"西蕃盗起","陷哈剌火州"的记载。[8] 而阿拉伯

1　《多桑蒙古史》上册,340 页,引瓦撒夫书。
2　Очерк Истории Семиречья, В. В. Бартольд Сочинения, Том II, Часть 1, стр.75 引拉施特书续撰者手稿。
3　《元史》卷二二《武宗纪》,至大元年九月丙辰、辛酉、癸亥、庚辰。
4　同上,卷一三二《玉哇失传》。
5　同上,卷二六《仁宗纪》,延祐六年三月辛酉。
6　同上,卷六三《地理志·西北地附录》;卷二九《泰定帝纪》,泰定元年四月甲子、六月乙卯朔。
7　同上,卷三四《文宗纪》,至顺元年九月癸巳。
8　同上,卷四一《顺帝纪》,至正七年冬十月戊戌。

旅行家伊本拔都塔说：在数年前，察合台汗哈力里曾侵袭了大汗的辖地，占领了别失八里。可见元顺帝至正初年这两地仍属元王朝直辖。

1320年，也先不花死，怯别再次即察合台汗位。怯别重视农业生产，把注意力转向帕米尔以西的河中地区，以那黑沙不城为首府，在那里定居下来，营造宫殿，并实行行政改革，铸造钱币。从此，察合台兀鲁思的中心已转移到河中地区。经过几代以后，汗权逐渐旁落，实际上他们已变成突厥贵族操纵下的傀儡。

西方突厥贵族的专权引起东方蒙古贵族的不满。最强大的蒙古贵族是天山以南的朵忽剌部，其首领是驻在阿克苏的孛罗赤，从忽炭、曲先到可失哈耳都是他的领地。1348年，孛罗赤拥戴笃哇的孙子秃鲁帖木儿为汗，统治范围大致在今新疆境内，后来有东察合台兀鲁思之称，首府设在阿力麻里。

1360年起，秃鲁帖木儿不断对河中用兵。1361年，他攻下撒马耳干，降服了当地的突厥贵族，派他的儿子也里牙思火者驻在河中，任命突厥贵族帖木儿作他的参谋。1363年，秃鲁帖木儿死，孛罗赤之弟合马鲁丁举兵反叛，秃鲁帖木儿诸子都被杀死。帖木儿利用东部内乱的时机，起兵攻占了撒马耳干，几年内平定了河中各地的动乱，在中亚建立了历史上强大的帖木儿帝国。[1]

东部的察合台兀鲁思继续存在到16世纪，并与明王朝建立了各种联系。

---

1 以上均见 Очерк Истории Семиречья, В. В. Бартольд Сочинения, Том II, Часть 1, стр. 79~82.

经济状况

畜牧业和农业 西辽覆灭以后,天山北路的各族人民仍以经营游牧经济为主。部分适于农耕的地区,农业相当发达。丘处机于1221年去中亚,沿天山北麓西行,途经别失八里(鳖思马,Bešbaliq)、轮台(今阜康县西南)、昌八剌(今昌吉),称当地"时禾麦初熟,皆赖泉水灌溉",天山"下有泉源,可以灌溉田禾"。畏兀儿主人用西瓜待客。[1] 常德于1259年西觐旭烈兀汗,途经准噶尔盆地的北缘,见当地种植大、小麦和黍、谷。孛罗(今博乐)城附近,不仅种麦,而且还种稻子。[2] 吐鲁番盆地是畏兀儿人的中心地区,这里可利用天山的雪水灌溉,农业比较发达。在畏兀儿和汉文文献中,常出现小麦、大麦、稻、高粱、黍、豌豆等粮食作物的名称。此外,当地还种植了供饲养牲畜的苜蓿及用来纺织和榨油的大麻、芝麻和棉花等。[3]

畏兀儿等族人民以擅长种瓜果著名。如阿力麻里是突厥语"林檎"的意思,因当地盛产水果,故用它作城名。各种水果中,以瓜、葡萄、石榴最佳。昌八剌的西瓜,够一称的最高重量。甘瓜有枕头那么大。当时凡是从中原去西域并留下记载的人,无不赞美这里的瓜,说其香味是中原的瓜无法比拟的。[4] 耶律楚材写诗形容:"甘瓜如马首,大者狐可藏";"西瓜大如鼎,半枚已满筐"。[5]

1　王国维《长春真人西游记校注》卷上。
2　刘郁《常德西使记》,载王恽《秋涧先生大全文集》卷九四。
3　Тихонов. Д. И, Хозяйство И Общественный Уйгурского Государства X-XIV вв, Москва/ Ленинград: Наука, 1966, стр.71 引 Радлов 古畏兀儿文书。
4　王国维《长春真人西游记校注》卷上。
5　耶律楚材《赠高善长一百韵》,《湛然居士文集》卷一二。

葡萄是畏兀儿等族人民重要的农作物之一。葡萄很早就在喀什噶尔沃野开始培植，并发展到塔里木盆地周围的绿洲、吐鲁番盆地和伊犁河谷。这里的土壤和气候有利于瓜和葡萄的生长。在吐鲁番盆地的住宅和耕地附近，有很多葡萄园子。[1] 马可波罗东来，对可失哈耳、忽炭等地葡萄园留下了深刻的印象。[2]

棉花也是这里重要的农作物。由于当时棉花还没有广泛传入内地，13世纪初从内地前往西域旅行者的游记无不描述了他们罕见的棉花和棉布。丘处机在阿力麻里看到棉花，称赞它"鲜洁细软，可为线为绳，为帛为绵"。马可波罗经过南疆可失哈耳、鸦儿看、忽炭等地时，都提到每处盛产棉花。[3]

栽培葡萄、棉花等作物，须要精耕细作，说明当时畏兀儿等各族人民的农业栽培技术已发展到较高的水平。畏兀儿人使用的农具也较复杂，菜园、葡萄园用月锄耕耘，大田则用犁耕，收获庄稼用镰刀，而割草则用大镰刀。[4]

天山南北干旱少雨，畏兀儿等族人民很重视水利灌溉，各地都开有渠道引水灌田。哈剌火州把水从天山引来，造成人工的护城河，以溉田园。[5] 常德看到"土平民夥，沟洫映带"。阿力麻里城，"市井皆流水交贯"。他们还会利用急水作碓碾，加工粮食。[6]

手工业和商业 据10世纪末出使高昌的王延德说，畏兀儿人

---

[1] 王国维《长春真人西游记校注》卷上。
[2] Moule & Pelliot, *Marco Polo, The Description of the World*, London, 1938, pp.143~146.
[3] 王国维《长春真人西游记校注》卷上；Moule & Pelliot, *Marco Polo, The Description of the World*, pp.143~146.
[4] Тихонов 书,73~74页。
[5] 王延德《使高昌记》，见《宋史》卷四九〇《高昌传》。
[6] 《西使记》。

"性工巧",善于用金、银、铜、铁等金属制造工具和器物,也善于琢磨玉器。[1] 金、银、珠、玉是用来制作各种装饰品的,觐见成吉思汗的金使途经这些地区,盛称这些奢侈品出产"极广"。[2] 各种记载中提到的铁制品,农具有刀、镰、犁、锄、砍土镘等,马具有马勒、马镫。[3] 武器有刀、矛、剑、甲、矢等。吐鲁番盆地出产一种砺石,可以锻成镔铁。[4] 别失八里城废墟残存大量矿渣,说明当时在这城中金属冶炼业已相当发达。一件古畏兀儿文书提到一个由奴隶赎身的铁匠。[5] 这种专业的铁匠已有一定的技术水平,北宋时,商人甚至将镔铁、剑和备有铁甲的马输往中原,说明他们的锻冶业比宋人并不逊色。[6]

畏兀儿人能纺织"布、帛、丝、枲"等各种纺织品。[7] 每个农户都用自种的棉花织成布以供自家的需要和出售。他们称布为波斯布或秃鲁麻,中原人则称为白叠。五代、北宋时,回鹘高昌人常将棉织品成千段向中原皇帝进贡,估计作为商品输出的更多。[8] 棉布除白叠外,还有绣文、花蕊布等不同品种。[9] 鲁克尘出产一种用亚麻双经线织成的高质量纺织品,布上打上特有的标记。[10] 毛织品有毛褐、斜褐、罽氎、氎狨等。宋高宗时洪皓使金,在燕京看到回鹘人有兜罗、锦、熟绫、纻

---

1 王延德《使高昌记》。
2 刘祁《乌古孙仲端北使记》。
3 Тихонов 书,80 页。
4 王延德《使高昌记》。
5 Тихонов 书,80、81 页。
6 《宋史》卷四九〇《回鹘传》;《宋会要辑稿·蕃夷七》,咸平四年四月;熙宁四年三月。
7 《北使记》。
8 王国维《长春真人西游记校注》卷上;《新唐书》卷一四六上《高昌》;如广顺元年(951)二月,一次上贡白氎布达一千三百二十九段,见《册府元龟》卷九七二。
9 王延德《使高昌记》。
10 Тихонов 书,83 页。

丝、注丝、线罗等各种丝织品,妇人"以五色线织成袍,名曰剋丝,甚华丽。又善拈金线"。[1] 元朝的畏兀儿人也仍以这种技艺著称。1275年,笃哇入侵畏兀儿地区,人民逃往中原。第二年,元朝政府将他们收容,在京师设别失八里诸色人匠局,专门"织造御用领袖、纳失失等段"。[2] "纳失失"是一种用金丝线织成的金锦,常用来作为元朝皇帝和百官宴会时穿着的"质孙"服的衣料。此外,在工部管辖下还设立了另一个别失八里局和忽炭(和田)八里局,可能也是生产同类高级丝织品。[3]

葡萄酒是畏兀儿地区的特产,哈剌火州、别失八里、可失哈耳和忽炭等地尤其出名。元代山西平阳、太原和西番也产葡萄酒,但人们认为"其味都不及哈剌火者田地酒最佳"。[4] 哈剌火州的美酒在西方也有名,当时波斯人拉施特的书中也提到过。[5] 和田"土宜葡萄,人多酝以为酒,甚美"。[6]

玉是南疆一大特产,忽炭城东西面有白玉、绿玉、乌玉等河(今玉龙喀什、喀拉喀什等河),源出昆仑山,出产质地很好的美玉,每年秋,当地人就下河捞玉,由商人收购贩往中原牟利。[7] 元朝政府还将一部分人划成"淘玉户",专门在忽炭、匪力沙、失呵儿等地采玉。[8] 别失八里等地产卤砂,可以鞣皮、作药物。此外,还有盐、红盐和星矾等物。

---

1 洪皓《松漠纪闻·回鹘》;又见《册府元龟》卷九七二。
2 《元史》卷八五《百官志一》和《永乐大典》卷一九七七八,"别失八里局"。
3 同上,卷八五《百官志一》,"别失八里局"和"忽炭八里局"。
4 忽思慧《饮膳正要》,卷三。
5 RASHĪD AL-DĪN,俄译本,Tom II,стр.185;Boyle 英译本,286 页。
6 《宋史》卷四九〇《于阗传》。
7 同上。
8 《元史》卷九四《食货二·岁课》;《永乐大典》卷一九四一七。

琥珀、金刚钻、瑟瑟、玛瑙、翡翠、珠等奢侈装饰品常输往辽、宋境。[1] 畏兀儿人所用器物，除陶器外，还有磁器，"有若中原定磁者"。瓶器、酒器用白琉璃，邮亭、客舍，甚至土户的门窗都镶嵌着琉璃。[2] 砖是普通的建筑材料，各种颜色和图案的琉璃砖和琉璃器皿还不断出土。[3]

在元代初年，吐鲁番地区的寺院中已有高度发展而且分布甚广的印刷工业。在吐鲁番盆地曾发现过雕版印刷品的实物，共有畏兀儿、汉、梵、西夏、藏、蒙古等六种文字。寺院是印刷业的中心，刻印的内容大多是佛、摩尼、景、祆等教的文书和典籍。畏兀儿文刻本都是佛经，书口上的书名和页码一律用汉文，说明印刷术是从中原传入并由汉族工匠雕版。在敦煌的一个地窖中，还发现了一桶回鹘文木活字，其刻制时间应在 1300 年左右，这些遗物确凿证明，至晚到 13 世纪，畏兀儿人已先后掌握了木刻和木活字印刷技术了。[4]

城市建筑已有相当规模。从哈剌火州和别失八里的废址观察，火州故城在吐鲁番县东二十余公里，城墙用夯土筑成，高十六米，城周约五公里。别失八里城面积约有一平方公里，城内有十五米宽笔直的街道，并有水渠沿街流过，供应居民的用水。[5] 据王延德的描述：北宋时火州还保留唐朝赐额的五十多个佛寺。回鹘西迁后继续信奉摩尼教，摩尼教圆形庙宇的遗迹今天还可看到。北庭（别失八里）也有高台、应运大宁等寺。"城中多楼台卉木"，是一座建设得很美的城

---

1 《五代史记》卷七四《回鹘传》；王延德《使高昌记》；洪皓《松漠纪闻》；《契丹国志》卷二一《诸小国贡进物件》、卷二六《高昌国》；《宋会要辑稿·蕃夷七》。
2 王国维《长春真人西游记校注》卷下；《北使记》；《西使记》。
3 黄文弼《吐鲁番考古记》，中国科学院出版社，1954年，4、8~9页；《高昌砖集》，北京：中国科学院，1951年，插图，1、7。
4 卡特《中国印刷术的发明和它的西传》，123、187~188页。
5 Тихонов 书，78页。

市。城中的宫殿、寺院等反映了当时的建筑艺术水平。[1]

辽、金时回纥商人集体留居京城经商。辽上京南门之东,有回鹘商贩留居的"回鹘营"。回鹘人"多为商贾于燕","皆久居业成"。[2]由于元朝造成全国的大统一,东西交通畅通,畏兀儿等族除内部的交换外,到中原等地经商的商人也很多。马可波罗就曾指出可失哈耳有许多商人从此到世界各地去做生意。[3] 棉布、马、驼、葡萄酒、葡萄干、玉是他们输出的主要商品。[4]

元朝发行的中统钞和至元宝钞在西北各地可以通用。残留的元代契约中,买卖常以钞锭为单位。新疆各地常发现北宋到元末至正时的铜钱,这些钱应该是蒙古降服西北地区后陆续传入的,可能一直当作货币使用到明代。

由于商业的发展,城市也相应繁荣起来。哈剌火州是畏兀儿亦都护的首府,也是贸易和文化教育的中心。别失八里是畏兀儿人早先建都的地方,元朝又是西北部行政、军事中心和宗王常驻之地。阿力麻里城是12至13世纪之际由脱黑里勒汗新建的城市,其子速黑纳的斤降附蒙古后,以后称臣于察合台。察合台后王的"斡鲁朵"常驻于此城附近,后来实际上成为他们的首府。这是一个从中亚前往中原交通干线上的商业城市,常被西方旅行家和传教士提到。此外,可失哈耳、鸦儿看、忽炭、罗卜、哈密力和坤间等城在元初战乱中还有所发展。可惜,在元末察合台兀鲁思内部残酷的斗争中,有些城市从此变成了废墟。准噶尔盆地以北,窝阔台时在西辽的基础上还新建成

---

[1] 王延德《使高昌记》。
[2] 《宋史》卷四九〇《回鹘》《于阗》;《辽史》卷三七《地理志》;洪皓《松漠纪闻·回鹘》。
[3] Marco Polo, *The Description of the World*, 143 页。
[4] Тихонов 书, 143 页。

了一座叶密立城。

封建剥削和人民生活　近百年来,在新疆各地曾出现不少元代的畏兀儿文契约,为我们研究当时的封建生产关系提供了第一手资料。许多文件表明,土地的买卖和租佃已经是普遍现象,按照人们对土地占有的多少和有无,可以清楚地划分出地主、自耕农、佃农等阶级。在佃农向地主租地的契约中,某些人声明是用自己的耕畜、农具和种子耕种;而另一些佃农连生产工具和种子也没有,一切都要仰赖于地主,后一种人自然会陷于对地主完全依附的地位。封建统治者对农民的剥削是很苛酷的。[1] 由于天山南北雨量稀少,只有星罗棋布的绿洲可以经营农业。这些绿洲全靠人工灌溉系统维持,这种水利工程只有通过政府的组织才能建成,因此统治者将水利工程控制在自己手中,可以作为加重剥削农民的重要手段。原先水利工程由亦都护掌握,归附蒙古后,则由大汗直接派人掌管水务。[2]

成吉思汗降服西北各地后,随即括户口造册登记,任命麻速忽等人驻别失八里专管征税。蒙古在"西域诸国,莫不以丁为户",即实行人丁税。[3] 但出土的文书中,有一种"担保"账目全部入册的文据,看来土地和其他财产也要登记入册,说明同时还要按地亩缴纳赋税。[4] 在元朝统治下,畏兀儿人除了向亦都护纳税,还增加了向大汗、诸王纳税的负担。在一份契约中,立约人声称:如果有谁违约,"就让他自己缴给皇帝陛下一锭金子,缴给皇帝诸兄弟、诸皇子各一锭银子,缴给亦

1　Тихонов 书,120~147 页。
2　同上,119~120 页。
3　宋子贞《中书令耶律公神道碑》,《元文类》卷五七。
4　Тихонов 书,121 页。

都护一锭银子"。[1] 由此可见,畏兀儿人民同时遭受蒙古大汗、诸王和亦都护的剥削,而缴纳赋税则应大体遵循这一比例。

畏兀儿人民用实物和货币缴纳赋税,主要是实物税,尤以葡萄和酒为常见。他们还要服各种劳役,如给驿站出马匹和人夫,调发作各种苦役等。

寺院常得到大片土地和葡萄园,形成另一僧侣大地主阶层,享有免征赋税的特权。[2] 畏兀儿封建主别乞拥有对农民超经济强制的权力,他们常强令村社选派种葡萄的农民到他们的葡萄园中服役。[3]

在各种封建负担和高利贷的盘剥之下,畏兀儿人民常濒临破产。特别是西北地区战乱不断,农民出卖田地、家产、妻女的事例层出不穷。在现存的契约中,大量反映了当时农民丧失土地、沦为赤贫的情景,甚至许多人丧失了人身自由,沦为奴隶。奴隶使用在葡萄园和土地上,也使用在手工业作坊中。[4]

畏兀儿等族与各族的经济和文化交流

蒙古贵族在征伐华北和中亚的战争中,俘获了许多汉族和中亚的农民,其中一部分人安置在某些适于农耕的地区,促进了这里农业

---

[1] Тихонов 书,耿世民《两件回鹘文契约的考释》,《中央民族学院学报》1978 年第 2 期,47 页。
[2] Радлов. Док. №88, Тихонов, стр.72, 139.
[3] 同上,№14, 21, 25, Тихонов, стр.73, 132.
[4] Тихонов 书,175~181 页。

的发展。如天山北麓,"园蔬同中国"。[1] 常德在准噶尔盆地的北缘,目睹当地"多汉民"。"至阿力麻里城,……回纥与汉民杂居,其俗渐染,颇似中国"。它南面的赤木儿城,居民中许多太原和临汾人。[2]

回鹘在漠北时,本来已有自己的文字,也就是鄂尔浑河碑铭上所见的古突厥文。西迁以后,这种文字逐渐废弃,用粟特文字母创制了另一种文字替代,这就是所谓古畏兀儿文字。它的使用地区远达葱岭以西,对畏兀儿文化的传播和发展起了很大的作用。11世纪以后,南疆喀什噶尔等地人民已改信伊斯兰教,这里的畏兀儿人使用的文字已改为阿拉伯字母。

11至12世纪,喀什噶尔等地正处于黑韩王朝的统治之下,文化教育相当繁荣,产生了用这种文字写的几部名著。1067至1070年之间,出生于八剌沙衮的玉速夫·哈昔·哈吉夫在喀什噶尔写成《福乐智慧》一书,这是一部描写古代伊朗叙事诗中英雄艾非剌思阿德和鲁石台木二人的长篇叙事诗。同时,马合木·喀什噶里(意为喀什噶尔人马合木)编成了世界上第一部《突厥语词汇》。这是一部参考当时阿拉伯语辞典的体例,用阿拉伯语注释突厥语词的词书。由于作者曾亲身考察了畏兀儿、乌古思、土库曼、吉儿吉思及其他突厥人地区,他所编的辞典不仅辨明了突厥各部的分布情况和语言上的差异,为突厥语整理出一个体系;而且还提供了中亚各族的民间文学、历史、地理、民俗等广泛的知识。喀什噶尔还有一位历史学家侯赛因·阿勒马亦,他曾写过一部《喀什噶尔史》,可惜这书久已失传,现在只能在阿拉伯文著作中看到被引用的片段。

1　王国维《长春真人西游记校注》卷上。
2　刘郁《常德西使记》。

畏兀儿人原来信仰摩尼教，西迁吐鲁番盆地后，又接受了这里早已盛行的佛教。西辽也信仰佛教，黑韩王朝统治时则传入了伊斯兰教。此外还有景教、祆教等宗教传播。元末察合台后王改信伊斯兰教，其他宗教被排挤，伊斯兰教逐渐占据统治地位。由于宗教信仰的盛行，寺庙建筑和宗教艺术也相应得到发展。在佛教寺院中，木雕、泥塑或铜铸的佛像，有不少艺术珍品。在佛教、摩尼教和景教的庙宇内，畏兀儿人往往在整面墙上涂上石膏，创作了许多宗教题材的动人壁画。壁画中的人物，有汉、突厥、印度、欧洲等族人，种族特征非常清楚，而且力图从各人的面孔上描绘出他们的个性。这种壁画艺术，从描绘的内容到描绘的手法，无不反映中原文化的影响，也充分体现出世界各族的艺术交流。

西北各族对祖国经济和文化发展所做的贡献

在蒙元时期，畏兀儿等族同全国各民族在经济上，在生产经验方面得到交流。12世纪初，华北地区还没有棉花，当时去西域旅行的人，无不对棉花和棉织品的优点感到惊叹。有人甚至把棉布看成是一种羊毛制品，而这种羊毛是种在地上的，或者干脆说成是"无衣垅种羊"。[1] 元朝棉花才在中原普遍栽培，其中最先传到陕甘地区的北路棉，就是从畏兀儿等族那里传入的。

明初叶子奇说："葡萄酒、答剌吉酒自元朝始。"还有"法酒，用器

---

[1] 王国维《长春真人西游记校注》卷上；耶律楚材《西域河中十咏·其十》，《湛然居士集》卷六。

烧酒之精液取之,名曰哈剌基",也就是今天用蒸馏法制的烧酒。[1] 种植葡萄、酿制葡萄酒和哈剌吉酒本来是畏兀儿等族的特长,虽然葡萄和葡萄酒中原早已有之,由于察合台系宗王兼有西北部和山西两处分地,蒙古贵族为了自己的享受,从西北地区移植葡萄和引进酿酒技术,划出为他们服务的专业"葡萄户",使太原、平阳成为葡萄干、葡萄酒和烧酒的著名产地。契丹破回纥,才从西北传入西瓜,但没有广泛传播,故叶子奇说:"元太祖征西域,中国始有种。"[2] 种植棉花、西瓜和酿制烧酒的技术是西北各族人民长期劳动和智慧积累的结晶,这些作物和技术在中原的普及应归功于他们的传授。

从成吉思汗时代起,就有许多西北各族人民被签发为军或作为俘虏来到内地。笃哇等攻破哈剌火州等地以后,畏兀儿亦都护内徙,寄留永昌,同时有大批畏兀儿人被迫迁徙到甘肃、陕西各地。他们同汉族人民一起生活,对祖国各地的开发做出了贡献。1280 年,元朝令居住在河西的畏兀儿人户就地屯田。南阳和襄阳也是畏兀儿人集中的地区。1301 年,元朝曾拨出南阳府屯田土地给畏兀儿户"耕种以自赡"。泰定帝时,亦都护帖木儿补化由甘肃改镇襄阳,以后襄阳、南阳一带畏兀儿军队和百姓更加集中"。[3] 同时,哈剌鲁军万户府也驻扎在襄阳。1292 年,元朝拨给驻在襄阳的曲先塔林和哈剌鲁六百余户人农具和种子,让他们耕田生活。1297 年,朝廷又发给驻襄阳的哈剌鲁军种子、耕牛和农具在南阳屯田。元世祖时,已有畏兀儿军一千户派驻云南。仁宗时,又调汉军和畏兀儿和新附汉军"屯田镇遏","为户

---

[1] 叶子奇《草木子》卷三下《杂制篇》。
[2] 同上,卷四下《杂俎篇》。
[3] 《元史》卷二〇《成宗纪》,大德五年冬十月;卷一二二《巴而术阿而忒的斤传》。

军五千人,为田一千二百五十顷"。[1]

畏兀儿手工业者也因为战乱大量移居内地。前文提到的官局,有由别失八里人组成设置在大都的别失八里局和另一个别失八里局,有由和田人组成的忽炭八里局,都集中了一批手艺精巧的工匠。1288年,元朝曾下令散居陕甘的一千多户和田和喀什噶尔工匠屯田解决自己的生活,可见西北各地的手工工匠散居内地的不在少数。汉族人民因被俘或充军也大批迁往西北。常德于1259年途经准噶尔盆地北缘,见当地"多汉民",种植大、小麦和黍、谷等。阿力麻里有当地人和汉民杂居。它南面的赤木儿城,居民中有许多太原和平阳人。他们对发展天山以北的农业生产起了很大的作用。畏兀儿人"以瓶取水",很费劳力。汉人传授"中原汲器",提水方便得多,所以畏兀儿人称赞"桃花石诸事皆巧,桃花石谓汉人也"。[2] 这些汉人可能在其他方面也推介了中原的先进生产经验。元世祖时曾调汉军在哈密、别失八里、和田等地屯田,还在别失八里设立冶场,鼓铸农器,这对推广中原的农具也起到一定的作用。

畏兀儿人很早就行使本民族的文字,而且对其他民族创制文字做出了贡献。契丹建国后,辽太祖弟迭刺就从畏兀儿使臣"习其言与书,因制契丹小字,数少而该贯"。蒙古建国后,则有塔塔统阿等畏兀儿知识分子,直接利用畏兀儿文字母,为他们创制了今天仍通行的蒙古文。明末,满族又从蒙古文借用这种字母创制了满文。1251年以前,西藏萨思迦派首领萨思迦·班第达(八思巴的伯父)曾在凉州宗

---

[1] 《元史》卷一七《世祖纪》,至元二十九年二月辛巳;卷一九《成宗纪》,大德元年十二月癸巳。
[2] 同上,卷一三《世祖纪》,至元二十二年十月;卷二二《武宗纪》,至大元年十二月;卷一〇〇《兵志·屯田》。

王阔端处新创一种蒙古字,有人推测,他很可能是利用畏兀儿字母拟定了蒙古语的表音规则。

畏兀儿人中有不少精通本族文字兼通多种族语言文字的知识分子,他们常被别的民族重用。如哈剌亦哈赤北鲁曾被西辽鞠儿可汗聘为诸子师;塔塔统阿被"乃蛮太阳可汗尊之为傅,掌其金印及钱谷"。[1] 蒙古建国时较西辽和乃蛮文化落后,畏兀儿知识分子所起的作用更大。塔塔统阿被俘,成吉思汗让他"教太子、诸王以畏兀字"书写蒙古语。哈剌亦哈赤北鲁降蒙古后,成吉思汗也"令诸皇子受学"。此外,还有岳璘帖木儿训导皇弟斡赤斤的王子,他的家庭成员后来一直担任斡赤斤王府的必阇赤(主文史者)、王傅等职。孟速思和布鲁海牙等人为拖雷所用,专管其"分邑岁赋"和"军民匠户"。[2] 昔班曾充当窝阔台诸王子的师傅,海都之父合失就是他的学生。

畏兀儿语和蒙古语同属阿尔泰语系,语言相近,而蒙古文又是畏兀儿人借畏兀儿文字母所创造,因此畏兀儿人比其他民族更容易掌握蒙古的文字。蒙古统治者需要主管记录军事、政治、财税、司法各种大事的人才,需要自己学习文字,因而畏兀儿人大受重用,日久多成为大汗和诸王的亲信。元朝建立后,许多畏兀儿人在朝廷担任要职,其中不少人成为颇有成就的政治家和军事家。元朝居留中原的少数民族中,以畏兀儿人学习汉文的成绩最为突出。佛教徒有的还兼通梵文、藏文,所以他们中间也产生了一些翻译家,为元朝宫廷翻译了不少汉文典籍和佛经,起到了汉、藏族知识分子所不能起的作用。如安藏扎鲁答思曾将《尚书》《贞观政要》《申鉴》《资治通鉴》《难经》《本草》

---

1 《元史》卷一二四《哈剌亦哈赤北鲁传》《塔塔统阿传》。
2 同上,卷一二五《布鲁海牙传》。

等书译成蒙古文。忽都鲁都儿迷失、阿邻帖木儿翻译了《大学衍义》和《资治通鉴》的一部分,又将蒙古文典章译成汉文,为编纂《经世大典》提供了原始资料。迦鲁纳答思用畏兀字蒙古文将梵、藏文佛经译出刻印,哈密人必兰纳识里将梵、藏、汉文六种佛经译成蒙古文。由于畏兀儿人中兼通各种语言文字的人才辈出,海外各国来朝贡时,接待使臣和翻译表文的职务大多由畏兀儿人充当。掌管"译写一切文字及颁降玺书"的蒙古翰林院,担任翰林学士、承旨等要职的主要是畏兀儿人。

畏兀儿人在元朝曾涌现出若干历史学家和文学家。忽都鲁都儿迷失和阿邻帖木儿曾主管编写宫廷实录《脱卜赤颜》。《辽史》的纂修官廉惠山海牙、提调官偰哲笃,《金史》的纂修官沙剌班都是畏兀儿人。廉惠山海牙还参加编纂《显宗实录》和《英宗实录》。廉惇和贯云石是畏兀儿人中用汉文著有诗文集的作家。贯云石还精于词曲,浙江海盐人以能歌著名,后来出现所谓"海盐腔",就是由他传授而发展起来的。哈剌鲁人在元代也出了几个著名的学者。如迺贤,祖先从巴尔喀什湖以东迁居浙江宁波,改汉姓为马,字易之,有诗集《金台集》传世;又著《河朔访古记》,记录了他从浙江出游淮河和黄河以北广大地区,"吊古山川、城郭、丘陵、宫室、王霸人物、衣冠、文献、陈迹故事及近代金宋战争疆场更变者"。这书已散佚,清代从《永乐大典》辑出若干条,其中关于山川古迹的记载,大多是后修的地方志所缺略的,尤其是对金石遗文描述得最详细。侨居河南开州的哈剌鲁人伯颜,汉名师圣,字宗道,曾参加修《金史》,平生修辑《六经》,著述甚多,可惜都毁于战火之中。侨居南阳的虎都铁木禄,"好读书",喜欢同汉族"学士大夫游",自起字号叫"汉卿",反映了移居内地的哈剌鲁人对汉族文化的爱慕。

畏兀儿人对中原传统的农学和医学也做出了贡献。鲁明善著有《农桑衣食撮要》一书,将各种农事按一年十二月令编排,"凡天时地利之宜,种植敛藏之法",皆有简明介绍。作为对元世祖时官修书《农桑辑要》的补充。做过建德路总管的萨德弥实,根据汉族传统的治疗方式,著有《瑞竹堂经验方》一书。

(《中国通史》第七册附注原稿)

关于别失八里局

《元史》卷八五《百官志一》工部属下载：

> 别失八里局，秩从七品，大使一员，副使一员，掌织造御用领袖、纳失失等段。

20世纪50年代，冯家昇先生等编《维吾尔族史料简编》，其上册于1958年由民族出版社出版。第六章为"蒙元统治下的畏吾儿"，其中第一节二目标题是"中期直接入元管辖境"，下面内容前有作者按语，下引史料为证。一条按语说："置织造工厂于别失八里，吸收当地名产"，所据史料引《新元史》卷五五《百官志》，实出于《元史·百官志》上引文，仅在大使一员下增"秩从□品"，副使一员下增"从八品"共七字，当系据《元典章》卷七《吏部·官制·职品》补。

1980年，《新疆简史》第一册出版，在元朝部分说："新疆地区的手工业，有个体手工业，也有国家经营的手工业，……元朝政府还设立了染织提举司与染织局，经营染织手工业生产。其中的别失八里局，'掌织造御用领袖、纳失失等段'。在这种国营工坊里劳动的手工业者,同奴隶是差不多的。"(192页)此段脚注注明就是根据《元史》卷八五《百官志》前面的引文,据此不能断言此局设在别失八里,《新疆简史》这段文字,除加引号一句外,其余皆是作者的随意发挥。

其实,《元史》前引文的原始出处仍保留在《永乐大典》卷一九七八局字韵中,全文是:

> 别失八里局。至元十二年,为别失八里田地人匠,经值兵革,散漫居止,迁移京师,置局织造御用领袖、纳失失等段匹。十三年,置别失八里诸色人匠局,秩从七品。今定置大使一员,副使一员。

根据这段史料,我在参加写《中国通史》第七册时,曾将"经值兵革"与虞集《高昌王世勋碑》所载至元十二年(1275)笃哇围攻火州亦都护一事联系起来,据"迁移京师"判定此局设在京师大都,十三年所置之局全称应为"别失八里诸色人匠局"(《元典章·吏部·官制·职品》作"别失八里人匠局")。所以写成:"一二七五年,笃哇入侵畏吾儿地区,人民逃亡中原。次年,元朝将他们收容,在京师设别失八里诸色人匠局,专门织造御用领袖、纳失失等段。"(346页)

当时,我们已读到《新疆简史》征求意见稿,为避免今后再发生这类理解史料的错误,在《中国通史》体例不作注的情况下,又多写了几句以示强调。在上引一段话后又据《元史·百官志》同卷记载说:"元朝还另设立了别失八里局和忽炭八里局,大概也是别失八里与和田的织工,为官府织造高级织品。"在下文第四目"畏汉各族人民生产经验的交流"又说:"畏吾儿手工业者在战乱中也大量移居内地。前面提到的官局,有由别失八里人组成的设置在大都的别失八里诸色人匠局和另一个别失八里局，有由和田人组成的忽炭八里局，都集中了一批手艺精巧的工匠。……可见西北各族散居内地的手工业者当不在少数，他们把特有的技艺传到中原。"（356页）说明此局不设在别失八里而是设在大都，是别失八里人"把特有的技艺传到中原"，同样肯定了今新疆地区和畏吾儿族人民的贡献。

然而，与《中国通史》第七册同年出版的《中国史稿》第五册叙述"畏吾儿手工业"时，仍说元朝曾在别失八里置局，专门"织造……纳失失等段"（506页）。此后，我们的上述说法，既没引起学界同人的质疑或责难，也未见有人因此追究史源而明其所以。十余年来，有关著述甚多，多蹈袭别失八里有官设匠局之误。前几日读到新出版的《中国历史大辞典·民族史》卷，专出有"别失八里染织局"辞条，除凭空增添"染织"二字外，仍说"至元十三年（1276）置于别失八里"。有鉴于此，为了今后不再以讹传讹，我认为有必要写此短文加以澄清。

联系到上引《永乐大典》中一段史料，还有两个近年元史界提出的新问题值得讨论。

其一，《永乐大典》此条之前所标出处为《元史·百官志》。1983年元史学术讨论会上，马明达、汤开建先生提交了《今本〈元史〉散逸在外的两个列传》一文（发表在《史学史研究》1983年第4期），认为《永乐大典》所引《元史》有今天《元史》失收的列传。而我在校勘《元史》时，也发现过《永乐大典》所引《元史》有文字多于今本《元史》者数处，《百官志》此条即其一例。此事我曾同汤开建先生讨论过，认为这可能是将《经世大典》误写为《元史》。因《元史》于洪武三年七月成书，十月由内府刊行，洪武初刻初印残本九十九卷今尚藏在北京图书馆，约弘治间刷印的洪武本一百四十四卷藏于北京大学，嘉靖间据洪武版递修补刻的南监本更多存于世，首尾完整，目录与全书内容相符,我们曾互相比勘,并未发现缺卷缺页情况。不论是文献记载或实物,不见明初另有其他刻本或抄本,更不可能有详略本之分。所以,我认为此条是出于《经世大典》,史臣修《元史·百官志》时,正是根据此段史文删去了有关别失八里局由来的记载,以致造成以上据《元史·百官志》简略文字随意发挥之误。可是,马、汤二先生的发现仍很有意义,提醒我们在使用《永乐大典》时,不要见凡标明出自《元史》者就认为是原书尚存于世而忽略。

其二,刘迎胜先生在其硕士论文《元朝与察合台兀鲁思的关系》中,曾提出"都哇围火州一事",同意屠寄《蒙兀儿史记》卷三六《巴而尤阿尔忒的斤亦都护传》的考证,认为"此战发生在至元二十二年(1285)而非至元十二年",并补充了若干理由。当时他也曾同我讨论,我虽认为他言之有理,但终不敢断言《高昌王碑》和《元史》列传一致的记载为非。近读刘先生新著《西北民族史与察合台汗国史研究》一书,他又据与二十二年说有矛盾的史料,"仍然采用火州之战为至元十二年之说"。他的硕士论文否定至元十二年说的理由之二,曾引用《通制条格》卷四至元十三年的圣旨,推论出"至元十二年火州没有发生战事"的结论。《永乐大典》这条佚文所说至元十二年"别失八里田地""经值兵革",应与笃哇围火州是同一事,足证当时曾发生过战争,也可为刘先生新说补充一证。

(原载《元史论丛》第 6 辑,中国社会科学出版社,1997 年)

元桓州耶律家族史事汇证与契丹人的南迁

近年来,民族学家和语言学家发现并调查了云南自称是契丹人后裔的"本人",并确定他们是蒙古国开国功臣之一耶律秃花的后人。[1] 这个家族降附蒙古后,参加了平金、伐宋多次战役,并随着占领区的南移,最后在元朝中期被派至云南、缅甸作战,本文试图勾画这个家族南迁的过程,并探讨他们是否确是云南"本人"的祖先。

一 桓州契丹耶律氏

《元史》列传载:"耶律秃花,契丹人,世居桓州。"其兄《阿海传》

---

[1] 陈乃雄《云南的契丹族后裔和契丹字遗存》,《陈乃雄论文集》,内蒙古教育出版社,1995年,377~407页;孟志东《云南契丹后裔研究》,中国社会科学出版社,1995年。

说:"辽之故族也。金桓州尹撒八儿之孙,尚书奏事官脱迭儿之子也。"[1] 这个桓州尹撒八儿应是《金史·移剌子敬传》中的撒八,传中载:"世宗将如凉陉,子敬……奏曰:'车驾至曷里浒,西北招讨司圄于行宫之内地矣。乞迁之于界上,以屏蔽环卫。'上曰:'善。'诏尚书省曰:'招讨斜里虎可徙界上,治蕃部事。都监撒八仍于燕子城治猛安谋克事。'"这段话的意思是,金世宗将去曷里浒的凉陉行宫避暑,专管防范北边蒙古诸部的西北招讨司反而落在皇帝行宫的内地,所以请求将招讨司迁到边界上,以保护皇帝的安全。金大定八年(1168),世宗将曷里浒东川改名金莲川,此川相当于今河北沽源县东的闪电河上游,发源处在大马群山北麓,夏日凉爽,故名凉陉。燕子城是北边重镇,正隆六年(1161),契丹人撒八(此另一同名人)反,户部员外郎曹望之尝从洺州(治今河北永年县东南)"转致甲仗八万""输燕子城"。[2] 赵秉文、李之纯皆有诗咏此城,又名"燕赐"。[3] 大定十年(1170),于燕子城置柔远县,隶宣德州。章宗明昌三年(1192),复置抚州刺史,为桓州支郡,治柔远。[4] 可知燕子城就是章宗时所设的抚州及其倚郭县柔远(今河北省张北县城)。鉴于"西北招讨司圄于行宫之内地",所以世宗决定"招讨斜里虎可徙界上",让都监撒八仍于燕子城治事。这就是说,斜里虎与撒八原来都驻在燕子城,现在是一徙一留。所谓"界上",就是指桓州,《金史·兵志》明言:"大定五年,……寻又设两招讨司,……以镇边陲。……西南(应作"北")路者置

---

[1] 《元史》卷一四九《耶律秃花传》;卷一五〇《耶律阿海传》。耶律秃花及其子孙事迹出于本传者以后不再出注。
[2] 《金史》卷六《世宗纪》;卷八九《移剌子敬传》;卷九二《曹望之传》。
[3] 《滏水集》卷八《抚州诗》之二;《中州集》卷四《赠仲常诗》。参阅贾敬颜《从金朝的北征、界壕、榷场和宴赐看蒙古的兴起》,《元史及北方民族史研究集刊》第9辑。
[4] 《金史》卷二四《地理上·西京路》。

于桓州。"¹ 斜里虎的官衔是"招讨",金代三处招讨司只设招讨使和副招讨使,"招讨"恐系此两职之略。² 金初设都元帅府,设都元帅(从一品),左、右副元帅(正二品),元帅左、右监军(正三品),左、右都监(从三品)。³ 天德二年(1150)九月,"置统军司于山西、河南、陕西三路,以元帅府都监、监军为使",⁴ 金宗室毂英,先任元帅左都监。"天德二年,迁右监军。元帅府罢,改山西路统军使,领西南、西北两路招讨兵马",⁵ 可能撒八就是以都监领西北路招讨司的。《元史·耶律阿海传》称撒八儿为桓州尹,当是他后来又随招讨司迁往桓州,并出任地方长官。《金史·地理志》载:"桓州,威远军节度使。……明昌七年(1196),改置刺史。"《金史·百官志》:"诸节镇,节度使一员,从三品。"诸刺史州,刺史一员,正五品。撒八由都监改任,左、右都监是从三品,所以他任桓州尹应在明昌七年节镇降刺史州以前。

关于桓州的今地,可以从王恽的《中堂事记》看出来,而且他说还有旧、新桓州之别。中统二年(1261),王恽作为燕京行省官奉旨去开平。于三月十五日,至察罕脑儿,察罕脑儿位于金代的曷里浒即金莲川,也就是滦河的上游。然后他循"滦河而北"。"二十四日,次桓州故城,……。二十七日,次新桓州,距旧桓州三十里。二十八日,入开平府,距新桓州四十有五里"。⁶ 今正蓝旗府所在敦达浩特镇北四郎城,与其以东的上都故城的距离,约与王恽所说距开平府四十有五里的新桓州相当。旧桓州即金大定间将西北路招讨司徙于界上的"桓

1　《金史》卷四四《兵志》。
2　同上,卷五七《百官三》。
3　同上,卷五五《百官一》。
4　同上,卷四四《兵志》。
5　同上,卷七二《毂英传》。
6　王恽《中堂事记》上,《秋涧先生大全文集》(四部丛刊本)卷八〇。

州故城",即由"囿于行宫之内地"迁往偏离行宫的正北边界上,在新桓州以南三十里。

据《元史·耶律阿海传》载,阿海与秃花之父名脱迭儿,官尚书奏事官。《金史·百官志》:尚书省之下分左、右司,各设"郎中一员,正五品,员外郎一员,正六品",分"掌本司奏事"。所以"尚书奏事官"应是左、右司的郎中或员外郎,品秩是正五或正六品。脱迭儿任职于尚书省,当然是在燕京。《元史·耶律秃花传》称他"世居桓州",估计从撒八儿任桓州尹开始,他们家已定籍在这里。中统年间元世祖颁发的诏书说:"秃花太傅,姓耶律氏,在前金时代,戍桓州,官爱里德,汉语守戍长也。"[1] 说明耶律秃花继其祖之后,也曾在桓州担任过军职。

二 同饮班朱泥河水的两功臣

《元史·耶律阿海传》载:

> 阿海……通诸国语。金季选使王可汗,见太祖……,因进言:"金国……亡可立待。"帝喜曰:"汝肯臣我,以何为信?"阿海对曰:"愿以子弟为质。"明年,复出使,……遂以〔弟〕秃花为质,直宿卫。阿海得参预机谋,出入战阵,常在左右。
>
> 岁壬戌(1202),王可汗叛盟,谋袭太祖。太祖与宗亲大臣同休戚者,饮辨屯河水为盟,阿海兄弟皆预焉。既败王可汗,金人讶其使久不还,拘家属于瀛。……癸亥(1203)冬,进攻西夏诸

---

[1] 《中堂事记》下,《秋涧先生大全文集》卷八二。

国,累有功。

丙寅(1206),帝(成吉思汗)……即大位,敕左帅阇别略地漠南,阿海为先锋。辛未(1211),破乌沙堡,……

《元史·耶律秃花传》也载:"侍太祖,同饮班朮河水。"《元史·耶律阿海传》的"辨屯河"即《元史·耶律秃花传》的"班朮河",《元史》中或作"黑河""浑水""班朱尼河",诚如《元史·札八儿火者传》所述,成吉思汗在遭到王汗偷袭失利时,从行仅十九人。他与众人同饮班朱尼河水盟誓:"使我克定大业,当与诸人同甘苦。"所以这十九人后来被称为"饮班朱尼河水功臣"。我初读《元史》时,对此事甚为怀疑。因《元史·太祖纪》载:"六年辛未(1211)春……二月,帝自将南伐,……冬十月,袭金群牧监,驱其马而还。耶律阿海降,入见帝于行在所。"这里说耶律阿海辛未年(1211)才降,根本没提他在辨屯河与成吉思汗"同休戚"、早就是征金先锋、辛未年破乌沙堡等事。《元史·耶律秃花传》更是矛盾百出,传中说:"太祖时,率众来归",与《元史·耶律阿海传》所说不合。又说他先随"大军入金境,为向导,获所牧马甚众。后侍太祖,同饮班朮河水"。饮班朮河水在成吉思汗消灭客烈部王汗以前,大军入金境是他1206年统一蒙古各部数年以后的事,列传多据传主后人所述撰写的碑文,难免有夸耀祖先功德之嫌。一般应以《本纪》的记载较可靠。然而,据前引《中堂事记》,元世祖中统二年秋七月,翰林修撰、同知制诰王恽,曾草拟了一份赐耶律秃花之孙的制辞,称:"我家当开拓之初,乃祖有经营之力,人今不见,功岂可忘?"并记录了他先人的功绩:"秃花太傅,姓耶律氏,在前金时戍桓州,……其后与一十八人从太祖神元皇帝同饮于黑河子,于佐命元勋,公其一也。"这是忽必烈颁发的抚恤耶律秃花后人的圣旨,明言秃花确是"同饮于黑河子"的"佐命元勋",因此才能得到如此的宠遇,所以只能说《元史·耶律秃花传》记载时序有点错乱,事实是可信的。

《元史·耶律阿海传》载:"甲戌(1214),金人走汴,阿海以功拜太师,行中书省事;封秃花为太傅、濮国公。每宴赏,必赐坐。命秃花从木华黎取中原,阿海从帝攻西域。"《元史·三公表》说:"元初,以太师、太傅、太保为三公,自木华黎国王始为太师,后凡为三公者,皆国之元勋,而汉人则惟刘秉忠尝为保,……"实际上,至元十一年(1274)刘秉忠去世后,"其职常缺","至成宗、武宗而后,三公并建,而无虚位矣"。[1] 木华黎任太师,《元史·三公表》在太祖十二年丁丑(1217),即《元史·太祖纪》和《元史·木华黎传》所载丁丑年诏封太师、国王、都行省之年。《元史·三公表》在太宗皇帝元年己丑(1229)栏内有太师阿海、太傅秃怀、太保明安,下注:"按《和林广记》多载国初之事,内有太师阿海、太傅秃怀、太保明安之名,及他公牒所报,亦间见之;然拜罢岁月之先后,不可考矣。故著于此。"《元史·百官志》因此说:"太宗即位,建三公,其拜罢岁月,皆不可考。"这三人,即耶律阿海、耶律秃花和石抹明安。所谓"拜罢岁月之先后不可考"反映了《元史》纂修者的疏漏和敷衍塞责。其实,《元史》本书之中,记载了他们拜三公的年月。前引《元史·耶律阿海传》已明确说在"甲戌(1214)金人走汴"之后,"秃花从木华黎取中原"之前,他们兄弟以功拜太师、太傅。石抹明安也是桓州人,《元史》本传也肯定说:乙亥(1215)五月,"中都既下,加太傅、邠国公,兼管蒙古汉军兵马都元帅"。不同的是把"太保"记作"太傅"。如果三人是同年受封,则应定为1215年。可见,《元史·三公表》和《元史·百官志》所谓"太宗即位,建三公"是妄测之

---

[1] 《元史》卷八五《百官一》。

词,并非"木华黎国王始为太师",他们三人受封三公还在两年以前。[1] 木华黎的地位和权势当在此三人之上,《元史》编纂者既知木华黎封太师在太祖十二年(1217),故假定这三人在太宗时"建三公"。蒙古征金时,自有一套简单的蒙古官制,据彭大雅的调查,"初无宣麻制诰之事",徐霆也说:"鞑人初未尝有除授及请俸,鞑主亦不晓官称之义为何也。"[2] 这三人在成吉思汗伐金以前就同蒙古通好,又是曾"同休戚"的功臣,所以权倾一时。他们熟悉金朝的官制,地位最高是"三师:太师、太傅、太保各一员,皆正一品,师范一人,仪刑四海",是可以充当皇帝"师范"的最高荣誉职位。[3] 如彭大雅所说,他们是"随所自欲而盗其名"。两年后,成吉思汗将征伐中原的全权交付给木华黎,又将国王、太师这两个最高级官衔赐给了他。命令他统帅汪古和兀鲁部等五投下,"同北京诸部乌叶儿元帅、秃花元帅所将汉兵及札刺儿所将契丹兵,南伐金国"。[4] 这个秃花元帅就是耶律秃花。由于《圣武亲征录》和波斯拉施特《史集》都是根据阿勒坛·帖卜迭儿(Altan Debter,金册),所以也有同样的记载,只是说"吾也而元帅、秃花元帅率领的哈剌契丹和女真军",漏掉了"札刺儿",并解释说:"他们俩都当了万夫长,'元帅'意即'万夫长'"。[5] 此处应当理解为吾也而、秃花、札刺儿都分别统领契丹、汉军,即《元史》中《太祖纪》《木华黎传》所载的"糺、汉诸军"或"契丹、蕃、汉等军"。彭大雅指出,黑鞑靼(蒙古)的"军马将帅,旧谓之十七头项",包括忒没真,即成吉思……四位

---

1 《元史》卷一五〇《石抹明安传》:"丙子(1216),以疾卒于燕城。"因此他不可能在这年以后拜太保。
2 《黑鞑事略笺证》(《王国维遗书》本),叶14下。
3 《金史》卷五五《百官一》。
4 《圣武亲征录校注》(《王国维遗书》本),叶72下至73下。
5 《史集》,第1卷第2分册,246页。

太子、弟侄、驸马、木华黎在内,还有阿海、秃花、明安。阿海的名下加注:"契丹人,元在德兴府(治今河北涿鹿县);秃花,即阿海之弟,元在宣德府(治今河北宣化县)。"[1] 阿海随成吉思汗西征,估计由耶律秃花统领全部留在山后西京路的契丹、蕃、汉军。这三人拥有各自的头项,地位与木华黎并列。难怪他们拥有太师、太傅、太保的崇高头衔。赵珙出使燕京,得悉"诸将功臣"除太师国王木华黎、弟二人、子袍阿(字鲁)外,"其次曰兔花儿太傅、国公",声名仅亚于木华黎。[2] "兔花儿"即耶律秃花。赵珙的报告作于辛巳年(1221),这时他已有太傅、国公的称号;同年冬,下文将提到丘处机在撒马尔罕得到耶律阿海的接待,也称太师;都否定了"太宗即位建三公"的说法。

《元朝秘史》二〇二节载:"成吉思汗……虎儿年,于斡难河源头,建九脚白旄纛做皇帝。……除驸马外复授同开国有功者九十五人为千户。"所列名单中,没有契丹、汉人。但在《史集》所列千夫长中,却有秃花的大名:

> 左翼也即左手军,……统帅为木华黎国王,……
> 女真人秃花元帅千户。这个异密归顺后,成为受尊敬的大异密;他管辖着十个千户的全部女真军。由他自行指派千夫长,然后进行报告。如今他的好几个儿子都在合罕处,他们受人尊敬,依旧管辖着自己的军队。[3]

在元人的记载和《元史》中,对耶律楚材推崇备至,官居中书令要

1　《黑鞑事略笺证》(《王国维遗书》本),叶23上。
2　王国维《蒙鞑备录笺证》,叶9上。
3　《史集》,第1卷第2分册,369、375页。

职,但在波斯拉施特的书中,并未提到此人,有人因此对耶律楚材的地位和作用表示怀疑。然而耶律秃花确在万户、千户功臣之列,他是拉施特提到的惟一契丹人。[1] 耶律秃花和吾也而应是蒙古建国以后,最初伐金时归附军的总领,因而新增为左手万户长木华黎下属的千户长。

长春真人丘处机在山东接受成吉思汗的邀请,庚辰年(1220)从莱州出发,经燕京,"八月初,应宣德州元帅移剌公请,遂居朝元观"。据王国维考证:"移剌公谓耶律秃花也。"并举前引《黑鞑事略》文字为证。耶律秃花款留丘处机于宣德州朝元观半年之久,辛巳年(1221)二月八日才启行。丘处机从西域归来,"宣德元帅移剌公遣专使持书至云中(今山西大同),以所乘马奉师。[癸未,1223]八月初,东迈杨河,……凡十有二日,至宣德,元帅具威仪出郭西远迎",又留了数月之久。[2]

《元史·耶律阿海传》说:"阿海从帝攻西域,俘其酋长只阑秃,下蒲华、寻斯干等城,留监寻斯干(今乌兹别克共和国撒马尔罕)。专任抚绥之责。"这也可从《长春真人西游记》得到证明,丘处机于辛巳年(1221)"仲冬十有八日,过大河,至邪米思干(即寻斯干)大城之北。太师移剌国公及蒙古、回纥帅首载酒郊迎"。这个太师以主人的身份接待长春真人,一度"食用稍难",由"太师独办",与"留监寻斯干"(寻斯干的达鲁花赤)的说法相符。后文又称他为"太师阿海",九月望丘处机对成吉思汗讲道,"师(丘处机)与太师阿海入帐坐,……师

---

[1] 《史集》还有一个哈剌契丹人吾也而千户。据《元史》卷一二〇本传,他是珊竹氏(Salji'ut),按拉施特的分类,他是正统的蒙古尼伦部人。

[2] 《长春真人西游记校注》(《王国维遗书》本),卷上、卷下。

有所说,即令太师阿海以蒙古语译奏"。[1] 这也证明:本传称阿海"通诸国语",曾选为使者,留在成吉思汗左右同历甘苦的记载是可靠的。

耶律秃花以蕃、汉诸军元帅拨归木华黎指挥后,本传中载:"从木华黎收山东、河北,有功,拜太傅、总领、也可那颜,封濮国公,……统万户札剌儿、刘黑马、史天泽伐金,卒于西河州。"刘黑马之父伯林,金末为威宁防城千户。壬申岁(1212),太祖围威宁,伯林降。太祖命选士卒为一军,与太傅耶律秃怀同征讨,招降山后诸州。[2] "耶律秃怀"即耶律秃花,"同征讨"说明刘伯林降金后即属耶律秃花统率。威宁是抚州属县,金章宗承安二年(1197)以新城镇置。"元初隶宣德府"。[3] 前文所引《黑鞑事略》称耶律秃花"元在宣德府",丘处机称他为"宣德元帅"。所以,元初威宁隶宣德府与刘伯林是耶律秃花属部有关。

《元史·刘伯林传》又载:"进攻西京,录功,赐金虎符,以本职充西京留守,兼兵马副元帅。癸酉(1213),从征山东,……丁丑(1217),复从大军攻下山东诸州。……戊寅(1218),同攻下太原、平阳。己卯(1219),破潞、绛及火山、闻喜诸州县。"《元史·耶律秃花传》只提到他"从木华黎收山东、河北",秃花元帅的军队是1217年成吉思汗拨归木华黎指挥的重要部队。而《元史·刘伯林传》也说他与秃花"同征讨"。木华黎在丁丑年进军河北、山东以后,曾于戊寅、己卯两年连续进军山西,刘伯林这两年也在山西作战,那么,木华黎下属之重要将帅,刘伯林的上级耶律秃花不可能不在其中,显系本传叙事简化时遗漏。癸酉年前,刘伯林攻西京,"兼兵马副元帅",其上还有一个正元

---

1 《长春真人西游记校注》(《王国维遗书》本),卷上、卷下。
2 《元史》卷一四九《刘伯林传》。
3 《金史》卷二四《地理上》;《元史》卷五八《地理一》。

帅,我认为只有耶律秃花的地位与此相当,说明刘伯林早在归降蒙古之初,就已作为耶律秃花统率下的"山后诸州"军在西京作战了。

刘伯林"辛巳(1221),以疾卒"。刘黑马"岁壬午(1222),袭父职,为万户",又说:"岁己丑(1229),太宗即位,始立三万户,以黑马为首,重喜、史天泽次之,……充管把平阳、宣德等路管军万户,仍佥太傅府事"。¹ 这个"三万户"也就是耶律秃花所统的"三万户","太傅",自然是指耶律秃花。金熙宗"皇统五年(1145),以……今庶官不分类为名,于文移不便。遂定:京府尹牧、留守、知州、县令,……为'长官',同知、签院、副使、少尹、通判、丞曰'佐贰官'"。"签院"即"签书枢密院事"的省称,枢密院的佐贰官,位居枢密使、枢密副使之下。² 所以"佥太傅府事"(佥同签)就是太傅的佐贰官,可以辅助耶律秃花行使太傅所享有的军政权力。

抚州威宁防城千户刘伯林以城降,同降者有张子玮,太祖"俾长千夫","从征伐"。"岁丙子(1216),西京元帅以国王命授都提控"。我猜想这个"西京元帅"就是耶律秃花。接着子玮"从攻汾州",明年,东进河北、山东等地,"诏为西京帅府都弹压"。1218年,"克太原、平阳",以后几年,在山西、陕西等地作战。"岁甲申(1224)四月,太傅、行尚书省奏前后战功多,宣授元帅都监。"³ 这个"太傅",显然就是耶律秃花。张子玮参加的军事行动,应是在他的统领下,说明耶律秃花还有"西京元帅""行尚书省"等官衔,当时的确在主持山西、陕西一带的军事行动。

河东土豪吴信据荣州(今山西万荣县荣河镇),曾受秃花招抚,其

1　《元史》卷一四九《刘伯林、黑马传》。
2　《金史》卷五五《百官一》。
3　萧㪺《威宁张氏新阡表》,《勤斋集》(文渊阁四库全书本)卷三,叶19上。

后人所立碑文载:"庚寅(1230),以胡壁堡□□,太傅、总领劄付金符,俾□前贼,遣公进攻夹家堡。"[1] 碑文证明太宗初年耶律秃花在山西确有委任和调遣官员的权力。

次年辛卯(1231)秋八月,窝阔台至云中(西京大同),授耶律楚材"中书省印,俾领其事",当时发生了"宣德路长官太傅秃花失陷官粮万余石,恃其勋旧,密奏求免"之事。[2]

山西平遥人梁瑛,"己丑年(1229),……诣阙下朝见,上……令充明安之职,掌握兵权,及与太傅、总领、也可那延、宣差万户,扈从车驾,西入长安、凤翔诸路,其州郡传檄而定,并宋境……西和、沔州、……兴元等处"。[3] "上"指太宗窝阔台;"明安"乃蒙古语,意为千户;"太傅、总领、也可那延"都是耶律秃花的官衔,但还多出一个"宣差万户"。"车驾"指睿宗拖雷,据《元史·睿宗传》:"拖雷总右军自凤翔渡渭水,过宝鸡……分兵攻宋诸城堡,长驱入汉中……。"宝鸡是凤翔路属县,西和州乃今西和县,沔州即今略阳,兴元即汉中,梁瑛与拖雷的行军路线一致,足证拖雷此次绕道宋境,从腹背攻金的行动也有耶律秃花及其所属梁瑛等军参加。在这次行军途中,耶律秃花卒于西和州,"西和"在《元史·耶律秃花》本传中误作"西河"。

1　周从善《吴公(信)神道之碑》,《山右石刻丛编》卷二六。
2　宋子贞《中书令耶律公神道碑》,《元文类》卷五七。
3　张藻《评事梁公之碑》,《山右石刻丛编》卷二四。参看魏初《故征行都元帅五路万户梁公神道碑铭》,《山右石刻丛编》卷三一。

三　朱哥

耶律秃花死后,"子朱哥嗣,仍统刘黑马等七万户,与都元帅塔海绀卜同征四川,卒于军"。《元史·太宗纪》:六年甲午(1234)秋七月,遣达海绀卜征蜀。"塔海绀卜"即"达海绀卜",甲午就是灭金之年,这时已由嗣子朱哥统军。

关于朱哥,《元史·耶律秃花传》记述他的事迹只有这近三十字。幸好朱哥崇奉全真道,在道书和石刻中还保留有关他的记载。女真女子斡勒守坚,在长春真人丘处机应成吉思汗之召去西域回燕京后,礼丘处机学道,丘处机委托她去燕京以北地区传教,从西京到宣德,谒"太傅相公洎太夫人,一见待之甚厚,创庆云观主持"。这个"太傅相公"是谁?碑文接着说:"以舍人宝童相公、百家奴相公寄贺于门下。"《元史·耶律秃花传》明言这位"舍人宝童"是朱哥的嗣子,可见这个"太傅相公"就是朱哥,太夫人就是耶律秃花之妻。这时当在秃花已故、朱哥袭职之后,他们父子虽领兵四处征战,但这个家族仍住在宣德。"戊戌(1238)秋,太傅相公有征于秦蜀,抚定关中,故以安车迎迓,西入长安,择地京兆府录事司,□□城街北古真武庙,继而新之,额曰'龙阳'"。[1] 说明在 1238 年,朱哥负"有征于秦蜀,抚定关中"的职责,从宣德迁到京兆府(今陕西西安市),同时也将清妙真人迎住长安龙阳观。

准确地说"太傅耶律公(朱哥)行省陕右"是在"癸卯春"。京兆人窦继祖隐居于平阳,从事教授。朱哥开太傅府于平阳,继祖"以儒

---

[1] 陈垣编纂《道家金石略》,《龙阳观玉真清妙真人本行记》,文物出版社,1988 年,542 页。

者见,遂拉西还",到京兆朱哥家设馆教授他的诸子。[1] 同年,窝阔台向驻中原地区的官员颁发"抽分羊马"的圣旨:在中书右丞相田镇海之下,第二名就是猪哥(朱哥);第三名是太保石抹明安的长子,燕京行省咸得不;第四名是前文的"签太傅府事"刘黑马;第五名是石抹明安次子忽笃华(作"胡土花"),燕京等处行尚书省事,兼蒙古汉军兵马都元帅;第六名是统领工匠的小通事合住;第七名是朱哥的从兄弟,耶律阿海次子绵思哥(作"绵厕哥"),袭太师,守中都路也可达鲁花赤。[2] 说明这年秃花已死,朱哥已袭职。其名列于中书右丞相之下,居地方军政长官之首。圣旨中还有"山西东西两处、燕京路……一体施行"的话,从各人本传看,咸得不、胡土花、绵厕哥是燕京路的长官,猪哥、刘黑马、小通事合住则是山西东西两处(即金西京路所辖德兴府、宣德等州及大同府和丰、朔等州)的长官。[3]

陕西咸宁人来献臣,金兴定进士,补南京(今开封)都省掾。蒙古军南下,流转他方。"癸巳(1233),徙居平阳,乙未(1235),行中书省剳充太傅国公府议事官"。[4] 所谓"太傅国公",也就是朱哥承袭耶律秃花的太傅和濮国公爵位。辛卯年(1231),窝阔台曾在平阳设行中书省。[5] 可见朱哥曾开"太傅国公府"于平阳,并由行中书省为他录用幕官。

---

1 同恕《窦周臣先生行狀》,《榘庵集》(四库全书珍本丛书)卷五,叶 3 下。
2 《大元马政记》太宗皇帝五年癸巳圣旨。参见《元史》卷一二〇《镇海传》,《黑鞑事略笺证》中王国维有关镇海的笺注,《元史》卷一五〇《石抹明安传》《耶律阿海传》,卷一四九《郭德海传》。《析津志》载太宗五年"以燕京夫子庙为国学"的圣旨,奉旨人中也有咸得不、绵思哥、胡土花、小通事合住之名,但《析津志辑佚》误断为"胡土花小通事、合住",北京古籍出版社,1983 年,197 页。
3 点校本《元史》卷五八《地理志·顺宁府》下及校勘记[六]。
4 李庭《故陕西行中书省讲议官来献臣墓志铭》,《寓庵集》卷六。
5 张帆《元代宰相制度研究》,北京大学出版社,1997 年,18 页。

丙申年(1236),窝阔台灭金后,分封诸王、贵戚、功臣,其中有一位"也可太傅",经钱大昕考定就是耶律秃花的封号。他的五户丝户,不知当初有多少,"壬子年(1252),元查上都五百四十户。延祐六年(1319),实有三百户,计丝一百二十斤"。[1] 元代上都路辖宣德府,所谓上都户也就是耶律家族在宣德占有的私户。

朱哥作为蒙古国驻关中的军政首脑,频频出现在保护僧道的文献中。

1238年,李志常继尹志平任全真道掌教。"三月赴阙(哈剌和林),以教门事条奏,首及终南山灵虚观系重阳祖师炼真开化之地。得旨,改称重阳宫,敕洞真于君主持"。[2] "洞真于君"原名善庆,入道后更名志道,进号通玄广德洞真真人。他接受"主领陕右教门事"的敕令后,"庚子(1240)夏,太傅移剌宝俭,京兆总管田德灿,差官持疏往邀",当即从北京(今内蒙古宁城县)"入关总宫事,綦白云、李无欲实纲维之"。[3] 白云真人綦志远,"戊戌(1238)……冬,奉旨辅洞真于公,……复立终南祖庭,提点陕西教事。庚子春,遂入长安……。秋,太傅移剌公、总管田侯皆差官从公持疏诣燕,邀请清和大葬祖师"。[4] "清和"即继丘处机的掌教尹志平,祖师即全真道的创始人王重阳。《清和真人传》也载:"庚子冬,京兆太傅移剌宝俭、总管田德灿请师主重阳祖师葬事,师欣然而往,……大阐葬礼,以明年辛丑正月二十五日既事。"[5] 参与此事者还有冯志亨,"庚子冬十月,京兆太傅及总管田侯

---

1 《元史》卷九五《食货三·岁赐》;《十驾斋养新录》卷九《也可太傅》。
2 李道谦《终南山祖庭仙真内传》下《真常真人》,《道藏要籍选刊》7。
3 《终南山祖庭仙真内传》下《洞真真人》;杨奂《终南山重阳万寿宫洞真于真人道行碑》,《甘水仙源录》卷三。
4 李庭《玄门弘教白云真人綦公道行碑》,《甘水仙源录》卷五。
5 《终南山祖庭仙真内传》下。

等,请清和改葬重阳祖师,以公为辅"。[1] "移剌"即耶律的异译,"太傅移剌公"自然是朱哥,太傅不仅冠以地名"京兆",还出现了另一个汉名"宝俭",按蒙古、契丹人的习惯,大多称呼他的小名"朱哥"。"总管田侯"即田雄,《元史》本传载:"癸巳(1233),授镇抚陕西总管京兆等路事",故称为"总管"。《洞真真人传》称"京兆总管",大名"田德灿",而杨奂碑文中则作"总管田雄",证明都是一人。

除改葬重阳祖师外,朱哥和田雄还支持了骊山华清宫等寺观的修建,如清平道人赵志渊,辛丑(1241)春,"自洺州从清和宗师会葬祖庭,还过骊山,……悯宫室之雕废,遂慨然以修复为事,……又得太傅移剌公,总管田公,输赀助役,相与翼成"。[2] 同年,"太傅移剌宝俭其母死,欲以二婢为殉"。太傅及其太夫人早已诚心信道,终南山重阳万寿宫无欲观妙真人李志远"以古葬礼正之,始罢议。凡契丹人以人殉死者,弊因以革"。[3]

1242年,宋京湖安抚制置使兼夔路制置大使孟珙,"谍知京兆府也可那延以骑兵三千经商州取鸦岭关,出房州竹山",入四川,直抵泸州。[4] "京兆府也可那延"即后文石刻中所见的"也可那衍"朱哥,乃袭其父的封号。可见这时朱哥是驻京兆征宋诸军的主帅。邵远平正确理解"也可那衍"是耶律朱哥,并将此事写入《元史类编》,然误刻朱哥为"末哥";《蒙兀儿史记》本传也误改为末哥。

陕西鄠县草堂寺今存一通石刻《阔端太子令旨》:"道与猪哥、胡秀才、刘黑马、田拔睹儿、大小官员、诸色人等",时间是癸卯年(1243)

---

1 赵著《佐玄寂照大师冯公道行碑铭》,《甘水仙源录》卷六。
2 商挺《增修华清宫记》,《甘水仙源录》卷一〇。
3 何道宁《终南山重阳万寿宫无欲观妙真人李公本行碑》,《甘水仙源录》卷六。
4 《宋史》卷四一二《孟珙传》。

五月十七日。¹ "猪哥"即"朱哥",已见于前引《大元马政记》太宗圣旨。"田拔睹儿"即田雄,"拔睹儿"一般作拔都儿或拔都鲁,蒙古语,意为勇士。《本传》说他"以骁勇善骑射知名",可能他因此受赐此雅号。刘黑马在灭金以后,"辛丑(1241),改授都总管万户,统西京、河东、陕西诸军万户,夹谷忙古歹、田雄等并听节制"。² 他也驻军陕西,节制田雄,所以在田拔睹儿之前写上他的名字。

同年癸卯夏,田雄赞助修华岳庙,"与丞相胡公天禄同署",邀请山西浑源县真常子刘道宁前来住持,这个丞相胡天禄,很可能是令旨中排名第二的"胡秀才"。³ 前面提到,乙未年(1235),行中书省让侨居平阳的来献臣"劄充太傅、国公府议事官"。这时太傅、国公尚驻在山西,行中书省有"大丞相胡天禄",于癸巳年(1233)"行台河东",曾请披云真人宋德方"主醮事",后宋德方等谋镂刻道藏,他又"倾白金千金以为创始之费"。⁴ 此人或称"中书胡氏,由侍从行相府河东",⁵ 又称"平阳府行省胡公丞相"。⁶ 若干年后,这位热心于全真道的行省丞相,又与京兆总管田雄"同署",邀请华岳庙的住持,显然这时他也是京兆的高级官员,与同年阔端太子令旨中点名的胡秀才相当。由于他出身"侍从",可能同耶律楚材一样是必阇赤,故称为秀才,这时他已与原驻河东的将帅一起转而行省京兆,作为行省丞相,列名于太傅国公之后,刘黑马、田雄等万户长之前。

胡天禄"行省陕右"任用的人有:华州人李庭,"甲辰岁(1244),中

---

1 蔡美彪《元代白话碑集录》,(7)。
2 《元史》卷一四九《刘伯林传》。
3 王鹗《浑源县真常子刘君道行记》,《甘水仙源录》卷六。
4 《终南山祖庭仙真内传》卷下《披云真人》。
5 同恕《中书左右司郎中李公新阡表》,《榘庵集》卷五。
6 宋景祁《大元国乡宁县赵侯墓志》,《山右石刻丛编》卷二八。

书胡君行省陕右,辟公为议事官"。¹

云内州人孟攀鳞,金朝进士,"癸巳(1233),抵平阳,行台胡公异礼待之,每事谘议焉。内省委管司印造经籍事","丙午(1246)为陕西帅府详议官,遂家长安"。² "行台胡公"就是胡天禄,"陕西帅府"就是朱哥的帅府,可见孟攀鳞在平阳得到胡天禄的"内省"委任,到了长安正式被帅府任命为详议官。

阔端是太宗窝阔台汗次子,按拉施特的说法,他的分地是"唐兀惕地区",³也就是原西夏国的领土。但据《元史·太宗纪》七年至十一年(1235—1239)阔端主持"征秦巩""入蜀"的军事,他的镇守范围应包括秦、蜀等地,所以他有权对京兆的大小官员颁发令旨。

两年后,又有两道"阔端太子令旨",其一是乙巳年(1245)十月二十二日颁发给盩厔县重阳万寿宫,其一是同年十一月十日颁给草堂寺,前者称"道与京兆府路□哥、黑马、达鲁花赤、管民官田拔都鲁……等",后者称"道与猪哥、胡秀才、刘黑马、田八都鲁、和尚八都鲁……等"。⁴ "□哥"与癸卯、乙巳年两草堂寺碑对照,所脱字应为"猪",即耶律朱哥;田拔都鲁是田雄;黑马是刘黑马;胡秀才是胡天禄;和尚八都鲁是《元史·郝天挺传》中其父"和上拔都鲁",他原是山西九原府(以忻州升)主帅,丙申年(1236)从都元帅塔海征蜀,师还,其部亦留驻京兆,摄关中万户府事。⁵ 丁未年(1247)四月初十日,铁哥丞相传奉皇太子令旨,"道与铁哥都元帅、也可那衍、刘万户、和尚

1　王博文《故谘议李公(庭)墓碣铭》,《寓庵集》附录。
2　《元史》卷一六四《孟攀鳞传》;李俊民《孟氏家传》,《庄靖集》卷八。
3　《史集》,第2卷,10页。
4　蔡美彪《元代白话碑集录》,(11)、(12)。
5　王磐《故五路军民万户河东北路行省郝公神道碑》,《弘治重修三原志》卷一〇。

万户、抄剌千户等官"。同年十月廿八日，又有"帖哥火鲁赤都元帅钧旨，道与朱哥那衍"及京兆府的官员。钧旨中说："今年四月初十日，有铁哥对帖哥火鲁赤、朱哥那衍、总管、万户、爪难千户等传奉皇太子令旨，……仰朱哥那衍就便行各管官司，……据此项议指挥。"[1] 钧旨中的引文是对四月初十日皇太子令旨的重申，是据同一蒙古文令旨的不同译文。"铁哥都元帅"就是发布钧旨的"帖哥火鲁赤都元帅"，甲寅年(1254)，宪宗曾命速哥"从都元帅帖哥火鲁赤等入蜀"。中统三年(1262)，完颜石柱"从都元帅帖哥攻嘉定(今四川乐山)"，都是指此人。[2] 令旨和钧旨中的"也可那衍""总管""万户"不是抽象名词，而是实指某个人。二者互相勘对，"也可那衍"就是"朱哥那衍"，本传下文说："自朱哥至百家奴，并袭太傅、总领、也可那延。"可见也可那衍(也可那延)同太傅一样，也是耶律秃花家族世袭的头衔；"刘万户"就是《钧旨》中的"总管"，因前文《刘黑马传》说："辛丑，改授都总管万户"，所以"刘万户"或"总管"都是指刘黑马；钧旨中的"万户"是令旨中"和尚万户"的省称，即郝和尚拔都；"抄剌千户"与"爪难千户"无疑是同名异译。前引朱哥本传说："仍统刘黑马等七万户。"从上引四碑和下文《弥里杲带太子令旨碑》可知，应有刘黑马、田雄、夹谷忙古歹、郝和尚拔都等万户在内。

  这年以后，耶律朱哥信奉道教及支持道观的活动仍反映在道家文献中。"丁未(1247)春，栖云真人王公……祀香祖师之重阳宫，至自汴梁，……语其徒曰：'兹地……宫垣之西，甘水翼之，已为壮观，若

---

[1] 《元代白话碑集录》,(13)、(14)。题名为《一二四七年鄠县草堂寺阔端太子令旨碑》。据碑文中内容，应理解为是帖哥发布"钧旨"重申"皇太子令旨"。故此碑应按碑中原文定名为《帖哥火鲁赤都元帅钧旨碑》。
[2] 《元史》卷一三一《速哥传》；卷一六五《完颜石柱传》。

使一水由东而来,环抱是宫,可谓双龙盘护,……抵东南涝谷之口,行度其地,可凿渠引而致之.'于是闻诸时官,太傅移剌保侰,总管田德灿二君深嘉赏焉。"[1] "丁未冬,太傅移剌公就佑德观设黄箓大醮,临坛摄召仆体者百余人"。[2] 戊申(1248),山东宁海人玄通子范圆曦"游关中,祀重阳祖师于终南。秦陇帅太傅、国公素謇傲,未尝下士,见公不觉膝屈,三返致疏,请提点重阳万寿宫。公辞……,帅檄关吏不令出,公不得已为之住持"。[3] 朱哥在这里除了称"太傅"外,又称"秦陇帅",也承袭了"濮国公",他不仅在道观自设黄箓大醮,迷信"临坛摄召仆体"之类法术,而且还放下"素謇傲"的架子,亲自膝屈为重阳万寿宫礼请住持提点。无疑他是一个虔诚的道教徒。己酉年(1249),有一位任公先生,在重阳万寿宫东梁家庄建"栖云观","蒙宣差、权省移剌公主张赞成其事"。[4] 这个"移剌公"拥有"宣差"和"权省"两个头衔,赵珙说"遣发临民者曰宣差";[5] "权省"即权宜负责行省政事的长官,这较"秦陇帅"的称号更全面,即他是作为大汗派来临民的宣差,掌握秦陇等地一个行省的军政大权。"移剌公"可能是朱哥,或者是他的继承人。

可能就在己酉(1249)年,朱哥在征四川时"卒于军"。

---

1 《栖云真人开涝水记》,《道家金石略》,621页,附陈垣案《长春道教源流》卷四,"田德灿"作"田雄"。可见田雄又名田德灿。
2 李庭《玄门弘教白云真人綦公道行碑》。
3 宋子贞《普教真人玄通子范公墓志铭》,《甘水仙源录》卷四。
4 姬志真《终南山栖云观碑》,《道家金石略》,587页。
5 王国维《蒙鞑备录笺证》,"官制"。

四　宝童、买住、忽林带

朱哥死后,"子宝童嗣,以疾不任事"。他的生平本传仅此几个字。

陕西盩厔县重阳万寿宫的圣旨碑中,第三截右方刻有"弥里㪷带太子令旨,道与宝童、忙兀歹、黑马、和尚并京兆府……大小官员等"。时间是"庚戌年(1250)十一月十九日"。[1] 这通碑文证明宝童在这年冬已嗣父职在位。前引碑文在 1247、1248 年还出现朱哥的名字及其活动的记载,故可确定朱哥之死和宝童嗣职就在庚戌年或以前一年多的时间范围内。据《元史·宗室世系表》,"弥里㪷带太子"当是阔端的长子"灭里吉歹王"。可见,1250 年,灭里吉歹已承袭了阔端的王位。"忙兀歹"即前引《刘黑马传》所述听他"节制"的夹谷忙古歹;"和尚"就是郝和尚拔都。宝童自幼就崇奉道教,还是在宣德老家时,在太傅相公和太夫人的慈惠下,"舍人宝童相公"已寄贺于龙阳观女官玉真清妙真人门下。[2]

金尚书省掾李仪,当田雄"开府陕西,行总省事",请为幕宾,由知事累升提领经历司官,以年高引退。"丁巳(1257)正月,太傅、国公辟为省府左右司都事"。[3] 可见太傅在主持陕西"省府"事务,这时的太傅应是宝童。

《元史·宪宗纪》八年戊午(1258),"帝自将伐宋,由西蜀以入","夏四月,驻跸六盘山,诸郡县守令来觐。……以明安答儿为太傅,守

1　《元代白话碑集录》,(15)。
2　《道家金石略》,542 页。
3　李庭《故京兆路都总管府提领经历司官太傅府都事李公墓志铭》,《寓庵集》卷六。

京兆"。蒙古国时期,蒙古官制并无"太傅"一职,中原的军政官员,虽喜用金朝的官称,但"太傅"却是耶律秃花家族所专有,更何况从朱哥开始,"守京兆"的首脑又是由他的家族世袭,这个"明安答儿"很可能就是宝童的蒙古名字。宝童嗣的是"太傅"的称号,以疾不任的"事"是不领军作战,由他的叔父代行,因此他改任"随路新军总管"。宪宗征蜀,接见诸郡县守令,重申让他袭太傅,守京兆。

宝童因"以疾不任事",《本传》称:改以"朱哥弟买住嗣"。即由他统率诸军征蜀。买住向宪宗建议:"今欲略定西川下流诸城,当先定成都以为根本,臣请往相其地。"

派遣京兆诸军南戍,是忽必烈的一项战略决策。辛亥年(1251),宪宗蒙哥即汗位,任命同母弟忽必烈主持"漠南汉地军国庶事"。癸丑(1253),将京兆分授给忽必烈作分地。当时"诸将皆筑第京兆,豪侈相尚",忽必烈将他们分遣兴元等州戍守。[1] 如1250年弥里杲带太子令旨中的夹谷忙古歹(或作龙古带)曾上言:"兴元(今陕西汉中市)形势,西控巴蜀,东扼荆襄,山南诸城,无要此者,……诚能留兵戍守,……俟秋谷收,……储之于庾,守之以吏,征蜀之师,朝至而夕廪焉,校以资粮关中,……劳费大省,实制蜀一奇也。"定宗已令他行省兴元。乙卯(1255),忽必烈以皇弟"总天下兵",曾指示忙古歹:"往者兴元军民,俱受买住与汝节度,今买住征蜀,比其还也,汝专节度之。"[2] 这个"买住"就是朱哥弟耶律买住,说明他在癸丑年(1253)分遣京兆诸将时,买住被派往兴元与夹谷忙古歹同戍,担任军政首脑。

元仁宗的"宾师",曾任中书平章政事的李孟之父李唐,"博学多

---

[1] 《元史》卷四《世祖纪》。
[2] 姚燧《兴元行省夹谷公神道碑》,《元文类》卷六二。

艺能,于诸国语尤习"。由河东潞州"从军秦陇间。岁戊申(1248),夹谷沔国公(忙兀带,下文说"沔国小字也")行兴元西川省事,以能补部吏。未几辟行省掾","擢刑部主事"。"壬午(1252)沔国改军民万户,公为知事","甲寅(1254),太傅买住行省兴元",李唐仍领前职。[1] 乙卯年(1255)买住已在"征蜀",兴元由忙古歹"专节度之"。正如耶律买住本传所载,宪宗听从他"先定成都"的意见,"遂率诸军往成都,攻嘉定,未下而卒"。

耶律买住的"征蜀",从行者有刘恩其人,初"以材武隶兵籍,从太傅耶律公入蜀,寻以劳升百夫长,稍迁总管、太傅府经历"。[2] 这个"耶律公"当即买住,他也称"太傅",他或他在四川的继承人在四川也设有"太傅府",有"经历"等僚属。

《元史·速哥传》载:"岁甲寅(1254),宪宗命从都元帅帖哥火鲁赤等入蜀。""帖哥火鲁赤"就是1247年阔端太子令旨"道与"的铁哥都元帅,也就是同年向朱哥那衍等人发布钧旨的帖哥火鲁赤都元帅。因此,朱哥的嗣职人买住也应在1254年"入蜀"的帖哥"等"人之内。这次军事行动可能是与兀良哈台从云南北攻四川的举动配合,当时南宋四川宣抚使李曾伯认为兀良哈台的意图是"欲哨重庆,聚嘉定"。[3]《元史·兀良哈台传》也说:"丙辰(1256),……〔宪宗〕诏以便宜,取道与铁哥带儿兵合,遂出乌蒙,……遂通道于嘉定、重庆,抵合州,济蜀江,与铁哥带儿会。"可见甲寅和丙辰年的行动都是奉宪宗诏命的计划行动,目的是南北夹击四川,会聚嘉定(今四川乐山市)。所以买住"率诸军往成都,攻嘉定",由于他"未下而卒",大军受阻,改而

---

1 刘敏中《韩国公谥忠献李公神道碑》,《中庵集》卷六。
2 李谦《都元帅刘恩先茔碑铭》,《(嘉靖)威县志》卷二。
3 《乞调重兵应援奏》,《可斋续稿》后卷三。

经重庆,抵合州渡江会师。四川方面的主将铁哥应该是统领买住等军的帖哥火鲁赤。

买住死后,"子忽林带嗣,总诸军,立成都府,卒于军"。所谓"城成都""立成都"是在丁巳年(1257),[1]说明这时忽林带已嗣其父买住职。因此可以推论,1255年忽必烈还提到正在"征蜀"的买住,是在丙辰年(1256)攻嘉定时战死的。

忽必烈在开平即帝位的第二年,诏封几位功臣,又以圣旨宣谕世臣买住之子,这篇制辞是由翰林院属官王恽起草的,他还加注说明:耶律买住是佐命元勋秃花太傅第二子,"早卒。其子明安歹儿,时年十有三岁,今卫辉路总管耶律汉杰即其兄也"。制辞说:"我家当开创之初,乃祖有经营之力,……虽尔身未成人,……姑承旧爵,用显元勋,直须长立之年,许领职司之务。"[2]

这道圣旨说明,耶律买住在中统二年(1261)已"早卒",嗣子忽林带也已"卒于军",另一子明安歹儿年仅十三岁,忽必烈令他"姑承旧爵,用显元勋"。他有一兄名耶律汉杰,现任卫辉路总管,为何一定要年幼的明安歹儿袭爵,等他成人后"许领职司之务"。可能耶律汉杰不是他的亲兄。

五　百家奴、秃满答儿

忽林带死后,《元史》本传又载:"以兄百家奴嗣。"上文引《中堂事

---

[1] 《元史》卷一二三《拜延八都鲁传》;卷一四九《刘黑马传》。
[2] 《中堂事记》下,中统二年七月廿一日,《秋涧先生大全文集》卷八二。

记》,有旨给买住子明安歹儿,许诺他成年后袭领职司,并没有另一子已嗣职之意。其次,忽林带死,以兄百家奴嗣也不合常规。有史料证明,百家奴乃朱哥之子、买住之侄、明安歹儿的从兄。前引《龙阳观玉真清妙真人本行记》载,大约在灭金的1234年前后,太傅朱哥在宣德曾"以舍人宝童相公、百家奴相公寄贺于门下",这个百家奴相公显然是太傅朱哥之子(舍人),宝童之弟。忽林带死后,其弟尚幼,故仍以伯父朱哥之子从兄百家奴嗣。《本行记》立石于中统二年清明日,正是世祖有旨给买住之子前几个月,这个碑就是由移剌百家奴和弟移剌云童充当功德主立的,移剌百家奴的官爵头衔同他的祖、父、叔、兄一样,仍称"太傅、总领、也可那延、濮国公"。[1] 故《元史》本传也说:"自朱哥至百家奴,并袭太傅、总领、也可那延。"由于耶律买住、忽林带相继战死,忽必烈为了抚恤遗属,所以在秃花长子一系外,这年七月又让次子买住一系另承"旧爵"。

百家奴在蒙哥征四川时已袭职。忽必烈潜藩属人赵良弼,于己未年(1259)七月,随同忽必烈南征。蒙哥死,又随北还,抵卫州,忽必烈派他到京兆察访陕西、四川方面动态,一月内就收集到实情报告:"百家奴、刘黑马、汪惟正兄弟蒙被德惠,俱悉心俟命。"[2] 次年忽必烈即位,任命廉希宪为京兆、四川宣抚使,于五月抵京兆就任,当时阿里不哥党人策动四川将帅反对忽必烈,"成都帅百家奴、兴元帅〔夹谷〕忙古带、青居帅汪惟正、钦察等俱遣使"向廉希宪报告。[3] 这两项记载都说明百家奴已袭成都帅职,在汉军中的地位仍名列首位。

蒙古汉军总管忽都,至元二年(1265),"从都元帅百家奴败宋将

---

[1] 《道家金石略》,542页。
[2] 《元史》卷一五九《赵良弼传》。
[3] 《元朝名臣事略》卷七《平章廉文正王》。

夏贵于怀安"。[1] "怀安"即怀安军,北宋太祖"乾德五年(967)以简州金水县建为军",[2] 治今四川省金堂县东南同兴。蒙古军多次入川,怀安军曾寄治城西十五里云顶山,可知这年百家奴在成都外围作战。担任太傅府僚属的刘恩,可能就在百家奴军中,参加了成都外围的战争:"怀安之役,宋四川制置蒲泽之役诸路守帅合兵七万,分遣入寇,公(刘恩)自龙爪砦先驱逆击,宋人大败而还。成都之役,宋大将夏贵、昝万寿率兵三万水陆并进,觇我成都。公先以锐卒绝其归路,躬率铁骑突入与之接战,往返数四,兵气益振,敌兵大溃,馘首二千人,溺死者无算。"[3] 三年后,百家奴领军在嘉定府(治今乐山市)境内作战,连拔五花、石城、白马三寨。[4]

嘉定此役后,百家奴不知因何故被解职。《元史》本传载:"秃满答儿者,百家奴之弟,忽林带之兄也,常留中宿卫。后百家奴解兵柄为他官,乃授成都管军万户,代将其军。"前引《清妙真人本行记》中统二年所立碑石,功德主是"移剌百家奴、弟移剌云童",我怀疑这个移剌云童就是秃满答儿的汉名。他是百家奴的亲弟,忽林带和明安歹儿的从兄。

至元十年(1273)二月,宋京西安抚使、知襄阳府吕文焕以襄阳城降元,元世祖决定加强对四川的攻势。同年四月,罢四川行省,保留东、西川行枢密院,接见巩昌二十四处便宜总帅汪良臣,任命他为枢密副使、西川行枢密院事。[5] 次年又召见西蜀都元帅也速答儿,令他辅

---

1 《元史》卷一三五《忽都传》。
2 《宋史》卷八九《地理志》。
3 李谦《都元帅刘恩先茔碑铭》,《(嘉靖)威县志》卷二。
4 《元史》卷六《世祖纪》,至元五年五月。
5 同上,卷八《世祖纪》;卷一五五《汪良臣传》。

助行枢密院副使忽敦。十一月,敕令西川行枢密院也速答儿等取嘉定府。[1] 于是秃满答儿"从忽敦攻嘉定,修平康寨以守之"。十二年(1275)二月,从汪良臣"攻九顶山(宋嘉定府治地凌云山城),破之"。六月,宋知嘉定府、安抚使昝万寿遣部将奉书请降,元军占领嘉定三龟、九顶、紫云等城。[2]

秃满答儿在忽敦率领下,领大军沿岷江、沱江、马湖江顺流而下,六月,宋叙州守臣郭汉杰以城(治今四川宜宾市东二里登高山)降,[3] 再沿江东下,向泸州进发,宋潼川安抚使、知江安州梅应春降。元朝留任梅应春为泸州(治泸州东南六十里神臂山城)安抚使。[4] 大军继续东下围攻重庆,秃满答儿分守嘉陵江与长江的合江口,"以舟师塞龙门濠,遏其援兵"。元军围重庆将近一年,仍未攻下。十三年(1276),泸州义士先坤明与刘霖密谋"率乡人起兵自保",先坤明请刘霖去合州,向"州守张珏乞师为外援,留己于城中作内应"。张珏派部将赵安、王世昌等随刘霖"引步卒兼程潜行",于六月三日夜与先坤明等里应外合,入城尽歼元军,俘杀梅应春,收复泸州。[5] 张珏任命王世昌为泸州安抚使。十一月,西川行院统帅忽敦因后方泸州失守,军心动摇,"所部军士久围重庆,逃亡者众",向朝廷请求"益军"。[6] 十四年(1277)春,元西川行院军从重庆解围回师西进,秃满答儿从汪良臣攻

---

1 《元史》卷八《世祖纪》;卷一二九《也速答儿传》。
2 《宋史》卷四七《瀛国公》;《元史》卷八《世祖纪》;卷一二九《也速答儿传》;卷一五五《汪良臣传》。
3 同上,卷八九《地理志》;卷四七《瀛国公》;《元史》卷六〇《地理志》。
4 《宋史》卷四四九《忠义四·许彪孙传附》;《元史》卷八《世祖纪》。
5 参见陈世松等《宋元之际的泸州》,重庆出版社,1985年。
6 《元史》卷九《世祖纪》。

泸州。宋四川制置使张珏由重庆调史训忠、赵安等援泸州,[1] 秃满答儿"邀击破之,获七十人"。泸州经先坤明、王世昌等收复后,经元军一年多的猛攻,"坚守不下"。"十一月,泸州食尽,人相食",秃满答儿乘夜率兵从南门夺水城突破守军防线,"黎明,先登,入泸城,克之,斩其将王世昌、李都统"。十五年(1278)正月,安西王王相府将此捷讯报到朝廷:"万户秃满答儿、郝札剌不花等攻克泸州,斩其主将王世昌、李都统。"[2]

西川行枢密院忽敦会东川行枢密院合答围重庆,"岁余不下,帝命行枢密副使不花代将","诏建东西行枢密院,……不花、李德辉领西院,攻重庆,德辉分守成都"。[3] 至元十五年(1278)二月,秃满答儿从不花再围重庆,制置使张珏率众出薰风门,与元将也速答儿战扶桑坝,诸将从其后合击之,秃满答儿与"张珏搏战,败之城下"。张珏部将赵安"夜开镇西门降"。[4]

重庆被西川行院军攻克后,川东未下城邑也相继被征服。秃满答儿因有功受赐虎符,任夔路(治今奉节,辖四川东部各州)招讨使。"迁四川东道宣慰使,仍兼夔路招讨,改同签四川等处行枢密院事,迁四川等处行中书省左丞"。至元二十四年(1287),"尚书省立,改行尚书省左丞,进右丞,卒"。《元史》另有两段记载与他有关。

---

1 《宋史》卷四五一《张珏传》。
2 《元史》卷一〇《世祖七》。郝札剌不花,就是至元八年(1271)五月,忽必烈命令配合围攻襄阳出兵泸州的札剌不花,也就是前引1245年、1247年鄂县草堂寺阔端太子令旨碑和1250年鳌屋重阳万寿宫弥里杲带太子令旨碑列名的京兆将帅"和尚八都鲁""和尚万户""和尚"之子,见于《元史》卷一五〇《郝和尚拔都传》。又据《宋史·张珏传》,"安抚王世昌"乃"自经死",与《元史》所载不同。
3 《元史》卷一二九《也速答儿传》;卷一六九《贺仁杰传》。
4 《宋史》卷四五一《张珏传》,记此事在"至元十五年",《元史·世祖纪》则记为十四年(同是二月),与史实不符,当系《元史》本纪错简。

至元二十三年(1286)忽必烈发兵征缅甸,冬十月甲寅,"以征缅功,调招讨使张万为征缅副都元帅……征缅。俾秃满带为都元帅总之"。二十四年八月乙丑,"以李海剌孙为征缅行省参政,……召能通白夷、金齿道路者张成及……从征。以脱满答儿为都元帅,将四川省兵五千赴缅省"。[1] 后一条中"将四川省兵"赴缅省的都元帅"脱满答儿",应是当时任职四川行省的都元帅秃满答儿,当然也是前一条中的都元帅"秃满带"。可见秃满答儿晚年曾领兵征伐过缅甸。

至元二十七年(1290)四月,四川行省右丞耶律秃满答儿向朝廷建言:"本省南接云南所管普安路见立马站,……普安路迄东罗殿(即普定路,治今贵州安顺市)、贵州(今贵阳市)、葛龙……隶属四川省管下,可以安立四站,接连湖广行省新添(今贵定)地面安立一站,至黄平、镇远、通辰(即辰州路,治今湖南沅陵市)、沅(即沅州路,治今芷江市)……常行站道,以达江陵路。"[2]

据郝和尚拔都的神道碑记载,他有女七人,"次〔六〕适太傅舍人耶律国桢"。和尚和朱哥同时驻京兆,是同辈人,他女儿即上文郝札剌不花的姊妹,所嫁的太傅舍人应是朱哥之子。[3]

"自朱哥至百家奴,并袭太傅、总领、也可那延",此后,秃满答儿等已不能承袭太傅等头衔。忽必烈建国号为元以后,已完全采纳了中原的官制,太傅是贵为正一品三公之一的高官,整个元朝也不过十余人。百家奴是四川成都一个方面的"都元帅",秃满答儿已降至西川行枢密院属下若干将领之一,他不仅要听蒙古人忽敦等的指挥,还要听巩昌汉将汪良臣的调遣,当然不能再乱戴太傅、濮国公等高官、显

---

1 《元史》卷一一四《世祖纪》;卷二一〇《外夷三·缅》。
2 《永乐大典》卷一九四一八《站赤》。
3 《弘治重修三原志》卷一〇。

爵等头衔了。秃满答儿后来改任四川行省文职，只能迁转不能世袭，而耶律秃花一系的军职，则由长孙宝童子孙继承。

六 忙古带

当秃满答儿在四川领军作战时，其兄宝童之子忙古带，"世祖时，赐金符，袭父职，为随路新军总管，统领山西两路新军"。忙古带之子火尼赤曾请人为其父作了一篇墓志铭，所述内容可补充本传之不足："公辽人，讳蒙固岱（忙古带），太傅濮国公讳珠格（朱哥）之孙，太傅濮国公讳宝童之冢嗣。妣夫人聂赫氏，以庚戌岁（1250）九月二十日生公京兆治九耀里，……中统元年（1260），公徙居蜀第，未冠，拜怀远大将军、管军万户。"[1] 忙古带出生的庚戌岁，正好是弥里杲带太子发令旨给宝童等京兆府官员的那年，府邸在京兆九耀里。十岁时徙居蜀第。《元史·世祖纪》：至元五年（1268）八月，"命忙古带率兵六千征西番、建都"。与本传所载"从行省也速带儿征蜀及思、播、建都诸蛮夷有功，升万户"相符，但征蜀等三事时序有颠倒，他未冠袭职后首先是奉命征建都。

忙古带是"从行省也速带儿"征伐。也速带儿之名累见于《元史·世祖纪》，至元八年（1271）五月，"改签省也速带儿、郑鼎军前行尚书事"。九月，"以也速答儿行四川尚书省事于兴元"，九年春正月，"敕皇子西平王奥鲁赤……所部与四川行省也速带儿部下并忙古带

---

[1] 同恕《耶律濮国威愍公墓志铭》，《榘庵集》卷九。此书仅存四库本，译名经馆臣妄改，尽量恢复元代原貌。

等,十八族欲速公弄等土番军,同征建都"。[1] 也速答(带)儿还兼职"西蜀都元帅",十年冬十月,"与皇子奥鲁赤合兵攻建都蛮,擒酋长下济等……,建都乃降",次年春正月,"以忙古带等新旧军一万一千五百人戍建都,立建都宁远都护府,兼领互市监"。[2]

也速答儿在《元史》中有传,附于其父纽璘传之后。记事始于至元十一年(1274)征蜀。忙古带《墓志》称:"时朝廷方有事西南,蜀城犹未尽下,公奋武出奇,下重庆、泸州诸城,战劳居多。"都缺失了上述《本纪》中所载忙古带从也速答儿征建都的史实。至元十二(1275)至十五(1278)年间,元西川行枢密院大军下重庆、泸州,也速答儿是主帅之一,忙古带之叔秃满答儿也是一员主将,战事过程已见前文,可能此役后期忙古带也从建都戍地被调往川南随也速答儿作战。

元军围攻泸州、重庆时,至元十四年(1277)五月,忽必烈降旨付西川诸蛮夷部宣慰使昝顺,令他招思州(治今贵州凤冈县)田景贤……等处诸族蛮夷。六月,思州田景贤、播州(今贵州遵义市)杨邦宪两安抚使降。[3] 田、杨原接受南宋安抚使的官职,是贵州两位最大的苗族首领,可能忙古带奉调领兵招抚,二州因而降元,故传中又称征思播"有功"。

《元史·世祖纪》十九年八月庚寅,"忙古带征罗氏鬼国还,仍佩虎符,为管军万户"。此事应在他本传所谓征"诸蛮夷"之内,没具体

---

[1] 《元史》卷七《世祖纪》。标点本点断为:"并忙古带等十八族、欲速公弄等土番军",误。《元史》卷八七、九一《百官志》"宣政院"和"元帅府"之下都有"十八族元帅府",隶属土蕃宣慰司,故"十八族"是吐蕃部名,欲速公弄是十八族的首领,应联读;"并忙古带等"是也速答儿部,应属上句。

[2] 同上,卷八《世祖纪》,卷九九《兵志》;《经世大典序录》,《征伐·建都》,见《元文类》卷四一。

[3] 《经世大典序录》,《招捕·四川》《招捕·思播》,见《元文类》卷四一。

指名。《元史·也速答儿传》载:"罗氏鬼国、亦奚不薛(彝语水西,今贵州大方县一带)叛,诏以四川兵会云南、江南兵讨之。"也速答儿是四川西道宣慰使兼都元帅。忙古带当属所带的"四川兵",分兵专征罗氏鬼国。云南兵则由爱鲁统率,"十七年,诏将云南万众,合湖广、四川兵讨罗氏鬼国之叛。十九年再征,获其酋送京师"。[1]

此后,忙古带"从攻罗必甸,至云南"。《元史·世祖纪》至元二十一年(1284)七月,"云南省臣言:腾越(州,今腾冲县)、永昌(府,治今保山县)、罗必丹民心携贰"。"罗必丹"即罗必甸,也就是《元史·地理志》平缅路所辖罗必四庄,在今梁河县境。"携贰"即意味不服元朝统治,乃命令忙古带攻罗必甸,这可从《元史·步鲁合答传》得到证明:"〔至元〕二十一年,命统蒙古探马赤军千人从征金齿蛮,平之。都元帅蒙古歹征罗必甸,步鲁合答率游兵先行,江水暴溢,率众泅水而渡,去城三百步而营。居七日,诸军会城下,乃进攻之,步鲁合答先登,拔其城,遂屠之。"这个"蒙古歹"就是忙古带。

忙古带攻罗必甸后,入缅。《墓志》也说:"至元二十一年,迁云南都元帅,引兵万人攻缅夷,转斗深入,杀虏诸种几尽。"年代相同,但只提及征缅。这次征缅是在至元二十年开始出兵。"先是,诏宗王相吾答儿、右丞太卜、参知政事也罕的斤将兵征缅。二十年九月一日,大军发中庆(今昆明市)。十月二十七日,至南甸(今梁河县),太卜由罗必甸进军。十一月……十九日,破其江头城"。[2] 忙古带本传说他先攻罗必甸,后入缅;《墓志》称攻缅在二十一年,《步鲁合答传》称征金齿蛮、罗必甸也在二十一年。合理的解释是:忙古带等并未随相吾答儿

---

1 姚燧《李公神道碑》,《牧庵集》卷一九。
2 《经世大典序录》,《征伐·缅》,见《元文类》卷四一。

大军征缅,而是大军入缅前,途经南甸、罗必甸、腾越、永昌等金齿各族地区,骚扰百姓,激起当地民众反抗,相吾答儿等已陷入进退维谷的境地,所以急调忙古带等军扫清后方金齿罗必甸等处叛乱,至云南。故本传又说:"诏以其众入缅,迎云南王。金齿、白衣答奔诸蛮,往往伏险要为备,忙古带奋击破之,凡十余战,至缅境,开金齿道,奉王以还,迁副都元帅。"[1] 忙古带只参加了迎接征缅大军班师的行动。

征缅以后,忙古带"从诸王阿台征交趾,至白鹤江,与交趾伪昭文王战,夺其战舰八十七艘"。《墓志》称:"二十四年(1287),浮海攻交趾,大破其军,夺战舰千艘,……镇南王赏金币副缣以旌其能。"这次战争始于至元二十四年正月,"发新附军……讨安南。又诏发江淮、江西、湖广三省……军七万人,……云南兵六千人,……分道以进。置征交趾行尚书省,……并受镇南王节制"。[2] 云南行省右丞爱鲁因"镇南王征交趾,诏爱鲁将兵六千人从之"。二十四年十一月,"兵次交趾"。[3] "交趾"即安南,"诸王阿台"就是镇南王脱欢,越南史书可以证明。陈朝仁宗重兴三年(1287)十一月"十四日,郑阐奏:元太子阿台犯富良关"。"白鹤江"是白藤江之误。这次战役越军大胜,越南史书详细记载:"四年(1288)三月八日,元军会白藤江,迎张文虎等粮船,……先是,〔兴道〕王已植椿于白藤,覆丛草其上。是日乘潮涨时挑战,佯北,贼众来追,擒平章奥鲁赤。二帝将军继至,纵兵大战,元人溺死不可胜计,……及文虎至,……又破之。潮退甚急,文虎粮船阁桩

---

[1] "云南王"指相吾答儿,没封过云南王。金齿、白衣是族名,皆指傣族。"答奔"或作"打奔",见《元史·世祖纪》至元二十四年七月,是金齿首领,标点本"答奔"前顿号应删。
[2] 《元史》卷二〇九《安南传》。
[3] 同上,卷一二二《爱鲁传》;卷一一四《世祖纪》。

上,倾复殆尽。"¹本传只说"夺其战舰",《墓志》甚至胡说"夺战舰千艘",而遭到惨败则一字不提,《元史》各处也讳言白藤江之役,只有参知政事樊楫在此役被"钩执毒死",所以传中才提到白藤江之役。²

从安南回云南后,"又从云南王攻罗必甸,破之"。这个"罗必甸"是另一地方,或作"罗北甸""萝葡甸""罗槃"。《元史》载:至元十三年十二月,"改云南萝葡甸为元江府路"。或说仅"遥立元江府以羁縻之"。"二十五年,命云南王讨平之,割罗槃……十二部……,立元江路"。³ 可见忙古带"从云南王攻罗必甸"就在从安南撤军后的二十五年。元江府、路的治所就在罗必甸,即今元江县。

成宗即位(1294年),授忙古带乌撒乌蒙等处宣慰使,兼管军万户。乌撒相当清代的贵州威宁府,乌蒙相当云南的昭通府。宣慰使司治今威宁县,据《元史·地理志》,始设于至元二十四年(1287)。七年后,成宗即位,忙古带出任云南此地方军政长官。"大德四年(1300),超镇国上将军、大理金齿等处宣慰使都元帅"(《墓志》)。至元二十二年(1285)八月,省合剌章(大理)、金齿二宣抚司为一,治永昌(今云南保山县)。二十八年设金齿等处宣慰司都元帅府。⁴

"大德六年(1302),乌撒、罗罗斯叛,云南行省命率师讨平之"。此事起因于湖广行省右丞刘深的建议,云南边外八百媳妇(今缅甸掸邦东部,萨尔温江以东,湄公河以西地区)"沃壤多产可取"。朝廷命刘深出师。"湖南北转输十不致一,民为竭死,役夫死者相枕藉"。⁵

1　《大越史记全书》本纪卷五《陈纪》。
2　《元史》卷一六六《樊楫传》;傅若金《傅与砺文集》卷九《樊公行状》。
3　《元史》卷九《世祖纪》;卷六一《地理志》。
4　同上,卷一三、一六《世祖纪》。
5　许有壬《刘平章神道碑》,《至正集》卷四八。

道经贵州顺元路(今贵阳市)，雍真葛蛮长官司(今开阳县西)土官宋隆济"怒官征其丁夫马匹"，[1]于五年六月聚众反，攻贵州。七月，"梁王下令湖广、云南、四川三省会兵诛捕。八月，云南平章床兀儿入顺元与贼战"，随之水西土官蛇节亦反。十一月，成宗诏遣湖广、四川、云南省军和梁王提兵分道进讨。"于是乌撒土官宣慰使普利、总管那由……俱叛，其接罗罗斯……诸土族皆以朝廷远征供输烦劳为辞携贰，反形已具"。[2] 元朝发动这次战争，"驱民转粟饷军，……民死者亦数十万，中外骚然"。[3] 所谓"乌撒、罗罗斯叛"只是这次西南各族人民起义的一部分。这时忙古带刚调任大理金齿等处宣慰使才一年，他的后任乌撒乌蒙宣慰使僧家奴被迫逃往中庆，四月，那由、普利又逼宣慰使兼管军万户阿都台弃城而去。[4] 不久，起义被镇压。八年五月，"以平宋隆济功，赐诸王……平章床兀而等……及大理金齿、曲靖、乌撒乌蒙宣慰等官银钞各有差"。[5] 这次受赏人中，大理金齿宣慰自然是忙古带，所以传中说："事闻，赐钞三千贯，银五十两，……以旌其功。"估计他就在前述平章床兀儿所率领的云南军中。

"九年(1305)，讨普安、罗雄州叛贼阿填，擒杀之"。《墓志》则说："九年，将兵二万征普安、临安诸蛮，昼夜不解甲，一日之间，合战者九，破军杀帅不可数计，贼势遂不复振。"罗雄州属曲靖路，治今罗平县北。普安路为曲靖等路宣慰司所辖之一路。此役详情见于《经世大典》："九年，罗雄州军火主阿邦龙少、麻纳布昌结广西路豆温阿匿、

1　黄溍《武宣刘公(国杰)神道碑》，《金华黄先生文集》卷二五。
2　《经世大典序录》，《招捕》之《宋隆济》《乌撒乌蒙东川芒部》条，见《元文类》卷四一。
3　《元史》卷一五六《董士选传》。
4　《招捕·乌撒乌蒙东川芒部》。
5　《元史》卷二一《成宗纪》。

普安路营主普勒……等叛,……降旨招谕,仍督兵进讨,……阿邦龙少子龙豆皆降,豆温贼阿匡……亦降,连战败之,获阿邦龙少,追麻纳布昌不得。"[1] "罗雄州叛贼阿填"应是"军火主阿邦龙少",普安蛮指营主普勒。广西路属于临安广西元江等处宣慰司,《墓志》中的临安蛮,应指"广西路豆温阿匡"。《元史·成宗纪》也载,大德十年夏四月,"云南罗雄州军火主阿邦龙少结豆温匡房、普定路诸蛮为寇,右丞汪惟能进讨,贼退据越州(属曲靖路,今曲靖县南部),谕之不服,遣平章也速带而率兵万人往捕之。兵至曲靖,与惟能合,从诸王昔宝赤、亦吉里带等进压贼境,获阿邦龙少斩之,余众皆溃"。

此后,忙古带"进骠骑卫上将军,遥授云南诸路行中书省左丞,行大理金齿等处宣慰使都元帅,卒于军"。《墓志》则指明授职在大德十年。由于"久居瘴地,感触成疾,遂以十一年(1307)四月八日卒于军,享年五十有八。其地则云南大吉州也"。

七 "本人"与契丹耶律家族的关系

自从云南发表有关施甸县本人或蒲满人的社会历史调查报告,公布了他们的族谱、墓碑和其他文献,都自认为是来自辽东耶律氏的苗裔。[2] 契丹文和语言学家又从碑刻中发现若干契丹字,从语言中调查出不少与蒙古语谐音的词,部分词还可以同历史文献中记录的契丹语相对应。远隔南北的云南少数民族,特别是处于落后的封建时

---

1 《经世大典序录》,《招捕·云南》,见《元文类》卷四一。
2 《布朗族社会历史调查(三)》所刊桑耀华、杨毓骧的《调查报告》,云南人民出版社,1986年。

代,他们不可能附会出一个契丹祖先来,契丹文和语言更不可能为不同语系的民族所借用,因此,他们承认契丹遗裔的传说是可信的。

由于族谱、碑文有本人祖先在元曾任金齿宣抚使或金齿司主持的传说,而契丹人耶律忙古带在1284年因征罗必甸调往云南。成宗大德年间曾任大理金齿等处宣慰使,所以学者们合乎逻辑地将本人的祖先与忙古带联系起来。有人则因此认为,忙古带"是落籍于云南的契丹后裔始祖"。[1] 结论似乎过于草率。《墓志》中说:"夫人王氏,……后公八年,当延祐二年(1315)……卒成都居第之内寝。"十几年后,其子于泰定四年(1327)葬忙古带于"咸宁县洪固乡韦曲村太傅墓次,梁夫人、王夫人祔焉"。这可说明,忙古带生前和死后,他们家族并未落籍云南,"居第"仍在成都,并认为京兆是他们的原籍,所以还必须安葬到咸宁县前几代太傅的祖茔。

本传称忙古带"子火你赤,袭万户"。《墓志》则称:"生子二人,长和尼齐,宣武将军、船桥万户府达鲁噶齐;次旺札勒布哈,怀远大将军云南诸路军马右副都元帅,早卒。孙男二。"和尼齐即火尼赤,达噜噶齐即达鲁花赤,旺札勒布哈疑应复原为元代载籍中常见的完者不花。船桥万户不是耶律家族的世职,万户府也不一定在云南,何况火尼赤不是任万户,而是任达鲁花赤,这不是"袭"父职。完者不花任云南诸路军马右副都元帅,正是忙古带征缅归来升任的职务。怀远大将军是从三品的武散官,高于从四品的宣武将军,看来是完者不花先承袭其父的军职。泰定四年同恕写《墓志》时,完者不花已早卒,孙男二未列官衔,时年尚幼。本传根据的史料稍晚,可能是后来由"子火你赤袭万户"。

---

[1] 《云南契丹后裔研究》,中国社会科学出版社,1995年,34页。

从上引史料看不出耶律家族有谁留在云南并成为当地土司，《云南契丹后裔研究》将至元八年（1271）告发毒杀云南王案的火尼赤同《元史·世祖纪》《顺帝纪》在建都、江西各地出现的火尼赤都算作一人，没想到至元八年其父忙古带年仅二十一岁；而从至元八年到至正二十五年，时间跨度已是九十五年。在没有史料根据的情况下，把各个同名的人定为一人，随意指定火尼赤为各家族谱始祖之上的祖宗。

虽然忙古带的子孙在云南任职情况不详，但他的军队无疑留驻在云南。元代制度，军官袭替"旧以其子弟袭职"，以后虽有改变，仍规定军官阵亡者，本等承袭，病故者降等。[1] 耶律秃花这支蒙古初期建立的军队，除袭太傅者以外，次子买住也自领一军，其子明安歹儿成年后可"承旧爵"。长子朱哥去世后，其子宝童、百家奴、秃满答儿先后袭职，宝童子忙古带成年时也"统领山西两路新军"，与秃满答儿同时领军在四川作战。估计还有其他子、弟、叔、侄同族人出任各级军官。平宋以后，有功军人就地升任宣慰使或行省长官；在边疆地区，宣慰使又兼管军万户或都元帅之类军职，忙古带最后在云南就是担任这种职务，他的下属或任各级军官，或任各级地方官。《明史·土司传》中降明的阿凤，出任永昌府通判，后改任凤溪长官司长官，可能就是这种人。但《云南契丹后裔研究》断言阿凤是蒋氏族谱中"凤溪长官司正长官阿芽之父"还缺乏根据。将《明史·土司传》中施甸长官司的副长官阿干，肯定就是族谱中的施甸长官司正长官阿苏鲁，不仅名不同，正副不同，而且《明史》说他是"土酋"，1327年忙古带一家仍定居四川成都，四十年后不大可能变成云南的土著少数民族。

---

[1] 《元史》卷八二《选举二·进用武官》。

在本人族谱中,如《蒋姓宗支叙》,声称吾祖"姓耶律氏,名阿保机",并不完全可信。云南本人世代相传自己是契丹耶律氏的后裔。明朝以后有了本族读书人,得知辽朝耶律氏大有来历,其开国皇帝名阿保机,因此可能附会为自己的祖先。如果蒋姓本人在元朝就有家谱,怎么会对远祖能举其名,而对当朝的父、祖先人却说不清楚呢?如果是耶律秃花、忙古带之后,怎么对权倾一时的太傅家族一无所知呢?所以,我们还没有证据将云南本人肯定是耶律忙古带的子孙。

耶律阿海、秃花的家世,除祖、父有名外,只说是"辽之故族",并没说他们是皇族。蒙古把契丹人看成是共同反金的盟友,成吉思汗曾对耶律楚材说:"辽与金为世仇,吾与汝已报之矣。"所以耶律楚材及其父的神道碑,皆夸耀自己是辽太祖(阿保机)长子东丹王的后裔,并将七、八代祖宗名讳、官衔一一列出,[1] 可见秃花兄弟绝无讳言是阿保机子孙之理。《云南契丹后裔研究》据《辽史·天祚帝纪》天庆八年(1118)有被遣赴金议和使名"突迭",就断定他是秃花之父脱迭儿;再据《金史·太祖纪》所载,天会九年(1143)"和州回鹘执耶律大石之党撒八、迪里、突迭来献",又断定"撒八"是秃花之祖撒八儿,"突迭"与前述使臣突迭是同一人,即秃花之父脱迭儿,从而得出被俘三人中有两人是父子关系;《辽史·天祚帝纪·附耶律淳》提到淳子名阿撒,但他的事迹并无记载,《云南契丹后裔研究》仅以撒八儿与阿撒有一字相同,就断定撒八儿是耶律淳之子,从而上联辽兴宗、圣宗而至太祖,世系完整。但作者没想到,辽天庆八年是1118年,突迭已出使金朝,应已成年,一百多年后,怎么会有儿子在1231年出任宣德州长官呢?

1　元好问《故金尚书右丞耶律公神道碑》;宋子贞《中书令耶律公神道碑》,《元文类》卷五七。

因此,《云南契丹后裔研究》将史书中音近或仅名同一字的人拉扯为一人,毫无根据地比定这人就是那人,脱离正史本传和家谱中的记载,随意给一个民族、一个家族指定一个祖宗,这种考据方法很难让人接受。

总之,云南契丹后裔的研究是一个新产生的很有意思的课题,但目前还只能说是一个有待深入研究的课题。

附:耶律秃花家族世系表

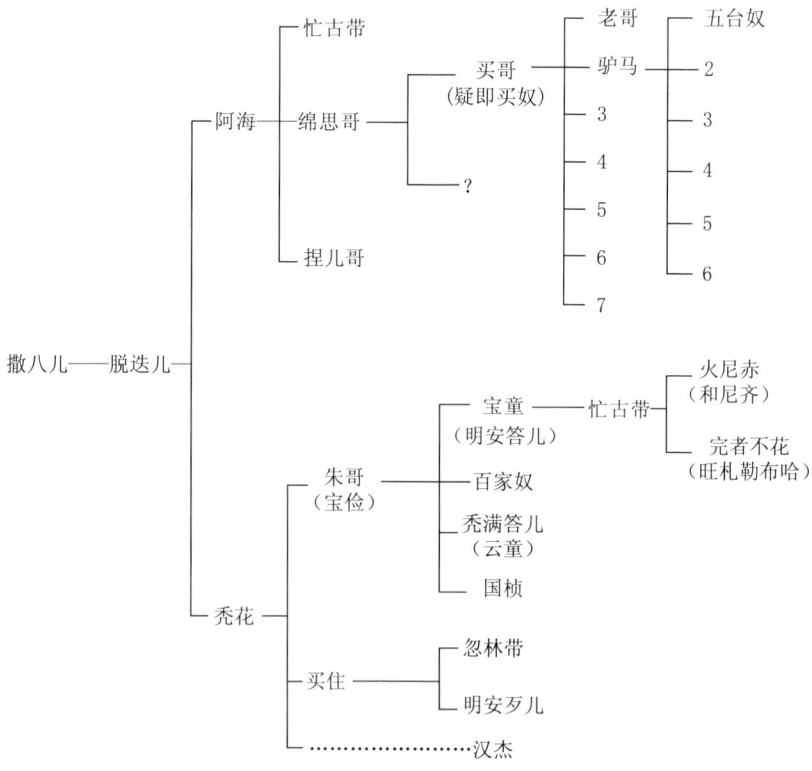

(原分上下两篇分载《文史》1999年第4辑、2000年第1辑)

元代云南的佛教和民族交流

云南的佛教,自南诏国以来,已在全境盛行。大理国时代,白人不论贫富,家家有佛堂。不分老壮,"手不释数珠。一岁之间,斋戒几半,绝不茹荤饮酒,至斋毕乃已"。大理点苍山沿山都是寺庙,多得几乎"不可殚记"。其中以崇圣寺、玉局寺和上山寺最著名,在这些寺院修行的僧侣称为"得道",遵守严格的戒律;另一种称为"师僧",可娶妻生子,有家室,除诵佛经外,也读儒书。大理国设科举选士,皆从这些人中选拔。[1]

元人亲临其地,观察到"云南西陲,俗通天竺,徒事释氏之书"。[2] 又说:大理国人"俗多尚浮屠法",是由于"西去天竺为近",所以佛教很早就从印度传入。南诏受西域密宗影响,蒙氏威成王尊信摩诃迦罗大黑天神,立庙肖像祀之。[3] 又如《元史·信苴日传》称大理国君段兴智为摩诃罗嵯,《元史·宪宗纪》称摩合罗嵯,《元史·兀良合台传》

---

1 郭松年《大理行记》,《奇晋斋丛书》。
2 《大理路兴举学校记》,《大理五华楼新发现宋元碑刻选录》,昆明师范学院历史系油印,1980年,6-2。
3 王升《大灵庙记》,《新纂云南通志》卷九四。

或作马合剌昔,元曲中称马合罗,李源道《大崇圣寺碑》称为摩诃罗瑳,皆源于梵文"Mahārāja",即"大王"之意,当是梵僧献给南诏、大理国君的印度尊号。当时,云南的佛教也受中原的影响,样制精巧的崇圣寺三塔,"即唐遣大匠恭韬、徽义所造"。

元朝统治者发现:"白人事佛甚谨,故杀心差少。由是言之,佛法之设,其于异俗,亦自有益。"[1] 因此大力提倡佛教。还在忽必烈进军云南时,大理僧赵泰等四僧迎降,至元初年(1264),选泰为大理僧官,起到了招抚各部落、安定地方的作用。[2] 接着,云南行中书省设治于中庆路,昆明成为全省中心,佛教随之也由大理转向东部地区发展起来。

藏传佛教在云南的传播

藏传佛教由于得到蒙古皇室的信仰,依托统治者的支持,很快在云南取得特殊的地位。忽必烈即帝位,封乌思藏萨迦僧人八思巴为国师,"统领诸国释教",成为佛教最高领袖。至元四年(1267),封皇子忽哥赤为云南王,派遣八思巴的异母弟——忽哥赤供养的上师亦摄思尤纳思(Ye ces hbyun gnas,1238—1273,其父桑察琐南监藏第四妻之子),随从他一起到云南。六年以后,亦摄思尤纳思于三十六岁时死在那里。[3] 除云南王的上师外,与信苴日一同讨平舍利畏的都元帅也先,也兼有"宣治三教"的使命,并同帝师八思巴一样,还缀附一

1　李京《云南志略·诸夷风俗》,《说郛》(民国十六年涵芬楼铅印本)卷三六。
2　《故神功梵德大阿左梨赵道宗墓碑》,《大理五华楼新发现宋元碑刻选录》,21-1、2。
3　陈庆英等译《红史》,西藏人民出版社,1988年,44页。

个蕃僧特有的蒙古语称谓——八哈失。[1]

至元十四年(1277),王师郁凹麻与云南王、行省平章赛典赤于中庆城北隅高阜之上,创建五华寺(旧名悯忠寺)。[2]

至元初年(1264),元朝已设立总制院,"掌浮图氏之教","而领以国师"。二十五年(1288),更名宣政院,"掌释教僧徒及吐蕃之境而隶治之"。在云南则分设释教都总统所,甚至同吐蕃一样,曾设宣政分院往镇。[3]

至元二十七年(庚寅,1290),唆南编(Bsod nams dpal)任云南释教"总统",与云南行省平章政事也先卜花为大胜寺"创开故基,建立大殿一所",而且是直接"钦奉薛禅皇帝圣旨"。[4] 二十九年(1292),皇孙梁王甘麻剌改封晋王。三十年七月,诏甘麻剌长子皇曾孙松山出镇云南,以皇孙梁王印赐之。[5] 次年,梁王松山抵达云南,他的左右也有一个"王师"节思朵,任僧官"宣授云南诸路释教都总统","掌释教之权,宣演法门,护持僧众"。梁王和节思朵曾分别颁发令旨和法旨,命玄坚继雄辩住持玉案山筇竹寺。[6] 元贞元年(1295),又有律积速南巴继任云南诸路释教都总统,称广慧大师,驻圆通寺。在他任内,

---

1 《故神功梵德大阿左梨赵道宗墓碑》,同上《选录》,21-2。
2 支渭兴《重修五华寺记》,《新纂云南通志》卷九四。
3 《元史》卷八七《百官三》、二〇五《桑哥传》;《故神功梵德大阿左梨赵道宗墓碑》,同上《选录》,21-3、4。
4 佚名撰《大胜寺修造记》,《新纂云南通志》卷九二。
5 《元史》卷一七《世祖纪》。
6 《大胜寺修造记》;述律杰《重修大胜寺碑铭》,《新纂云南通志》卷九四。《大胜寺修造记》之节思朵,思误作恩,有下文本寺修造人署名"宣授云南诸路释教都总统妙惠圆□大师节思朵"为证。《重修大胜寺碑铭》和《滇释纪·玄坚法师传》作节思朹。朹字不见于《汉语大辞典》。《说文》木部有此字,释"木也",未作解释。故段玉裁注:"未详"指哪种木。而《广韵·证韵》则解释为"止车木"。其音《说文》云:"从木,乃声,读若仍。"我猜想,这位喇嘛僧的译名不会采用这种怪字,而是写碑人为了书法的美观,在节思两个上下拼接字之后,将上乃下木的朵字,左右分写成木乃字,故仍应读"朵"。

修葺云南大小寺院一千余处。特别是亲临大胜寺,"躬为主盟","化坛那而增储工匠饮食,倾囊钵以置地亩",殿宇"撤旧从新"。

延祐六年(己未,1319),中庆圆通寺在云南行省左丞阿昔思的支持下,工程最后落成。阿昔思和该寺的住持僧佛日圆照普觉大师都是高昌人,另一住持大休大禅师,是来自袁州仰山雪岩禅师的弟子。皇庆元年(1312),他们曾得到仁宗特赐玺书嘉奖,赞扬他们"轨行高洁"。各民族的高僧来到云南,促成"滇南法道宗风大振"。[1]

元朝置掌全国"释教僧徒"的宣政院,院使等职"僧俗并用",僧则多由来自乌思藏的萨迦国师充任。云南的僧界长老,也归宣政院管辖,如大理僧段长,得到大理总管段忠顺的崇信,"见其忠信,善行精专,荐其材于宣政院,号为大师",后又"敕受法旨,为大理等处长老,成法门之领袖"。[2]

直到元末,梁王身边仍有"王师萨南鉴藏(Bsod-nams Rgyal-mtshan)"。至正二十二年(壬寅,1362),因五华寺住持久缺,萨南鉴藏与诸山高僧合议请示梁王,经梁王颁发令旨,由行省致疏请庆堂为住持。[3]

1　李源道《创修圆通寺记》,《新纂云南通志》卷九三;《佛日圆照普觉大师传》,释圆鼎《滇释纪》卷一;《丛书集成续编》252册,台湾新文丰出版公司。
2　《段氏长老墓碑铭并序》,《大理五华楼新发现宋元碑刻选录》,10-2。
3　《重修五华寺记》,《新纂云南通志》卷九四。

雄辩北游与滇东佛教之兴盛

如前所述,元以前"滇人所奉皆西域密教,初无禅讲宗也"。[1] 元朝统一全国,大理入元版图,人们可自由往来,便利了各民族之间的经济文化交流。最早将中原的禅宗传介到云南的高僧是玉案山筇竹寺的洪镜雄辩法师(1229—1301),鄯阐(昆明)人,大理国国师杨子云的上足弟子。当忽必烈破大理的次年,他就来到中原,留学二十五年,前后师事四个高僧大德,嗣坛主之法,其学大备,决定南归,传播"佛之种子"于云南。遂请示坛主,并转告帝师,蒙帝师特赐"洪镜具大猛志"的玺书。归云南后,当地人称他为雄辩法师,向乌、僰人说法,传授楞严经、维摩诘经等,以僰人之言为书,于是其书盛传,习者益众。[2] 由于他学有所成,"归自中华,滇之缁衣俊秀者翕然从之,而其道日振,自是名蓝巨刹,弥布遐迩,南诏之有僧宗,师实启之也"。[3]

雄辩的高足弟子玄峰、雪庵、云林并称"三大宗主"。[4] 此外还有玄慧、玄鉴等。

玄通字玄峰。延祐七年(庚申,1320)秋,玄通驻锡于华亭山,起初只筑一茅庵,到了癸亥年(1323)春,开始修建华亭山大圆觉寺,以后向施主募化,先建大光明殿,再建殿宇僧舍,成为滇池名刹。他知识

---

[1] 郭文《重修玉案山筇竹禅寺记》,《新纂云南通志》卷一〇四。
[2] 杨载《大元洪镜雄辩法师大寂塔铭》,《新纂云南通志》卷九二;《滇释纪》卷一《洪镜雄辩法师传》。
[3] 郭文《重修玉案山筇竹禅寺记》。
[4] 尹具瞻《开山祖师舍利宝塔并行业记》,《新纂云南通志》卷九四。此碑玄峰作云峰,它处皆作元峰或玄峰,玄峰应为他的本来字号,"元"乃清人避康熙御名玄烨讳改玄为元,"云"与元形近致误。

渊博,儒家的"经史子传、百氏之书,靡不研究","善属文","尝著《高僧传》梓行于世"。¹ 富民县《创建灵芝山慈胜兰若碑》就是他所撰。²

玄坚字雪庵,俗姓王,龟城人。至元二十一年(1284),礼雄辩法师披剃,亲授指南。玄坚晓夕惟勤学业,讲习摩诃衍四绝论并圆觉等论,又受宗教禅师衣钵,继任寺中讲座。三十年,云南行省平章政事蒙古督鲁弥实创修大德寺,奏闻于朝廷,延请玄坚出任住持。大德四年(1300),雄辩又以玉案山"山门法席,俾继承之"。至大三年(1310),正在住持玉案山筇竹寺的玄坚,为《大元洪镜雄辩法师大寂塔铭》起塔和立石。延祐六年(1319)三月圆寂,"天目中峰上人悲惋师亡,敬为撰塔铭,述真赞",有:玉案"雄辩宗主,雪庵嗣之,象教昭垂,绰有清规"之语。可证雄辩和玄坚为中峰明本所知和敬重。³

玄鉴兴立禅宗

从至元年间以来,禅宗倡行于云南,僧徒习禅求道心切,云游求法之风盛行。临济宗仰山雪岩祖钦(1217?—1287),浙江婺州人,乃临济宗义玄第十七世法嗣,宋度宗咸淳己巳(1269)住持袁州(今江西宜春)仰山,时人认为"贯达真宗者,罕出其右"。⁴ 雪岩传法席于杭州天目山高峰原妙禅师(1238—1295),居师子岩。参学之士,得一人,即

---

1 述律杰《启建华亭山大圆觉禅寺碑文》,《新纂云南通志》卷九四。
2 《新纂云南通志》卷九三。
3 述律杰《玉案祖师雪庵塔铭》,《新纂云南通志》卷九四;《滇释纪》卷一《玄坚雪庵传》。
4 庆源《大盘龙庵大觉禅师宝公塔铭》,《新纂云南通志》卷九四;僧超永《五灯全书》卷四九《南岳二十世临济宗袁州仰山雪岩祖钦禅师传》,《卍新纂续藏经》第八二册。

中峰明本禅师(1263—1323)。明本在当时崇教抑禅的情况下,大力发扬禅宗,并著书立说,盛传于世。元仁宗赐号佛慈圆照广慧禅师,赐其所居师子院名正宗禅寺。至治三年(1323)卒,文宗赐谥"智觉禅师",命奎章阁学士院侍书学士、翰林直学士虞集撰写塔铭。他身后之元统二年(1334),顺帝又赐号"普应国师",赐明本所著《中峰和尚广录》收入大藏,并敕艺文监丞揭傒斯作序。因此他的声名远播,远至西域、北庭、东夷、南诏,接踵来见。其中从云南东来问法的僧人最多,而"实自玄鉴始",上文提到为玄坚"撰塔铭,述真赞"及玄慧去杭州参访的禅师都是明本。玄鉴殁于再次参禅明本时,由智福等五比丘画明本像南归。到达中庆时,信众迎接画像入城,据说有"异光从像烛天,万目仰观,翘动倾信"。从此禅宗兴盛于云南,奉明本为云南禅宗第一祖。[1]

玄鉴,字无照,原籍曲靖,父高姓。幼年入虎丘寺,礼云岩净公剃落。后知有教外别传之旨,即请益于筇竹寺雄辩法师。"善讲经论,名著诸方"。后来尽弃所学,力究禅宗佛理。三年限满,得友人玄坚雪庵启发,闻中原有禅宗,决心前往从师参禅,"遍游天下"。

玄鉴自滇黔游荆楚,抵吴越,前后参见空庵禅师等高僧二十余员,无不蒙印可。空庵名了一,驻隆兴府黄龙山,也得法于仰山雪岩祖钦另一弟子——湖南酃县(今炎陵县)灵云寺铁牛持定(1240—

---

[1] 虞集《智觉禅师塔铭》,《道园学古录》卷四八;祖顺《元故天目山佛慈圆照广慧禅师中峰和尚行录》;宋本《有元普应国师德行碑》,《天目中峰和尚广录》卷三〇,光绪七年(1881)苏州刻经处刻。

1303)。定传察安通,通传空庵一。¹ 玄鉴最后赴天目山,初参高峰原妙,尽得真谛,为首座。原妙示寂。又就师子院,参见中峰明本。自后恒侍中峰,机缘契合,授以禅法源流,命为东堂分座,为第一座主,嗣法为临济二十世孙。他说法不论道俗,皆至诚诫告,极其谦恭,故往来争传,名播三吴。中峰说:"尔胜缘在滇,可急回,勿别往。"玄鉴领命,绘像请赞回云南。² 临别时中峰赠偈二首,偈前说明两人结交的原委:"云南鉴讲主知有教外别传之旨,越一万八千里而来西浙,自相见至相别恰三载,一日寻我客中,夜话湖山间,……临别匆匆,……并日抵匡庐而之故乡,……就以二偈赠之。"其中一偈有这样的话:"狂心未歇为禅忙,万八千程过远方。……见说云南田地好,异时归去坐绳床。"³ 玄鉴似乎曾两次参谒中峰,头一次留天目山三年,故明本说"自相见至相别恰三载"。

玄鉴回到曲靖故里,宣慰安举宗、亦佐土县朱龙海等,感师德化,建正法寺以居之。又在寺南十里许天马山建安国寺,改山名真峰。传佛法不久,法席大振,皈依的信徒很多,声名传到王庭。梁王甘麻刺遣使迎师问道。师将法席交付给门徒镜中等,随使者到昆明入对。梁王命平章也先不花同御史程思廉等,卜地兴建梵刹,费时一年完工,赐寺额名"佛严",山名"太华",延请玄鉴为开山第一祖。说法那天,

---

1 庆源《大盘龙庵大觉禅师宝云塔铭》。《卍新纂续藏经》八三册,释文琇《增集续传灯录·目录》卷三、四,彻庵、空庵皆有目无传。铁牛持定生平见虞集《铁牛禅师塔铭》,《道园学古录》卷四九,持定误作特定。察安通或作彻庵见(驻赣州),一说得法于吉安龙济寺友云宗鉴(1208—1287)。
2 赵世延《太华山佛严寺无照玄鉴行业记》,《新纂云南通志》卷九三;《太华无照玄鉴禅师传》,《滇释纪》卷一;《五灯全书》卷五八《安宁太华无照玄鉴首座》,《卍新纂续藏经》第八二册。
3 《示玄鉴讲主二偈并引》,《天目中峰和尚广录》卷二九。

"精通妙典,深明至理"的高僧商岩、山月、智福、道元、涌海、戒融等都表示倾心赞化。玄鉴"大弘祖道,门弟子数百,得师心印者五人"。其余没能受戒皈崇他说道的听众不计其数。王公贵人,或者登山问道,或者入内授法,均获胜益,如平章也先不花、御史程思廉、参政也罕的斤、安南使宁端甫、杨立义暨清远居士等。大理世袭总管段忠请师就崇圣寺阐释教义,为四众受戒。罗罗、车里宣慰率各酋长执弟子礼,求师剖心指示,都获益而归。安南王也曾遣使聘请师前往交趾说法。

玄鉴回到云南后曾重访中峰,长达"八载之相从",最后以至于死。玄鉴曾说:我从云南远来,"一闻师言,便悟昔非,洞法源底"。正在他打算回到云南提倡禅宗时病殁于浙江。他的徒弟画明本像回到云南,"遂易教为禅"。癸丑岁(1313),云南王老的进表请敕,亲至葬所,奉全身塔于本山。谥号"智觉慧印禅师"。[1] 中峰还专为玄鉴写了祭文,遣侍者前往祭奠,对他的评价甚高:

> 佛祖之道未易坠兮,吾无照远逾一万八千里江山以来兹;佛祖之道失所望兮,吾无照负三十七春秋而云归。……出入两宗大匠之门兮,孰不叹美而称奇;屈指八载之相从兮,靡有间其毫厘。我阅人之既多兮,求如无照者,非惟今少,于古亦稀。我不哀无照之亡兮,哀祖道之既坠;而今而后,孰与扶颠而持危,……[2]

用"非惟今少,于古亦稀"的词句赞美他,可见玄鉴在阅人众多的

---

[1] 赵世延《太华山佛严寺无照玄鉴行业记》;宋本《有元普应国师德行碑》。
[2] 《祭玄鉴首座文》,《天目中峰和尚广录》卷二六。

明本心中占有的地位。明本还专为他做了法事,法语尊称他为"鉴首座",末了还用小字注明"云南人"。[1]

明本另有《即心庵歌》,其"引"说:"云南福、元、通三上人,远逾万里,访余穷山,坐夏未了,欲归故乡,结庵为禅居,以图究明己事,预乞为庵立名,余以'即心'二字示之。"

此外,明本还另作《示云南福、元、通三讲主》的法语。[2]

"福"即上文太华山佛严寺听玄鉴说法的高僧智福,《滇释记》有传:"蒙化人,后迁居楚雄郡,幼薙绀,壮游方,同道元为友,虽弘经论,而常慕南宗。"游五台山,闻玄鉴师印心中峰,遂往浙江参中峰明本。中峰临别时"示以法语",并题其庵名"即心",取大梅见马祖的典故,"即心即佛"的意思。回云南后,居太华山,"遂归隐滇山不出"。[3] 他也就是画明本像南归的玄鉴门徒五比丘之一,全名"普福"。

"元"即为《玄鉴行业记》立石的弟子道元,也是与智福为友的道元,永昌人,与智福同参明本。后回云南,结庵于苍山不出。

"通"名普通,号德存,赵州人。童年入鸡足山出家,遍历讲席,曾往天目山参问中峰和尚,得到中峰的指点。中峰另有《示云南通讲主》的法语,又有应"云南通讲主请"所作"赞",见于文字并流传至今。回云南后结庵鸡足山中。[4]

1　《为诸禅人秉炬入塔》,《天目中峰和尚广录》卷七。
2　《天目中峰和尚广录》卷四之下、卷二七之上。
3　《太华智福讲主传》,《滇释纪》卷一。
4　《德存普通禅师传》,《滇释纪》卷一;《天目中峰和尚广录》卷四之下、卷九。

奏请和访求大藏经

早在元世祖初置云南行省不久,前大理国主继承人信苴日(段实),于至元十七年(1280)入京朝觐,"持大宝藏"归来,进官大理威楚金齿等处宣慰使都元帅,又拜云南诸路行中书省参知政事。[1] 至大三年(1310),玄慧定林协助筇竹寺住持玄坚管理寺院,当时寺内惟缺藏经。受玄坚的委托,带着云南省大臣的奏章,请求颁赐大藏,以佛法更新云南边陲。玄慧至京师朝觐,得到皇帝的玺书,允准赐给浙江刊刻的大藏经。这应是元世祖时刊刻的《新增至元法宝大藏经》,鉴于"西域异书种种而出,帝师、国师译新采旧,增广其文,名以'至元法宝',刻在京邑,流布人间"。由于"江南去万里而遥,传持未遍,松江僧录管主八翻梓余杭",凡诸路庋藏佛经有缺者,允许他们自己翻印装订,以补全各寺院的藏经。余杭版大藏共计有一千四百四十部,五千五百八十六卷。[2]

玄慧通过水驿乘船到杭州,从僧录司管主八处领琅函三藏,传之善阐(昆明)。皇庆二年(1313)秋,定林回到云南。将藏经"分供筇竹、圆通、报恩三刹,以畀僧尼转阅"。[3]

1　赵俊升《故大师白氏墓碑铭并序》,《大理五华楼新发现宋元碑刻选录》,页 8-7;《元史》卷一六六《信苴日传》。
2　赵璧《大藏新增至元法宝记》,《天下同文集》(雪堂丛刻本)卷八。
3　玄通《创建灵芝山慈胜兰若碑》;《玄坚雪庵传》,《滇释纪》卷一。僧录司管主八误作管巴。除上引《大藏新增至元法宝记》所见,日本善福寺藏碛砂藏《大宗地玄文本论》卷三,后有"大德十年松江府僧录管主八"的愿文,称"钦奉圣旨",于杭州路大万寿寺雕刻藏经;伯希和所得敦煌西夏文经卷末汉字印记也有"僧录广福大师管主八"之名(王国维《两浙古刊本考序》,《观堂集林》,中华书局,1959 年,卷二一)。

分到筇竹寺的藏经,命玄坚"主教法门,护持经藏"。延祐三年(1316),仁宗还特意颁发圣旨给筇竹寺:"赐藏经与筇竹寺里,命玄坚和尚住持本山转阅,以祝圣寿,以祈民安。"又说:"云南鸭池城子(即昆明)玉案山筇竹寺住持玄坚长老为头和尚每根底、执把大藏经帙与了圣旨,宣玄坚教修本寺里藏经殿并寺院房舍完了者。"因此,免除了筇竹寺一切差发、铺马、祗应和税粮。[1]

圆通寺在昆明城北约一里许盘坤岩,大德三年(1299),由云南行省左丞阿昔思发起新建,由佛日圆照普觉、大休禅师等住持。岩之南建殿三间,以庋藏经,同样是"舟致于杭",乃仁宗皇帝所赐。[2]

后至元五年(1339)华亭山圆觉寺玄通玄峰禅师谓其徒行曰:"经藏皆缺,则无从设化人之善心。"因此玄峰也亲赴江南,梯山航水,不远万里,"收置琅函一大宝藏,车载漕运,逆流滇上",并建一座藏经宝殿以贮之。[3]

雪岩嗣法弟子大休禅师的南来

元朝除云南僧人到中原进修佛法外,也有中原的高僧亲赴云南传授的,大休禅师即其中最著者。他也是仰山雪岩禅师嗣法弟子,至元十五年(1278)飞锡南来,住玉案山腹圆照兴祖寺。他得到营王也先帖木耳等的崇敬,"大开法席,弘阐宗猷",并接受御赐藏经和大休

---

1 方龄贵《昆明筇竹寺圣旨碑》,《元代云南白话碑校正》,《元史丛考》,民族出版社,2004年,300页。
2 李源道《创修圆通寺记》。
3 述律杰《启建华亭山大圆觉禅寺碑文》。

大禅师之号,重建圆通、普照等刹。至延祐四年丁巳年(1317)顺世。[1]

弟子有无念圆护、本空、云峰普祥等。

无念圆护,大理人,礼大休禅师剃落,住兴祖寺,法名"圆护",大理段氏称为弘辩大师。至顺元年(1330)下京参学。后游江南,参中峰明本,得到明本的首肯。自号无念,明本曾为他作《无念字说》,说:"云南护藏主,自号无念。"对"无念"与鸠摩罗什等大师有不同的理解。明本"嘉其说,乃笔而志之",又授以三聚净戒,作"法语"《示云南护上人求示三聚净戒》,称他为"护藏主"或"护上人"。[2] 至正二十年(1360)归滇。至明洪武年间,无念又晋京诣阙进诗。回到云南,重兴本寺。

无念圆护又是一位书法家,曾梦见神授书法,与赵孟頫笔力同一三昧,为世人所珍重。写字时右手自肘至腕洞彻如水晶,人号玉腕禅师。所著有《磨镜法》,并手书《证道歌》二碑行世。[3] 他手书的"佛都"二字石刻,今天仍竖立在崇圣寺山门外。

性海禅师,桂城右族杨氏子,礼无念师落绁,曾往京都。至正十三年(1353),帝师闻悉他的才德,曾颁法旨嘉奖。[4]

崇照(1299—1364),号莲峰,俗姓段氏,云南晋宁人,大理白选官段氏后裔。年二十九,投昆阳普照山大休禅师弟子云峰和尚削发为僧。至正元年(1341),云游江湖,参谒高僧大德,首投空庵和尚,受三聚大净戒。空庵驻洞庭之君山,道望为当时第一。他的门人中,据佛界评价,认为"受其真乘,佩其法印,惟大觉禅师照公焉"。崇照临别

---

[1] 《大休禅师传》,《滇释纪》卷一。
[2] 《天目中峰和尚广录》卷二五,四之下。
[3] 《苍山念庵圆护禅师传》,《滇释纪》卷一;《五灯全书》卷五八《云南苍山念庵圆护禅师》。
[4] 《性海禅师传》,《滇释纪》卷一。

时,空庵作萠文(佛教诗称偈,文称萠)勉励他说:"汝将吾宗流播云南,随处结庵,引正学者。"他辞别空庵后,又连续参满秀峰、汝州香严寺思聪无闻、径山主锺杬芳[1]等一十八知识,皆蒙奖谕印可。杬芳赠他号"蒙空",送给饯行法语诗卷。至正间回到中庆,前后共经历七载。后与无文等七道友建盘龙庵于晋宁之东山,九年间,信众缁白辐辏,门徒数百有余,建成大宝刹。此后,云南肃政廉访司益德弥实卜花请师住本郡之圆通寺。四年后,崇照欲倡化大理路,经禄丰,受当地檀越倾信,结庵留在县治之东山。居二载,前往大理,住崇圣寺。平章政事段功又延请住水目山二年。元至正二十四年(1364)八月圆寂,享年六十六岁。由他所建"崇丽"的梵刹共有六所。[2]

庆堂,法号慧喜,官渡万夫长赵天祥的堂弟。年弱冠,投圆照山大休禅师的弟子本空和尚出家。后来他从云南出游东南名山巨刹,在宣州(今安徽宣城)广教寺,受具戒于明律师,所学当属律宗;又在江陵路荆门州当阳玉泉寺智者洞,得禅法于空庵和尚之门。

至元二十五年(1288),元世祖诏江淮诸路立御讲三十六所,志德(1235—1322)是被选推行慈恩教法于江南的高僧之一。他奉旨主持建康天禧、旌忠二刹,开筵集徒,日讲《法华》《华严》《金刚》《唯识》等疏三十一年,"既善讲说,又能力行",大阐慈恩宗旨,"其功德为江南

---

[1] 释克新和欧阳玄撰《行业记》与《塔铭》(《昙芳和尚语录》卷下附录,《卍新纂续藏经》第七十一册)载:他法名守忠,字昙芳(1275—1348),应称忠昙芳。至治元年(1321)至顺帝至正二年(1342),曾住持建康蒋山太平兴国禅寺和大崇禧万寿寺,蒋山又名钟山,故或称为钟山昙芳。至正二年,行宣政院使高纳玲聘请他住持径山,学者众逾二千。五年春,又回金陵住持龙翔集庆寺。崇照参径山主忠昙芳应在这几年内。

[2] 庆源《大盘龙庵大觉禅师宝公塔铭》;《莲峰崇照禅师传》,《滇释纪》卷一;《五灯全书》卷五八《晋宁盘龙莲峰崇照禅师》。

诸师冠",特赐佛光大师之号。[1] 唐僧玄奘及其徒窥基译编《成唯识论》于慈恩寺,创法相唯识宗,故窥基大师及其教皆以慈恩为名。庆喜也曾到天禧寺,嗣法慈恩教于平山宗祖,可见他又得到法相宗的真传。他能各宗兼修并蓄,驰行于建康、苏州、杭州、宁波、湖州、金华、天台、永嘉、福州等地,所谓御修五山十刹,几乎游览、参访殆遍,才回到云南。至正二十二年(1362),恰逢五华寺久缺住持,王师萨南鉴藏与诸山长老商议,启于梁王令旨,由云南肃政廉访司致疏请为住持。七年之后,说法度人数百余会,受其戒牒者五千余人。[2]

另有一位曾往天目山参禅的照本,夙具慧根,遍参名宿。后诣天目,谒中峰祖师。将至,中峰对侍僧说:"当有客自云南来,汝可持镜迓之。"照本至,看见镜子就说:"师教我也。"侍僧问故,曰:"吾名照本,师令我照见本来耳。"侍僧将此事转告中峰,中峰也感到惊奇,遂让他服勤左右数年之久,尽得法要而归。中峰曾说:"云南僧者,真堪荷负,照本为其一也。"[3]

大理的荡山,有一位水晶海印禅师,嗣法杭州断崖了义禅师(1263—1334)。断崖是天目山高峰原妙的弟子,曾继中峰明本之后,住持天目山狮子岩正宗禅寺。[4] 所以海印参学的也是正统禅宗。后来他法授无极大禅师,[5] 也是一位从云南到江南求法的僧人。

江西有一位佛智晦机禅师,曾住持百丈寺达十三年,使"百丈赫然为天下禅宗第一"。至大元年(1308),应杭州净慈寺之请出任住

---

[1] 释大䜣《金陵天禧讲寺佛光大师德公塔铭》,《蒲室集》(北京图书馆出版社影印元刊本)卷一二;程端礼《元兴天僖慈恩教寺记》,《畏斋集》卷五。
[2] 《重修五华寺记》。
[3] 《照本禅师传》,《滇释纪》卷一。
[4] 虞集《断崖和尚塔铭》,《道园学古录》卷四九。
[5] 《水晶海印禅师传》,《滇释纪》卷一。

持,"至之日,行中书省、行宣政院之长各率其属拜伏迎请。中国学者及高丽、云南、日本之僧,前愿致师而不得者皆争见,门下以千百数"。[1] 云南僧人往中原受法者以南宗为多。元末高僧大䜣曾总结说:"宋季慧朗(即雪岩祖钦,元世祖至元间宣授慧朗大禅师)居仰山,法席特盛。"出于雪岩门下,"其遁迹岩穴,若高峰、陡岩、铁牛,亦足以追踪先德。后高峰以传断崖、中峰,而铁牛以传绝学,又皆道重海内,它宗所不及也"。前述往江南学禅的云南僧人,参访的正是这几位禅师。铁牛的弟子绝学,名世诚(1261—1332),筑般若庵于龙兴路(今江西南昌)靖安县灵鹫峰,据载他也得到"西域、高丽、云南、日本"的诸师"响风趋慕"。[2] 可惜我还没找到投在晦机和绝学门下的云南僧人的具体史料,估计类似失载的滇僧还不少。

元朝以前,大理自成一国,与中原隔绝。元朝云南已成为国中的一省,人员可自由往来,但千山万水,交通极其不便,然而当时竟有如此众多的求法或传法僧人来往于云南和内地之间,不仅促进了佛法的传播,也促进了云南各族人民与中原地区的联系和交流。

(原载《中国蒙元史学术研讨会暨方龄贵教授九十华诞庆祝会文集》,民族出版社,2010年)

---

1 虞集《晦机禅师塔铭》,《道园学古录》卷四九。
2 释大䜣《豫章般若寺绝学诚禅师塔铭》,《蒲室集》卷一二。